清末民初中央实业管理机构整合及转型研究

丁健 著

中国社会科学出版社

图书在版编目（CIP）数据

清末民初中央实业管理机构整合及转型研究／丁健著．—北京：中国社会科学出版社，2018.6

ISBN 978-7-5161-8909-2

Ⅰ.①清… Ⅱ.①丁… Ⅲ.①国家机构—研究—中国—近代 Ⅳ.①D693.2

中国版本图书馆 CIP 数据核字（2016）第 221745 号

出 版 人　赵剑英
责任编辑　耿晓明
责任校对　韩天炜
责任印制　李寡寡

出　　版　中国社会科学出版社
社　　址　北京鼓楼西大街甲 158 号
邮　　编　100720
网　　址　http://www.csspw.cn
发 行 部　010-84083685
门 市 部　010-84029450
经　　销　新华书店及其他书店

印　　刷　北京明恒达印务有限公司
装　　订　廊坊市广阳区广增装订厂
版　　次　2018 年 6 月第 1 版
印　　次　2018 年 6 月第 1 次印刷

开　　本　710×1000　1/16
印　　张　31
字　　数　471 千字
定　　价　118.00 元

序

中华民国初期（1912—1928），学者约定俗成称其为民初，[1] 是中国社会的一个特殊的历史阶段，是中国由传统的农业社会向现代工业社会转型的重要转型期，而在这个转型期，中国社会发生了天翻地覆般的变化：比如政治方面，政治现代化急剧发展，政治精英急迫挽救民族危机，以达民族独立与国家富强，追逐国际新潮流，辛亥革命后确立民主共和新体制，先以美国共和奠其基，继移法国民主共和模式定其型。西方资产阶级民主的诸多表现形式——选举、国会、宪法、政党、内阁等无不一一尝试和运作，中国人开始享有言论、著作、刊行、集会、结社、居住、迁徙、信仰之自由，有请愿、诉讼、应试、选举等权利，这在中华五千年历史上都是破天荒的。

民初经济快速发展，是中国历史上经济发展的好的时期之一。到"五四"前后，中国资本主义发展到了黄金时代。中国民族资本主义发展的具体情况，我们用一组数字来表示：比如 1912—1918 年的 6 年间，投资总额比清末甲午战争之后到辛亥革命的 16 年的投资还多 3000 多万元。中国著名的资本集团，钢铁大王、棉纱大王、造船大王、面粉大王等均是这一时期涌现出来的。再从注册公司数目来看，"仅从公司注册数来说，辛亥革命前的 1903—1908 年，新工业公司在旧商部注册的仅为 265 家，平均每年注册企业约 44 家，而 1912—

① 或称中华民国前期、中华民国北京政府时期、中华民国北洋政府时期、北洋军阀统治时期。

1921年在北洋政府农工商部注册的企业则为794家，平均每年注册约80家，比辛亥革命前增加一倍。”① 工厂企业多了，工人阶级的队伍当然也壮大起来了。辛亥革命之前，中国工人阶级产业工人有60万人，到1920年达到200多万人。关于这一时期经济发展，有许多方面的原因，比如辛亥革命的影响、第一次世界大战的影响、北洋政府的积极努力等。尤其是袁世凯执政时期的努力，袁世凯政治上集权专制，发展经济不遗余力。他继承、继续了晚清北洋新政的事业而进一步发展，制定了一系列发展经济的政策、法令、法规，重要的达几十项之多，② 初步完成了中国近代经济法律体系的架构，为经济的发展奠定了政治基础和法制保证。同时体现在经济生活实践中，在较为完善的法律法规保护和引导之下，经济快速发展，无论是从规模、范围还是从影响上，民国初年经济发展的速度与总量，都大大超过了晚清几十年的总和。袁世凯以后的北京政府，也都很重视发展经济，这是这一时期中国经济发展的内动力。

民初的思想文化方面是自由的，中国历史上继春秋战国以后的第二次百花齐放、百家争鸣的思想大解放，是这一时期形成的，中西方各种政治学说、学术流派都被接纳，相互交流，相互驳难，从而促进了思想文化的发展和人们的思想大解放。在中西文化交流和思想大解放的过程中，产生和铸造了一大批顶尖级的思想家和文化巨匠，梁启超、陈独秀、李大钊、胡适、梁漱溟等是杰出代表。

民初教育是发展的，是在清末教育快速发展基础上的进一步发展。袁世凯把兴办学校作为立国要图。他说：“本大总统既以兴学为立国要图。今兵气渐销，邦基粗定，提倡斯旨，岂容踌躇。矩矱本诸先民，智慧求诸世界。”③ 1912年9月，中华民国教育部公布了第一个《学校系统令》，即“壬子学制”。壬子学制将整个国家教育分为三大体系：普通教育、师范教育与实业教育，确立了以初等教育、中

① 李新、李宗一：《中华民国史》第2编第1卷上，中华书局1987年版，第379页。

② 张华腾：《封建买办政权还是资产阶级政府？——1912—1915年北京政府性质新议》，《史学月刊》2008年第2期。

③ 舒新城：《中国近代教育史资料》上册，人民教育出版社1961年版，第248页。

等教育、高等教育为经，以普通教育、实业教育、师范教育为纬的完整的现代教育体系。在民初经济极为困难的情况下大力发展现代教育，实为难得。在北京政府的努力下，现代教育发展成效显著。据统计，清末新政时期的1910年，全国学生数和学校数分别为1284963人和42496所，而到1912年新教育体制确立后，分别达到了2933387人和82272所，分别增加了一倍以上。到1915年，更分别达到4294251人和119739所。①

尽管民初社会是在清末基础上的进一步发展和进步，但民初社会不是一个完美和理想的时代，而是一个过渡的时代，社会发展的转型期，是一个充满矛盾的时代，新与旧、中与西、先进与落后、进步与反动、传统与现代并存，反对外国侵略与向西方学习同在，各种矛盾纵横交织，呈现出一个极端混乱的时代。其实，这是非常正常的现象，任何一个社会大变革时代莫不如此，孔子不是惊呼春秋战国时代是“礼坏乐崩”吗？然而我们谁都承认春秋战国是发展进步了。民初也是这样，中国社会就是在混乱矛盾中发展前进的，这就是历史的辩证法。

然而，长期以来学术主流革命史观下的民初，不仅毫无进步之处可言，而且被视为中国历史上最黑暗最反动的历史时期。既然这一时期如此反动和黑暗，那么学者在涉及这一时期的问题时不得不望而却步，这就直接影响了对民初社会的研究，以至于改革开放30多年来，中国近现代史在晚清史、南京国民政府研究方面产生了一大批成果，研究相当深入，而对民初社会、北京政府方面的研究相当薄弱，基本上还停留在大批判时代，这种学术现象显然是极不正常的。②

对民初社会、中华民国北京政府研究不正常的一个主要原因之

---

① 中国第二历史档案馆：《中华民国档案史料汇编》第三辑（文化），江苏古籍出版社1991年版，第930页。

② 就中华民国史研究而言，中华民国前期即1912—1928年的研究相当薄弱，如中国社会科学院近代史研究所编《中华民国史研究三十年》（1972—2002），社会科学文献出版社2008年版，收录了具有代表性的论文64篇，其中关于中华民国前期历史即1912—1928年的论文仅8篇，仅为全部论文的八分之一。

一，就是以袁世凯为首的北洋集团当政。袁世凯后来复辟帝制，做了洪宪皇帝，违背了历史发展的潮流。袁世凯死后，其北洋集团分崩离析，演化为几个军阀集团，北洋军阀为争夺中央政权不惜诉诸武力，割据称雄，战争不已，民不聊生，严重影响了中国社会的发展。但是这些仅仅是民初国家与社会的一部分内容，而不是全部内容。随着改革开放的进一步扩大，人们思想的进一步解放，对民初历史认识的进一步加深，全面认识民初国家与社会的时机到了。

民初国家与社会的内容非常丰富，就政治制度创新方面来说就有着非常丰富的内容。辛亥革命中创立的中华民国，本身就是创新。什么天赋人权、三权分立、总统、内阁、国会、宪法，一切都是新鲜的。就中华民国北京政府来说，晚清政府、南京临时政府并没有给他们留下多少可资借鉴的东西，[①] 一切都要在行政实践中去探索。而原有的帝制体系虽然宣布终结了，但其观念根深蒂固，不时在影响着每一个人。旧有体制与崭新体制之间，冲突、磨合、融合肯定不是一时的。政府、议会、司法三权分立，议会对政府的监督、制衡该把握到什么程度为好，怎么既防止行政集权专权，又能发挥其高效迅速的效力，也需要行政实践来调节。就行政内部各部分来说，总统、总理、行政各部之间的关系该如何处理，虽然《临时约法》规定大总统为国家元首，内阁辅佐总统处理政务，内阁负实际责任，但具体行政时谁是最后的决策者，约法没有明确的说明。就因为这些不明确的规定，自然造成了民初几次总统、总理之间的政争。先是大总统袁世凯与首任内阁总理唐绍仪之间的斗争，继而是大总统黎元洪与总理段祺瑞之间的府院之争，接下来的还有北洋袍泽之间代总统冯国璋与总理段祺瑞之间的政争。仅仅这些，就已经足够作为对民初政治人物的考验了，需要政治人物的智慧和能力。这些问题的出现和解决，就是民初重大政治问题的主要内容。

辛亥革命后中国社会都面临哪些主要问题，这些问题是如何解决

① 清末新政中清政府模仿的是日本二元君主立宪政治体制，南京临时政府采取的是美国总统制政治体制，北京政府实行的是法国类型的内阁制政治体制。且清政府清末体制、南京临时政府总统制体制为时短暂，几乎没有什么借鉴。

的，也是民初国家与社会的主要内容。民初面临的第一个重大问题就是国家的重建与统一问题，首先是南北统一、内部统一。1912 年 3 月中国政治舞台上实际存在南北两方三个政府、五种政治势力。三个政府是皇帝已经退位的清政府，南方中华民国南京临时政府，已经在北京宣誓就任中华民国大总统的北京临时政府。五种政治势力即以袁世凯为首的北洋集团势力、满洲贵族政治势力、以孙中山为首的南方革命党势力、立宪派政治势力和地方势力。经过协商和政治妥协，三个政府、四种政治势力（满洲贵族退出政治舞台）统一在中华民国北京政府之内，和平协商确立起国家统一的中央政府，这本身就是奇迹，是这一时期政治家智慧的高度结晶。

内部、南北统一之后的一个最为急迫的问题就是中华民族统一问题。武昌起义之后各省纷纷独立期间，沙俄策动外蒙古王公贵族独立，竟然宣布成立“大蒙古国”，以库伦活佛哲布尊丹巴为皇帝，建立起分裂主义政权，并进一步向内蒙古各地进犯，内蒙少数王公响应附和库仑当局，中国北部边疆岌岌可危。沙俄在中国北部策动外蒙王公的行动，又刺激英国策动西藏上层分裂势力脱离中国而谋独立。面对外蒙、西藏分裂势力，为维护国家统一，北京政府采取了一系列的应对措施，宣布民国汉、满、蒙、回、藏五大民族共和、五族平等的政策，裁撤藩名及各族之间互通婚姻等。制定和颁布《蒙古待遇条例》《西藏待遇条例》，稳定蒙古、西藏上层。对外蒙上层晓之以理，痛斥其分裂行为。袁世凯几次致书库伦哲布尊丹巴，以民族大义劝其回归祖国，“外蒙同为中华民族，数百年来严如一家，现在时局阽危，边事日棘，万无可分之理。……各蒙与汉境唇齿相依，犹堂奥之于庭户，合则两利，离则两伤。今论全国力量，足可以化外蒙之贫弱为富强，置于安全之域，旧日苛政，当此新基创始，自必力为扫除。此外如有要求，但能取消独立，皆可商酌。”① 北京政府制定的一系列民族政策和措施，对维护国家统一，对中国社会的发展都起到了一

① 袁世凯：《致库伦活佛书》（一），《袁大总统文牍类编》，上海汇文堂新记书局 1925 年版，第 61 页。

定的积极作用。

对支持外蒙、西藏分裂主义者的沙俄和英国，北京政府也曾进行了坚决的斗争，如中国代表陈贻范在北京政府的指示下，拒绝在割让或损坏中国领土主权的英国一手制造的《西姆拉条约》上签字，并发表严正声明："凡英藏本日或他日所签之约，或类似之文件，中国政府一概不能承认。"[①] 中国政府又向英国驻华公使朱尔典，并通过中国驻英公使刘玉麟向英国政府声明："中国政府不能擅让领土，致不能同意签押，并不能承认中国未经承诺之约或类似之文牍。"[②] 与沙俄的谈判，虽然在力争之后妥协退让，不得不与之签订《中俄蒙协约》，但中国政府原则性的立场没有改变，外蒙为中国领土之一部分，哲布尊丹巴呼图克图汗名号由中华民国大总统册封，外蒙使用民国年历。在此前提条件下，外蒙于 1915 年 6 月 9 日致电北京政府，取消独立及国号、年号，中国恢复了对外蒙行使主权。[③]

经过北京政府的努力，中华民国汉、满、蒙、回、藏五族共和、国家统一的局面得以维持下来，国家领土主权维持了清末的旧貌。汉、满、蒙、回、藏五族共和，显示了中华民族的新气象。

民初国家面临的另一重大问题就是恢复发展经济。清末经济一片残破景象，经过革命的洗礼更加严重，北京政府还要按期偿还清政府的一系列债务和对外赔款，财政状况达到非常糟糕的地步。北洋政府除了举借外债以应付经济社会危机外，制定了一系列发展经济的政策和措施，刺激和鼓励发展工商实业，如上述竟达几十项之多。这些发展经济的政策和措施产生了非常积极的作用和显著成效，以至于到五四运动前后的 20 年代，中国资本主义发展到了黄金时代。而政府财政也发生了重大变化，1913 年财政收入达 557296145 元，支出

---

① 《西藏地方历史资料选辑》第 300 页，转引自李新、李宗一主编《中华民国史》第二编上，第 237 页。

② 《西藏地方历史资料选辑》第 302 页，转引自李新、李宗一主编《中华民国史》第二编上，第 237 页。

③ 见李新、李宗一主编《中华民国史》第二编上，第 218—219 页。

642236876元，亏损84940731元。1914年财政状况好转，收入383504188元，支出356024030元，盈余25480158元。1916年财政收入472124695元，支出471519436元，盈605259元。[①] 1914年、1916年财政状况好转，收支平衡略有节余，这说明财政困难的局面已经改变，民初依靠外债度日的日子已经成为过去。可惜袁世凯称帝引发的社会动荡打断了这一趋势。

总之，民初国家与社会之内容既非常丰富，又十分复杂，绝不是北洋集团与革命党人的单一斗争所能概括的，也不是袁世凯破坏民主法制一意专制集权所能代表的。要了解和研究民初国家与社会，民初历史需要史实重构和重新解读。为使人们客观公正地认识这一特别的历史时期，我们确定从基础做起，对民初国家、社会发展有关的国家机关、政府政策、重大事件、重要人物以及一些重要社会问题进行逐步研究，从一个个的微观问题入手，到诸多问题的解决，编写《民初国家与社会》系列丛书，以使人们全面了解和认识民初社会，推动对民初国家与社会的深入研究，基本还原民初社会的原貌。

民初国家机关是国家的重要组成部分，也是社会发展的重要内容，对民初国家机关进行深入研究，可以更直观地了解民初国家与社会。《民初农商部研究》一书，是《民初国家与社会》系列丛书的一种，由我的学生丁健博士撰写。丁健博士是一个刻苦勤奋、奋发向上、基础扎实、善于思考、勤于写作的青年学者。2008—2011年在陕西师范大学读博期间，他以勤奋刻苦、分秒必争，有效利用时间搜集资料扬名于师大图书馆。师大图书馆部分珍贵阅览室，管理老师中午有1个小时的午饭时间，即12—13点暂时关闭。丁健为了利用时间，竟然允许管理老师将他关闭在室内，下午5点30分阅览室关闭后，他才正式用餐、休息。现在物质极为丰富的时代，如此读书搜集资料的青年学生实为少见。丁健正是以这样的拼

① 张神根：《袁世凯统治时期北洋政府的财政变革》（1912—1916），未刊，第80页。另见朱汉国、杨念群主编《中华民国史》第十册，四川人民出版社2006年版，第167页。

搏精神，在陕西师范大学图书馆、陕西省图书馆、上海图书馆、南京图书馆、北京图书馆及中国第一历史档案馆、第二历史档案馆等搜集了大量的资料，包括不少未刊档案，完成了《民初农商部研究》博士论文并顺利答辩，获得参与答辩老师的一致好评。

《民初农商部研究》的撰写，针对民初国家与社会研究极为薄弱而写，针对人们重政治斗争轻经济发展而写。民初内阁所属十部：外交、内务、财政、陆军、海军、司法、教育、农林、工商、交通十部，农林、工商、交通三部是主管国家经济发展的行政部门。后来农林、工商合并为农商部。辛亥革命后南北统一，国家的稳定与国际地位，自然重视外交、军事与内政。国家的富强与社会的发展，自然是经济的发展与人民生活水平的提高，而农商部、交通部是代表国家，主管国家经济发展的最高行政机关，人们重视研究民初经济发展，但忽略了经济发展的国家主管部门的努力，《民初农商部研究》的最大价值就在于此。

《民初农商部研究》课题，除了其突出国家主管部门农商部在经济发展与社会进步中的作用外，我认为还有几点创新之处。

第一，理论指导与运用。农商部是现代中国国家管理部门，是分管国家经济管理部门，丁健自然运用了现代化理论、新制度经济学理论、管理学理论、政治学理论以及多种理论指导下的研究方法研究民初农商部，凸显了农商部国家机关的现代化、制度化，内部架构及明确分工，明细的科层化以及专业化等，社会转型时期的国家行政机关，已经迈上了现代化之路。

第二，观点公允、平实、新颖。丁健在扎实丰富的第一手资料的基础上，得出对农商部客观的评价，称“通过对农商部施政绩效的研究，更加突出了作为民初农工商矿各业领导主体的农商部的作用，从而使我们更容易洞悉民初社会经济发展的内在原因，得出民初农商部是一个务实的中央行政管理机构的结论”。再者，通过对农商部的研究，有利于我们从经济的角度重新认识袁世凯北京政府。民初的中央政府是强人政权，与时人期待的民主政府相悖，但其在经济发展方面取得了很大的进步。民初经济发展的原因，一是强有力政府的领导；二是强有力政府颁布的经济政策和经济法规，初步确立起市场经济体制，两个方面的共同作用，促进了民初经济的快速发展。如此客观平实的研究，目前还很少见。还有，研究人物在民初经济发展中的作用，人们重视实业家、教育家张謇的作用。《民初农商部研究》不仅重视曾任农商部总长张謇的作用，还特别重视农商部管理人员的群体作用，历任农商部总长、次长以及各司司长的作用。农商部不同于其他行政各部，专业性强，一般都有专业高学历背景，在制定政策和促进经济发展中有着广阔的视野和知识背景。

第三，研究未尽，留下许多扩展空间的思考。诸如农工商部依法行政，避免了中间环节腐败现象的发生，特别在工商业企业注册方面，依法收取注册费用，严禁各地方额外勒索等。

第四，务求实际。研究民初农商部，必然追述清末农工商部。清末、民初虽然是两个历史概念，然而实际上无论如何都不能将其分割，两个概念组合清末民初历史大概念，正好是中国近代史上社会转型最快、最为明显的时期，看得见，摸得着，清末孕育了民初，民初来源于清末，国家机关、政治制度、国家政策、政治经济人物、社会矛盾等，一脉相承。丁健将原博士论文《民初农商部研究》，经过深度修改易为《清末民初中央实业管理机构整合及转型研究》出版，我认为是非常合适的。

研究清末民初时期的国家经济领导机构，重现此一时期国家与社会原貌，实为不易，要有一定的学术胆量，开拓创新；要有非常丰富的一手资料，有力支撑自己的观点。丁健颇费气力，尽了他的最大努力，为我们提供了学术价值颇高的专著。但限于清末民初历史时期的复杂性，限于理论修养和研究视野，还有一些缺陷和不足。诸如外文资料的利用，农商部涉及外贸、外资、外国科学技术和中外合作等，从中外关系方面看农商部，研究视野会更宽。再者，农商部不是独立存在、独立行政的，必然涉及与大总统的关系，与国务总理的关系，与外交部、财政部及交通部的关系，与各省民政长的关系等，限于篇幅，书中没有显示出这些内容。

不过，尽管该著有一些不足，但不影响该著较高的学术价值，该著的出版，对中华民国史、中国近代政治制度史、中国近代经济史以及北洋史等的深度研究，具有创新价值，对重新认识清末民初社会具有一定的启示作用。

是为序。

张华腾

2016 年 2 月 18 日

目　　录

第一编　中央实业管理机构设置之历史沿革

第二编　民初中央实业管理机构的设立

第三编　民初中央实业管理机构之组织架构

第四编　民初中央实业管理机构的职权运作及其绩效

表 目 录

绪　论

一　选题缘由及意义

辛亥革命后，袁世凯建立了北京政府，尽管其统治时间不过五年，但其开风气之先颇受关注。由君主专制一跃为民主共和，当时民众亦对之寄予颇多期待。本来中国经过一段时间的恢复和发展，各项事业都取得了长足的进展，可不幸的是，袁世凯不顾人们的反对，坚持帝制自为，不久其又患病而亡，在其之后再也找不到一个权威人物控制局势，北洋集团内部则分崩离析，从此，中国陷入军阀割据及军阀混战，即通常我们所称的“最黑暗最反动的时期”。

长期以来，我们习惯于把1912—1928年称为北洋军阀时期，对其的研究大多限于政治一个方面，相对而言，经济、文化、思想、社会研究较少。清末民初，本来是中国近代以来一个非常重要的转型期，其间有很多值得我们做进一步探讨的地方，但由于习惯上把这一段描绘成几乎无任何进步而言的时代，既然无进步，研究有何价值！思维的定势几乎一直延续至今，影响可谓深远。

因袁世凯后来的帝制自为，便一概否定这一时期的所有，这是极不应该的，不能借口惩戒未来重蹈覆辙，便下猛药。这不符合历史研究的常态。尽管这一时期显得吵吵嚷嚷，党争、二次革命、帝制等让人惊心动魄、心烦意乱，但经济获得了长足的进步与发展，人们的生活水平不断得到提高，经济增长的速度也很快，国家由靠借债度日，到国库渐有盈余，这一切的发展，是不容抹杀的。

也许，正是由于太多的反感，人们更想深刻地了解其令人如此反感的原因。再说，历史的威力不会因为靠某些强势喧导，便掩而不彰。历史研究贵在冲破种种束缚，以还原事物的本来面貌，但说起来容易，做起来难！而本书正是希望建立在实事求是的基础上，力求客观真实的部分再现民初社会历史。

当然，近些年随着史学研究的不断深入，对这一段历史的研究逐渐开始受到重视。值得一提的是最近召开了两次高规格的学术会议，各位历史学界的大家先后对北洋史研究献言献策，推动与促进了北洋史的进一步深入研究。一次是中国社会科学院近代史所与四川大学历史学院联合主办的第二届中华民国史高峰论坛（2013 年 10 月 26—27 日），来自中国大陆、台湾地区以及日本的 40 多位专家学者与会，这次高峰论坛分别就“北洋史之整体再思”“传承的北洋与北洋的传承”“北洋政治与权力”“中外关系视野中的北洋史”“经济、科技与北洋史”“传媒、舆论与北洋史”“政治文化维度中的北洋史”等主题进行了深入的讨论。另一次是南开大学历史学院、中国社会科学院《近代史研究》编辑部、天津社科联、天津社会科学联合会共同主办的第一届“北洋时期中国社会”学术研讨会（2014 年 12 月 19—21 日），此次会议旨在推动学界对于北洋时期史研究的重视，力求在学术层面、学科建设的视角下深入探讨北洋时期中国社会演变的内在逻辑。学界之所以开始重视这一问题的研究，一方面基于近年来有关这方面的研究仍停留在表象梳理，尚未进行深度系统研究；另一方面在于作为一个承上启下的时代，北洋史研究的地位与作用不言而喻，因此应该积极探索北洋史研究的新视角、新方法与新理路，以期打开北洋史研究的新局面。

本书所论的民初是指 1912—1916 年这近五年，以此为时限，是因为这是一个相对比较完整的时期，即袁世凯统治时期；又是一个非常重要的转型期，多种价值观相互碰撞和融合。尽管这一时期政治集权，经济却自由放任；尽管袁世凯政府集权，与民主相悖离，但对经济发展十分重视，袁世凯设立的管理全国农工商矿业的专部——农林部、工商部，乃至后来的农商部，在促进民初社会经济发展方面，还是颇有成效的。

再说，关于民初历史的研究多从政治角度立论，仍然采用传统的治史模式，显得很单一。随着史学的发展，人们越来越多地采用新方法、新视角，重新审视这段历史，给予新的阐释。有关袁世凯北京政府时期的相关研究，特别是在经济领域研究方面，无论是在数量上，还是在质量上都取得了长足的进步，人们不再固守传统，一味地贬低这段历史，而是更加客观地、实事求是地、多角度地看待。但是，对袁世凯北京政府时期做全面深入研究的仍不多见，除了相关通史著作外，囿于视野所及和孤陋寡闻，近五年笔者收集到的论文一篇：张华腾《封建买办政权还是资产阶级政府？——1912—1915 年北京政府性质新议》（《史学月刊》2008 年第 2 期），论著一部：邓亦武《1912—1916 年北京政府统治研究》[①]，这不能不令人感到遗憾。

尽管我们以往对这一时期否定的多，但也并非一概论之。比如，第一次世界大战期间，中国的经济发展就很迅速，曾被誉为“资本主义黄金时期”，农工商矿各业都获得了迅猛的发展，为什么此时出现了这种情况？除了财政政策、税收之外，恐怕作为农工商矿各业的行政主管部门农商部在其中所发挥的作用不容忽视。那么，农商部怎么能在新旧交替的社会转型期，并于向来未被人们看好的民初，取得这么大的成绩？除了继承清末以来经济发展的基础以外，还有哪些因素？这些都值得我们做进一步探讨。其实，本书选取民初中央实业管理机构的整合与转型作为选题，其中一个重要目的，就是想通过全面研究农商部及其对民初经济发展的贡献，一方面解决上述所提问题，另一方面重新认识袁世凯北京政府。

当然，本书是在前人研究基础上的继续深入研究，充分吸收和利用了学界先进的学术成果，尽管对前人研究有所辩驳，但对前人的努力付出还是心存感激，没有前人的奠基，我们怎能站在其肩膀上站得更高、看得更远！

此外，本选题也具有非常重要的理论意义和现实意义。理论意义

① 邓亦武：《1912—1916 年北京政府统治研究》，湖北人民出版社 2006 年版。

体现在用新制度经济学的相关方法，[①] 用现代化理论等综合分析的模式来重新阐释这段历史，用一个新的角度、新的视野观察民初社会经济的发展。现实意义则体现在通过研究中央实业管理机构的整合与转型，可知清末民初经济政策之得失，从而为今天社会主义经济建设提供有益的借鉴。我们常言改革开放，学习西方，其实，清末民初中央实业管理机构现代化的管理理念亦何尝不值得我们今天学习呢?

有必要交代的是研究民初中央实业管理机构的转型，离不开晚清中央行政管理机构转型的启动与铺垫，因此本书中有一定的篇幅对之进行了简要梳理与回顾。所以在本书最终修改定稿时，将原来博士论文题目“民初农商部研究”，以“清末民初中央实业管理机构整合及转型研究”代之。

二　学术史回顾

长期以来，人们由于对袁世凯统治时期抱有偏见，所以对民初中央行政管理机构并未进行过深入的研究，而对清末新政时期的中央机构改革却青睐有加。除对学部、邮传部、外务部、巡警部等有充分关注外，[②] 对清末商部、农工商部的研究也十分重视，除了有相关论文发表之外，还有一定数量的硕士论文，如：朱锴《清末农工商部研究》，首都师范大学 2004 年硕士论文；泮君玲《清末商部——农工商部研究》，山东师范大学 2004 年硕士论文；韦斌《清末商部（农工商部）研究》，新疆大学 2006 年硕士论文。这些论文尽管显得有

① 本书主要采用了新制度经济学的制度安排、制度变迁对政治、社会、经济产生影响的相关理论，着重分析了民初中央实业管理机构的官制变迁及其进步作用，考察了其制度创新，即因时、因地制宜地制定经济政策，来改变传统的生产方式，以促进民初社会经济发展的历史。关于新制度经济学的理论，请参见［德］埃瑞克·G. 菲吕博顿（Eirik G. Furubotn）、［德］鲁道夫·瑞切特（Rudolf Richter）编《新制度经济学》，孙经纬译，上海财经大学出版社 1998 年版。［美］诺思《经济史中的结构与变迁》，上海三联书店 1991 年版等。［美］诺思《制度、制度变迁与经济绩效》，上海三联书店 1994 年版。［美］科斯等《财产权利与制度变迁》，上海三联书店 1991 年版等。

② 相关研究请参见关晓红《晚清学部研究》，广东教育出版社 2000 年版；苏全有《清末邮传部研究》，中华书局 2005 年版等。

些不够深入，但毕竟对清末商部、农工商部研究做了大量的工作，而华中师范大学王奎的博士论文《清末商部农工商部与社会经济转型研究》[①] 无疑把清末商部、农工商部的研究推向一个新的阶段。虽然对民初中央行政机构的研究，已开始受到关注，[②] 但遗憾的是，截至目前，还未有把民初中央实业管理机构的研究认真对待的论著，就连直接相关的论文也不多见。尽管如此，而在对民初经济政策的探讨方面，还是发表了一系列有分量的论文，并有一些论著问世。但由于相关研究几乎没有热点，也没有太多的亮点，我们仅对之做简要概述。鉴于对一些相关研究成果难以准确分类，只有把它们放到具体的行文当中来回顾。

（一）农业方面

有关农业方面的研究，李永芳《清末民初全国农会联合会与农业改良》[③] 一文主要探讨了全国农会联合会与农业改良的关系，他认为全国农会联合会的实践活动对于推动近代农业的发展有着不可忽视的作用，但影响又是有限的，因为它只是一个农民自治机构。其在另一篇文章里讨论了北洋政府统属下的农会组织，并交代了农会组织的主要活动、基本特点及影响，相关观点很有创见性。[④] 刘克祥《清末民初农业发展转折时期的政策思路述略》简要概括了清末民初农业发展转折时期的政策，尽管多侧重于清末，但仍适用于民初。[⑤] 徐建

① 王奎：《清末商部农工商部与社会经济转型研究》，华中师范大学 2007 年博士论文。

② 见张华腾教授指导的系列硕士论文：邓同莉《民初海军部研究（1912—1919）》，王艳芝《民初教育部研究（1912—1916）》，王苗薇《民初财政部研究（1912—1916）》，李金全《民初交通部研究（1912—1916）》（以上皆为 2010 年陕西师范大学中国近现代史专业）等。

③ 李永芳：《清末民初全国农会联合会与农业改良》，《河南师范大学学报》（哲学社会科学版）2009 年第 5 期。

④ 李永芳：《北洋政府统属下的农会组织述论》，《河南师范大学学报》（哲学社会科学版）2008 年第 6 期。

⑤ 刘克祥：《清末民初农业发展转折时期的政策思路述略》，《中国经济史研究》1993 年第 1 期。

生《论民国初年经济政策的扶植与奖励导向》对民初发展农业方面有关政府扶植与奖励的法令做了汇总，以计量史学的方法，呈现给大家，很有说服力。[①] 2007 年华中师范大学张俊华硕士论文《民国北京政府时期的农业改良（1912—1928）》，对民初农业改良做了较为深入的探讨，但由于时间跨度长，略显宽泛。[②] 丛卫兵博士论文《张謇农业现代化思想与实践研究》，就张謇在农业现代化方面的成绩做了较为深刻的论述。[③] 叶美兰、张忠山《宋教仁农业现代化思想及其当代意义》，对宋教仁的农业现代化思想进行了研究，认为他的农业现代化思想反映了民族资产阶级发展现代农业的要求，具有较强的针对性和科学性。[④] 卢勇、王思明《张謇水利思想及其实践试探》一文，对张謇在水利方面的贡献进行了有益的探讨。[⑤]

（二）工矿业方面

对工矿业方面的研究并不多，也不系统。除了一些通史著作有所涉及外，一些论文值得关注。张学继《袁世凯政府振兴实业的措施》指出民初发展工矿业的重要体现是“鼓励私人兴办资本主义企业”，“开放矿业权，鼓励私人开矿”。因其仅就政策与措施而言，所以并没有涉及更深层次的内容。[⑥] 其在另一篇文章《论袁世凯政府的工商业政策》中又对北洋政府的《矿业条例》进行分析，指出北洋政府矿业政策的相关内容是为了进一步吸引外资，开发矿业。[⑦] 关于个案研究，有王玉茹《开滦煤矿的资本集成和利润水平的变动》，其通过对开滦煤矿的研究，指出民初开滦煤矿的利润水平，从 1912 年至

① 徐建生：《论民国初年经济政策的扶植与奖励导向》，《近代史研究》1999 年第 1 期。

② 张俊华：《民国北京政府时期的农业改良（1912—1928）》，华中师范大学 2007 年硕士论文。

③ 丛卫兵：《张謇农业现代化思想与实践研究》，南京农业大学 2008 年博士论文。

④ 叶美兰、张忠山：《宋教仁农业现代化思想及其当代意义》，《江海学刊》2009 年第 6 期。

⑤ 卢勇、王思明：《张謇水利思想及其实践试探》，《农业考古》2007 年第 4 期。

⑥ 张学继：《袁世凯政府振兴实业的措施》，《历史档案》1990 年第 4 期。

⑦ 张学继：《论袁世凯政府的工商业政策》，《中国经济史研究》1991 年第 1 期。

1916 年，总体是逐年上升的，从侧面证明了民初矿业的发展。[①] 河北大学 2000 年闫永增硕士论文《试论滦州、开平矿务公司的合并》指出滦开合并后，滦州公司获得了广阔的生存和发展空间。主要表现是产量日增，销路日畅，利润颇丰。并用计量的方法列表证明这一论点，客观真实，令人信服。[②]

（三）商业方面

李玉《北洋政府时期企业制度结构史论》，是一个大部头著作，主要对北洋企业制度的激励因素、基本的企业制度变迁以及公司模式等内容进行了深入的探讨，比较全面地再现了北洋政府时期企业制度结构的全貌，是北洋企业制度结构研究的代表作。[③] 朱英《论民元临时工商会议》，介绍了民元临时工商会议，目的是"谋工商矿业改良发达"，"对于政府只有相扶助而非相对待"，并进一步指出，此次工商会议审议的 73 件议案中，包括议决案 31 件，参考案 16 件，否决案 9 件，未决案 17 件。通过分析认为"当时的工商界与政府之间，既在振兴实业方面有趋同与合作，又在其他一些方面存在着分歧和矛盾"[④]。虞和平《论刘揆一的工商活动》，指出刘揆一在主持部务期间做了许多开创性的工作，主要表现在：（1）建立和改革各种机构，为发展工商实业服务；（2）征求工商界意见，制定工商规划和法规；（3）抑制强权维护工商。正是因为如此，作者对刘揆一给予了很高的评价，认为他"尤其在扶持中国民族资本主义方面，比张謇更为积极"[⑤]。葛健《北京政府工商业政策研究》较为全面地阐述了北京政府时期的工商业政策，但由于没有更为深入的分析，也缺乏政策前

---

① 王玉茹：《开滦煤矿的资本集成和利润水平的变动》，《近代史研究》1989 年第 4 期。

② 闫永增：《试论滦州、开平矿务公司的合并》，河北大学 2000 年硕士论文。

③ 李玉：《北洋政府时期企业制度结构史论》，社会科学文献出版社 2007 年版。

④ 朱英：《论民元临时工商会议》，《近代史研究》1998 年第 3 期。

⑤ 虞和平：《论刘揆一的工商活动》，《湖南师范大学学报》（哲学社会科学版）1985 年第 5 期。

后之间的比较，显得有些宽泛。[①] 卢征良《北洋政府时期公司注册制度研究》，通过研究指出降低公司注册费用的政策，体现了北洋政府对民族资本主义发展的提倡和鼓励，这种对兴办民族企业的倡导性政策，对于民族资本主义的发展是很有利的。[②]

（四）国际交流方面

相对而言，有关这一问题的研究，论文比较多，分量也比较重，集中体现在对中国参与美国巴拿马博览会的研究上。当然，晚清时期，中国朝野就已经开始关注世界博览会了，相关研究成果也很多，在此不再赘述。关于民初的主要论文有：梁碧莹《民初中国实业界赴美的一次经济活动——中国与巴拿马太平洋万国博览会》，[③] 马敏先生对此文有比较高的评价，他说："依据比较翔实的国内报纸、杂志资料，对中国当时参与此次盛会的情况，作了比较细致的述评，在中国近代博览会史研究中，是一篇有相当学术贡献的论文。"[④] 随后又有一系列的论文问世：蔡克骄《近代中国博览业的先驱陈琪及其著述》，[⑤] 马敏《张謇与中国近代博览事业》，[⑥]《张謇与中国近代博览会事业》[⑦]、《中国近代博览会史研究述评》，[⑧] 等等。博士论文有：谢辉《陈琪与近代中国博览会事业》，[⑨] 硕士论文有：王水卿《民国时期中国与世博会关系研究》等。[⑩] 虞和平《论清末民初中美商会的

① 葛健：《北京政府工商业政策研究》，山东师范大学 2007 年中国近现代史硕士论文。

② 卢征良：《北洋政府时期公司注册制度研究》，《郧阳师范高等专科学校学报》2007 年第 1 期。

③ 梁碧莹：《民初中国实业界赴美的一次经济活动——中国与巴拿马太平洋万国博览会》，《近代史研究》1998 年第 1 期。

④ 马敏：《有关中国与巴拿马太平洋万国博览会的几点补充》，《近代史研究》1999 年第 4 期。

⑤ 蔡克骄：《近代中国博览业的先驱陈琪及其著述》，《近代史研究》2001 年第 1 期。

⑥ 马敏：《张謇与中国近代博览事业》，《华中师范大学学报》2001 年第 5 期。

⑦ 谢辉：《张謇与中国近代博览会事业》，《安徽史学》2002 年第 4 期。

⑧ 谢辉：《中国近代博览会史研究述评》，《中国社会经济史研究》2004 年第 3 期。

⑨ 谢辉：《陈琪与近代中国博览会实业》，浙江大学 2007 年博士论文。

⑩ 王水卿：《民国时期中国与世博会关系研究》，湖南大学 2007 年硕士论文。

互访和合作》[1] 和贾中福《1915 年中国实业团访美述论》,[2] 分别就中美之间的实业团体交流进行了研究，但对民初中央实业管理机构在其中的谋划、组织、参与等，则未给予充分的关注。

综上所述，既往研究之不足主要表现如下。

(1) 农商部的作用不突出，隐而不彰。时常被淹没在北洋政府、北京政府、袁世凯政府等笼统表达之下。农商部是当时管理农工商各业的中央行政职能部门，承担了民初社会经济复苏的重大责任，对农工商各业的发展进行过诸多规划：协调发展，建立一整套的改良、完善机制，并对相关行业建立领导、督促、检查、评奖等一系列激励机制。为民初经济社会的恢复和发展做出了重大贡献，理应受到重视。

(2) 在民初农商各总长的研究方面，过分突出张謇的作用，而对其他总长的研究十分不足。在同盟会集体不与袁世凯合作时，刘揆一在备受同盟会同人责备的情况下，仍然以大局为重，毅然主持工商部，其在主持工商部期间做了很多了不起的大事，有些对后世影响深远，比如顶住压力进行改革，筹划召开全国工商会议等，这是以往着墨不多的地方。此外，陈振先、王正廷、宋教仁、周自齐等也都为民初经济发展做出了贡献，但学界对之关注甚少。

(3) 对民初工矿业的研究和探讨很薄弱。民初矿权问题日益突出，农商部在工矿业政策上有哪些作为？以往较少关注。实际上，农商部为了维护中华民族的利益，防止矿产资源——特别是防止稀缺矿产——的外流上发挥了重要的作用。为了维护矿业秩序，农商部还费了很大力气，加强对矿业的调查和立法，并对勾结外国的不法分子，进行了惩戒。

(4) 对农商部参与国际交流与合作方面总体着墨不够，大多关注和介绍中国参加巴拿马世界博览会事宜，但对农商部参与的其他博览会不是语焉不详，就是一笔带过，并忽视了农商部参加赛会的筹备过程，没有周详的部署，怎会有出洋赛会的成功呢？其实，民初农商

---

① 虞和平：《论清末民初中美商会的互访和合作》，《近代史研究》1988 年第 3 期。

② 贾中福：《1915 年中国实业团访美述论》，《聊城大学学报》（社会科学版）2007 年第 4 期。

部还十分注意参与国际性的实业会议，注意与国际实业组织加强沟通和联系，这是以往研究忽视的地方。

三 主要资料与研究方法

史料是史学研究的基础，因此拙文在资料收集及运用方面，十分下功夫，努力保持史学研究的优良传统。首先，充分利用已刊档案及资料汇编。如中国第二历史档案馆编《北洋政府档案》、《中华民国史档案资料汇编》第 3 辑，江苏省中华民国工商税收史编写组、中国第二历史档案馆编《中华民国工商税收史料选编》，中国第二历史档案馆、中国海关总署办公厅编《中国旧海关史料（1859—1948）》，农商部总务厅统计科编第一至第五次农商统计表等，并从北洋政府《政府公报》、农商部部办《农商公报》中获得许多第一手资料。同时辅之运用时人日记、年谱、传记、笔记史料、论著以及今人的论著等。

其次，充分挖掘大量原始档案资料。为了准确地把握民初农商部的组织架构和施政过程，在充分利用已刊史料的基础上，笔者还远赴北京、南京、上海，分别到中国第一历史档案馆、中国第二历史档案馆、中国国家图书馆、上海市档案馆、上海市图书馆，竭尽所能地收集了大量未刊原始档案资料。尽管受到档案封存因素的影响，但还是通过各种途径和方法，有幸在第一历史档案馆阅览了清《农工商部档案》部分卷宗，在第二历史档案馆部分摘录了《农商部档案》，以及详阅了《南京临时政府档案》《内务部档案》（全宗号 1001）、《北洋政府国务院档案》（全宗号 1002）、《财政部档案》（全宗号 1027）等案卷目录索引。在上海档案馆，还收集了一些民初公司注册、管理方面的史料，这些原始档案史料的运用无疑有助于增强本书论证的说服力。

最后，还充分利用了当时比较著名的报刊，如《大公报》（天津版）、《申报》《盛京时报》《东方杂志》《时报》《民立报》《农矿公报》《矿业杂志》《南洋官报》《农友会报》《中华全国商会联合会会报》《中华实业杂志》《中华实业界》《中国实业杂志》《实业丛报》《矿业周报》《湖南实业杂志》等。平心而论，要历史地探究民初农商部，自然离不开当时的社会环境，而这些报刊史料就为我们提供了大量其所在社会背景的资料，弥补了其他档案史料之不足，为多角度审视民初农商部创造了条件。

综观史学发展的大势，史学研究要想有所突破，要想取得新的发展，史学研究方法的更新是一个关键的因素。以往，我们在研究民初社会时，多以革命史范式、阶级斗争史范式等政治史范式为分析框架，但随着史学的发展，人们越来越感到这种治史模式的束缚，历史学家也开始突破固有的思维桎梏，寻求新的治史方法，一方面改进中国传统的治史方法，另一方面输入西方先进的研究模式，致力于史学研究的方法进一步多元化。史学方法的多元化也为历史研究多打开了几扇窗，为我们认识这个多元社会创造了条件。本书在研究民初农商部时所采用的方法主要有以下几种。

1. 考证

考证是历史学研究的基本方法，也是我们研究历史应具备的基本素养。对清末民初中央实业管理机构内部设置和人事构成的研究方面，考证就是主体的研究方法，只有通过考证才能知晓民初农商部内部机构是如何设置的、各司是如何分科的，以及这些机构的具体职权是什么。

2. 坚持“有一分材料就出一份货”的方法

史学研究是十分严谨的，其目的是还原历史的真相，不能信口开河，不能假设。本书坚持这一原则，以史料为主要依据，坚持论从史出，才更具有说服力。

3. 管理学、政治学相关方法

由于中央实业管理机构是一个专门管理农、工、商、矿各业的行政部门，在研究其具体职权的行使方面，为了较准确地把握其运转的效率和方式，就需要运用政治学、行政管理学的相关方法。

4. 计量史学方法

在对民初农商部主要人事构成上，为了更清楚这个年轻化、高学历、高素质的群体在农商部的作用，在对民初农商部运作绩效的研究方面，较多采用了计量史学方法。

5. 比较研究法

俗话说："有比较，才能有鉴别。"只有通过把其与清末商部、农工商部对比，才能得出民初中央实业管理机构无论是在内部组织机构还是在人事构成上，都要比清末进步得多，施政方式也更为民主。只有把民初农商部中期与前期对比，才能了解其进步有一个渐进的过程；只有把民初农商部的中期和后期对比，才能让人们更加清楚，袁世凯帝制自为对经济社会发展所造成的阻碍。

6. 现代化理论、经济学等综合分析的方法

只有运用新制度经济学、现代化理论等综合分析的方法，才能对民初农商部的历史地位给予客观准确的评价。通过对农商部制度安排及其实践与效果的考察，认为其既有促进中国早期现代化的一面，也有自身难以消除的局限性。但在民初社会经济发展方面，其所发挥的积极作用要远远大于消极作用，因而，我们对此要给予充分的肯定。

四　创新与不足

（一）创新之处

（1）目前还未有专门系统研究民初中央实业管理机构的专著问世，本研究弥补了这一缺憾。它不仅能够让人们更加清楚地了解民初中央实业管理机构的内部架构，即组织机构和人事构成，而且可以洞晓其运作的内在机制及运作过程。通过对其施政绩效的研究，更加突出了作为民初农工商矿各业领导主体的农商部的作用，从而使我们更容易洞悉民初社会经济发展的内在原因，得出民初农商部是一个务实的中央行政管理机构的结论。这就改变了以往忽视农商部作用的做法，不再让其淹没在笼统的叙述和表达之中，为其正了名。通过政治制度转型的视角审视农商部，把它放到清末民初整体社会进程的视野里考察，并与清末商部、农工商部及南京实业部对比，进而指出其正处于中央农商行政管理机构向现代转型的关键节点，现代性不言

而喻。

(2) 通过研究民初中央实业管理机构，有利于我们从经济的角度重新认识袁世凯北京政府。一方面，让人们明白这样一个事实即民初的政府尽管是强人政权，但在经济发展方面取得了很大的进步。由此引导人们做进一步思考，有效经济政策只有在一定的权力环境下，才能保证其顺利施行；经济发展要靠强有力的政府和市场两个方面的共同作用，民初实业之发展正是得益于二者之相互配合。而当袁世凯帝制自为时，实业发展的动能就已经不足了，这表明政局是否稳定，直接关系经济的发展。袁世凯政府前期政局比较稳定，经济发展的速度就相对较快，1915 年以后，由于政局开始异动，经济发展的速度逐渐放缓。另一方面，则可以从侧面证明对袁世凯北京政府的评价应该而且可以是多元的，政治上固然是一方面，我们也可以从经济、教育、文化、司法、卫生、民政等方面对之进行审视。

(3) 对清末民初中央实业管理机构关键人物进行了充分的梳理，改变了以往只重视张謇，而忽视其他主要人员构成的做法。其实，清末民初中央实业管理机构的人事构成很丰富，它是一个集合体，并非仅由一二个人组成。其在农工商矿各业所作出的贡献，是集体智慧的结晶，不能把它仅仅归功于某一两个人。历史研究的目的就是真实地再现历史，不能以偏概全。为了弥补既往研究之不足，本书不仅充分挖掘了各任总长在其施政时期的作为，还对农商部的次长、佥事、司长群体给予了足够关照，通过较为详细的考证，发现他们学历高，专业知识丰富，且年轻有为，朝气蓬勃，在促进民初实业发展方面，其发挥的作用无可替代。

(4) 在理论方法上，注意运用新制度经济学、现代化等相关理论，来阐释农商部制度安排对民初社会变迁所发挥的积极作用，改变了以往多用革命史观、阶级斗争史观分析这段历史的局限性。

（二）不足之处

首先，清末民初中央实业管理机构是一个大部，尽管其在民众视野里的地位远不及外交部、财政部（户部、度支部）和陆军部，但由于所管辖范围系统而繁杂，把它写活并不是一件容易的事情。对其的研究不能仅仅停留在简单的历史再现上，而要善于透过现象看本质。这样一来，在写作过程中，既需要有宏观的结构框架，还要有微观的个案分析。要写出深度，还必然需要适当的理论作指导，有时又需要多种理论相配合。于是，深感在驾驭理论方面尚有欠缺。在具体的行文过程中，应该突出什么，怎么样突出；应该略写那些，怎么样略写等，有时还因为史料的多寡，取舍不定。

其次，由于清末民初中央实业管理机构的资料范围广泛，既要查找其内部组织机构、人事构成、经费等有关其自身的史料，又要收集农业、工矿业、商业等其职权管辖范围内的史料，这是一项庞大而系统的工作，且资料分散而不集中，尽管在资料收集方面下了很大功夫，相关史料还是尚显匮乏，因此在相关研究上就不够深入，主要体现在，对农商部经费的具体使用情况没有进行准确的考证；对当时兴办实业究竟需要多少经费合适，没有估计出一个合理的数额；对民初农商部促进实业发展方面的例证似嫌不足。

最后，在如何看待民初农商部的历史贡献和地位方面，仅开列了一些具体的事实和数据，对其在中国早期现代化进程中所发挥的作用，升华得很不够。仅对其施政的民主化、法治化、人性化方面有所论述，而且并非入木三分，对其他方面的论述不是一笔带过，就是论述不够深入，这需要进一步加强理论知识的学习，提高历史研究理论素养。正是这些不足和缺憾，鼓舞着我日后要一步一个脚印地对之再进行改进和完善。

第　一　编

中央实业管理机构设置之历史沿革

民初中央实业管理机构的设立，并非突然和毫无根据的。它是在清末原有农工商管理机构的基础上重新组合而成的，但与清末之商部、农工商部已不可同日而语。首先，民初中央实业管理机构建立在中华民国民主共和政治体制之下，而清末之商部、农工商部却仍为封建君主专制政体服务；其次，民初中央实业管理机构的创新精神也是清末商部、农工商部所无法比拟的。尽管如此，要洞悉中央实业管理机构设置的缘由，内部官制，机构设置及运作，就不得不历史地、系统地考察中国农商管理机构设置的历史沿革。为了叙述的方便，本书以清末商部的创设为界限，主要分为前后两个时期，前从清朝建立始，后至辛亥革命爆发止。当然，有关中国农商管理机构的设置问题，尽管已有人做过较为深入的探讨，[①] 但为了保证本书结构的完整性，为了给民初中央实业管理机构提供一个完整的参照系，似仍有必要做简要论述。

---

① 参见张东刚《论晚清工商管理机构的改革和管理方式的近代化》，《烟台大学学报》（哲学社会科学版）1996 年第 3 期；王玉茹、刘佛丁、张东刚《制度变迁与中国近代工业化——以政府的行为分析为中心》，陕西人民出版社 2000 年版，第 75—86 页。王奎《清末商部农工商部与社会经济转型研究》，华中师范大学 2007 年博士论文。朱锴《清末农工商部研究》，首都师范大学 2004 年硕士论文；泮君玲《清末商部——农工商部研究》，山东师范大学 2004 年硕士论文；韦斌《清末商部（农工商部）研究》，新疆大学 2006 年硕士论文；张德泽《清代国家机关考略》，中国人民大学出版社 1981 年版等，在此难以一一注明。有必要指出的是，本章内容多带有回顾性质，且对以往研究多有参考利用，因此与之难免有重复之处。

第一章

清末商部创设前之农商管理机构概述

中国传统上是个农业国家，吕思勉先生通过考证，认为我国数千年来以农立国之基，肇于神农氏之教民稼穑。[①] 管子治国时，又重申农业的重要性，“农事盛则入粟多，入粟多则国富，国富则安乡重家”[②]。后来商鞅变法时，着重提出重农轻商的思想。[③] 秦汉以后，这一思想被历代统治者奉为教条而认真遵守，直至近代。正是在这一思想的指导下，统治阶级极为重视农业的发展，而忽视了工商业的进步，清代也不例外，这在其农商管理机构的设置上可见一斑。“工”则被限制在很狭隘的范围之内，商业则“向无专官，故无所谓行政”[④]。

第一节 户部、工部、内务府

在清代，管理农商的中央机构分别为户部、工部和内务府；地方则是各督抚大员。

---

① 吕思勉：《中国制度史》，上海教育出版社1985年版，第2页。

② 《管子·治国篇》，《中国经济思想史资料选辑（先秦部分）》下册，中国社会科学出版社1985年版，第163页。

③ 何兹全：《中国古代社会》，北京师范大学出版社2007年版，第283页。

④ 高劳：《十年以来中国政治通览·实业篇》，《东方杂志》第9卷第7号。

一　户部及其职能

户部古代称为“地官”“大司徒”，或为“大司农”。唐、宋以后即为户部。清朝的户部，是天聪五年（1631）所设六部的第二个部。以“贝勒”（亲王或郡王）一人总理部务，下设满承政两人，蒙、汉承政各一人，参政八人，启心郎一人。掌全国的户籍与财政经济事务。户部总的职掌，“掌天下之地政与其版籍，以赞。上养万民，凡赋税征课之则，俸饷颁给之制，仓库出纳之数，川陆转运之宜，百司以达于部”①。管理全国疆土、田亩、户口、财谷之政令。② 在具体的管理过程中，户部实行分司管理的制度，主要分有十四清吏司，各司除了掌核各该省钱粮收支数目外，并多兼管不属本省之事。详细分工为：江南司负责江宁、江苏织造之奏销；江西司负责各省协饷；浙江司负责全国民数谷数、杭州织造之奏销；湖广司负责耗羡银两（赋税正额外多收所谓自然损失部分为“耗羡”，这是一项陋规）的动支；福建司负责赈济、官房等事宜；山东司负责盐课、参课、八旗官养廉银等事务；山西司只管本省钱粮，不兼办其他事物；河南司负责察哈尔俸饷及各省动支款项报销未给者事等；陕西司负责各省茶课及京中各项支款；四川司负责各地麦禾收成；广东司负责八旗继嗣之政令、本部所属官差之更代；广西司负责全国矿政、钱法及内仓之出纳等；云南司负责全国漕政（由海河运粮事务）；贵州司负责全国关税等。一般的司都设有金科、民科、仓科、支科、火房等单位。福建司的民科分为保民科、河民科；其仓科分为直仓科、福仓科。陕西司之仓科为粮科。云南司并设有南漕科、北漕科，其余均同。③ 此外，户部还设有：钱法堂及宝泉局；银库、缎匹及颜料库等三库，三库分掌银钱、缎匹、颜料等物之出纳；仓场总督，掌漕粮之积储及北运河运粮事务；户关，征收百货税。由此可见，户部的职责很广泛，农工商事务只是

---

① 昆冈等修：《钦定大清会典》卷 13，户部，光绪二十五年京师官书局石印本。

② 张德泽：《清代国家机关考略》，中国人民大学出版社 1981 年版，第 42—43 页。

③ 同上书，第 44—45 页。

其工作职责中的很小一部分。光绪三十二年九月，户部改为度支部，设尚书、左右侍郎等官，宣统三年改尚书为大臣、侍郎为副大臣。度支部职掌是管理全国财政和各省田赋、关税、榷课、漕仓，公债、货币、银行、会计以及监督本部特设总分各局、厂、学堂和调查各省财政等事宜。由此可见，随着社会的进步，中央传统管理机构开始朝专业化方向发展。

二　工部及其职能

工部古代称为“冬官”“大司空”，隋、唐以后叫工部。清朝的工部是天聪五年（1631）沿袭明制所设六部的最后一个部。以贝勒（亲王或郡王）一人总理部务，以下设满承政两人，蒙、汉承政各一人，满参政八人，蒙、汉参政各三人，满、汉启心郎三人，管理全国工程事务。工部总的职掌是“掌天下造作之政令与其经费，以赞。上奠万民。凡土木兴建之制，器物利用之式，渠堰疏障之法，陵寝供亿之典，百司以达于部”①。由此可见，凡土木兴建工程、水利工程、各项器物制做工程，都由工部管理。工部系统内设置的机构有：营缮、虞衡、都水、屯田四清吏司；制造库、节慎库、料估所及管理行政的清档房、汉档房、黄档房、司务厅、督催所、当月处、饭银处等单位。虞衡清吏司掌管制造各项器物，内设都吏科、军器科、窑冶科、柜科、杂科等单位，分掌本司事务。其中凡制作权、量，皆以营造尺为准，由工部颁给全国使用。制备官用器物，有铜锡器、铁器、陶器、木器、竹苇、骨角器及毡、皮、麻、丝等以及军装、军火和旗帜等物。都水清吏司主管江海河渠修防工程及造船事务，主要负责修制水师战船，分别在江苏、福建、湖北等地设有船厂。此外，还修造粮船、水驿船、桥船、渡船、救生船等。都水清吏司还设有彩绸库，掌收发制帛、逊衣、彩绸等物。关于手工制作的管理部门在工部内还设有制造库，其设有东、西二科，分掌各项物品制造与收储事务。制造库制造的物品有册宝、车驾、仪仗、祭器及宫殿金银饰件等。本

① 昆冈等修：《钦定大清会典》卷58，工部，光绪二十五年京师官书局石印本。

来，工部所属各单位是按事务性质分工并定其机构名称的，但有的单位，名不副实。如虞衡清吏司古为掌山泽采捕之事，清代是掌制造器物之事。屯田清空司不是掌屯田之事，而是掌维陵园修缮之事。黄档房不是掌管档案，而是掌考核支用银物的。有的单位事务性质相同，却不全由一个单位管理。如陵园之修缮，不属营缮司，而属屯田司。同是工关①税收，而分由营缮、都水、屯田三个司掌管。又如制备各种器物，不全由虞衡司掌管，都水司也掌管一部分。又如满汉职官、吏役及各种匠役之人事，而分由清档房、司务厅、屯田司三个单位掌管。有的机构承办的事务，超越了职权范围，如节慎库本是工部的财务机构，可是搭放八旗兵饷也由它管。由此可见，工部的内部分工也不明晰。② 光绪三十二年九月，工部并入商部，改为农工商部。三十三年十二月，清廷批准将工部原掌之河工、水利、海塘、江防、沟渠、船政、矿务、陶冶，度量权衡事宜归并农工商部；土木工程、营缮报销事宜及琉璃窑、木仓归民政部；军器、战船及军需库、硝磺库、铅子库归隶陆军部；工关征收竹、木、车、船税事宜归入度支部；内外廷典礼及备办器物事宜分别归属内务府、礼部办理。至此，工部遂告撤销。③

三　内务府及其职能

内务府是清代掌管“宫禁”事务的机关。凡皇帝家的衣、食、住、行各种事务，都由内务府承办。关于内务府的职掌，光绪《大清会典》是这样说的：“掌上三旗包衣④之政令与宫禁之治，凡府属吏、户、礼、兵、刑、工之事皆掌焉。”⑤ 关于机构设置，主要

---

① 工关：明清专收客商贩运竹木的捐税的税关，由工部管辖。

② 张德泽：《清代国家机关考略》，中国人民大学出版社 1981 年版，第 128—141 页。

③ 参见中国第一历史档案馆编著《中国第一历史档案馆馆藏档案概述》，档案出版社 1985 年版，第 122 页。

④ 这里指旗籍的名称，原是满洲话“家”的意思，“衣”是虚字“的”。清未入关前，凡所获各部落俘虏，都编为“包衣”，分属八旗。

⑤ 转引自张德泽《清代国家机关考略》，中国人民大学出版社 1981 年版，第 172 页。

设有总管内务府事务的内务府堂，七司是内务府的直属机构，分别为：广储司，为内务府掌管府藏及出纳总汇的机构，下设银、皮、瓷、缎、衣、茶六库；都虞司，“都”是总其事，“虞”是山泽之官，都虞是总山泽之事，都虞司掌所属武职官的铨选任用及打猎、捕鱼之事；掌仪司，犹如政府的礼部，掌内廷礼乐之事，并考核太监品级；会计司，管理内务府帑项出纳及庄园地亩之事；营造司，犹如政府之工部，掌宫廷缮修工程事务；庆丰司，掌牛羊畜牧事务；慎刑司，犹如政府的刑部，掌审拟正白、正黄、镶黄旗三旗的刑狱案件。内务府还管辖三院：上驷院、武备院、奉宸苑。根据内务府所属单位的职掌来看，内务府所管的事情，不仅是皇帝的家事，同时也不仅是“宫禁”范围。按其所管事务的性质来说，除负责宫庭事务及一切生活琐事外，还有工农业生产、建筑工程与制造工程、文教卫生等项事务。其工业方面，包括煤炭工业、枪炮工业、轻工业及手工业；其农业生产，包括农、林、牧、副、渔各个方面，如会计司所管的庄园，广储司所管的棉花庄，都虞司所管的屯庄，营造司所管的屯地，掌仪司所管的果园，奉宸苑所管南苑的果园、瓜园、粮庄与稻田厂的水田、旱地，掌关防处所管的瓜园、菜园，庆丰司所管的牛羊群，上驷院所管的牧厂等；建筑工程方面，包括营造司、总理工程处、奉宸苑、各园庭及各处行官所管的修缮工程；制造工程，如造办处所管的木作，武备院四库所管的鞍板作、穿甲处、备弓处、备箭处等即是。由此可见，内务府所管事务也是非常广泛的，而其所涉及管辖的工农业生产范围亦十分有限。

由上可知，户部、工部、内务部并不是专管农工商事务的专部，但是随着商品经济的进一步发展，清政府对农工商业的重视程度也越来越高。特别是鸦片战争后，随着国门的打开，为了适应时势的发展，迫切需要新农工商管理机构的进一步设置。总理各国事务衙门，南洋、北洋大臣的设立，标志着传统中央政治机构开始发生新的变化；也预示着传统“重农抑商”政策开始逐渐转向重商的轨道。

第二节　总理各国事务衙门[①]、南洋大臣[②]、北洋大臣

新航路开辟以后，越来越多的冒险家或商人越海过洋来到中国，或贸易，或要求通商，清朝统治者不得不顺应时势的发展，由明朝不允许“片板入海”[③]，到康熙二十三年（1684）主动谕开海禁以通贸易，但随后设置粤海、闽海、浙海、江海等四榷关，地点分别为广东之澳门，福建之漳州，浙江之宁波，江苏之云台山，并隶属于地方督抚，对于外人的贸易纳税有监督管辖权。迨至乾隆二十二年（1757）通商又仅限于广州一口。[④] 而经过工业革命的英国，不满足于清廷“闭关锁国”的政策，发动鸦片战争，用武力打开中国的国门。鸦片战争以后，鉴于当时中外交涉及商务往来日益频繁，清廷虽有其他机构如礼部、理藩院、军机处、广东钦差大臣等办理对外事务，但都不能算是正式的对外机构。形势的发展迫切需要一个事权统一的机构来统筹对外事务。总理各国事务衙门的设立便提上了日程。

一　总理各国事务衙门的设立

鸦片战争之后，由于中国的五口开放并没有满足列强的侵略贪

---

① 学界关于总理衙门的研究有很多，但大都从外交的层面，本书仅作为近代工商管理机构而述，并不展开。代表性研究著述请参见吴福环《清季总理衙门研究》，新疆大学出版社 1995 年版。

② 关于南洋大臣的建制时间，目前史学界有多种说法，代表性的提法主要有三：其一，认为南洋大臣的建制时间为道光二十二年九月十四日（1842 年 10 月 17 日），伊里布为第一位南洋大臣（参见王尔敏《南北洋大臣之建制及其权力之扩张》，《大陆杂志》第 20 卷第 5 期）；其二，认为南洋大臣建制时间为咸丰八年十二月二十六日（1859 年 1 月 29 日），何桂清任两江总督兼五口通商大臣起，五口通商大臣驻地由广州北移上海，上海成为中外贸易、交涉的重心，至此通商大臣可称谓南洋大臣（参见钱实甫《清代的外交机构》，生活·读书·新知三联书店 1959 年版）；其三，认为总理衙门成立后，即设南北洋通商事务大臣（参见张德泽《清代国家机关考略》，中国人民大学出版社 1991 年版）。本书采第二说。

③ ［日］桑田幸三：《中国经济思想史论》，沈佩林等译，北京大学出版社 1991 年版，第 219 页。

④ 钱实甫：《清代的外交机关》，生活·读书·新知三联书店 1959 年版，第 1—30 页。

欲，故而发动了第二次鸦片战争，进一步要求中国开放通商口岸。列强的意图明显，清廷也不得不作出相应的对策。于是，咸丰十年（1860）十一月，奕䜣等上奏：“京师请设总理各国事务衙门，以专责成也。查各国事件，向由各省督抚奏报，汇总于军机处。近年各路军报络绎，头绪纷繁。驻京之后，若不悉心经营，必致办理延缓，未能悉协机宜，请设总理各国事务衙门，以王大臣领之，军机大臣承输谕旨，非兼领其事，恐有歧误，请一并兼管；并请另给公所，以便办公，兼备与各国接见。其应设司员，拟于内阁部院、军机处各司员章京内满汉各挑八员，轮班入值，一切均仿军机处办理，以专则成。候军务肃清，外国事务较简，即行裁撤，仍归军机处办理，以符旧制。”① 清廷经过慎重考虑之后，认为奕䜣等人的奏请甚合时宜，便依从奕䜣等人的建议，决定设立“总理各国事务衙门”，简称“总理衙门”或“总署”，并任命奕䜣、桂良、文祥三人管理该衙门事务，其主要职责“掌各国盟约，昭布朝廷德信，水陆出入之赋，舟车互市之制，书币聘飨之宜，中外疆域之限，文译传达之事，民教交涉之端，三大臣率属定议，大事之上，小事则行”②。而实际上，总理衙门成立后，它的实权逐渐扩大，除主管外交和通商事务外，凡与洋务有关的各种事项都由它经管，诸如练兵、筹饷、购买船炮机械、兴建工业、开办路矿、发展教育、创建海军，以至电报、传教等无所不包。实际上它是分掌了军机处相当大的一部分外交、军事和内政大权。总理衙门设立后，很多中外通商交涉事宜都由其一手操办，③ 并支持洋务运动的开展，是推动中国早期现代化启动的重要力量。④ 以

① 贾祯等修撰：《筹办夷务始末》（咸丰朝）卷71，《近代中国史料丛刊第五十九辑》，台北文海出版社1966年版，总第5743—5744页。

② 昆冈等修：《钦定大清会典》卷99，光绪二十五年京师官书局石印本，第106页。

③ 参见中国第一历史档案馆编《同治元年总理衙门陆路通商清档》，《历史档案》（上），1994年第2期；中国第一历史档案馆《同治元年总理衙门陆路通商清档》，《历史档案》（下），1994年第3期；方裕谨《咸丰十一年下半年总署陆路通商清档》，《历史档案》1994年第1期。

④ 参见虞和平《中国现代化历程》第一卷，江苏人民出版社2001年版，第71—227页；姜良芹《总理衙门与中国现代化的启动》，《学习与探索》1999年第2期。

往我们大多从政治的层面立论，对总理衙门的评价有些偏低，尽管它是中国政治机构半殖民地化的开端，但它对中国商品经济发展所起的作用是积极的。

二 南洋、北洋大臣的设立

为了应对西方列强的侵略，清政府在中央设立总理衙门，在地方则是设立南洋、北洋大臣。

第一次鸦片战争期间，清廷委派钦差大臣办理对英交涉，战争结束以后，清政府被迫对外签订了一系列不平等条约，并开放广州、厦门、福州、宁波、上海五处为通商口岸。当时钦差大臣未裁，用以专门办理五口通商事宜，初为两江总督兼职，1844 年改由两广总督兼任，遂成定例。《北京条约》签订后，新增通商口岸 11 处，除北方三口外，其余各口连同原来五口的通商事务，均“著署理钦差大臣江苏巡抚薛焕办理”[①]。但仍沿用“五口通商大臣”名义，因驻沪之故，亦称“上海通商大臣”“上海钦差大臣”。此时北方三口亦专设通商大臣，这是南北分设通商大臣的开始。1862 年夏，在一些官方文书中就有了“南洋通商大臣”的提法，1873 年以后，两江总督例兼钦差办理通商事务大臣，成为定制，一般官私文书常简作“南洋大臣”[②]。南洋大臣的职能是管理长江和东南沿海各岸的通商事宜及部分中外交涉事务。《钦定大清会典》中规定“南洋大臣一人，掌中外交涉之总务，专辖上海入长江以上各口，其闽粤浙三省，则兼理焉。凡交涉之事，则督所司理之，待其上以裁决，疑难者则咨总理衙门，大事则奏闻。”急事用电奏，由总理衙门代陈。[③]

应该说，在第二次鸦片战争之前，南洋大臣是总管中外交涉的，但职权十分有限。实际上，长江中下游及东南各省的中外交涉事件，

---

① 《筹办夷务始末》（咸丰朝）卷 71，《近代中国史料丛刊第五十九辑》，台北文海出版社 1966 年版，第 5747 页。

② 吴福环：《南北洋大臣的设立及其与总理衙门的关系》，《河北学刊》1991 年第 1 期。

③ 昆冈等修：《钦定大清会典》卷 100，光绪二十五年京师官书局石印本，第 13—14 页。

小事由各省督抚将军督饬司道和地方官办理，大事则咨告总署，奏报皇帝，南洋大臣不过与闻其事罢了，有时甚至连事也未闻。尽管如此，南洋大臣也在其职权范围之内，力求发展商务，[①] 处理对外交涉。[②] 大到国家利益，小至工人的生命安危，病伤抚恤，可谓尽职尽责，但是因职权权限问题，与地方督抚办理商务、交涉等事上扯皮的现象亦复不少。关于南洋大臣名录及其籍贯分布，已有专文述及，[③] 在此不再赘述。

第一次鸦片战后设置的“五口通商大臣”，解决了办理通商、交涉的问题。而第二次鸦片战争后口岸增多，交涉日繁，自然亦需要在北方专设办理外国事务的大臣，于是为了履行条约，“南北口岸，请分设大臣，以期易顾。”[④] 即除了南方的五口通商大臣之外，拟于北方设置一专管三口（牛庄、天津、登州）事务的通商大臣。为节省经费，特裁撤长芦盐政，归直隶总督管理，将盐政衙署养廉拨给通商大臣。1861 年 1 月 20 日，咸丰谕派崇厚办理三口通商大臣，主管三口通商事务，会同各当地将军督抚府尹办理。天津教案的发生，酿成中外交涉，部分官员从官制上找原因，认为此次教案与通商大臣无督察地方之权有关。毛昶熙指出，通商大臣脱离本省督抚而设专职，“有绥靖地方之责，无统辖文武之权”，地方官往往“阳奉阴违，貌合神离”，“坐观成败”，不肯协助，因此才有天津教案发生。[⑤] 他回京后便奏请撤销三口通商大臣，仿南洋之例，改由直隶总督兼任。奕䜣等人遵旨复议说：“南北口岸请分设大臣，以期易顾也。……地方

---

① 参见《南洋大臣刘批上海道禀拟设商务局及华洋官报请示由》，《万国公报》光绪二十五年第 109 期。《外务部咨南洋大臣文》，《南洋官报》光绪三十一年第 28 期。

② 《南洋大臣周札饬青海关道文》，《南洋官报》光绪三十一年第 25 期；《外务部咨南洋大臣文（为声明招工合同内须载明病故抚恤事）》，《南洋官报》光绪三十一年第 28 期。

③ 参见夏广华《晚清南洋大臣群体研究》，湖南师范大学 2008 年中国近现代史硕士论文。

④ 贾祯等修撰：《筹办夷务始末》（咸丰朝）卷 71，《近代中国史料丛刊第五十九辑》，台北文海出版社 1966 年版，第 5744—5745 页。

⑤ 吴福环：《南北洋大臣的设立及其与总理衙门的关系》，《河北学刊》1991 年第 1 期。

辽阔，南北相去七八千里。仍令其归五口钦差大臣办理，不独呼应不灵，各国亦不愿从。且天津一口，距京甚近。各国在津通商，若无大员驻津商办，尤恐诸多窒碍。拟请于牛庄、天津、登州三口设立办理通商大臣驻扎天津，专管三口事务。”“三口通商，不必专设大员，所有洋务、海防，均责成直隶总督悉心经理，并仿照南洋通商大臣之例，颁给钦差大臣关防，以昭信守。”① 这就是北洋大臣的大致设立经过。其实，“北洋大臣”是我们通常的称谓，这个职衔的正式名义在清代的官方文书上，也没有统一的用法，有许多不同的称呼，如“办理通商事务大臣”“办理通商事务北洋大臣”“北洋钦差大臣”“天津通商大臣”“北洋通商事务大臣”等。其主要职权为“掌北洋洋务，海防之政令，凡津海、东海、山海各关政悉统治焉。凡交涉之务，则责成于关道，而总其大纲，以咨决于总署；凡大事则奏陈请旨。……凡招商之务，则设局派员经理之，其安设各路电线亦如之。”又“凡洋人游历请照，则给；有照者，则盖印。”② 由此可见，北洋大臣的职权范围不仅极为广泛，其地位与作用亦远在南洋大臣之上。

总理各国事务衙门是办理全国对外交涉的最高机构，设立南、北洋大臣“原期与上海南北分理其事，而汇总于京师，以收身使臂、臂使指之效”③。但是，由于清王朝绝对集权体制的定例，南、北洋大臣是由皇帝直派的，原则上可以独立行使职权，和总理衙门并没有直接的隶属关系，而实际上，却多受总理衙门之掣肘。在整体官僚机构工作效率不高的情况下，起初，这样的问题似乎并不太受清廷的重视，直到后来决心实行新政，并对整个官僚系统进行改革，才对这样权限不清的毛病进行解决。

---

① 贾祯：《筹办夷务始末》（咸丰朝）卷71，《近代中国史料丛刊第五十九辑》，台北文海出版社1966年版，第5744—5746页。

② 《光绪会典》卷100，沈云龙主编：《近代中国史料丛刊第十三辑》，台北文海出版社1966年版，第450页。

③ 《恭亲王等奏》，贾祯：《筹办夷务始末》（咸丰朝）卷71，《近代中国史料丛刊第五十九辑》，台北文海出版社1966年版，第5759页。

由以上可知，由于西方列强的侵略，中外商务的频繁交往，中国传统的农工商管理机构已不能适应形势发展的需要了，因而需要新设机构来加强对外交往的管理。当然，总理各国事务衙门、南洋大臣、北洋大臣主要是对外交涉的机构，但是由于交涉往往是因商务而起，所以他们又不得不重视国内商务的发展，以与西方商战。如果说这些机构还只是业余的农工商管理机构的话，那么，商务局、农工商局的设立则标志着中国近代农商管理机构的进一步专门化。

第三节　商务局、农工商局

甲午战争以后，中国的民族危机和清朝的统治危机都日益加深，这导致清廷不得不逐渐重视发展工商实业，并采取相应的措施。况且总理衙门大臣，南、北洋大臣各职，主要是应付对外事务，与国内商业关涉不多。因而建立领导国内商务的行政管理机构刻不容缓，于是，清政府饬令各省设立商务局、农工商局，即其中的一项重要举措。

一　商务局的设立

郑观应是较早提出设立商务局的有识之士之一。他指出要振兴商务，就必须特设商务大臣，同时在各省设立商务局，应“仿西法，由各艺各商户，公举殷商及巧工设为董事，予以体面，不准地方官藉此要求。凡有商务、工务应办之事，可者，随时察报商务大臣，或商务大臣不公，有徇私自利之心，准各省商务局绅董，禀呈军机处转奏，庶下情上达，不至为一人壅蔽也”①。后得到张之洞、总理衙门的肯定与支持。② 正是在清廷大员的倡导下，得到清廷的允准，并谕令“沿海各省会应各设商务局一所，责令督抚专政。局中派提调一员，驻局办事，将该省各项商业，悉令公举董事一人，随时来局，将

① 赵靖、易梦虹主编：《中国近代经济思想资料选辑》中册，中华书局 1982 年版，第 90 页。

② 《吁请修备储才折》，《张文襄公全集》卷 37，奏议 37，北平文华斋 1928 年版。

该省商况利弊情形与提调妥商补救整顿之法，禀督抚而行之，事关重大者，督抚即行具奏”①。从1896年开始各省即陆续开始设立商务局。湖北张之洞、山西胡聘之率先奏准创办苏州商务局、山西商务局。但是多数省份的官员当时并未立即引起重视，也未采取实际行动。关于此事，时人陈炽有过这样的评论：“刻总署议准各省设立商务局，选举商董，求通下情。然地方官吏，大都一笑置之，即便实见施行，亦惟以一纸官文奉行故事，而于商人奚益也？而于商务奚裨也？盖中国之官商相去悬绝，不设专官以隶之，不设专律以防之，不定地方官吏之考成功罪以警之，而欲恤商情，振商务，保商权，是犹缘木求鱼，欲南辕而北其辙也，其必不可得已。”② 可见，尽管清政府在甲午战后已饬令各省设立商务局，但效果并不十分理想。有鉴于此，清廷再次谕令“著各督抚率员绅认真讲求，妥速筹办，总期联络商情，上下一气，毋得虚应故事，并将办理情形迅速具奏。”③ 但“虽再下明诏，疆臣亦惟置若罔闻”。④ 尽管清廷有意振兴商务，可惜在中央集权十分脆弱的情况下，各地督抚的掣肘，终使商务局的作用比较有限。

二 农工商局的成立

1898年戊戌变法期间，康有为在《应诏统筹全局折》中提议设立十二个局以主持国政，其中经济性质的行政管理机构明显增加，光绪帝亦采纳了其在京设立农工商总局的建议，任命端方为督理该局的大臣，汇丰银行买办出身的吴懋鼎为协理。农工商总局的设立，是“仿外洋设立商部之意也”。⑤ 作为统率全国农工商业发展的专门行政机构，在近代经济史上具有重要的标志性意义。这标志着农工商行政

---

① 朱寿朋编：《光绪朝东华录》（四），中华书局1958年版，第3722—3725页。

② 赵树贵、曾丽雅编：《陈炽集》，中华书局1997年版，第233—234页。

③ 朱寿朋编：《光绪朝东华录》（四），中华书局1958年版，第4096页。

④ 中国史学会编：《戊戌变法》第2册，神州国光社1953年版，第249页。

⑤ 国家档案局明清档案馆编：《戊戌变法档案史料》，中华书局1958年版，第390页。

管理机构改革的步伐向前迈出了实质性的一步。各直省则由该督抚设立农工商分局，遴派通达时务公正廉明之绅士二三员总司其事。于是，此后各省相继所设立的农工商实业管理机构，有的称商务局，有的称农工商局，但性质大体相似。[①] 正是在中央的倡导下，设立商务局的省份渐趋增加，但也不是每个省份均已设立，如山东商务局，至1901年11月才由袁世凯奏准设立。直到清末清政府推行“新政”的一段时间，商务局或农工商局才比较普遍地在各省创立。

晚清商务局、农工商局的设立，一定程度上促进了清末经济的发展，这主要体现在：保商惠商，奖商恤商；[②] 积极促进参与国际赛会；[③] 及时处理控诉案件，对于“刁狡之徒当堂未能讯释，取保又虑避匿者，分发待质公所”[④] 等。但是，晚清设立的商务局，在行政上一般都隶属于各省督抚，除设在京师的农工商总局可随时具奏外，各省的商务局遇事均需呈请督抚代奏。康有为鉴于这种情况，曾提出将各省商务局直隶于总理衙门，以便统一管辖，但未被采纳。[⑤] 这就难免导致督抚对其的掣肘，所以商务局的局限性是显而易见的。对此有人曾评论说“商务局只能任用候补官员，不得任用商董，于是重官轻商的观念制约了商务局的机能发挥。商务局主事人员大多对商学、商法和国内外商情茫然无知，只有少数兼充买办者尚不昧于此，但他们常以洋商的马首是瞻，较少真诚为本国工商界尽力”[⑥]。朱英也认为“由于商务局、农工商局都是清朝的官办机构，自然不可能与广大商人的要求与愿望完全一致，也不可能随时随地都真正站在商人的立场上，维护商人的利益。”“许多商务局成立时，都声称要维护利权，发展实业，但有些商务局实际上反其道而行之，不仅未起到维护

---

① 朱英：《论晚清的商务局、农工商局》，《近代史研究》1994年第4期。

② 《商务局详江督宪出示保商文》，《南洋官报》光绪三十一年第4期。

③ 《江督周据商务局禀请拨款筹办赴比赛会货物饬江苏藩司查照札》，《南洋官报》光绪三十一年第2期。

④ 《商务总局札江宁府》，《江海大众》1900年第12期。

⑤ 朱英：《论晚清的商务局、农工商局》，《近代史研究》1994年第4期。

⑥ 刘增合：《论清末工商产业行政整合的初始努力——以商部之前的商务局为例》，《中国经济史研究》1998年第3期。

利权的作用，反而大肆出卖利权，引起商人强烈不满。”[①] 因此，鉴于商务局、农工商局的局限性，有识之士呼吁在此基础上成立职权独立的实业管理专部就逐渐提上了日程。

此外，清廷还设立了矿务铁路总局、商务大臣、商约大臣、铁路大臣以及路矿大臣等官职，以管理商务。清廷于 1898 年设立矿务铁路总局，派王文韶、张荫桓主持，所有开矿、筑路一切公司事宜，俱归统辖，以专责成。商务大臣是 1899 年 11 月 24 日上谕令设立的，第一任授给了李鸿章。1902 年 7 月，李鸿章去世不久，商务大臣衔又转授给湖广总督张之洞。3 个月之后，直隶总督袁世凯也被授与张之洞同领此衔。商约大臣是 1902 年 2 月 23 日新设的，是为了负责商约谈判的特殊使命。第一任是工部大臣吕海寰和盛宣怀。铁路大臣是 1895 年设立的，先由前贵州按察使胡燏棻领此衔。之后不久，又委任了各项铁路大臣，每个大臣控制一两条铁路。[②]

① 朱英：《论晚清的商务局、农工商局》，《近代史研究》1994 年第 4 期。

② 钱实甫：《清季新设职官年表》，中华书局 1961 年版，第 68—69 页。

第二章

清末中央实业管理机构的设立及整合

鉴于设立商务大臣、成立路矿总局等管理机构以来，“一无成效”①。进入20世纪以后，要求建立一个全国性的中央实业行政管理机构的呼声越来越高，由此商部应运而生。商部的创设无疑是中国近代政治制度史上的一件大事，也是近现代经济史上的一件大事，对当时及以后中国社会的影响十分深远。

第一节　商部的设立及其机构人事

商部设立这么大的一件事情，不是一蹴而就的，而是经过了相当长时间的酝酿。这主要体现在郑观应、陈炽等有识之士的宣导于前，张百熙、徐琪等高级官员极力倡行于后。最后，在盛宣怀、载沣、载振等努力下，得到奕劻和慈禧的肯定，商部才得以创设。当然这也与当时严重的民族危机息息相关，1904年的《时报》说：“政府鉴于商战不利，惧将无以自存于生计竞争之世也，于是创立商部。”② 此话不无道理。

---

① 光绪二十八年四月二十四日御史徐德沅奏折，一档藏。转引自郑起东《清末“振兴工商”研究》，《近代史研究》1988年第3期。

② 《论商部与商业之关系》，《时报》光绪三十年十一月二十四日（1904年12月30日）。

一　商部创设之酝酿

集士、商于一身的郑观应，在其著作《盛世危言》中最早提出设立商部的主张。他在《盛世危言·商务一》中指出："今朝廷欲振兴商务……莫若奏请朝廷增设商部，以熟识商务，曾环游地球、兼通中西语言文字之大臣，总司其事；并准各直省创设商务总局，总局设于省会，分局即令各处行商择地自设，总局则令各处行商，每年公举老成练达有声望之殷商一人为总办。"① 在该书《商务三》中他又对商部的职责及其地方垂直机构的设置作了明确的设想，再次阐明"必于六部之外，特设一商部，兼辖南、北洋通商事宜。南、北洋分设商务局于各省水、陆通衢，由地方官公举素有声望之绅商为局董，凡有所求，力为保护"，商务局随时将有关商务诸事，或咨察于南北洋通商大臣，或送达商部，商部统计盈虚，上奏朝廷，从而做到"兴废当，谋划周，上下之情通，官商之势合，利无不兴，害无不革……至于下则必于商务局中兼设商学……再由各府、州、县札饬各工商设立商务公所"②。尽管郑观应的思想主张在当时并未引起多大的共鸣，也没有引起清廷的足够重视。但其思想的前瞻性，预见性是同时代人所无法比拟的。其所带来的影响，亦深深地扎了根，特别是对清廷高级官员的影响，更是不容忽视。

继郑观应之后，早期维新思想家陈炽进一步阐发设立商部的必要性，其在《创立商部说》中颇为激动地写道："不立商部，何以保商？不定商律，何以护商？不于各城各埠广设商务局、遍立商务学堂，何以激扬鼓励、整齐教诲诸商？假使无商，何以有税？假使无税，何以济用？假使无用，何以为国？燃眉之急，切肤之灾，殆不得置之膜外矣。"对于甲午战后各地商务局推进速度缓慢这一情况，他进一步指出："刻总署议准各省设立商务局，选举商董，求通下情。然地方官吏，大都一笑置之，即便实见施行，亦惟以一纸官文奉行故

① 夏东元编：《郑观应集》（上册），上海人民出版社 1982 年版，第 605—606 页。
② 同上书，第 616—617 页。

事，而于商人奚益也？而护商务奚裨也？盖中国之官商相去悬绝，不设专官以隶之，不设专律以防之，不定地方官吏之考成功罪警之，而欲恤商情，振商务，保商权，是犹缘木求鱼，欲南辕而北其辙也，其必不可得已。”① 陈炽主张设立商部的着眼点仍是保商护商，而不是把商部作为一个亟须建立的一个行政机构来看待。仅仅从商民的利益出发无可厚非，但不考虑清廷的利益，设立商部是不可能得到实现的。

何启、胡礼垣在《新政论议》中则提出“中国吏、户、礼、兵、刑、工部之设，由来已久，而新政既行，则宜并吏礼两部而为一，名曰内部，而添商部、学部、外部，合兵刑工而为八部。论其次序则商部为第一……商务不兴，则不能与敌国并立，故加立商部且进之为第一者，欲中国以商务称雄也”②。何启、胡礼垣主张设立的商部愿望更为强烈，且把商部抬到一个很高的位置，“论次序商部为第一”，并把商部的建立与变革政治机构结合起来，无疑更是顺应了时代潮流。因为传统六部已很难适应时代之要求，改革已是势在必行的事情。此议一出，逐渐在开明的高级官员之间引起共鸣。

郑观应、陈炽、何启、胡礼垣等所提出建立商部的主张，为以后商部的创设，作了充分的舆论动员。使人们认识到“二十世纪之世界，一全球相争相竞之世界也，竞争之目的，在求所以自存，而达目的之方法则必以战争为用。然自哥伦布航海得新地以来，已渐易其兵战之世界而为商战之世界，且商战之胜负，其利害得失之关系，于其国者尤较兵战为甚”③。而逐渐走向成熟的发展工商思想，必然会对上层决策人物产生影响，也势必对清政府进行的工商改革有很大的推动作用，从而影响国家政策。但一种理论的提出，要付出实践，就必须有适当的人来施行，对于商部设立来说，这些人就是清廷的高级官员张百熙、徐琪等。

---

① 赵树贵、曾丽雅编：《陈炽集》，中华书局 1997 年版，第 233—234 页。

② 郑大华点校：《新政真诠——何启、胡礼垣集》，辽宁人民出版社 1994 年版，第 137 页。

③ 《论自由权与商战之关系》，《经世文潮》1903 年第 2 期。

清廷内部，最早提出创设商部的高级官员是都察院左都御史张百熙。[①] 张百熙（1847—1907），中国近代教育活动家。字埜秋（又作冶秋）。湖南长沙人。同治十三年（1874）进士。曾授翰林院庶吉士、编修、侍讲、南书房行走等，先后任山东、四川等地乡试考官，督山东、广东学政，迁内阁学士，又历任国子监祭酒、都察院左都御史、礼部侍郎、工部、刑部、吏部尚书等职。在广东时，倡设时敏学堂，严杜科场文弊，士论翕服。戊戌变法失败后，因荐举康有为而被降级留任。光绪二十七年（1901）上新政疏，请改官制、理财政、变科举、办学堂、设报馆，积极提倡变法自强。1902 年被委任管理大学堂事务大臣，主持京师大学堂，并总理全国教育事宜，1903 年与荣庆、张之洞重拟《奏定学堂章程》（癸卯学制），是为中国近代第一个正式实行之新式学制。张百熙任官期间关心国家安危荣辱，甲午战后，积极提倡变法自强。

正是在这样的背景下，光绪二十七年二月，八国联军乱后，朝廷下诏求言，张百熙首抗疏沥陈大计，请朝廷增改官制，整理财政，变通科举，广建学堂，创立报馆。其中关于商务问题，他说“我朝设官，大半沿前明数百年旧制，及通商以后，事多创办，而官位不增，惟设一总理衙门以综理之。遂使商务、学务及一切新法，悉隶外部，各国无此例也。”说的都是实情，他又进一步指出“任官之法，莫善于一事分任诸人，莫不善于一人普任各事。应请总理各国事务衙门，正名外部。不分满、汉，设尚书侍郎各一人，专办外交各事。至内外一切商务，宜专设商部，以总其成，更须参考西书，酌体中国商情，定商律”[②]。张百熙全疏可谓切中时弊，情词恳切。但慈禧等人认为“张百熙所言，剑拔弩张，陈篇累牍，……不大明晰”[③]。以此为由，

---

① 参见史洪智《新政初期的商部创设与商律编订》，《中山大学学报》（社会科学版）2008 年第 5 期。就笔者视野所囿，至今还未发现比张百熙更早提出创设商部的其他高级官员，所以，暂采此说。

② 胡国珍辑：《历朝四百五十人传记》，北京燕山出版社 1991 年版，第 695 页。又见蔡冠洛编纂《清代七百名人传》第 3 册，北京市中国书店 1984 年版，第 623 页。

③ 陈夔龙：《梦蕉亭杂记》卷 2，《辛亥革命史资料新编》第 1 编，湖北人民出版社 2006 年版，第 304 页。

搁置了张百熙的建议。这样，朝廷内部官员第一次创设商部的构想失败了。

继张百熙之后，徐琪再次奏请朝廷添设商部一署。徐琪（1948—1918），字玉可、花农，今浙江杭州人，光绪六年进士，曾授编修、南书房行走等，先后任山西乡试考官，广东学政，官至兵部侍郎。为俞樾弟子，工诗文，善书画。相对张百熙的直言劝谏，徐花农显得有些迂回。他说由于当时全国商务没有一个核心的领导机构，致使“满地散钱，无所串贯”①。虽然“各省虽设有商务局，商务归宿，然有名无实，仍局是局，而商是商，上下依然隔膜，其故皆有无提纲挈领之处，以致各省不能划一”②。正因如此，所以徐琪进而提出京师添设商部衙门十分必要，按照徐琪的设想，商部衙门内设十四司，各司依照六部之制；各直省设商务总局，以司道大员充之。局中照商部十四司之名分为各处，由督抚采择府厅州县及各学堂学生分置其间。为减少创设阻力，徐琪注意阐发商部与传统六部之间的联系：“户部，昔称民部，亦呼农部，与工部并列。民、工，既可名部，则增设商部一署，与农工商并重之意正合。将来此署设后，诸事实力奉行，则新旧之名既忘，中外之迹俱化”③。徐琪的上奏，在当时形成了一定的影响，④ 但该折登诸报端不久，先是十月初四日，令其“毋庸在南书房行走”，十二月十七，又以“声名平常，不孚舆论”而惨遭革职。⑤ 徐琪没有触犯朝廷，上奏折也不是为了一己之私，按照常理，不应该落得这个下场。可历史有时就是这样残酷。

另一个较早明确提出创设商部的是山东学政尹铭绶。尹铭绶（1863—?），字佩之，湖南茶陵人，清光绪二十年（1894）甲午科张謇榜进士第二人。光绪十七年，尹铭绶参加乡试中举。光绪二十年，

① 毛佩之辑：《变法自强奏议汇编》第四册，沈云龙主编：《近代中国史料丛刊续编》第 48 辑，台北文海出版社 1977 年版，第 587 页。

② 同上书，第 595 页。

③ 同上书，第 587 页。

④ 当时徐琪的奏折即《徐花农侍郎奏请添设商部衙门折》，分别于九月廿一日、廿二日、廿三日、廿四日刊登于 1901 年上海《申报》。

⑤ 佚名撰：《邸抄》第 95 册，北京图书馆出版社 2004 年版，第 49103、49292 页。

参加会、殿试，荣获一甲二名进士，授翰林院编修，很快又任国史馆协修。光绪二十三年，尹铭绶出任广西乡试主考官。光绪二十六年，以编修提督山东学政。光绪二十八年，尹铭绶提督山东学政。时任山东学政的尹铭绶目见西方列强经济侵略日甚一日，为了抵御西方列强的资本输出，其在《请设商部广招华商折》中明确提出“设立商部，广招华商回籍，有能制造新式，给予匾额，以收回利权多少，分别赏三四五品顶戴，列为二三等公司，准与商部大臣会议商务”[①]。结果仍遭到朝廷的否定。可笑的是清廷的批复：“前年奉旨特设商务大臣，上年又派盛宣怀为会办商务大臣，是即外国商部职掌，但须讲求实事，不必更改名称。该学政所请设立商部之处，应毋庸议”[②]。清廷竟把尹铭绶所提的设立商部看作更改名称，实无必要之举，至此我们可以看出清廷还没有设立商部的打算。

按理说，商部的设立，是十分必要的，理论也日渐趋于成熟，可清廷就是按兵不动，是时机未到，还是另有隐情？

二　商部的设立及其机构设置

促使清廷设立商部更直接的朝廷大员是盛宣怀、载沣、载振等。1901 年，盛宣怀被任命为会办商务大臣。1902 年，当他在上海为商约大臣时，[③] 就曾指出商约大臣的局限性，因为其在处理特殊贸易问题时，完全不能满足需要，因此，提议在北京建立一个永久性的部，以领导工商事务。[④] 醇亲王载沣则比盛宣怀更进一步，1901 年 6 月到 11 月，他率领一个特使团到德国因义和团枪杀德国公使而道歉，在旅途中他遇到许多海外华侨，这些华侨的商务观念对载沣施以很大的

---

① 《会议学政尹铭绶请设商部折》，见中国第一历史档案馆藏《军机处录副奏折》，卷宗：03，档号：03—5094—006。

② 《清实录》第 58 册，中华书局 1987 年版，第 424 页。

③ 商约大臣是 1902 年 2 月 23 日新设的，职务是负责商约谈判。第一任商约大臣是吕海寰和盛宣怀。参见［美］陈锦江《清末现代企业与官商关系》，中国社会科学出版社 1997 年版，第 190 页。

④ 《华字日报》1902 年 3 月 26 日。转引自［美］陈锦江《清末现代企业与官商关系》，中国社会科学出版社 1997 年版，第 189 页。

影响，由此他开始支持重商政策，回国之后立即向光绪皇帝建议设立商部，这一议案被提交军机处。同时载沣的建议又得到另一皇室成员载振的支持。载振也呈送了一份类似的建议书，并系统地提出调整政务处的建议。唐文治亦指出“农工商三者并重，而握其枢于商部……应请先行特简大员开办商部，俾大纲既立，条目秩如”①。1902 年 11 月，政务处大臣庆亲王奕劻等奏：“泰西以商立国，于商务特设专部。中国亦应设立商部，以为振兴商务之地。”② 这样，设立商部问题提上了日程。

此外，以军机大臣荣禄为首的许多京官对设立商部持怀疑态度。他们认为由于当时还没有足够的准备改善官商关系，中国仍缺乏一个工商业发展的具体方案。在国家税收下降的时候，这样一种体制的变化不仅会增加冗官冗员，更会加重财政负担。还有一部分人指出：设立新的商部会破坏北洋大臣和南洋大臣以及商约大臣的管理权限。③ 当时朝野截然分成两大阵营，但由于历经八国联军侵华，民族危机极其严重，慈禧等清廷领导核心要求实行新政的愿望十分强烈，亦一改反对设立商部的常态，进而支持商部的设立。其实，“强制性制度变迁只有首先具备了这个条件（最高统治者的首肯），制度的规划、供给和成为正式制度的安排才会成为可能”④。的确如此，庆亲王奕劻亦明确表态支持设立商部，“以为振兴商务之地”⑤。当此之际，著名华侨商人张振勋也上奏称：“库款支细，财力困微，其能凑集巨资，承办一切者，惟赖于商。”并提出：“农、工、路、矿诸政必须归并商部一部，否则事权不一，亦非商战之利。”⑥ 并明确表示捐献 20 万两白银的巨款，用

① 唐文治：《茹经先生自订年谱正续篇》，《近代中国史料丛刊三编第九辑》，台北文海出版社 1986 年版，第 49 页。

② 《清实录》卷 504 第 58 册，中华书局 1987 年版，第 513 页。

③ 《华字日报》1903 年 3 月 23 日，5 月 7 日，9 月 26 日。转引自［美］陈锦江《清末现代企业与官商关系》，中国社会科学出版社 1997 年版，第 190 页。

④ 杨德才：《中国经济史新论（1840—1949）》，经济科学出版社 2004 年版，第 220 页。

⑤ 《清实录》卷 506，第 58 册，中华书局 1987 年版，第 5 页。

⑥ 唐文治：《茹经堂奏疏》卷一，沈云龙主编：《近代中国史料丛刊第六辑》，台北文海出版社 1967 年版，第 96—97 页；宓汝成：《中国近代铁路史资料（1863—1911）》第 3 册，中华书局 1984 年版，第 923 页。

于创办将由商部管辖的一所商业学校。这更加速了清廷设立商部的进程，美国学者陈锦江就曾指出“张弼士财政支持则是时机的象征。”所以，后来张弼士得到商部侍郎的头衔也并不为过。①

在朝野上下的共同吁请下，清廷也意识到“通商惠工为古今经国之要政，自积习相沿，视工商为末务，国计民生，日益贫弱，未始不因乎此，亟应变通尽利，加意讲求”②。在荣禄死后的第11天，即1903年4月22日，清政府发布上谕，先定商律。“前据政务处议复，载振奏请设立商部，业经降旨允准，兹著派袁世凯、伍廷芳先订商律，作为则例。候商律编成奏定后，即行特简大员，开办商部。其应如何提倡工艺，鼓舞商情，一切事宜，均著载振等悉心妥议，请旨施行，总期扫除官习，联络一气，不得有丝毫隔阂，致启弊端，保护维持，尤应不遗余力。庶几商务振兴，蒸蒸日上，阜民财而培邦本有厚望焉。”③曾留学英国的法学专家伍廷芳等，立即投入工作，他们发现，要制定一部系统的商法还需很多时间，但为了尽快使商部早日成立，他们主张首先拟定商部组织法和管理章程。这些初步的措施很快得到朝廷的允准并得到实施。是年8月，清廷下谕旨：“现在设立商部，所有路矿事务，应归并商部，以专责成。路矿总局着即裁撤。”④ 同年9月，清政府再次颁发谕令，“现在振兴商务，应行设立商部衙门。商部尚书著载振补授，伍廷芳著补授商部左侍郎，陈璧著补授商部右侍郎。所有应办一切事宜，著该部尚书等妥议具奏”⑤。商部正式设立。

商部最终是设立了，但从舆论开始提出设立到正式设立历时二十余年，商部的筹设可谓困难重重，这也表明，政治改革不是一朝一夕即起的，需要酝酿好多年；一种政策的施行，要经过很多论证，当然也需要恰当的时机。尽管设立商部的设想很好，但没有恰当时机，也

---

① ［美］陈锦江：《清末现代企业与官商关系》，中国社会科学出版社1997年版，第179页。

② 朱寿朋编：《光绪朝东华录》（五），中华书局1958年版，第5014页。

③ 商务印书馆编译所编：《大清光绪新法令》第1册，商务印书馆1909年版，第9页。

④ 朱寿朋编：《光绪朝东华录》（五），中华书局1958年版，总第5063页。

⑤ 同上。

很难得到施行。更为重要的是必须要得到最高统治者的首肯，在封建君主专制时代，一种思想主张或建议要上升为国家的高度，如不能得到最高统治者的同意与支持，其几乎没有实现的可能性，且不管你的理论有多好，能创出多大的效益。这是那个时代最大的国情，离开了这个现实，一切将无从说起，因为时势是个人无法改变的。所以我们不能苛求古人，也许就是这个道理。

商部内置四司一厅。

保惠司：专司商务局、所、学堂、招商一切保护事宜，赏给专利文凭、译书译报、聘请洋工程师及本部司员升调、补缺各项保奖。

平均司：专司开垦、农务、蚕桑、山利、水利、树艺、畜牧一切生殖之事。

通艺司：专司工艺、机器制造、铁路、街道、行轮、设电、开采矿物、聘请矿师、招工之事。

会计司：专司税务、银行、货币、各业赛会、禁令、会审词讼、考取律师，校正权度量衡以及本部报销经费。

司务厅：专司收发文件、缮译电报。[①]

在人员配置方面，商部在《商部开办章程》中奏称："臣部综理商政一切事务，职掌綦繁，拟请仿照外务部体制，设左右丞各一员，正三品。左右参议各一员，正四品。每司设立郎中、员外郎、主事各二员。司务厅设立司务二员，额外司员，亦酌定每司以六员为率。"[②]"以尚书为主任官，而侍郎为之辅佐，受其指挥。更设丞、参各官，划定职权。丞如日本之参事，专主审议立案，参议如日本之局长，郎员如各课。"[③] 商部鉴于传统六部官员调动频繁，不谙业务，各部事权往往落于书吏或差役之手，主张设立丞、参议辅佐事务。当时，

① 《奏定商部开办章程》，国家图书馆清史文献中心藏；又见《大清光绪新法令》第3册，第76页；唐文治《茹经堂奏疏》卷二，《近代中国史料丛刊第六辑》，台北文海出版社1967年版，第136页。

② 《奏定商部开办章程》，国家图书馆清史文献中心藏。

③ 故宫博物院明清档案部编：《清末筹备立宪档案史料》，中华书局1979年版，第370页。

“各司均有书办多人，为首者曰经承，熟悉例案。司官无经验者，每赖之。于是经承能从中操持蒙蔽，经承并招收徒弟，以继其业，如绍兴师爷者。然上下一体，俗称此辈为‘当衙门的’，言其能操持部务也。各衙门所司不同，经承舞弊之法亦异——六部书办为多年积习，司官亦知而不问”①。具体设官情形见表1-1：

表1-1 **商部官职设立表**

官职	品级	额缺
尚书	从一品	一缺
左侍郎	正二品	一缺
右侍郎	正二品	一缺
左丞	正三品	一缺
右丞	正三品	一缺
左参议	正四品	一缺
右参议	正四品	一缺
丞参上行走	正四品	无定额
参议上行走	正四品	无定额
各司郎中	正五品	二缺
各司员外郎	从五品	二缺
各司主事	正六品	二缺

此外，商部还设立了一系列附属机构作为辅助。

律学馆：设总纂、纂修官各两人，以本部司员兼充。主要职责在于从外洋购买商律各书及路矿律、招工律、保险律、报律和各国通商条约，派定通晓中西文字者若干员，专司翻译。后由总纂、纂修官审慎采择，参以中国律例，编成条款，送往商部奏请钦定颁行。② 律学馆是我国历史上最早建立的近代商事法规编纂机构，它的建立以及对

① 故宫博物院明清档案部编：《清末筹备立宪档案史料》，中华书局1979年版，第370页。

② 《奏定商部开办章程》，国家图书馆清史文献中心藏。

西方有关商事律例的翻译，有利于商部因地制宜地制定出符合中国国情的商律，为中国商律体系的完善作出了重大贡献。

商报馆：设提调官一人，由本部司员兼充。将本部所办招商事宜、集股款目以及各省各埠土产盈亏，物价高低，工艺状况及时登报，发给各省及中外各埠，以此鼓舞商情，开通风气。同时也加强了商部与商民，商部与外国的联系和交流。

商标注册局：于光绪三十年（1904）设立。专办注册事务，天津、上海两关作为商标挂号分局，以便挂号者就近呈请。

此外，“设京师高等实业学堂造就通才，复设艺徒学堂、工艺局、劝工陈列所”[①]。以培养专门技术人才。

我们可以把商部的机构设置与同时期的日本做一对比，从中可以看出差距，无论是从分科的科学性，还是从机构设置的名称上，商部都显得初创时期的不成熟。这也是后来改组为农工商部，进一步完善各司职能的重要原因。

日本农商省设大臣一员，大臣官房内置秘书课、文书课、博览会课、统计课、会计课。农商大臣直辖六局一所：

农务局内置农政课、农产课、畜产课、牧马课、马匹去势处。

商工局内置商事课、社会课、保险课、工务课、权度课、商品陈列所。

山林局内置林政课、林业课、调查课、主计课、庶务处。

矿山局内置矿政课、矿业课。

特许局内置审判课、发明审查课、意匠审查课、商标审查课、再审查课、登录课、庶务课、图书馆、外务处。

水产局内置渔政课、水产课、调查课、庶务处。

地质调查所内置土性课、分析课、地形课。

农商省设官 89 人作为定额，又设专任技师 35 人，专任技手 51 人。[②]

① 公牍，《商务官报》1908 年第 28 期，第 4 页。

② 《日本商务省官制》《日本商务省分课规程》，《商务官报》1906 年第 1 期。

尽管与同时期的日本的商部官制比起来，还显得十分不成熟，但商部成立后所进行的一系列改革，引人注目。这一点首先可以从商部开办的宗旨中管窥一二，“要在通上下之情。所有商人求见或投递禀牍及面诉商情，自当输诚款待，破除京外各衙门昏吏阻隔之弊”①。其次，商部在日常办公方面，一定程度上打破官僚习气，更加务实，关乎此，商部章程中反映得很明确：“臣部事务殷繁，各司员等自应按照外务部之例，逐日到署，亲手办稿，呈堂阅定核发，并轮流住班，期无旷误。臣等现拟设立日计表、月计表各一册，即由臣等首先倡率，将每日所办何事随时登记，司员缮列于后。即督饬逐日标注，考其功课，即以察其才能。至于信文一切宜概从简便，以除壅蔽。查各部向章，司员上堂回事立而不坐，堂官亦起立答话，即有商酌每苦不能尽言。臣部拟于堂上另备长桌，多设座位，遇有重要事件，即同丞参及各司员环坐一堂，从容讨论。务使人人各抒己见，各尽所言，勿蹈脂韦趋跄之习，庶收集思广益之功。”② 其中“务使人人各抒己见，各尽所言，勿蹈脂韦趋跄之习，庶收集思广益之功。”也是符合我们今天政府的施政理念，从这里我们不难看出，商部或多或少地开始涉及施政的民主性，这无疑是值得称道的。

为通洽商情，商部还设接待所，安置来京谒部的商民。“现臣部拟于署中设接待所一处，如有中外各业商人赴署求见，既导至司务厅，由值班司员先行接见，详询踪迹，察其情伪，然后由司务厅司员延入接待所，由丞参各员等分别接谈，随时随事斟酌办理。盖询察之权不寄诸阍吏，既无内外阻绝之嫌，以免良莠纷投之虑。”③ 在用人方面，商部打破以往任人讲究资格、门第、等级的惯例，而是“司员选取皆凭考试”④。据参与其事的商部官员唐文治回忆：“当即考取

① 《奏定商部开办章程》，国家图书馆清史文献中心藏。

② 《奏定商部开办章程》，国家图书馆清史文献中心藏；亦见《大清光绪新法令》第3册，第78页。

③ 《奏定商部开办章程》，国家图书馆清史文献中心藏。

④ 唐文治：《茹经堂奏疏》卷三，《近代中国史料丛刊第六辑》，台北文海出版社1967年版，第191页。

司员四十八名。载尚书派定掌印、主稿，内以熙君隽甫名彦、祝君芷生名孝复、毛君艾生名祖模、胡君劭介名祥熔、陶君杏南，单君束笙名镇、王君斡臣名大贞、阮君惟和最为得力。舆论以为商部人才，极一时之选焉”①。这些人后来都成为商部的骨干司员，其中熙彦升至农工商部左侍郎。在选才用人方面，商部也表现出了与旧时官场决裂的积极态度，唯才是举，唯才是用。对“无论京外现任候补、候选各官及各学堂学生卒业、出洋留学生卒业各学生，择其品端学优、事理通达，或娴习各国语言文字，或研究中外政法条约者”，可以随时咨调到部。而对那些托关系求官者，一概摈斥，唐文治曾记述道“有某藩司之子来馈二百金，并持某尚书函，求得帮主稿，余甚怒，立即掷还”②。由此不难看出，商部的诸多举措，力除弊政，有利于通官商之情，保商护商。

总之，商部创立以后，力求打破传统六部的施政模式，大胆的尝试创新，在当时备受人们注目，产生了重大影响。时人有过如此评价：“自商部兴，别为一种风气。所用之人，吏部不敢过问，所筹之款，户部不得与知。抵掌谈时务者，相继效尤，未几而立警部，未几而立学部。”③ 这仅仅是从商部对后来国家机构改革的影响而言的。也有人认为“民国实业之有政策，以设立商部始”④，此尤见商部在清末实业发展上的地位和作用。商部设立后，为切实有效的推动和管理全国的工商实业，在地方上建立与之相配套的振兴实业领导机关等方面，亦做了重要的努力。热心商务的张振勋曾上折奏明，设立商官。“中国地方官势不能兼管商务，非于各省各属添设商官，恐转负朝廷特设商部之意，拟请添设商官，其目有五，曰商务部；曰商务大臣；曰商按察；曰商同知；曰商巡检。内则设商务部，援照外务部之

---

① 唐文治：《茹经先生自订年谱正续篇》，《近代中国史料丛刊三编第九辑》，台北文海出版社 1986 年版，第 50 页。

② 唐文治：《茹经堂奏疏》卷三，《近代中国史料丛刊第六辑》，台北文海出版社 1967 年版，第 190 页。

③ 胡思敬撰：《退庐全书》，转引自鞠方安《试论清末官制改革（1901—1911）中的文官设置及其特点和影响》，《河南大学学报》（社会科学版）2000 年第 2 期。

④ 高劳：《十年以来中国政治通览・实业篇》，《东方杂志》第 9 卷第 7 号。

例，特简尚书侍郎若干员充之，总理邦国之商政，部设分司六，曰地宝司，理矿；曰梯航司，理铁路、轮船、电线、邮政；曰教稼司，理农田、水利、山利、种植；曰惠工司，理百工技艺；曰鼓铸司，理制造银元，铜元，曰会计司，理权度量衡，稽征各口岸百货出入之数，外则设商务大臣，约二三省设大臣一员，以通晓商务者充之，驻商务繁盛各口岸，总理所辖省之商政，至各直省则添设商按察一员，以道员以上充之，专掌其一省之商政，隶于商务大臣。大臣各设参赞随员若干，按察亦酌设委员若干，以备差遣。其各府厅州县，有可兴商者，酌设商同知一员，专管其地之商政，以各省候补同、通、州、县充之，隶于商陵察。其各属原设之巡检司，择有商务者，酌改为商巡检，专管其所辖各市之商政，隶于商同知。内外相维，大小相系，事无不举。或谓已设商务大臣，可不必添设商按察各官，臣谓无商按察各官，则事无责成，大臣多属客官，主客异势，呼应不灵，非另立商官不可"①。尽管张振勋的建议有通上下之隔阂，用意甚善，但是难以实行。

唐文治曾就此指出："惟当兹振兴庶务之时，固不必拘泥成宪，亦未可妄事更张。且举办大政，非特应酌量朝廷体制，所宜尤须默观世变，静验人情，自始至终，由本及末，通盘筹划，然后毅然行之而无窒碍。今该京堂以增设各省商官为请，臣等再四筹议，窃维中国设官已多，若遍设商官，微特徒糜廉俸，于实事毫无裨益，且恐遇有要政，转多掣肘，其弊一也。商官既设，不得不另设衙门，经费浩繁，商务大臣何从筹垫，若由民间筹拨，扰累必多，其弊二也。商同知、商巡检，名目纷纭，势难择人而理，偶一不慎，尤恐不肖之士，勾结商人，侵渔公家之利，其弊三也。即使商官不至勾结商人，或资商人为衣食之计，甚且遇事为难，择肥而噬，其弊四也。总之，当此世变诪张之会，与其多设一官，不如少设一官，与其官多而权分，不如官

① 唐文治：《茹经堂奏疏》卷二，《近代中国史料丛刊第六辑》，台北文海出版社1967年版，第36—140页。

少而权一。增设商官一事，自可毋庸置议”。[①] 尽管，张振勋的建议未被采纳，但商部在探索内部官制上所做的努力，仍是值得称赞的。

此外，商部还积极改造商务局，向各地派出商务议员、路务议员、矿务议员，劝设商会，为清末商务振兴做出了很大贡献。

第二节　商部改组为农工商部

商部创设之后，由于职权不明，所掌范围过大，且与中央其他行政机构多有龃龉，更重要的是，新政的实行加重了原本脆弱的财政负担，由于经费困难，商部庞大的机构系统运转难以为继，不得不削减职权范围，于是商部改组就是顺理成章的事情了。

一　商部整合为农工商部

商部改组为农工商部的上谕公之于众后，商部、工部就着手部务交接，农工商部与商部在官制上是一脉相承的，其尚书、侍郎、左右丞参、左右参议的建置以及商部“奏设之顾问官、议员、矿务议员、商务议员、商务随员……仍依旧制。”[②] 改组后的农工商部尚书仍然是载振，面对原商部复杂的部务，尚能应付得了，可旧工部的人员安置却成了一棘手的问题。

当时舆论有大量的相关报道，“工部司员统计实缺及候补额、员外郎员主三项共三百八十余员，现奉裁撤，闻农工商部只调用二十员”[③]。“闻工部衙门自归并商部之后，已由工部司员开列实缺司员四十名，候补司员四十余名，呈请振贝子点派录用，闻振贝子只拟留用十余员，其余均交吏部安置。”[④] 还有一幕，令人心酸。有报道称：

---

① 王桐荪、胡邦彦、冯俊森等选注：《唐文治文选》，上海交通大学出版社 2005 年版，第 71 页。

② 商务印书馆编译所编：《大清宣统新法令》第 3 册，商务印书馆 1910 年版，第 85 页。

③ 《工部裁并后情形》，《申报》1906 年 11 月 23 日，第二版。

④ 《北京近事通信》，《盛京时报》光绪三十二年十二月初十日（二）。

"农工商部邸堂原订初十日接见工部各司员，甄别去留，旋改订十一、十三两日，实缺候补各员分期过堂。十一日午后，正在由本部印稿数员带领工部实缺各员分班晋见时，突于第五班内有笔政一员，年约五十余岁，忽晕眩倒地，幸未气绝。邸堂当即吩咐派人抬出，赶紧雇车将该员护送回家，并饬给银二十两交该家属赶紧医治，且谕传知该员，令其勿忧，将来病愈，仍补行接见云云。即刻派差四名护送去讫，嗣闻原差回禀：该员驻顺天府后身分司厅胡同，抵家时气息奄奄，幸有原差四人为之由车上移置内室床上。盖家中境况萧条，并无仆役，仅有老妻弱息而已。"① 唐文治亦记述了当时部务交接时的状况，"奉旨将工部归并农工商部，接收案卷一切，甚为忙碌。所有工部旧员均须设法位置，幸前任工部尚书陆凤石先生名润庠遇事详晰指示，有令尹子文之风，余因得办妥无误"②。在相关部务问题上，比如航业的归属问题，当时有这样的说法"邮传部陈雨苍尚书到部以来，查得轮船公司商股甚多，一时殊难稽核，拟将航路仍交农工商部管辖。惟溥仲鲁尚书会同各堂商议，以航业一项现经奏明划归邮传部，自未便再行接管，以清权限，故两说尚未决议"③。部务的交接，给农工商部带来了很大的考验，这直接影响到农工商部将来发展的稳定，从后来农工商部的发展来看，载振等商部大员经受住了考验。

商部改组农工商部主要牵涉的具体职权分别是原商部、工部、户部、邮传部、陆军部、外务部、民政部等，它们之间的职权划分的情况主要有：

光绪三十二年九月，工部并入商部，改为农工商部。三十三年十二月批准农工商部所奏归并工部办法折，将工部原掌之河工、水利、海塘，江防、沟渠、船政、矿务、陶冶、度量权衡事宜归并农工商部；土木工程、营缮报销事宜及琉璃窑、木仓归民政部；军器、战船及军需库、硝磺库、铅子库归隶陆军部。工关征收竹、木、车、船税

---

① 《农工商部传见司员纪闻》，《申报》1907 年 2 月 4 日，第三版。

② 唐文治：《茹经先生自订年谱正续篇》，《近代中国史料丛刊三编第九辑》，台北文海出版社 1986 年版，第 57 页。

③ 《农工商部不愿接管航业》，《申报》1907 年 7 月 4 日，第三版。

事宜归入度支部；内外廷典礼及备办器物事宜分别归属内务府，礼部办理。

农工商部成立后，将商部原掌之铁路、行轮、设电事务划归邮传部管理；将工部原掌之土木工程、营缮报销事宜划归民政部管理；将军器、战船划归陆军部管理；将工关征收竹、木、车、船税划归度支部管理，将内外廷典礼及备办器物分别划归内务府和礼部管理，而将户部原掌之农桑、屯垦、畜牧、树艺，外务部原管之机器制造、商务，工部原管之河防、水利、核销款项，户、工两部原管之度量权衡等事宜归隶农工商部管理。

光绪三十二年（1906）九月清廷设立邮传部。未设历之前，船政招商局隶北洋大臣，内地商船隶工部，邮政隶总税务司，路政、电政另派大臣管理。设立邮传部后，以工部原掌之内地商船，商部原掌之铁路、设电、行轮，外务部原掌之邮政，兵部原掌之驿站并入，管理全国轮船、铁路、电报、邮信四政。①

新改组的农工商部机构设置如下：

商务司：专司商会、商埠、商勋、赛会、专利、保险、厘定商货运输及水面商货保险规则；保护商船航业，招商，设立劝业、商业、储蓄等银行，农工商矿各公司暨一切提倡、保护、奖励、商务报告、诉讼禁令事宜；统辖京外各商务学堂、公司局厂及办理商政人员，兼管本部商律馆、商报馆、公司注册局、商标局，以及设关征税、彩票、股票、行情、请专利等事项。

农务司：专司农田、屯垦、树艺、蚕桑、纺织、森林、水产、山利、海界、畜牧、狩猎暨一切整理农政，开拓农业，增值农产、调查农品，组合农会，改良农具、渔具，刊布农务报告；整顿土货、丝茶并各省河、湖、江、海堤防工程，培修堤岸，建设闸坝，疏浚河道，海港各处，沟渠岁修款项核销事宜；统辖京外农务学堂、公司局厂，各省船政及办理农政、河工水利人员，兼管本部试验场。参加国际农

---

① 参见中国第一历史档案馆编著《中国第一历史档案馆馆藏档案概述》，档案出版社 1985 年版，第 122、124—125 页。

业赛会，购运各国农作物籽种、新式农具、农业书籍。

工务司：专司工艺物料、机器制造、劝工招工、组合工场、辨别工作、品物改良、瓷业保护、各项工匠暨调查全国矿产；管理办矿准驳事宜，发给勘矿、开矿执照，延聘矿师，整理一切工政、矿政、机器、人工造作事宜；统辖京外各工艺制造、矿务学堂、公司局厂及办理工政、矿政人员，兼管本部实业学堂、艺徒学堂、工艺局、劝工陈列所，绣工科、化分矿质所、权衡度量局。

庶务司：专司商部收支款项，报销经费，各司员缺升迁、调补，承领俸银、米，管辖阖署苏拉、听差、皁役人等，农工商部各司职掌范围、与各部院权限划分，管理整顿和兴办农工商各业的有关文件，承办署中各项杂物以及各司未核诸事宜，并统辖本部承值所。

农工商部的附属机构较之先前的商部更细化、更完备，除了保留商部全部的附属机构外，还增设了京师实业学堂、京师艺徒学堂、高等农业学堂、绣工科、银器科、印刷科、农事试验场、划分矿质所、工业试验所以及权衡度量所。①

从改组后的机构设置来看，农工商部远比商部完备，与同时期的日本农商省比起来，似乎职权范围更详细，职权更明晰，并采取分科治事的方式。在农务司内设置劝农科、劝稼科、宣防科、藩殖科；工务司内置劝工科、矿务科、惠工科、考工科；商务司内置商政科、商学科、商法科、商业科；庶务司内置铨政科、会计科、例证科、庶绩科。② 这种分科治事的方式，使农工商部内部分工更加细密，责有专成，有利于大大提高工作效率。此外，农工商部又在地方设置劝业道、劝业员。③ 而商部时期，地方机构只延伸到省一级的商务局、商务议员，而商务局基本上是地方督抚的附属，几乎未有独立的权限，遇事必须上奏，或商诸各地督抚。至农工商部时期，省一级设立劝业道，府州县设立劝业员，而且劝业道任命的主动权在中央，形成一个

---

① 参见《农工商部奏定员司职掌事宜折》，《申报》1907 年 2 月 5 日，第四版。

② 《农工商部阖署住址单》，国家图书馆清史文献中心藏。

③ 《清实录》第 59 分册，《德宗景皇帝实录》卷 574，中华书局 1987 年版，第 597 页。

较为完备的中央到地方的垂直管理系统。这种垂直式的体系便于对地方进行有序、统一和协调的管理，也有利于清末实业的发展。

二　商部、农工商部主要人事

从行政管理学的角度而言，公共行政领导者作为行政领导活动的主体，在行政领导活动中处于主导地位，行政领导者个体素质的高低对行政领导活动的成败具有至关重要的作用。所以，为了探究商部、农工商部的决策及效果，有必要对商部、农商部主要领导者或决策者进行简要考察，下表为商部农工商部时期主要职官年表：

表 1－2　　**商部农工商部时期主要职官年表**

年份	尚书	左侍郎	右侍郎	左部丞	右部丞	左参议	右参议
1903	载振	伍廷芳 陈璧	陈璧 顾肇新	徐世昌 唐文治	唐文治 绍英	绍英 王清穆	王清穆 杨士琦
1904	载振	陈璧	顾肇新	唐文治	绍英	王清穆	杨士琦
1905	载振	陈璧	顾肇新	唐文治	绍英	王清穆	杨士琦
1906	载振	陈璧 唐文治 熙彦	顾肇新 杨士琦	唐文治 绍英 杨士琦	绍英 王清穆 杨士琦 熙彦	王清穆 杨士琦 熙彦 耆龄 沈云沛	杨士琦 熙彦 耆龄 沈云沛
1907	载振 溥颋	熙彦	杨士琦	耆龄	耆龄 沈云沛	沈云沛 祝瀛元	袁克定
1908	溥颋	熙彦	杨士琦	耆龄 李国杰	沈云沛	祝瀛元	袁克定
1909	溥颋	熙彦	杨士琦	李国杰	沈云沛	祝瀛元 诚璋	袁克定 邵福瀛
1910	溥颋	熙彦	杨士琦	李国杰	沈云沛	祝瀛元 诚璋	袁克定 邵福瀛
1911	溥颋 溥伦 张謇	熙彦	杨士琦	祝瀛元	袁克定	诚璋	邵福瀛

从表 1－2 我们可知，商部、农工商部主要决策的主要有载振、唐文治、王清穆、陈璧、杨士琦等人。尽管职位有所变动，但仅仅是内部调换，下面我们就对这些重要领衔人物进行一番简要探讨。

1. 载振

载振（1876—1947），清满洲镶蓝旗人，字育周，宗室。清室亲王奕劻之子，初袭镇国将军。光绪二十七年（1901）加封贝子衔，人称“振贝子”。光绪二十八（1902）年为专使大臣，出使英国贺英皇加冕，并应邀访问了比、法、美、日四国。在日本考察第五届劝业博览会。返国奏请设立商部，任尚书，后商部改组为农工商部，仍任尚书，旋因纳段芝贵所献歌妓杨翠喜事，遭御史弹劾而辞职。1909年再度奉派赴日，辛亥革命后居天津，从事金融商业活动。①

其实，很长一段时间内，载振给我们的印象是公子哥，没有什么才能，吃喝玩乐，似乎纳歌妓杨翠喜一事则是载振历史形象的定格。再加之是奕劻的儿子，对载振的评价，也逃不过奕劻的阴影，因为当时奕劻权倾朝野，所以载振为官亦被看作奕劻的荫庇，由于对奕劻评价极低，难免也影响及载振。当然，载振的劣迹事实俱在，是抹不掉的，但仅以此就断定载振在历史上无多大作为，或者说没有发挥多大作用，恐怕有些以偏概全。笔者认为要客观地评价载振，就要把他放到当时的历史环境中去考察。

首先，载振不是一个思想守旧者，而是具有开拓精神。载振有过出洋阅历，曾赴欧美、日本考察工商实业，也深深感到西方列强的先进，主张积极学习西方，回国后就积极组建商部。商部成立后，又主动进行了一番改革，给商部带来新的气象。为改进工作作风，载振曾上奏：“臣部事务殷繁，各司员等自应按照外务部之例，逐日到署，亲手办稿呈堂阅定核发，并轮流住班，期无旷误。臣等现拟设立日计表、月计表各一册。即由臣等首先倡率将每日所办何事随时登记，司员缮列于后。即督饬逐日标注，考其功课，即以察其才能。至于信文一切宜，概从简便，以除壅蔽。查各部向章，司员上堂回事立而不坐，堂官亦起立答话。即有商酌每苦不能尽言。臣部拟于堂上另备长桌，多设座位。遇有重要事件，即同丞参及各司员环坐一堂，从容讨

① 郑天挺、荣孟源主编：《中国历史大辞典（清史卷）》下册，上海辞书出版社1992年版，第583页。

论。务使人人各抒己见，各尽所言，勿蹈脂韦趋跄之习，庶收集思广益之功。”[①] 这与传统六部的工作作风迥然有别，有人认为“商部倡导的勤勉务实的作风实开中国封建官场数千年来之先河”[②]。笔者认为这样的评价是客观的，并非溢美之词。

其次，载振为发展实业做了大量的工作。载振上任后，发现中国缺乏大量的实业人才，于是就令广设实业学堂。《申报》曾有报道说：“振贝子拟咨各省督抚饬属广设商务实业学堂，未经开办者，督饬速即举行，如已开办，亦须力图扩充，务使专心研究土产、制造、一切物理，以兴商业而裕财源。”[③] 为了激发竞争，促进工艺改良，载振鼓励商民积极参加商品赛会，并出台了许多鼓励措施，这包括奖励、免税和对非售展品的免费运输等。[④] 对于中外交涉事件，积极参与调查，拿出方略。“因有某御史条陈吉林应行兴办森林矿产等实业，暨俄人在东三省强伐林木，无理取闹各节，请派大员往查。故有派振贝子之命，兹闻振贝子于初八日请训，十五日起程，奏带本部熟悉英俄日本洋文司员八员，以资襄办，约一月方可回京。随从人员有熙彦，保惠司主稿郎中邵福瀛，通艺司掌印郎中祝瀛元（东文），会计司主稿员郎中魏震，保惠司主事田其蟾，候补主事章宗祥。郝树基（俄文），王汝槐（英文）。”[⑤]

对于商办铁路方面，载振也大力支持，不仅多次为各省士绅筹办本省铁路代奏朝廷，[⑥] 还切实保护投资商人的切身利益。当时候补四

---

① 《奏定商部开办章程》，国家图书馆清史文献中心藏。

② 王奎：《清末商部农工商部与社会经济转型研究》，华中师范大学 2007 年中国近现代史博士论文，第 50 页。

③ 《振贝子注重商务实业》，《申报》1906 年 10 月 7 日，第三版。

④ 甘厚慈编：《北洋公牍类纂》，北京益森印刷有限公司 1907 年铅印版，第 20 卷，商务一，第 8 页。

⑤ 《纪简派振贝子赴奉查办事件之原因》，《申报》1906 年 10 月 31 日，第四版。

⑥ 《商部奏浙江绅士筹筑本省铁路公拟章程呈请立案折》，《申报》1906 年 7 月 22 日，第九版。《商部奏广西官绅筹筑本省铁路折》，《申报》1906 年 10 月 7 日，第三版。《商部奏江西士绅筹筑本省铁路公拟章程呈请奏明立案折》，《东方杂志》第 3 卷第 1 号，“交通”。《商部奏安徽士绅筹办本省铁路并请派员总办准予立案折》，《东方杂志》第 3 卷第 1 号，“交通” 等。

品京堂张煜南奏请商办潮汕铁路，载振立即请旨“饬下两广总督、广东巡抚，谆饬该处地方官出示晓谕附近居民，俾知开办铁路，原为兴商便民之举”。有关办理勘路、购地、运料、兴工一切事宜，地方官均应随时妥为照料。将来路成之后，仍须认真保护，“不得以事属商办，稍存漠视之意，致拂舆情”①。

为保护路矿权益，还上奏朝廷要彻查路矿款项使用情形：“臣等伏查督办大臣盛宣怀才识开展，筹划精详，历办各处铁路矿厂事宜，原期裕国便民，推行尽利，乃以款绌，未能集事，不得不借资外人。而左右信用之人或至借洋务以肥己，大权旁落，积习已深。综核各处合同，虽载明中国有稽核极大之权，久已视为空谈，未能实践。加以八九年之业，积十余处之纠缠，牵扯腾挪，在所不免。此次特谕往查，该参议等尚能仰承圣意，督同随派各员，调取华洋册籍，半载有余，寝馈其中，逐节厘剔，扼要根问，使各该处积年未治之案，得以稍窥崖略，实已费尽心力。臣部自奉命接管路矿总局事宜以后，夙夜兢兢，亟思调查各处路矿情形，以为兴利除弊之计。迭经造具路矿表册，一再奏明，行令填报。而盛宣怀经理各处路矿，除只将沪宁路表填送外，其余概未填送。泰西兴办路矿，以致富强，中国有路有矿，乃至利源外溢，几难诘究，是则维持整顿，固亟亟焉以得人为要矣。”② 由于很多路矿的资金，由汉阳铁厂开支，为了切实保护国家的利益，他还上奏调查汉阳铁厂用款情形。③

为振兴商务，载振曾提出：“商务初基，以提倡土货为第一要义。”他认为，商之本在工，工之本在农，非先振兴农务，则始基不立，工商亦无以为资。而振兴农务，就要清地亩，辨土宜，即清查全国土地，做到因地制宜。还提倡要仿照东西洋各国创办农务学堂，设

① 宓汝成编：《中国近代铁路史资料》（1863—1911）第3册，中华书局1963年版，第930页。

② 中华人民共和国财政部、中国人民银行总行：《清代外债史资料（1853—1911）》上册，中国金融出版社1990年版，第649—652页。

③ 湖北省档案馆：《汉冶萍公司档案史料选编》上，中国社会出版社1992年版，第172—173页。

立实验场。[①] 为了促进清末实业的发展，载振还认识到必须与各督抚通力合作，才能奏效。正如载振所言："以管辖之权虽在臣部，而所办农工路矿诸务，无一非地方大吏之责成，如或内外隔阂，未能合力振兴，势将无所措手。"[②]

在筹措农工商经费方面，载振亦出力不少。因为"中国向除河工、商政、水利而外，农工商费由官开支甚少。自设农工商部以来，各省多设农工商局以及农林蚕业各种学堂，近复增设劝业道缺，农场、商会，次第推行，则此项经费亦必日增月益"[③]。面对这样发展的形势，载振除了利用职权积极筹措之外，还向袁世凯等督抚大员寻求帮助。

最后，看一看同僚们对载振的评价。唐文治评价他"为人开爽灵敏，干练有为，兼谦恭下士"[④]。对于载振的去职，唐文治说"载尚书为人参劾，怏怏离职。奉旨以溥仲鲁尚书名颋代之，亦宗室也。论者谓农工商部一蹶不振矣"[⑤]。这不无溢美之嫌，但舆论亦对此事颇感惋惜，谓"农工商部自光绪二十九年七月至三十二年九月，原称商部，尚书载振，颇以能洽商情"[⑥]。由此可见，载振在主持商部期间，并不仅是一花花公子而已，也为清末实业的发展做出过一定的贡献。

2. 唐文治

唐文治（1865—1950），字颖候，号蔚芝，别号茹经，江苏省太仓县人。1892 年考中进士，签分户部江西司，1895 年调派为户部云南司帮主稿，1901 年，清廷派户部侍郎那桐为日本专使，得那桐奏

① 朱寿朋：《光绪朝东华录》（五），中华书局 1958 年版，第 5102 页。

② 同上。

③ 撷华书局编：《乙酉大政记》第二十二册，《近代中国史料丛刊续编第二十五辑》，台北文海出版社 1976 年版，第 1788 页。

④ 苏州大学校史编写办公室编：《唐文治年谱》，苏州大学校史编写办公室 1984 年版，第 33 页。

⑤ 唐文治：《茹经先生自订年谱正续篇》，《近代中国史料丛刊三编第九辑》，台北文海出版社 1986 年版，第 58 页。

⑥ 《农工商部奏遵设统计处编成第一次农工商统计表册》，《东方杂志》第 5 卷第 10 号。

请，为使团随员，是年冬补外务部榷算司主事，自后不复赴户部。1902年，随同载振前往英国参加英国新君爱德华加冕庆典，并随访法、比、美、日等国。[①] 1903年商部立，由员外郎授商部右丞，后历任商部左丞、左侍郎、署理尚书。[②] 商部改组农工商部后，任农工商部左侍郎。

唐文治自1903年秋入商部，至1906年冬因母丧辞去职务，唐文治在商部任职三年有余，其间他一再升官晋职，后至署理尚书之显位。这与唐文治主持部务期间尽力尽职、埋头苦干、清正廉明不无关系。其实，尽管载振为商部尚书，而实际主持部务的却是唐文治，从商部章程的拟定到商务来函的批复，以及许多商部政策章程均出于其手，在职期间，拟定了很多商部政策法令，如《订立商勋章程》《请设农工路矿各项公司片》《请设立勘矿总公司以保主权折》《声明商部办事权限折》《请筹拨勘矿总公司官股片》及《请设各省农工商务监督以兴要政折》等。[③]

在具体问题上，他有感于部务繁杂，且与传统六部多有龃龉，因而主张划清商部权限。他说："窃维国家设官分职，所以提纲挈领，事无不举者，贵有权限而已，权限不清则办事非涉推诿，即滋纷竞。常考东西各国官制，无一部兼管数部之事，亦无数部同管一部之事，各有其职，不相侵越，用能秩然有序，足以定体制而饬纪纲。臣部之设在中国原属创举，然其规则，实系仿照英美各国之商务部与日本之农商务省。"[④] "又因从前路矿总局奉旨归并臣部管辖，实兼日本递信省事宜，是以臣部奏定开办章程内开农工路矿各项要政统归臣部管理。臣部定名系指商而言，至于内容所包，举凡各项新创实业均为臣部专责，较之各国定制大致无甚出入。惟自臣部设立以后，所有从前

---

① 章开沅、余子侠主编：《工科先驱国学大师南洋大学校长唐文治》，山东教育出版社2004年版，附录。

② 钱实甫编：《清季新设职官年表》，中华书局1977年版，第82页。

③ 参见沈云龙主编《近代中国史料丛刊第五十六辑》，台北文海出版社1967年版，第1—262页。

④ 唐文治：《茹经堂奏疏》卷二，沈云龙主编：《近代中国史料丛刊第六辑》，台北文海出版社1967年版，第160—162页。

各部名义与臣部所管各事不无牵涉之处，特沿旧有之名，未必悉符其实，即如户部，号称司农而其职在理全国之财政。工部号称虞官，而其职在司天下之营造。凡此名同而实异者，若不参酌中外制度，划清界限，恐办事不免分歧。查本年闰四月间，学部会同礼部奏定学礼两部办事界限一折，其用意至为深远，拟请援照成案，嗣后凡振兴实业各项事宜，均责臣部专办。至户、工两部之职司，一则专主财政；一则专主营造。与臣部之界限本极分明。惟查校正度量衡一项，本为臣部奏定章程所载，嗣以系全国财政已于上年咨明归户部办理。他如税务一项，现已奉旨专派大臣，自应改归税务大臣管理。银行一项，除国家银行应由户部专管外，所有商业银行应仍照奏定章程归臣部管理，以清界限。总之，臣部办事权限应悉以奏准之开办章程为准，务期与他部界限分明。"① 由此可见，唐文治的思想，不仅洞见深邃，而且具有预见性和前瞻性。实际正如其所认识的那样，后来商部果然遇到了职权不清的困难。

在实业发展上，唐文治亦有十分重要的贡献，其在任职商部期间，有关渔政问题，曾与张謇有过一段争论。张謇曾上陈唐文治有关在直隶设立官办渔业公司等事，唐文治回复说："官办向无成绩，直隶重在抽捐征税，于请设渔业公司本旨不合"。而张謇对此并未退缩，再次申明："渔业公司与他公司不同，他公司聚于一处，渔业公司散在各省、各海滨。他公司平日与官无甚交涉，渔业公司关系保护联合渔户，与官时有交涉。……故前拟办法，请就吴淞空间官房设立公所，为总理渔政办公之所。公司附焉，即以明公司自为一事（言公所，则官房可以拨用，不用官房，仓卒又无款可以建筑，故以公所为主，而公司附之）。总理渔政之人，在下为总公司之代表，在上为商部之代表。其经费即于公司渔会中筹之。能任保护，乃能筹经费。能有一实任保护之专官，乃有各省沟通之关键也。"② 在张謇多次陈

---

① 唐文治：《茹经堂奏疏》卷二，沈云龙主编：《近代中国史料丛刊第六辑》，台北文海出版社 1967 年版，第 160—162 页。

② 李明勋、尤世玮主编：《张謇全集》第二册，函电上，上海辞书出版社 2012 年版，第 146 页。

情下，唐文治同情之，渔业公司最终得以创办。不仅如此，1905 年 1 月，粤商张振勋入京请准办三水佛山铁路，并在山东开办葡萄酿酒公司，唐文治也给予了很大的帮助，具奏清廷，获得批准，其保商恤商情怀可见一斑。张振勋离行之时，曾“馈余二千金”，唐严拒之。①

为了巩固清朝政权，保证京师安全，唐文治还主张通商实边，派员调查东三省各种实业。在他看来：“余意通商实边，当至东三省迤西，至内蒙古，以达青海、西藏，以汽车、矿业两公司为根本，以他种商业为后盾。如此则北京一区，如背之有椅，可以高枕无忧。”②可惜的是，因地方阻挠甚多，未能实行。为了切实推行实业进步，唐文治还奏请批准在京师正阳门外设立劝工厂，将西直门外三贝子废园改设农事试验场。在农事试验场，唐文治的本意是希望试种各种外国农产，如美国棉花、印度茶苗之类，试验成功，乃令各地农民改良种植。但自从唐文治离开商部后，“当事者忽将试验场改作万牲园，可叹也”③。在清末复杂的政治体制下，唐文治的实业设想多少有些英雄气短，令人无奈。

在路务议员的设置上，由于袁世凯的掣肘，不能正常实行，唐文治还不畏袁世凯等诸权贵的压力，对于他们所提出的质疑，一一说明。据他回忆：“乙巳夏余因京汉铁路事赴天津，往访项城一次，项城即鳃鳃然以部中侵越权限为虑，余笑置之。丙午本部奏设各省铁路议员，项城意甚愠，会同政务处奏驳掊击本部，同朝失色，以为项城锋不可犯，余亦笑置之。旋即议复前折，项城亦无以为难也。”④王清穆对唐文治清风傲骨性格颇有赞誉，说他“与袁氏争办路务议员一疏，正色立朝，不避权势，尤有古大臣风”⑤。王典章评论他“在

① 唐文治：《茹经先生自订年谱正续篇》，《近代中国史料丛刊三编第九辑》，台北文海出版社 1986 年版，第 52 页。

② 同上书，第 54 页。

③ 同上书，第 55 页。

④ 唐文治：《茹经堂奏疏》卷三，沈云龙主编：《近代中国史料丛刊第六辑》，台北文海出版社 1967 年版，第 260 页。

⑤ 王清穆：《茹经堂奏疏序》，沈云龙主编：《近代中国史料丛刊第六辑》，台北文海出版社 1967 年版，第 4 页。

商部与直督袁争议路务，则侃侃无所挠，可谓直谅忠爱，洽闻会观之君子矣”①。总之，在主持部务期间，唐文治提出了很多有创见性的意见，对商部的健康发展积极谋划，对清末实业的发展作出了重大贡献。

此外，唐文治还以刚正清廉著称。正是因为唐文治主持部务尽力尽责，所以当其因丁母忧而离职，载振前去吊唁，拉着唐文治的手哭着说：“余不啻断一臂矣！”② 唐文治去职之后，把主要精力放在教育上，特别是实业教育上。当时邮传部很器重唐文治，并聘请他为铁路工程专班监督。“本部现经奏跟前农工商部唐侍郎为该堂监督，综理一切事宜，所有何项专科力能自设，何项实习必须留学外洋，应候通盘筹算，豫计款项分别办理。现在唐侍郎不日到堂，一切办法统候酌核施行。”③ 唐文治也不辱使命，先后咨请将铁道班改为铁路专科，并增设电机、邮政两专科，后又进一步扩充该专科学校，效果如何？唐文治说：“溯查本学堂创办之初，即与北洋大学争雄并峙，现在校中诸生均籍隶七省，从前学预科毕业出洋者，多能直入欧美各国有名大学，程度不为不优。”④ 由唐文治任职商部、邮传部不难看出，清廷在清末的选才用人并非一无是处。

3. 王清穆

王清穆（1860—1941），江苏崇明（今属上海市）人，字希林，号丹揆，晚号农隐老人。清末进士，曾供职于户部。光绪二十二年（1896）考取总理各国事务衙门章京，光绪二十五年（1899）补员外郎，光绪二十九（1903）年补授商部右参议，光绪三十二年（1906）

---

① 王典章：《茹经堂奏疏序》，沈云龙主编：《近代中国史料丛刊第六辑》，台北文海出版社1967年版，第8—9页。

② 苏州大学校史编写办公室编：《唐文治年谱》，苏州大学校史编写办公室1984年版，第45页。

③ 《邮传部札饬筹设专科各办法候唐侍郎到堂后酌核施行》，交通大学校史撰写组编：《交通大学校史资料选编（1896—1927）》第1卷，西安交通大学出版社1986年版，第115页。

④ 交通大学校史撰写组编：《交通大学校史资料选编（1896—1927）》第1卷，西安交通大学出版社1986年版，第115—119页。

任商部右丞。[①] 因见疑于袁世凯，弃官返乡。旋任江苏省商办铁路公司经理。次年，创建崇明首家轮船公司，购船行驶于崇沪之间。宣统元年（1909），监理浙江财政。[②]

王清穆与唐文治二人为官经历比较相似，都先后任职于户部、外务部、商部，用王清穆的话说“己丑与君同上公车，晤于都下，一见如旧相识，遂缔交焉。君与余皆无世俗嗜好，专以文章道义相磋磨”[③]。“两人十数年中进退一辙，遭遇若有天缘”[④]。唐、王二人合作共事，相互扶助，大力推行振兴实业的政策，配合得十分默契。

王清穆在实业界的声望很高，1906 年江苏京官暨在籍绅士二百五十六人呈函商部，称拟设立江苏省铁路有限公司，大家一致推举王清穆为铁路总理。“惟造端宏大，风声所树，首在得人，非资深望重，为全省绅商所信任者，不足以膺兹巨任。查有商部右丞王清穆学识宏通，思虑周密，拟公举为铁路总理。”工部尚书陆润庠、都察院左御史兼署礼部尚书陆宝忠、内阁学士兼礼部侍郎吴郁生等以不同的方式向商部推荐“王清穆、张謇熟谙时务，乡望夙孚，令其规划路务，必有可观”[⑤]。商部也认为“右丞王清穆，才大心细，规模宏远”，奏请朝廷将王清穆派令总理江苏铁路，以顺舆情。[⑥]

王清穆主持江苏铁路公司后，就集股修筑苏路事宜，与张謇多次筹商，函电交弛。[⑦] 先是王清穆力邀张謇主持苏路修筑事宜：“路事有亟应筹议者数端，已函达，此间亦拟邀集同乡会商一切。上海设总公司，暂请执事主持，遇有要事可函电互商。穆一时未克南行，遥制

① 秦国经主编：《中国第一历史档案馆藏清代官员履历档案全编》第 7 册，华东师范大学出版社 1997 年版，第 548 页。

② 吴成平主编：《上海名人辞典（1840—1998）》，上海辞书出版社 2001 年版，第 39 页。

③ 王清穆：《茹经堂奏疏序》，沈云龙主编：《近代中国史料丛刊第六辑》，台北文海出版社 1967 年版，第 1 页。

④ 同上书，第 3 页。

⑤ 《公牍》，《商务官报》1906 年第 5 期，第 18 页。

⑥ 同上书，第 19 页。

⑦ 章开沅等主编：《苏州商会档案丛编（1905—1911）》第 1 辑，华中师范大学出版社 1991 年版，第 778—780 页。

苏路，业奉奏明，自应内外合力，冀得及早观成。南中同志具热心，能任事者甚多，祈即约齐会商，招股勘路，分别赶办。"[①] 但是，在晚清财政支绌，捉襟见肘的情势下，修筑铁路并非易事。再说，筑路还有诸多需要解决的现实问题，比如关于线路的选择就不得不充分考虑。关于此，张謇曾致电王清穆，请示机宜："承示招股勘路，分别赶办，然必路线定而后股可招。闻苏杭甬约不能作废，苏嘉已无从著手，沪嘉系平行线，能使银公司无异议，则南路尚可勘办。北线海豫一路，众以海埠未兴，徐矿未开，招股断难踊跃。津镇一路，为资本家视线所集，公议请部商北洋，申前议，坚持废约。直隶境内听北洋主持，苏境归苏商办，俟有明文，庶路线定而招股易。否则已招之股亦必畏缩，如目前粤票减跌，浙票停滞，皆其明证。乞酌回邸堂，筹示办法。"[②] 经过反复筹商，最后"拟定筑路方案，以长江为界，分南北两线。南线由上海经松江以达浙江，与苏杭甬线交接；北线由海州（今连云港西）经徐州以达河南，筑路重点放在北线"[③]。苏路的修筑保全了苏浙路权，鼓舞了资本家投资铁路的热情，亦挽回不少利权。

不仅如此，王清穆还保护华侨陈宜禧修筑新宁铁路，"推动了我国南部民办铁路的开展"[④]。1905 年秋夏间，王清穆奉命考察广东，陈宜禧以兴办新宁铁路前往求见。王清穆立即予以接见，询问有关筑路多方事宜，探讨有关人员及资金等可行与否诸情节。10 月，王清穆致函商部，肯定陈宜禧集资兴路之举，认为此事关系全局，他说："路政为近今要图，内地商力薄弱，每难兴办。陈宜禧向在美国包办铁路工程，业数十年，深知利弊，为旧金山各埠华商所信服。今兹眷念祖国，竭意组织此举，殊堪嘉尚。"并表示"尅日奏准，即当给札

① 李明勋、尤世玮主编：《张謇全集》第二册，函电上，上海辞书出版社 2012 年版，第 170 页。

② 同上。

③ 铁道部档案史志中心编：《中国铁路历史钩沉》，红旗出版社 2002 年版，第 57—59 页。

④ 同上书，第 55 页。

开办，决不令邑绅干预路权”①。为此，陈宜禧深为感动，上禀商部“正在万分为难之际，幸值大部王丞堂在粤考察商务，访知详情，迭次延见陈宜禧等，优加鼓励，据达钧座。文电交催，严切保护，股商之情以聚，邑绅之气益壮”②。事实上，陈宜禧兴办铁路并非一帆风顺，在筹建过程中遇到不少阻力。如广东商务局提调余乾耀，为了争揽权利，遇事阻挠，王清穆又上奏清廷，请准“一面咨行两广督臣饬于路线所经之处，由该管地方官切实保护，并出示劝导乡民，俾无阻挠，庶几易于施工。俟全路工竣，应照章奏请奖励，以资观感”③。在王清穆的竭力支持下，由陈宜禧等侨商承办的新宁铁路，终于得以完工，其对我国一时兴起的铁路民办热潮，起到了推波助澜的积极作用。

此外，王清穆还主动调查地方商情，多次考察地方办理实业情形，为商部的决策提供诸多参考意见。尽管王清穆兢兢业业工作，但由于路务议员的设置问题，被简放直隶按察使，离开商部。

4. 陈璧

陈璧（1852—1928），字玉苍，晚号苏斋，福建闽县人。清咸丰二年（1852）六月生于闽县南通乡（今闽侯南通）。光绪三年（1877）进士及第，先后任内阁中书、礼部铸印司员外郎、监察御史、顺天府尹、户部侍郎、商部侍郎等职，累官至邮传部尚书。

陈璧在商部仅仅三年的时间，但其风风火火，雷厉风行的性格给人们留下了深刻的印象。商部成立之初便“会议拟将各省盐务统归商部办理”④。并“意欲将宝泉、宝源等铸钱局归商部统辖，以便认真督造”⑤。于是就有清廷派右侍郎陈璧到户部去商谈相关盐政和铸币移交事宜。关于盐政，户部毫不相让，对于铸钱局收归商部，工部

---

① 宓汝成编：《中国近代铁路史资料（1863—1911）》第3册，中华书局1984年版，第946页。

② 同上书，第947页。

③ 同上书，第948页。

④ 《盐务拟归商部》，《大公报》1903年12月14日（二）。

⑤ 《时事要闻》，《大公报》1903年10月1日（二）。

和户部都不以为然。陈璧监管碰了一鼻子灰，但是他的这种为了部务发展而不怕碰硬的精神，无疑是值得称道的。

陈璧还十分重视教育、实业的发展，先后创办京师工艺局、顺天中学堂、金台校士馆以及五城中学。在顺天中学堂还开设了日文、英文、法文等科目，以培养专门外语人才，后来又专折奏请添设理化等科。[①] 工艺局是一所半工半读性质的学校，招收少年游民，从事景泰蓝、刻字、木器等工艺制造和织布，并教以物理学、化学、算学、机器学、绘图学等专业。[②] 他还在工艺局中创办农务学堂，聘用日本农学专家传授种稻、植桑、养蚕、水利、畜牧等新法，并在南苑地方划出一块作为农业科学试验场地，同时还计划在迁安县施行科学养蚕的试验。[③]

为了保护京城商业的发展，陈璧上奏禁止京城地面通行小钱，取得了良好的效果。他说："京城地面小钱充斥，物价飞腾。……经臣等自二月初旬遴派委员，于逐日开市时稽查整顿，严饬经纪，禁用私钱买卖，俱用大个前定盘，劝谕钱商通用大钱，毋任囤积居奇。并传集官准挂幌钱店，开用大钱票张，其从前所开之寄存原串钱条，及未挂幌各家所开钱条，限于一个月内概令收回，不准再用。审商情之趋向，出示六次，因势利导，民尚乐从。近日市面通用大个钱，小钱不得行使，原串钱帖可望收尽，物件渐平，人心安谧。"[④] 后来陈璧调邮传部尚书，官职进一步升迁，这与他在户部、商部兢兢业业工作，以及对清末经济发展所做的贡献分不开。

5. 杨士琦

杨士琦（1862—1918），安徽泗县人，字杏城，清壬午科举人，早年总办关内外铁路事宜。1901 年袁世凯署理直隶总督后，改任洋

---

① 陈璧：《望嵓堂奏稿》卷四，见沈云龙主编《近代中国史料丛刊第十辑》，台北文海出版社 1967 年版，第 399 页。

② 陈璧：《望嵓堂奏稿》卷三，见沈云龙主编《近代中国史料丛刊第十辑》，台北文海出版社 1967 年版，第 293 页。

③ 同上书，第 294 页。

④ 陈璧：《望嵓堂奏稿》卷四，见沈云龙主编《近代中国史料丛刊第十辑》，台北文海出版社 1967 年版，第 403 页。

务总文案，深得袁世凯信任。历任商部右参议、左参议、会办电政大臣、商部右丞、农工商部右侍郎、上海高等实业学堂监督等职。1911年11月袁世凯内阁组成时，署邮传部大臣。旋随唐绍仪到上海参加南北议和，任议和参赞。民国成立后，历任政治会议议员，政事堂左丞，为袁复辟帝制效力，1916年袁恢复帝制失败后，寓居上海法租界至1918年去世。①

杨士琦在商部任职期间，亦力主改革，倡办实业，为清末经济的发展做出了不容忽视的贡献。为了推广商会，1904年，商部奏令杨士琦留沪做工作，指导商业会议公所改组为商会。② “至于商务之荟萃必归口岸，而口岸之繁盛首推上海。去年（1904）十二月间。臣等奏请将臣部右参议杨士琦留沪办理商务，推广商务事宜，诚以上海为商贾总会之区，风气早开，措施较易。现据该参议函称：上海绅商公举浙商候选道严信厚、粤商浙江候补道徐润，熟悉商情，堪胜总董之任。拟将原设之商业公所遵照奏定章程设法推广，改又商务总会，拟订章程，寄呈核办前来。”③ 杨士琦为了在上海创立商务总会，费了很大气力，“手订规约，日进诸商于庭，考得失利弊，疏壅遏，众大感奋。旁郡县名城巨镇相仿效立者踵继，至今为便”④。正因如此，商部对杨士琦的能力十分赏识，并大加褒奖，因而“由参议未尽一岁历三阶而至侍郎”⑤。1905年，奏请其担任上海高等实业学堂监督。“现在接收伊始，更张旧制，创立新模，事体至为繁重，非有谙习历练、实心任事之员，不足以资董理。查有臣部右参议杨士琦，前经北洋大臣袁世凯奏请留沪办理轮电事宜，并由臣部奏明饬令在沪推广商会等事。该员才识闳通，体用兼备，于学务讲求有素，应请派充监

① 张宪文等主编：《中华民国史大辞典》，江苏古籍出版社2001年版，第877页。

② 曾田三郎著，刘世龙译，丁日初校：《清末产业行政的分权化和集权化》，《近代中国》第六辑，上海立信会计出版社1996年版，第125页。

③ 上海市工商业联合会，复旦大学历史系编：《上海总商会组织史资料汇编》（上），上海古籍出版社2004年版，第62页。

④ 柴小梵：《梵天庐丛录》（一），山西古籍出版社1999年版，第286页。

⑤ 同上。

督，就近总理该学堂事务，以专责成。”[①] 1907 年，杨士琦被派往南洋各埠考察商务，当其抵达菲律宾时，“万众欢迎，结彩张灯，悬旗奏乐恭迎”，并“恩命士琦连日至商会学堂会馆演说”[②]。由于杨士琦深知侨民在南洋的处境，他想尽一切办法维护华侨的利益，有人记述道“杨杏城持节渡南洋，稔知侨民久困于外人苛法重税，立与美官、和官约蠲苛例，置领事官，设商会，侨情大悦。既返命，力陈侨民忠爱状，并条陈所以维持招徕之道，上嘉纳”[③]。

但在为清廷驱赶在爪哇华侨中制造影响的孙中山一事上，杨士琦亦甘愿充当马前卒。两江总督端方曾上奏称：“闻此次孙汶在爪哇句留，即将此事极力演说，以为中国漠视侨民之据，一时为所鼓动者剪辫改装，遂居多数。奴才现据拿获革命党匪郑先声供称，有二人在爪哇为孙汶办事，一为乔义生，北直人，一为宋仁，湖南人，是该逆处心积虑，专在煽惑华侨。若不趁此时侨民内响方殷，尚不致全为所用，善为劝导，实行保护，无以坚侨民爱国之心，而破逆党蓄谋之狡。拟请饬下农工商部右侍郎杨士琦前赴瓜岛时加意考查劝导，于大局极有稗益。”[④] 由于杨士琦熟悉南洋华侨情况，端方此奏，正是选人得当。

在铁路建设方面，杨士琦也卓有成就。有史料称“自京师达张家口铁路，经居庸关，逾八达岭，蜿蜒千余里，隧山通轨，工极艰，杏城尝副项城董其役，所用工师皆国人。路成，西人多叹服，谓中国未曾有也”[⑤]。在用人方面，杨士琦主张新旧并用。他曾说：“余主张新旧人材兼收并容，盖旧人所长在有经验，处事镇静，若能持大体而

① 《商部呈文改商务学堂为高等实业学堂并派杨士琦总理该学堂事务》，交通大学校史撰写组编：《交通大学校史资料选编（1896—1927）》第 1 卷，西安交通大学出版社 1986 年版，第 115—119 页。

② 中国第一历史档案馆编：《清代中国与东南亚各国关系档案史料汇编（菲律宾卷）》第 2 册，国际文化出版公司 2004 年版，第 264 页。亦见《农工商部右侍郎考察商务大臣杨奏考察南洋华侨商业情形折》，《东方杂志》第 5 卷第 5 号。

③ 陈赣一：《新语林》，上海书店出版社 1997 年版，第 31 页。

④ 中山市档案馆、中国第一历史档案馆编：《中山香山明清档案汇编》，上海古籍出版社 2006 年版，第 405 页。

⑤ 柴小梵：《梵天庐丛录》（一），山西古籍出版社 1999 年版，第 286 页。

遇事敢为，负有朝气，亦须让新人材一步。但纯用新人材不免偏于急进，致纷更过度，不适国情；反之，纯用旧人材，亦必由停滞而入于腐败。”[①] 在这一思想的指导下，积极选拔人才，有人说：“杨杏城好奖人才，为农工商部侍郎时，属官中东海沈雨人（沈云沛）、湘潭袁伯夔（袁思亮）、南丰赵仲宣（赵从蕃）、如皋冒鹤亭（冒广生）、常熟邵厚甫（邵福瀛）不惜齿牙为揄扬。”事实的确如此，后来，“戊午九月，杨卒于沪邸，伯夔亲视含殓，感恩知己，潸然涕下”[②]。

从以上介绍可以看出，商部、农工商部的主要领导成员，或有出洋阅历，或思想开放、勤慎趋公、任事精干。正是在他们的主持下，清末实业获得了长足的发展。

第三节　商部、农工商部主要活动评述

商部、农工商部的设立，顺应了清末经济发展的潮流。为促进农业、工商业、路矿业的发展，其采取了一系列措施，并积极施行，从而为发展实业营造了有利的氛围，促进了清末经济的发展，并在一定程度上维护挽回了某些利权，推动了中国早期现代化的进程。

一　农业方面

中国传统上是一个农业大国，农业历来备受统治者重视。清末商部、农工商部的设立，亦未放松对农业的发展。商部设有平均司，[③] 农工商部设有农务司。[④] 在商部、农工商部的主持和努力下，清末农业获得了长足的发展，这表现在以下几个方面。

---

① 陈赣一：《新语林》，上海书店出版社 1997 年版，第 23 页。

② 同上书，第 9 页。

③ 平均司专司开垦、农务、蚕桑、山利、水利、树艺、畜牧一切生殖之事。

④ 农务司由原商部平均司改，专司农田、屯垦、树艺、蚕桑、纺织、森林、水产、山利、海界、畜牧、狩猎暨一切整理农政，开拓农业，增值农产、调查农品，组合农会，改良农具、渔具，刊布农务报告，整顿土货、丝茶并各省河、湖、江、海堤防工程，培修堤岸，建设闸坝，疏浚河道，海港各处，沟洫岁修款项核销事宜。统辖京外农务学堂、公司局厂，各省船政及办理农政、河工水利人员，兼管本部试验场。

首先，重视农学教育，倡设农务学堂。商部、农工商部认识到“欲修农政，必先兴农学”[①]，而“农学之进步，以学堂为权舆”[②]。为了推动各地广泛建立农务学堂，[③] 甚至不惜“酌量奏给奖励以昭激劝”[④]。为了不影响正常的农业生产，商部还主张“学堂讲肄，尤应择农隙之时”，并令“各州县所属乡村多设农务半日学堂”[⑤]。这些农务学堂“教授农业上所必须之知识，应有之技能，用中国之成法，参东西洋之新理，使学者实能从事农业”[⑥]。正是在商部、农工商部的大力倡导下，一些省府厅州县次第开办了普及、中等、高等三类各式农务学堂。这些不同等次的学堂有不同的培养目标，以适应社会多方面多层次的需要。据统计，到 1909 年，全国共计有高等农业学堂 5 所，中等 31 所，初等 75 所，共计 111 所，在校人数为 6028 人。1909—1911 年兴起办学高潮之后，农业学堂的规模和数量有所扩大，至 1912 年，全国共有各类农业学校 263 所，在校人数达 15379 人。[⑦] 农业教育的发展达到了前所未有的规模，各种新式农业学堂在各省普遍建立，直隶、江苏、山东、四川、湖北等省尤为显著。这些农业学堂的创办，有利于农业人才的培养，亦为清末农业的发展创造了条件。

其次，倡设农会。商部成立后，正值推行新政时期，清廷逐渐意识到欲使农业获得长足的发展，非设农会则难以奏效，农务总会设立

---

① 李文治编：《中国近代农业史资料（1840—1911）》第一辑，生活·读书·新知三联书店 1957 年版，第 862 页。

② 商务印书馆编译所编：《大清光绪新法令》第 16 册，商务印书馆 1909 年版，第 43 页。

③ 参见《农务设学》，《大公报》（天津版）1907 年 1 月 4 日（四）；《设立农科大学之先声》，《大公报》（天津版）1906 年 12 月 21 日；《通饬各省推广农会》，《大公报》（天津版）1910 年 1 月 9 日。《农部造就实业人才》，《大公报》（天津版）1910 年 6 月 26 日，第二张。

④ 要批，《商务官报》1906 年第 1 期，第 23 页。

⑤ 商务印书馆编译所编：《大清光绪新法令》第 16 册，商务印书馆 1909 年版，第 44 页。

⑥ 农工商部统计处：《光绪三十四年第二次农工商部统计表·农政》第二册，国家图书馆清史文献中心藏。

⑦ 王笛：《清末民初我国农业教育的兴起与发展》，《中国农史》1987 年第 1 期。

亦诚不可缓。因为欲开通智识，改良种植，联合社会，必视此为“权舆”。“农会之设，实为整理农业之枢纽。”[①] 据李永芳考证，近代最早的农会组织为直隶农会。他进一步指出“1907 年成立的直隶农务总会，是我国近代史上第一个直接由清廷颁发关防图记式样、享有社团‘法人’社会地位的农会组织，它对于清末各地农会的相继建立，起到了前驱先行、创榛劈莽的作用”[②]。同时，也促进了农工商部对倡设农会的重视。

1907 年年底，农工商部正式奏准颁布《农会简明章程》23 条。详细阐明了农会的宗旨、组织、会员条件及任务。《章程》规定“各省应于省城地方设立农务总会，于府厅州县酌设分会，其余乡镇、村落、市集等处，并应次第酌设分所”，“总会地方应设农业学堂一所，农业实验场一区，造就人才，分任地方农务，以挈各分会分所之纲领”，“分会分所地方应设农事半日学堂一区，农事演说会场一所，招集附近农民授以农学大意，以开风气”。“凡一切蚕桑、纺织、森林、畜牧、水产、渔业各项事宜，农会均酌量地方情形，次第兴办。”[③] 其为农会组织的设立提供了制度上的保障。此后，各省纷纷遵章设立农务总会（有的地方称为农桑总会），并于府、厅、州、县设立分会，乡镇设立分所。至清末民初，农会组织已遍布全国县乃至乡以上的各个地区。据《东方杂志》载：“各省农会，1910 年年底，报成立者已百数十处”[④]。全国“农务总、分各会，直省以次举办，总计总会奏准设立者十五处，分会一百三十六处”[⑤]。到 1911 年为止，全国成立农务总会 19 处，农务分会 276 处。[⑥] 在各省农会相继成立的情况下，1910 年，由南洋第一次劝业研究会发起，然后成立了全国农务联合会。该会“以交换农产种子、农器用法，为入手改

① 《农工商部奏筹办农会酌拟简明章程折》，《东方杂志》第 5 卷第 5 号。
② 李永芳：《清末民国时期农会组织研究》，四川大学 2007 年博士论文。
③ 《农工商部奏筹办农会酌拟简明章程折》，《东方杂志》第 5 卷第 5 号，“实业”。
④ 高劳：《十年以来中国政治通览·实业篇》，《东方杂志》第 9 卷第 7 号。
⑤ 刘锦藻：《清朝续文献通考》卷 378，上海商务印书馆 1936 年版，总第 11247 页。
⑥ 朱英：《辛亥革命前的农会》，《历史研究》1991 年第 5 期。

良方法，以所调查及试验之笔记、报告、刊行农业杂志，为发表意见机关”①。全国农务联合会的成立，标志着清末农会发展进入了一个新的阶段。

总之，农会的一些活动，诸如开垦荒地，兴修水利；开办农业学堂、农事试验场、农事演说会场；调查土宜物产，研究改良办法；调查春稔秋收情形、米谷粮食市价等。有利于农业之进步。各级地方农会组织也酌量地方情形，一一实践，次第兴办蚕桑、纺织、森林、畜牧、水产、渔业等各项事宜。总之，农会起到了“开通智识”“改良种植”“联合社会”的作用。②

再次，创办农事试验场。为了开通风气，推广普及先进的农业技术，振兴农业经济，商部、农工商部在开办农务学堂、培养农业专门人才的同时，并在全国选址酌办农事试验场。1903 年，商部奏请通饬各省振兴农务时指出，“土货之划分，种子之剖验，肥料之制造，气候之占测，皆施立试验场，逐一考求，纵人观览，用意美善，尤宜仿行”③。因而通饬、倡导在全国各地创办农事试验场。商部的用意可谓甚美，但各地对这一政令并不十分领情，大多阳奉阴违，并没有很好地贯彻实行。当时全国“除直隶保定府及山东、山西、河南、福建等省设有试验场、农林学堂数处外，其余各省呈报者尚属寥寥”④。这不能不让商部感到困窘。有鉴于全国各地创办农事试验场进程的缓慢，只有另辟蹊径，自办试验场，以达到示范效应。为了达到观听之效果，在试验场的选址问题上，商部、农工商部非常慎重，“欲便于观览，则不宜偏僻之区；欲利于研究，则不宜荒府之地”⑤。1906 年，农工商部农事试验场场址最终选定，是为“北京西直门外有乐善园一所，地广十有余顷，土脉肥饶，泉流清冽，近由商部奏请

① 《全国农务联合会章程草案》，《东方杂志》第 7 卷第 8 号。

② 《农工商部奏筹办农会酌拟简明章程折》，《东方杂志》第 5 卷第 5 号。

③ 刘锦藻：《清朝续文献通考》卷 378，上海商务印书馆 1936 年版，第 11241 页。

④ 《公牍》，《商务官报》1906 年第 2 期，第 17 页。

⑤ 同上。

拨为农事试验场，广兴种植，以为各省模范”①。其目的在于“期于首善之区，藉示农业模范，为广开风气，振兴实业之基础”②。农工商部试验场内分设八科：农林科、蚕桑科、肥料科、动物科、博物科、庶物科、会计科、书记科，分工可谓细密，也较为合理。试验场场址选定后，商部就着手筹办一切，平治场圃，区划畦町，建筑垣墉，疏竣沟渠，选购各种物品，辨别土宜，按期试验。该试验场开办伊始，就着手引进外国的优良种子和生产技术，以推动传统农业向近代农业的转变。在农工商部的直接指导和扶持下，试验场在“麦、豆、水陆稻选种种类，肥料，畦向，各试验”，“均有成绩”③。

农工商部在京师农事试验场创办后，还通过各种途径搜集优良物种，引进外国的优良种子及生产技术来开展试验研究。一方面，通过各省督抚及地方官来搜集国内物产良种。“本部奏办农事试验场，迭经开单通行各省转饬各属将各该地方著名物产，如五谷、蚕桑、果蔬、花木以及鸟、兽、水族等品赶速解部。”④ 另一方面，农工商部还通过各种途径从外国采集购买优良品种。一是通过驻外使臣来帮助采集外国的优良种子，如“驻德吴代办奉饬采购的各类种子大小148罅、鸟6双、鱼10尾、虾一个、蜜蜂一匣，另书籍5种，并清单清册装箱寄回”⑤。二是派遣专人赴外国采集优良品种，如“本部章京恩庆随使欧洲调查农商情形，并在各国购得各种籽种六匣，意国米种一匣，禽鸟花草图说各二本，呈送前来”⑥。1909年3月，农工商部再次通饬各省仿照京师设立农事试验场，“广采中外植物种类，按照本省水土性质，试验布种，何项最获丰饶之益，然后晓谕农民，以收

---

① 《兴办农事试验场》，《商务官报》1906年第1期，第20页。

② 《农工商部第一次统计表》，农政，国家图书馆清史文献中心藏。

③ 李文治编：《中国近代农业史资料（1840—1911）》第一辑，生活·读书·新知三联书店1957年版，第875页。

④ 《农工商部咨各省督抚催解试验场动植物品由》，中国第一历史档案馆藏《农工商部档案》，全宗号：20，卷宗号：205。

⑤ 中国第一历史档案馆藏：《农工商部档案》，全宗号：20，卷宗号：208。

⑥ 中国第一历史档案馆藏：《农工商部档案》，全宗号：20，卷宗号：206。

美利"[①]。此后，在京师农事试验场的示范下，在农工商部的实力倡导下，全国各省、府、州、县都加快了农事试验场的创建工作，奉天、湖南、四川、甘肃等省参照农工商部农事试验场，依据各自情形，相继成立本省农事试验场。至1911年，全国主要省份的省县级农事试验场基本上都建立起来了。仅四川省就建有74处之多。[②]

最后，农商部还积极鼓励垦荒。为"务使国无旷土，野无游民，以厚风俗而固邦基"[③]。1909年，农工商部奏准颁行《推广农林简明章程》22条，规定了鼓励垦荒的具体方法，凡"公正殷实绅商召集股款，设立公司，筹办农林"，如果资本不继周转，可"酌拨公款量予补助"。对于筹办农林卓著成效者，"从优奖励，或缮给匾额，或给予功牌奖札，或酌予虚衔顶戴，或按照寻常劳绩咨部汇案"[④]。而对"敷衍塞责或并无报告者，指明严参"[⑤]。并把推广农林事宜，鼓励垦荒列为官员的考绩内容。据民国元年第一次农商统计表记载，至1912年，全国农牧垦殖公司共有171家，遍布京师、直隶、奉天、吉林、江苏、安徽、江西、浙江、福建、湖北、湖南、山东、河南、山西、四川、广东、广西、云南等18省份，涉及垦牧、种植、森林、桑茶、园艺、蚕业、榨乳业等方方面面，资本总额达6351672元。[⑥]新式农牧垦殖公司终于走出19世纪末的零星局面，渐次兴起。此外，商部、农工商部还大力推广种植商品作物，并对丝、茶、棉等传统农业进行改良，[⑦] 亦取得了显著的成绩。

总之，商部、农工商部主持部务期间较为全面地促进了中国农业的发展。据海关报告统计，1903年各种商品出品出口总值为333961

---

① 《宣统元年三月大事记》，《东方杂志》第6卷第5号。

② 《护督宪王人文奏川省办理农林工业情形折》，《广益丛报》第9卷第8期。

③ 商务印书馆编译所编：《大清宣统新法令》第4册，商务印书馆1910年版，第12页。

④ 同上书，第13—15页。

⑤ 同上书，第15页。

⑥ 李文治编：《中国近代农业史资料（1840—1911）》第一辑，生活·读书·新知三联书店1957年版，第697—698页。

⑦ 《商部答饬改良茶务》，《申报》1906年4月15日，第四版。《商部札行改良茶业札文并章程》，《申报》1906年6月8日，第二版。

元，其中农产品产值89496元，仅占总值的26.8%；而1910年农产品出口值增至231957元，已占总值的39.1%。[①] 当然，清末农业之所以能有如此成绩，原因很多，而商部、农工商部在农业方面所做的努力，显然是一个极为重要的因素。

二　工商业方面

清末，“发展工商业，促进经济发展，解决财政困难”，是那个时代的响亮口号，也是朝野的共识。为此，商部、农商部也在工商发展方面做出了重要努力，这主要体现在以下几方面。

第一，工商法规的厘订。

甲午战后，随着清政府放宽民间设厂的限制，民族资本主义获得了相当的发展，中外间的商务往来日渐频繁。清廷逐渐认识到对商务的管理，必须有章可循，才可以提高办事效率。早在1902年3月，清廷就曾提到工商立法问题。“为治之道，尤贵因时制宜。今昔情势不同，非参酌适中，不能推行尽善。况近来地利日兴，商务日广，如矿律、路律、商律等类，皆应妥议专条。”[②] 并令地方督抚大员袁世凯、张之洞、刘坤一等“慎选熟悉中西律例者，保送数员来京，听候简派，开馆编纂”[③]。商部成立后，亦把商律商法的制定提上日程。商部针对“从前开设局厂，或官督商办，或官商合办，每因章程未善，不免有牵掣抑勒等弊，以致群情疑阻”[④]，以及“中国商民平日与官场隔阂，情意未能遵孚”[⑤] 等问题，在尚书载振的主持下，商部首先着手制定商律，并于商部创立当年的12月完成，定名为《钦定大清商律》，它由《商人通例》和《公司律》两个部分组成。《商人通例》共九条，主要是对商人的含义、商人从事商业活动的资格、

① 李文治编：《中国近代农业史资料（1840—1911）》第一辑，三联书店1957年版，第392页。

② 朱寿朋：《光绪朝东华录》（五），中华书局1958年版，第4388页。

③ 同上书，第4389页。

④ 同上书，第5073页。

⑤ 商务印书馆编译所编：《大清宣统新法令》第1册，商务印书馆1910年版，第9页。

商号，以及商业账簿等作了一般性的规定，从法律上确认了商人的合法社会地位。其中首次规定“女子于法定之场合，得营商业”①。这是当时商部主持者思想解放的重要表现，也是对女性经营商业的尊重，其无疑对后来的女权运动产生了深远影响。《公司律》共计有131条，其中详细规定了公司分类及创办呈报法、股份、股东权利各事宜、董事、查账人、董事会议、众股东会议、账目、更改公司章程、停闭、罚款等内容，主要涉及公司组织方式、经营方式和管理方式。为公司的经营运作提供了具体法律依据。

商律是保证工商业发展的一项基本的法律规范，它的颁布意义重大，因为它不仅具有保商护商的作用，也为商人及公司的行为规范提供了法律上的依据，可以使其避免一些不必要的官府纠葛。同时也是统治者真心实意重视商人，重视商业的重要表征，为以后商业的发展无疑会起到巨大的推动作用。以后商部又相继制定颁布了一系列法律法规，如《公司注册试办章程》《商标注册试办章程》《破产律》等。1904年6月商部奏准颁行《公司注册试办章程》，其中的很多规定具有保护公司正常运行的作用，如“无论现已设立与嗣后设立之公司局厂、行号、店铺，一经注册，即可享一体保护之利益”②。《商标注册试办章程》对商标的主管机构、商标注册的呈请、商标的审查和核审，以及商标专用性的保护、假冒商标的查处等方面都作了具体的规定，是一部较为完整的商标注册法规。1906年颁布的《破产律》，区别亏折、意外事故导致破产与有心倒骗的处理方法，合理维护破产商人和债主双方利益，在一定程度上免除了工商业经营者对经营企业失败必定要遭受处罚的恐惧。但是一些商人并不领情，质疑破产律，并认为破产律“有窒碍之处”，要求“暂缓施行”。后来商部对这些商家的质疑，进行一一反驳。③ 总之，商部这些一系列法律章程的制定，对于政府来说有法可依，可以以此为根据处理工商事务；对于商人来说，为其经营活动提供了法律保障，也为

---

① 《商律》，《东方杂志》第1卷第1号。

② 《商部奏定公司注册试办章程》，《东方杂志》第1卷第5号。

③ 《商订破产律窒碍电文》，《申报》1906年7月26日，第二版。

解决商事诉讼提供了法律依据，有效地避免了官对商“莫须有”的盘剥，改善了以往“商之视官，政如猛虎”[①]的官商关系，确立了商人的合法地位，调动了人们投资近代企业的积极性。有力地促进了清末工商业的发展。

此外，农商部还进一步划分了度量权衡，[②]这对维护正常的商业秩序亦是十分必要的。至于一些法律并未起到应有的作用，有些或根本并未完全付诸实行，这并不仅仅是商法本身的问题，而且掺杂了很多社会因素。因此，我们对清末商法所发挥的积极作用不能一概予以抹杀，应该实事求是地给予肯定。

第二，奖励工商。

商部的一系列工商立法，为商人正了名，维护了商人的合法权益。作为工商行政领导机关，要振兴工商业，这才算是第一步，是基础性的工作。当时商部已经认识到“商战之道，必寓商于农，寓商于工，寓商于路矿而后可。盖农工路矿动需钜本，当此库款支绌，财力困敝，问诸国而国已无款之可拨，问诸官而官亦无款之可筹，问诸民而民更无力之可顾，除息借洋款外，其能凑集巨资承办一切者，惟赖于商”[③]。如果“商情观望已久，倘无以鼓舞而振兴之，决难翼其踊跃从事”[④]。所以商部多次上奏朝廷，只有广设工场、自造机器，才能以挽利权，且工业可兴。[⑤]为了鼓励国人创设公司，商部还相继制定了一系列的奖励工商章程。1903 年年底，商部制定了《奖励华商公司章程》20 条。章程中明确指出“现在朝廷重视商政，亟宜破除成见”[⑥]。规定官商绅民投资兴办公司，凡能集股 50 万元以上者，按集股数额多寡，给予不同奖赏，包括

① 朱寿朋：《光绪朝东华录》（四），中华书局 1958 年版，第 3723 页。

② 《农工商部事类》，《现世史》1908 年第 4 期。

③ 《张弼士农工路矿宜招商承办议》，《经世文潮》1904 年第 8 期。

④ 《商部奏酌拟奖励公司章程折》，中国第一历史档案馆藏。

⑤ 《商部奏遵议广设工厂自造机器折》，《申报》1906 年 7 月 2 日，第四版。《续商部奏遵议广设工厂自造机器折》，《申报》1906 年 7 月 5 日，第四版，

⑥ 刘锦藻：《清朝续文献通考》第 391 卷，上海商务印书馆 1936 年版，第 11405 页。

授予议员或商部头等顾问等衔职，加以七品至头品顶戴，集股2000万元以上者，奖商部头等顾问官，加头品顶戴，赐双龙金牌，子孙世袭商部四等顾问官。自四等顾问官以上，由商部转奏请给奖，自头等顾问官以下由商部直接给奖，若获奖者原有职衔在所定第等之上，递加一等；若原已有职衔，还可移奖兄弟及亲子侄。合股经营者，分资给奖。[①] 商部的初衷无疑是值得称赞的，但是就当时的情形而言，中国的经济整体水平不高，拥有雄厚资本的企业应属寥寥。尽管奖励十分诱人，绝大多数商人只能望之兴叹。因为“当时一个店员的月平均工资是3块大洋，而此数足可以养活一个小家庭”[②]。所以《奖励华商公司章程》在当时并不能起到真正鼓励人们投资企业的作用。

有鉴于此，1907年农工商部根据实际又颁布了《改订奖励华商公司章程》，规定获商部头等顾问官加头品顶带者，由原定集股2000万元改为800万元，获头等议员加五品衔者，由原定300万元改为100万元，其余授奖条件也分别降低，授奖的底线变为20万元。[③] 这就大大降低了先前的受奖条件。同年8月，农工商部颁行《华商办理农工商实业爵赏章程》10条。规定凡集股创办企业的华商，如集股2000万元、1800万元、1200万元以上者，分别特赏一等、二等、三等子爵；集股700万元、500万元以上者，分别特赏三品卿、四品卿；集股10万元以上者，奖给五品衔等。并具体指明了独资、合资和附股者均可获此项爵赏。但“总以所办实业，能开辟利源，制造货品，扩充国计民生者为合格，其仅以贩运周转，汇兑营利为业者，不在此列”。如资本不多，但能“独出心裁，挽回利权”，也仍酌奖

---

① 汪敬虞编：《中国近代工业史资料（1896—1914）》第二辑，科学出版社1957年版，第640—641页。

② 费正清：《剑桥中国晚清史（1800—1911）》下卷，中国社会科学出版社1993年版，第490—491页。

③ 汪敬虞编：《中国近代工业史资料（1896—1914）》第二辑，科学出版社1957年版，第644页。

商勋。① 以后商部又据实情不失时机地制定了其他奖励章程，如《奖给商勋章程》《援照军功加奖成例酌拟商业外奖折》《南洋商董恳准酌制配章以示优异折》等。《奖给商勋章程》特别强调技术创新，规定凡能制造轮船、机车、电机等新式机器者，奖以三等至一等商勋，赏加四品至二品顶戴；凡能在中国原有工艺基础上，翻新花样、精工制造者，奖以五等至四等商勋，赏加六品至五品顶戴；对有特别发明创造者，给予破格优奖。② 关于清末到底有多少商人受到清廷的奖赏，目前还未有一个准确的数字，但是总数都不超过 50 人。③ 尽管如此，但清廷鼓励创办企业的意图昭彰，这也进一步冲击了传统贱商的陋习。商人因此可以由“四民之末”一跃成为有“子男之崇，卿秩之尊”的贵族。④ 时人慨叹：“中兴名臣曾国藩仅赏侯爵，李鸿章不过伯爵，其余百战功臣，竟有望男爵而不可得者，今以子男等爵，奖创办实业之工商，一扫数千年贱商之陋习，斯诚稀世之创举”⑤。

为了督促各省州县实力办理实业，农工商部还会奏考核直省府厅州县办理实业劝惩专章折。⑥ 总之，商部制定的一系列奖励措施，也许正是由于它们的可望而不可即，才激励起更多的人从事工商业，促使原先从事某一领域的工厂都想进一步扩大规模，吸引更多的资金投入到自己的企业中来。因此，在其激励之下，清末创办的工厂数量和

---

① 《农工商部奏遵华商办理农工商实业爵赏章程》，《东方杂志》第 4 卷第 11 号，“实业”，第 175 页。

② 《商部奏酌拟奖给商勋章程》，《东方杂志》第 3 卷第 12 号。

③ 陈旭麓先生认为总数不过 32 人。“据统计，按《华商办理实业爵赏章程》得奖的仅 4 人，按《奖励华商公司章程》得奖的也不过 28 人”，参见陈旭麓《近代中国社会的新陈代谢》，上海人民出版社 1992 年版，第 245 页。汪敬虞先生认为是 43 人，参见汪敬虞《中国近代经济史（1895—1927）》，中册，人民出版社 2000 年版，第 1499 页。徐建生、徐卫国二位先生认为是 46 人，这改变了徐卫国先生先前的考证 43 人，分别参见徐建生、徐卫国《清末民初经济政策研究》，广西师范大学出版社 2001 年版，第 55 页；徐卫国《论清末新政时期的经济政策》，《中国经济史研究》1997 年第 3 期。这一问题似乎还有待进一步的考证。

④ 《农工商部奏遵议拟订华商办理实业爵赏章程折》，《东方杂志》第 3 卷第 12 号。

⑤ 杨铨：《五十年来中国之工业》，《最近之五十年——申报馆五十周年纪念》，上海书店影印版 1987 年版，第 1—4 页。

⑥ 《农工商部会奏考核直省府厅州县办理实业劝惩专章折》，《南洋官报》1911 年第 187 期。

投入资本的额度都大幅增加。若以公司来计算，自商部成立后，到1908年，“凡五年间，报部注册之公司凡二百六十五，其资本总额138336760元，不可谓非一时之盛也”①。据统计：1905—1908年全国新设各种厂家201家，投资总额为4581万元，年均设厂50家，年增资本1145万元。年均设厂数分别是洋务运动30年的20倍、甲午战后的2.5倍，投资分别是5.7倍和2.9倍。② 由此可见，商部、农工商部筹划工商成绩卓著。

第三，劝办商会。

设立商会在戊戌变法时就已提出，但并未得到广泛关注与共识，直到商部建立后，商会才在各地逐渐兴办起来。商部之所以急切地劝办商会，是基于对现实的观照，是建立在对世界大势及国内商情客观分析的基础上的。这在《商部奏劝办商会酌拟简明章程折》中能够明确地反映出来：“中国历来商务素未讲求，不特官与商隔阂，即商与商亦不相闻问，不特彼业与此业隔阂，即同业之商亦不相闻问。计近数十年间，开辟商埠至三十余处，各国群驱争利，而华商势涣力微，相形见绌，坐使利权旁落，浸成绝大漏卮。故论商务于今日，实与海禁未弛以前情事迥异。”“现在体察情形，力除隔阂，必先使各商有整齐划一之规，而后臣部可以尽保护维持之力。则今日当务之急，非设立商部不为功。”而“以商战角胜，驯至富强……实皆得力于商会”③。正因如此，商部就在1904年《商会简明章程》中明确规定“凡各省各埠，如前经各行众商公立有商业公所及商务公会等名目者，应即遵照现定部章，一律改为商会，以归划一，其未立商会之处，亦即体察商务繁简，酌筹举办”。“凡属商务繁富之区，不论系会垣或城埠，宜设立商务总会，而于商务发达稍次之地设分会”④，随后发表《劝办商会谕帖》，对商会寄予厚望，希望由此“上下一

① 汪敬虞编：《中国近代工业史资料（1896—1914）》第二辑，科学出版社1957年版，第726页。

② 黄逸峰：《旧中国的民族资产阶级》，江苏古籍出版社1990年版，第71页。

③ 《商部奏劝办商会酌拟简明章程折》，《东方杂志》第1卷第1号。

④ 《奏定商会简明章程》，《东方杂志》第1卷第1号。

心，官商一气，实力整顿，广辟利源”[①]。为使商会真正起到“通商情，保商利”的作用，商部特创造便利条件，规定在商部内“设商会处一所，另派专员接待商董”，“各董事常川来署……本部门皂等役不准稍有需索留难等事，倘有阻遏，该董事尽可直言指报，由商会处交司务厅严办。”[②] 商部基于京师的重要地位，主张“先行劝办商会，以为各省之倡”。不仅如此，还专门选派司员筹办，并主动派员访觅声望素孚的商董，“亲行接见，面为晓喻，俾知举办商会，实为联络团体，挽回利权起见”[③]。促成京师金银号汇兑庄等商人成立公所，为京师商会的设立打下基础。经过两年的不懈努力，“凡京师大宗行号均能声气相通，渐臻融洽”，并于1906年成立了京师商务总会，[④] 在汉口遵章设立汉口商务总会。[⑤]

由于经济发展的不平衡，各地商会设立的情况大不一样，在天津、上海、汉口等“商务繁盛之区”劝设商会“措施稍易”，而在奉天之类商务不甚发达之区则提倡较难。[⑥] 不少地区地方官员对开办商会态度冷漠，因“恐有摊捐，兴办迟迟”。如1904年成立的成都商会，经过劝业道“将华商素习涣散之弊害，将来兴办商会之利益，演说数番”，终才得以成立。[⑦] 为了方便商务总、分会与地方官的公牍往来，商部还专门订章，保证商会与地方官随时接洽而无隔阂。[⑧] 总之，尽管在商会成立的过程中，出现了这样那样的问题，比如商会会董选举舞弊，侵占别人的土地等，[⑨] 但在商部的大力劝导下，清末十年在国内共设商会794处，其中商务总会23处，遍及全国24省，

---

① 《商部劝办商会谕帖》，《东方杂志》第1卷第2号。

② 《商部定接见商会董事章程》，《东方杂志》第1卷第2号。

③ 《商部奏劝办京师商会并推广上海商会情形折》，《东方杂志》第1卷第5号。

④ 商务印书馆编译所编：《大清光绪新法令》第16册，商务印书馆1909年版，第40页。

⑤ 上海社会科学院经济研究所编：《晚清经济史事编年》，上海古籍出版社2000年版，第983页。

⑥ 《商部奏奉天设立商务总会折》，《东方杂志》第3卷第7号。

⑦ 王笛：《试论清末商会的设立与官商关系》，《史学月刊》1987年第4期。

⑧ 《农工商部订定商务总分会与地方官衙门行文章程》，《东方杂志》第5卷第5号。

⑨ 《纪商会总理侵占学基殴伤教习事》，《申报》1906年8月31日，第三版。

外洋各埠的中华商会共设 39 处。据各年设立商会统计，商会的设立高潮在 1906 年和 1909 年，两年分别各设 81 处（不包括外洋各埠商会），其中商务总会分别为 13 处和 2 处。① 1908 年，各省设立商务总会 8 处，外洋各埠商务总会 6 处，商务分会 88 处。② 形成了商务总会、商务分会、商务分所三级层层隶属的组织体制，“譬如身之使臂，臂之使指，部位分明，血脉联属，毫无扞格不通之弊”③。商会是商人自愿参加、组织的民间社会团体，它代表商人的利益，协调商人之间以及商人和政府之间的关系。商人只要交纳一定的会费，便成为商会的会员。商会会员有讨论商务利益、考查商务利弊、申诉冤抑、咨询商业法规、参与选举议董等权利。商会的职能主要是代表商人利益，协调工商经济的发展，解决各种工商纠纷，特别是华洋利益的纠纷，是商会活动的重要内容。商会被誉为“众商业之代表”，它不同于旧式的行会、公所，没有地域、行业的限制，能以当时最大的容量将广大工商业者集聚在一起，这在很大程度上改变了行帮壁垒、各立门户、畛域分明、商情涣散的状况。有力地加强了商人以及商人与政府之间的沟通和联系，使上下声息相通，有利于清末工商实业的健康发展。

此外，商部还积极调查各地商业发展情况，把握商业发展的状

---

① 农商部总务厅统计科编：《中华民国第一次农商统计表》，上海中华书局 1993 年版，第 176—197 页。而朱英先生却认为“到 1911 年，除西藏等少数边远地区外，全国各省已有 50 余处成立了商务总会，880 余地设立了商务分会，此外还有为数更多的商务分所。”参见朱英、石柏林《近代中国经济政策演变史稿》，湖北人民出版社 1998 年版，第 49 页。本书仍以《中华民国第一次农商统计表》为准。

② 农工商部统计处：《光绪三十四年农工商部统计表》第四册，商政（上），国家图书馆清史文献中心藏。

③ 公牍，《商务官报》1906 年第 23 期，第 11 页。为了加强对地方商业的督导引导，商部、农工商部曾多次札饬地方商会来实现。比如商部就曾札饬上海商会，了解糖的进出口情况。本来蔗糖是中国日用消费品大宗，亦为中国数百年来消费品之大宗，从前日本亦靠中国供给，可是自从欧美各国在华广泛设立糖厂，中国糖业就日渐颓衰。于是便让上海商会关注外糖的进口情况，出谋划策，“如有保护之处，本部（商部）自应力与维持，以图进步而辟利源。”见《商部札上海商会文》，《申报》1906 年 9 月 18 日，第四版。《商部电饬商会总理确查绉商歇业》，《申报》1906 年 11 月 8 日，第四版。

况，制定符合商业发展的规划。① 由于认识到“商以有学之商与不学之商战，不学者之败，不待言矣”②，为此，商部还奏设了一系列实业学堂，以“考求实用，能夺西人所长为主，实学之门类凡十，曰算学，曰化学，曰机器学，曰汽机学，曰电学，曰气学，曰光学，曰地学，曰矿学”③。这些实业学堂的设立，培养了一批优秀实业人才，大大促进了清末实业的发展进程。④

三　路矿方面

路矿事务关系国计民生。在商部成立之前，清政府设有路矿总局管理铁路和矿务事宜，商部成立后，矿路总局裁撤，路矿事务统由商部管理，直到邮传部成立后，铁路划归邮传部专营。由于 19 世纪末 20 世纪初，西方列强竞相在中国划分势力范围，攫取大量的铁路修筑权和矿山开采权，对中国的侵略进入了一个新的阶段，即以资本输出、经济侵略为主的阶段。在铁路的管理权方面，“因其属于一种新政的创始，而且为平抑反对派的势力，故清政府多派封疆大吏兼任铁路督办大臣，以示郑重。”⑤ 但铁路的建设需要巨大的投资和整体规划，路权的控制权散落于各地督抚，中央政府却不能统一管理之。在矿产方面，各地常有不法之徒希图蝇头小利，私挖私售；各省为了各自利益也擅自与外商订立合同，致使矿利外溢。面对这些情况，为鼓励华商积极投资筑路、开矿，以抵制洋商、挽回利权，商部自成立后就从厘订管理章程和加强管理等方面入手，开展了对路矿的整顿。

（一）重新厘订路矿章程

商部认为当时“风气渐开，各商纷纷请办路矿，若无定章准驳，难期划一，况事关华洋交涉，尤宜审慎周详”。虽然“光绪二十四年

---

① 《商部调查商业》，《申报》1905 年 4 月 17 日，第三版。

② 《保商条议》，《经世文潮》1903 年第 2 期。

③ 《商部奏请拟办实业学堂大概情形》，《东方杂志》第 1 卷第 3 号。

④ 《本馆接商部奏准开办工学堂专电》，《申报》1906 年 9 月 28 日，第三版。《商部奏办艺徒学堂并酌拟简明章程折》，《申报》1906 年 10 月 13 日，第三版。

⑤ 《中国铁路志》，沈云龙主编：《中国近代史料丛刊续编》第 93 辑，台北文海出版社 1983 年版，第 33 页。

十月（1898）间路矿总局曾经奏定矿务铁路公共章程二十二条，二十八年（1902）间外务部又经奏定矿务章程十九条”，但是，“以上各项章程，核诸现在情形，均有应行修改增订之处”[①]。于是，在这一思想认识的指导下，商部于 1903 年 12 月颁行《重订铁路章程》，共 24 条，该章程对铁路的申办、买地、审批、集股、借款、勘路造路的时限、轨距、聘用专家、争讼、订立合同、任务、运价等相关内容进行了详细的规定。为了鼓励民间投资，保护公司利益，且针对列强在攫取筑路权的同时而获得在铁路沿线开矿权的问题，章程中有明确规定：“路矿本系两事，应行各守专章，分别办理，所有请办铁路者，不得率请与矿务合办铁路公司。”[②] 1904 年 3 月，商部奏准颁行《矿务暂行章程》38 条，规定集股开矿，总宜以华股占多数，倘华股不敷，必须附搭洋股，则以不逾华股之数为限。如有蒙准开办者，查实即将执照注销，矿地充公。[③] 1905 年 11 月，商部制定了《勘矿章程》。1907 年 9 月，农工商部参考各国矿章，[④] 奏准颁行《大清矿务章程》，对国内开矿资格进行重新审查，指出“矿务新章业经实行，填注矿照，一切应照新章办理”[⑤]。并对外国在中国开采矿产列有专条，“如华人合股，断不准他国矿商独开一矿”，且外商“概不准收买矿地”[⑥]，进一步保护了华商的开矿权益。但在此之前，华商因没有正式的采矿筑路权，经常被地方官勒索，被洋商压迫。因此，商部、农工商部能做出上述姿态已实属不易，这在一定程度上遏制了西方列强的侵略。

总之，商部、农工商部组织重新厘订的这些路矿章程，在一定程

① 刘锦藻：《清朝续文献通考》卷 387，上海商务印书馆 1936 年版，第 11350 页。

② 宓汝成编：《中国近代铁路史资料》下册，中华书局 1984 年版，第 925—928 页。《商部重订铁路章程》，《东方杂志》第 1 卷第 3 号。

③ 汪敬虞编：《中国近代工业史资料》第 2 辑，科学出版社 1957 年版，第 26 页。

④ 《农工商部要闻》，《申报》1907 年 1 月 21 日，第二版。

⑤ 《北洋滦州官矿有限公司详请咨部颁发开矿执照以便开办文》，《乙酉大政记（卷二）》，宣统二年二月初　日，第五册，《近代中国史料丛刊续编第二十五辑》，台北文海出版社 1984 年版，第 408 页。

⑥ 《大清国矿务正章》，《东方杂志》第 4 卷第 6 号。

度上抵制了外来侵略，有力地维护了路矿利权，正如当时舆论所评："今政府所颁矿务章程，实为对外之壮举……盖矿务本一国内政，不容他人有所干预。"① 此外，商部还订立了路工洋员办法，路务议员章程，矿政调查局章程等法令。② 而以上这些路矿法规的制定及逐步完善，不仅是商部、农工商部行政职能履行优劣的重要评判指标，而且是清末路矿实业能否健康有序发展的重要前提。

（二）注重调查各地路矿

商部设立之前，路矿开办的权力多掌控在地方督抚们手中，中央政府对其管理乏力。商部设立以后，路矿权归商部统筹，当时清廷有旨"现在设立商部，所有路矿事务应归并商部，以专责成。路矿总局著即裁撤"③。为实质性地指导管理各地路矿建设，加强对路矿建设的管理，商部采取的措施之一就是向各省派遣路务议员和矿务议员。实际上，路、矿议员是商部在各省的耳目，他们主要的工作就是调查汇报全国路矿具体状况，并监督所在地区的路矿工作，为商部提供及时准确的地方路矿信息。如 1905 年商部奏请在各省设立矿政调查局，并遴派矿务议员，"令其酌带熟识矿产之师，周历各府厅州县，详为探勘。凡矿地坐落、官民界址、苗线隐显短长等，一一记载明晰，随时报部"，以期与"前饬各省填报已开各矿之矿务表相辅而行，庶各省宝藏了然心目之间"。而每岁办矿有无起色，商部即可借以稽核。④ 鉴于"中国矿产之富甲于全球，只以研究无人，遂致利源未辟，又或奸徒勾结，设谋售卖，辗转映射，流弊滋多。极应彻底清理，认真整顿。"⑤ 商部进一步加强了对各地矿务展开调查，除主动

① 《德人拒我矿章》，《东方杂志》第 1 卷第 4 号。

② 《商部咨行订用路工洋员办法》，《申报》1906 年 9 月 4 日，第四版；《商部奏改订路务议员章程折》，《申报》1906 年 8 月 1 日，第九版。《商部奏陈矿政调查局章程折》，《东方杂志》第 3 卷第 2 号。

③ 朱寿朋：《光绪朝东华录》（五），中华书局 1958 年版，第 5073 页。

④ 商务印书馆编译所编：《大清光绪新法令》第 16 册，商务印书馆 1909 年版，第 85 页。

⑤ 刘锦藻：《清朝续文献通考》卷 387，上海商务印书馆 1936 年版，第 11352 页。

派员调查各地森林矿产外,[1] 还上奏清廷并得谕准“著各省将军督抚即行遴派谙练、廉政之员，酌带工师，周历各属，切实探勘。按照商部所发表式，将已开未开各矿逐一详细注明，随时咨报，毋稍延缓。其各省所派专员均准作为商部矿务议员，并由该部悉心稽查，严定考成，随时请旨办理，以示权惩。总期权自我操、利不外溢，是为至要。”[2] 农工商部时期，亦注重矿产的调查。[3]

在铁路建设方面，商部力图做到“凡于材料之良楛贵贱，工程之优劣得失，用人之能否称职，运输之能否便利，岁出之若何能撙节，岁入之若何能增益，与夫一切利弊之所在，统筹并愿随时迁报臣部核办，或由臣部会商该管铁路大臣及办路地方督抚酌办”[4]。并且“日有记载，月有报告”[5]。商部之所以如此努力调查铁路，其目的是“以期有利与兴，有弊与革，其最要者，莫如使铁路公司早一日清偿债款，即中国早一日收回路权”[6]。为清查商办各矿，农工商部还通饬各省督抚、都统执行所定矿律，遵章办事。[7]

此外，商部、农工商部还对私卖矿地事件进行查处，商部曾奏称：路矿农工各政，泰西各国皆以为开通商务之基础。然其于辖置之权限，境土之尺寸，则必自保主权，他国人民不能侵损丝毫。而“中国商民不知此意，往往图目前之小利，不顾日后之隐忧。近年各省私立矿地、矿山之案屡现迭出，至租界之外民间农田房产，亦浸假而售之外人。若不设法查禁流弊，何可胜言?”[8] 鉴于国人对于农工

---

① 《商部咨请派员详查黑吉两省森林矿产》,《申报》1906 年 7 月 6 日，第四版。《商部电查碧鸡山金矿》,《申报》1906 年 10 月 13 日，第三版。

② 刘锦藻:《清朝续文献通考》卷 387，上海商务印书馆 1936 年版，第 11352 页。《商部调查新疆各矿表》,《申报》1905 年 4 月 18 日，第三版。《商部调查新疆各矿表（续）》,《申报》1905 年 4 月 10 日，第四版。

③ 《乙酉大政记》第十三册,《近代中国史料丛刊续编第二十五辑》，台北文海出版社，第 1077—1078 页。

④ 公牍,《商部奏定路务议员办事章程折》,《商务官报》1906 年第 2 期，第 30 页。

⑤ 商务印书馆编译所编:《大清光绪新法令》第 3 册，商务印书馆 1909 年版，第 79 页。

⑥ 《商部奏请饬铁路大臣将历年办理情形报部折》,《东方杂志》第 1 卷第 10 号。

⑦ 刘锦藻:《清朝续文献通考》卷 389，上海商务印书馆 1936 年版，第 11370 页。

⑧ 刘锦藻:《清朝续文献通考》卷 387，上海商务印书馆 1936 年版，第 11353 页。

商实业的落后观念，商部不得不制定相关规章，对凡将地产私售外人者，严惩不贷，有力地维护了国家权益。通过对各地路矿的调查，使商部、农工商部实时掌握了地方路矿的发展状况，为加强对各地路矿的管理提供了依据，也为统筹全国路矿建设与规划提供了思路和重要参考。

（三）统筹规划，督导引导

统筹规划，督导引导，是商部、农工商部当时工作的中心，也是路矿建设得以发展的重要原因。它主要表现在以下几方面。

首先，依法保护路矿公司，并根据国内资金不足的情况，积极主动吸引海外侨资。为此“将新定矿章详加查核，如有可以变通，与商民多资利益，于公家并无妨损，亦不致别生事端之处，即斟酌损益，量予通融，以顺商情而咨鼓舞”[①]。要求地方官对待“海外华商返国办矿者，更宜相孚以诚信，勿得苛责以繁文”[②]。并对全国的铁路进行统筹管理，编订直省路线全图，[③] 供商民投资之参考。但强调路事须遵照商律。[④] 后来，还主张筹借劝业富籤公债，[⑤] 可见商部为了筹集资金，可谓绞尽脑汁。在各地铁路的建设过程中，商部从勘查线路、派充总理、资金筹措以及监督检查等方面，都履行了保护和监督管理职责，针对一二不法官吏在给商人执照时，“任意需索，多方刁难”，进行处罚。[⑥] 此外，商部还督促地方建立全省矿务总局，以加强对矿务的领导和监督。[⑦] 并对开办路矿过程中的一些不法现象进行及时的督导引导，避免了不必要的损失，也为国家挽回了利权，一时促成了挽回利权的小高潮。当时有外人评论指出，“收回利权之运动，已非一时之现象，而成华人一般之思潮，弥漫禹域四百余州，殆

① 商务印书馆编译所编：《大清光绪新法令》第 16 册，商务印书馆 1910 年版，第 123 页。

② 公牍，《商务官报》1908 年第 3 期，第 6 页。

③ 《商部编订直省路线全图》，《申报》1906 年 7 月 11 号，第三版。

④ 《商部饬路事须遵照商律电》，《申报》1906 年 7 月 16 日，第四版。

⑤ 《读农工商筹借劝业富签公债折书后》，《国风报》1910 年第 2 期。

⑥ 《商部整顿矿务执照》，《申报》1906 年 8 月 11 日，第四版。

⑦ 《商部咨皖抚速建全省矿务总局》，《申报》1906 年 5 月 2 日，第四版。

有若万丈怒涛澎湃不可遏之概焉”①。

其次，重视路矿方面人才。因为路矿在当时尚属新兴行业，不仅资金较为短缺，人才也十分匮乏。由于“各省铁路纷纷自办，需人孔殷，非设法变通不足以资任使”。为此，商部多方搜罗人才。要求“于各省铁路学堂一律添设速成一班，毕业后按其程度派以相当之差，以收臂助”②。还多次奏保在路矿等方面有一技之长之留学外洋的卒业学生，到部当差。③

最后，对原来不合理的关卡进行整治，并为一些路矿公司减免税厘，还为渴望投资铁路的士绅提供方便，代为上奏清廷。④ 正是在商部、农工商部的主持下，清末路矿建设取得了非凡的成绩。铁路方面，据统计，从 1903 年至 1907 年，四川、广东、湖南、江西、云南、安徽、山西、浙江、福建、陕西、湖北、江苏、广西、黑龙江、河南等 15 个省共成立了铁路公司 18 家。⑤ 当时这些铁路公司计划募集资金总额为 2 亿元，虽然困难重重，但至 1911 年，浙江筹股达 925 万元，江苏 410 万元，广东 1513 万元，四川 1645 万元，其他省份较少，实际共集股 6000 万元，仅占计划的 30%。⑥ 尽管没有达到预期目标，但其已经“相当于同时期全部工矿业投资之半，在中国近代史上为一个目的募集这样大的资金尚属仅见”⑦。矿业方面，从 1872 年到 1902 年的 30 年间，在矿业工业上共投资 2400 万元，而 1903—1911 年的 9 年间，投资就有 1700 万元，占 1872—1911 年四十

---

① 公牍，《商务官报》1906 年第 12 期，第 16 页。

② 《请添铁路速成科》，《大公报》1906 年 6 月 27 日。

③ 《商部奏保留学外洋卒业学生折》，《教育杂志》1905 年第 7 期。

④ 《商部奏浙江绅士筹筑本省铁路公拟章程呈请立案折》，《申报》1906 年 7 月 22 日，第九版。《商部奏广西官绅筹筑本省铁路折》，《申报》1906 年 10 月 7 日，第三版。《商部奏江西士绅筹筑本省铁路公拟章程呈请奏明立案折》，《东方杂志》第 3 卷第 1 号。《商部奏安徽士绅筹办本省铁路并请派员总办准予立案折》，《东方杂志》第 3 卷第 1 号。

⑤ 金士宣、徐文述：《中国铁路发展史（1876—1949）》，中国铁道出版社 1986 年版，第 228—230 页。

⑥ 宓汝成：《中国近代铁路史资料（1863—1911）》第 3 册，中华书局 1984 年版，第 1149—1150 页。

⑦ 许涤新、吴承明：《中国资本主义发展史》第 2 卷《旧民主主义革命时期的资本主义》，人民出版社 1990 年版，第 678 页。

年总投资的40%有余。[1] 1903—1911年，全国矿冶工业开设公司厂矿51家，其中商办的23家，占总数的45.1%。[2] 总之，在商部、农工商部的大力倡导下，路矿建设获得了长足的发展。

四　对外贸易和交流方面

为了加强对外贸易，改变中国的入超地位，商部、农工商部采取了一系列措施，做了相当的努力。这表现在：改良传统的茶业，棉业；加快推进自开商埠的进程；鼓励出口等。如以传统的棉纺织业为例，1905年进口到宁波的外国棉纱为8702担，1909年减少到4365担。同时，由于华商棉纺织业的发展，该地的棉纱产量也有大幅的增长，1902—1906年，平均每年出口棉纱960担，到1907—1911年则达到了26000担。[3] 据调查，外货输入值：1905年为447100791海关两；1906年为410270082海关两；1907年为416401369海关两。1907年输入品虽较1906年多600万两，然较1905年已少3000万两。再来看一下这三年的输出值，分别为227888197海关两、236456739海关两、264380697海关两。[4] 尽管中国仍未改变入超的地位，但这种贸易逆差在不断地缩小。为了促进对外贸易的健康发展，商部还对贸易中的不正常现象进行整顿。比如中国商人的积习是：心志不齐，各怀其私，罔顾大局。当时丝茶两项为出口货之大宗，“往往以散商急思出脱，跌盘争售，而一二殷实巨商，亦为牵累；其他货物之作伪掺杂，卒至亏本者，难以枚举”。为了遏制这种不顾民族大义的散商和防止棉茶等出口商品掺杂，商部一方面制定严厉章程来约束，一方面令商会进行监督。[5]

为了加强中外交流，学习外国的先进经验，宣传自己的优良产

---

① 严中平：《中国近代经济史统计资料选辑》，科学出版社1955年版，第94—95页。

② 汪敬虞：《中国近代工业史资料》第二辑，中华书局1962年版，第870—877页。

③ *The Maritime Customs*（1896－1914），*Decennial Reports* 1902－1911，Shanghai，Published at the Statistical Department of the Inspectorate General of Customs，1913. Vol. 11，p. 58。

④ 冯承钧：《中国商业概观》，《东方杂志》第7卷第1号。

⑤ 《商部奏劝办商会酌拟简明章程折》，《东方杂志》第1卷第1号。《农工商部奏整顿棉业严禁掺杂水泥诸弊折》，《大公报》（天津版）1911年8月29日。

品，推动中国的工商业发展，商部不仅自办博览会，“以树全国之风声”[①]，还主张中国商人要积极、主动参加国际博览会或赛会。为了鼓励、规范商人及团体等出国参加赛会，“以兴商业，而开利源”[②]。1905 年 11 月底，商部奏准颁行《出洋赛会章程》十八条。章程规定，遇有外国举办商品赛会，由商部咨行各省督抚，晓谕商人，有愿与会者，呈报本省商务局、商会，转报督抚汇咨商部办理。同时，对呈报具体手续、事务所设立、赴赛物品种类、包装、运输、货物免税等，一一作了具体规定。[③] 其旨在以中国物品与各国所陈同类之品“用心比赛，取彼之长，补我之短，以图改良之计”[④]。通过鼓励华商参加国际商品博览会，促使中国产品走出国门，走向世界，亦利于促进中国民族工商业的健康发展。

为了更好地参与国际交流，商部、农工商部除提倡在国内举办劝业会、劝工会、物产会、商品陈列所等各类商品赛会外，还为参加国际博览会进行了诸多谋划和准备。为了让商民广习各国语言，专门札饬各海关道晓谕商民广习方言以资赴赛之益，[⑤] 并多次参加国际赛会，如赴美赛会、[⑥] 赴义赛会、[⑦] 赴比赛会、赴澳洲梅勒本女工赛会[⑧]等。当参加比国赛会时，工作做得非常细致入微，有记载说：“黎业斯万国博览会业已开会，政府前命驻比杨星使为中国会场监督，并由赫总税司遴派厦门税司比人亨氏为洋监督，又派前在美国圣路易会场之法人巴氏为干事，即将上年运往美国赛会之余物，转运至比国陈列比赛。北京工艺局、上海茶瓷公司及广东浙江商人均有寄往之货。湖北运比赛品共三十一箱，又商人周君懋功自办赛品三十三箱，附德国

① 《商部决议在南苑开辟商场》，《申报》1906 年 9 月 14 日，第三版；《拟办农务赛会》，《大公报》（天津版）1911 年 7 月 13 日。

② 《中国纪事》，《大陆》1903 年第 5 期。

③ 章开沅等主编：《苏州商会档案丛编》第 1 辑，华中师范大学出版社 1991 年版，第 461 页。

④ 《商部新订出洋赛会章程》，《东方杂志》第 3 卷第 3 号。

⑤ 刘锦藻：《清朝续文献通考》卷 383，上海商务印书馆 1936 年版，第 11304 页。

⑥ 《赛会志略》，《东方杂志》第 1 卷第 3 号。

⑦ 《部饬商赴义赛会》，《申报》1906 年 9 月 23 日，第九版。

⑧ 《农工商部催寄女工赛会货品》，《申报》1907 年 7 月 5 日，第四版。

邮船前往。浙商周君梅谷以甲辰年美国圣路易赛会华商所带货物未能尽投西人所好，以致销路窒碍，亏折不资。因之，此次比国赛会各商惩前毖后，相诫不往，亦非振商之道。爰察得华货之所以可以畅销外洋者，选办四十五箱亲身带赴比国陈赛出售。杭州舒莲记扇庄，往岁法国安南尔处赛会，去岁美国赛会均有上等货物往赛，历得头等金牌，由税务司转给。今岁比国赛会，该店仍备有价值八九千两之扇货，与周君梅谷订立合同带往陈赛。”① 商部、农工商部并对在博览会上获奖的华商进行优奖。此外，还规定一些物品不宜参加赛会，如“烟具、赌具、神像木主及妇女弓鞋之类，不一而足”②。其实，商部、农工商部积极地参与国际交流，更是有意彰显中国国力的重要表现，同时也能向世人证明中国人民的聪明才智，以此来展现本部主持工作的得力，因为这是表现其政绩的重要机会。

此外，商部、农工商部还很重视侨务工作，多次奏请保护华侨，为此还与各地督抚加强联系和沟通，为华侨归国投资创造良好的环境。对“凡有因事回华者，其身家财产均责成该省督抚严饬地方官切实保护，即行妥定章程奏明办理，倘有关津、丁役、地方胥吏及乡里莠民，藉端讹索，即予按律严惩，决不宽贷”③。于是，在此背景下，大批华侨纷纷归国投资，华侨归国不仅带来了雄厚的资金，还带来了先进的技术，为清末经济的发展做出了不容忽视的贡献。

商部、农工商部对各地的灾荒救济，也能大力筹集款项，积极施赈，减少损失。面对灾情，亦能统筹安排。光绪三十二年（1906）十一月初九日，农工商部接到工部左侍郎盛宣怀电称，苏省大江南北，当年被灾实重，尽管朝廷恩旨发帑赈抚，由于灾区甚广，待赈弥殷。为此，农商部统筹安排，决定借拨陕赈余款以济苏赈，这就解决了苏省赈济的燃眉之急。④

以上可见，商部、农工商部在清末的经济发展中作出了重要贡

---

① 《比国赛会志要》，《东方杂志》第2卷第9号。

② 《商部申明不准赛会之品类》，《申报》1906年3月30日，第四版。

③ 《张弼士招徕外埠商民议》，《经世文潮》1904年第8期。

④ 《农工商部奏覆借拨陕赈余款以济苏赈折》，《南洋官报》1906年第69期。

献，较全面地启动了近代经济的发展，促使农工商各业由原来的分散经营，转变到协作发展的轨道，且有了统一的管理，有力地推进了中国早期现代化的进程，并逐渐改变了人们的传统观念。关于此，时人有过评论“吾国人之贱视农、工、商也久矣，阶级之制，深入人心。自商部开办以来，力惩旧习，积极进行，先后奏请力行保商兴农各政，设立商务顾问、商矿议员等职，暨京外办理农工商矿各机关，订颁商律、注册、奖励各项章程；开办商部官报、各种实业学堂局所。由是国人耳目，崭然一新，凡朝野上下之所以视农工商，与农工商之所以自视，位置较重”①。商人的地位亦不断地得到提升，贱商的意识得到改变，商人因此可以由“四民之末”一跃成为有“子男之崇，卿秩之尊”的贵族。② 时人慨叹：“中兴名臣曾国藩仅赏侯爵，李鸿章不过伯爵，其余百战功臣，竟有望男爵而不可得者，今以子男等爵，奖创办实业之工商，一扫数千年贱商之陋习，斯诚稀世之创举。”③ 关乎此，张謇说得很深刻“中国近日，官皆商也，商皆官也”④。他们表面上供职官府，而实际上却从事着商务，这就促使一个新的社会阶层——绅商的出现，绅商的崛起，对中国后来社会的发展演变产生了深远的影响。

当然，由于受时代和制度的制约，商部、农工商部的局限性显而易见。首先，清末新政的目的性和方向性决定了商部、农工商部根本不可能尽力施展。清廷设置商部、农工商部，主要是为了解决当时的财政危机，是为了维护封建君主专制统治。所以在这样狭隘的利益思想指导下，商部、农商部难免有这样那样难以克服的困难存在，反映到实践中，便是官僚习气仍然很重，机构膨胀，人浮于事，工作效率极其低下。有研究表明，农工商部司员数，1910 年 5 月 182 人，

① 高劳：《十年以来中国政治通览·实业篇》，《东方杂志》第 9 卷第 7 号。

② 《农工商部奏遵议拟订华商办理实业爵赏章程折》，《东方杂志》第 4 卷第 12 号。

③ 杨铨：《五十年来中国之工业》，《最近之五十年——申报馆五十周年纪念》，上海书店影印版 1987 年版，第 1—4 页。

④ 《答南皮尚书条陈兴商务改厘捐开银行用人材变习气要旨》，《张季子九录·实业录》卷 4，中华书局 1931 年版，第 4 页。又见《张季子九录》（三），民国丛书编辑委员会编：《民国丛书》第三编，上海书店出版社 1991 年版，第 170 页。

1910年9月219人，1911年1月则达到264人。[①] 武昌起义后，安插在农商部的人员则更多，而真正懂得实业的人员却屈指可数。因此，尽管有多年从事商务的伍廷芳、[②] "办事颇有朝气"唐文治[③]和"财大心细、规模宏远"的王清穆[④]等谙熟商务之人为之支撑，但总体而言，这样的人才凤毛麟角，仍是"旧人办新政"，注定了商部、农工商部难有大的作为。

其次，商部、农工商部与其他中央职能部门的协调能力欠缺，在职掌方面，更是矛盾重重，使商部、农工商部遇事多有掣肘。更重要的是由于缺乏一个强有力的政府的支持，当遇到棘手的商事情况，需要各部协作共济，共渡难关时，各部不是从大局着眼，却各自从本部的利益出发，互相扯皮，结果损害商人的利益和商业的发展。本来商务为商部、农工商部所管，但外务部多有插手，比如在南洋各属开矿事宜，外务部就曾下文通饬南洋各属承办矿务。[⑤] 在商标问题上，商部、外务部也有争论，为此商部还专咨外务部，指出商标应由商部给照，保护创制版权专利亦为商部职权。[⑥] 在自开商埠问题上，外务部也极力染指。[⑦] 铁路轮船等事属工政，但是划归邮传部管理，当时就有评论指出这种现象的不合理，"邮传部岂能代管工政？况营利事业无论国有民有官有，必有公司局厂，属商政之范围"[⑧]。由于职权不

---

① 朱锴：《清末农工商部研究》，首都师范大学2004年中国近现代史硕士论文，第21页。

② 中国第一历史档案馆编：《清代官员履历全编》第六册，华东师范大学出版社1996年版，第251页。

③ 王清穆：《茹经堂奏疏序》，沈云龙主编：《中国近代史料丛刊正编第六辑》，台北文海出版社1967年版，第3页。

④ 公牍，《商务官报》1906年第5期，第19页。

⑤ 《外务部通饬南洋各属承办矿务文》，《东方杂志》第1卷第3号。

⑥ 《商部咨外务部商标由商部给照及保护创制版权专利亦归商部文》，《东方杂志》第1卷第3号；《商部咨覆外务部美使函询商标版权专利筹办情形文》，《东方杂志》第1卷第3号。

⑦ 《外务部奏覆通州天生港自开商埠折》，《申报》1906年9月4日，第四版。《外部核准奉省开埠规条》，《申报》1906年9月22日，第三版。

⑧ 《农工商部奏遵设统计处编成第一次农工商统计表册》，《东方杂志》第5卷第10号。

清，商部、农工商部与外务部、邮传部时有龃龉发生，很多商务因相互争执不能解决，致使商民怨气横生，对政府当局感到失望，促使了部分商人加速离心倾向。

再次，商部的一些决议，地方政府或倚墙观望，或弃置一旁，或阳奉阴违，或公然反对，根本不能得到切实施行。当时有些省份对商部议决“有阅六七月未阅者，有阅四五月未复者，叠经臣等督饬，文电交催，仍复迟延”[①]。在征求各省就保护回籍华商事宜制定章程意见时，转眼一年多过去了，只有“两广总督抄录保商局章程咨送到部，此外各省并无只字声覆”[②]。农工商部发放各省的农业调查表，也因“事阅数年，各省咨报详略不一，殊不足以咨研究”[③]。而不能及时了解地方农业发展情况和制定符合农业发展的规划。商部、农工商部振兴实业的政策在落实时更是遇到诸多阻碍，可谓“路矿农工等项，均为近今要政，各省往往视为具文”[④]。

最后，商部、农工商部还缺乏独立发展工商的自觉性。这主要表现在，在制定商律、法规时，尚多不合实际之处，不能从根本上以维护农工商各业发展为出发点，比如商部奏《奖励华商公司章程》就是一例，当时有人针对商部以筹集资本的多少给予商部顾问、商部议员及其他奖励进行过批驳，说这是“大而无当之章程，以粉饰观听”，“定此不可施行之章程，岂尚有所冀幸耶！”[⑤] 亦不十分注重商人和商会的声音，有人曾指出“近顷各地已设有商会，然对于政府未有正当言权限也。”[⑥] 商会是商人组织，亦是加强政府与商人沟通的桥梁，对商会之声音不重视，哪能制定符合实际的法律。即便制定

---

① 《商部奏整顿商务请旨通饬各省清理词讼严禁需索折》，《东方杂志》第2卷第9号。

② 商务印书馆编译所编：《大清光绪新法令》第16册，商务印书馆1909年版，第45页。

③ 公牍，《商务官报》1910年第12期，第7页。

④ 世续等编：《大清德宗景皇帝实录》卷544，台湾华文书局1970年影印版，第13页。

⑤ 《商部奏奖励华商公司章程驳议》，《经世文潮》1904年第8期。

⑥ 《论丛》，《商务官报》1906年第1期，第2页。

了相关法律，也不讲究实效，严重挫伤商人的积极性，以致有人愤而指出，“政府一定公司律，再定破产律，虽奉文施行，而皆未有效力。卒之信用不立，道德有时而穷，规则荡然，事业何由而盛？长此颓废，吾商业其终不竞乎！”[①] 且不把中外商人同等看待，有人就曾指出“待本国商人如制佣奴，而待外国商人如奉骄子”[②]。在这样媚外思想的指导下，中国怎能独立发展工商业，中国商人怎能平等地与外商竞争？

此外，面对关卡林立，旧税新捐，亦没有从根本上进行大力整顿，只是当商众竭力呼吁时，才有所表态，应急提一提废厘减卡免税，但很快又死灰复燃。当时“卡若栉比，法若凝脂，一局多卡，一卡多人，只鸡尺布，并计起捐，碎物零星，任意扣罚”[③]，“各种杂税，省省不同，府府不同，县县不同，名目不下百数千”[④]。在清末如此处境之下，中国商人怎能不叫苦连天，中国经济的发展怎能突飞猛进？

这些缺点或者不足，自然为民初中央实业管理机构的进一步发展完善提供了空间。而民初中央实业管理机构是否为改变这些缺陷做出了重大的努力，结果如何？这便是接下来要探讨的内容。

---

① 《上海商务总会致各埠商会拟开大会讨论商法草案书》，《申报》1907年9月10日。

② 《论中国宜保护商务》，《东方杂志》第1卷第9号。

③ 刘锦藻：《清朝续文献通考》第49卷，上海商务印书馆1955年版，第8037页。

④ 梁启超：《中国国债史》，《饮冰室合集》专辑之25，中华书局1989年版，第30页。

第　二　编

民初中央实业管理机构的设立

民初中央实业管理机构是指农林部、工商部及合并后的农商部。它是在辛亥革命胜利的基础上，由袁世凯北京政府设置的负责管理全国农工商矿事业的专部，其设立与时代息息相关。如要探究民初中央实业管理机构成立的来龙去脉，那么，其成立的历史背景是什么，成立过程中受哪些因素的影响和制约，对清末农工商部以及南京临时政府时期的实业部是如何实现整合的，后来又发生了那些变化，等等，则是我们研究过程中所不容忽视和回避的重要内容。

第三章

民初中央实业管理机构的初步设置

第一节　历史背景和社会基础

民初中央实业管理机构的成立，显然与清末民初变动的政治格局分不开，具有深刻的历史根源和社会基础。它们不仅是民初中央实业管理机构成立的外部必要条件，也是历史地探究民初中央实业管理机构成立不可或缺的重要因素之一。

一　设立之历史根源

民初中央实业管理机构是在推翻清朝封建君主专制统治的前提下设立的，带有政治变革的意味；复杂的社会环境和民众诉求则促进了其设立的进程；袁世凯主政后，又十分重视实业的发展，使其设立终得以实现。

（一）清朝的覆亡

说实话，自从庚子事件后，清政府确实是洗心革面了一番，大力推行政治、经济、教育、文化等方面的改革，尽管改革的过程中还存有操之过急、勒索百姓等这样或那样的问题，但取得的成效是显著的。其中，一些事业也是具有开创性的，比如科举的废除，商部、学部、巡警部的设立等，特别是北洋地区的新政搞得有声有色，一时成为“新政权舆之地”，“各行省咸派员视察，藉为取法之资”①。但自

① 甘厚慈辑：《北洋公牍类纂续编》，台北文海出版社1960年版，第1页。

从光绪皇帝和慈禧太后双双去世后，新上台的年轻诸亲贵们，不顾一切地搁置或放缓了新政的推行，在政治上却大张旗鼓地推行集权。先是摒弃北洋集团的领袖人物袁世凯，再是挑起满汉矛盾，深化满汉畛域，最后干脆推行“皇族内阁”。在处理一些社会问题上，也容不得其他意见，一意孤行，专断理事。这表现在：一是对立宪派大规模的国会请愿运动，不仅不予同情，且日益疑忌，甚至认为立宪派此举“处心积虑，无非夺君主之权，解王纲之纽，阳美以万世一系，阴实使鼎祚潜移”①。二是在不顾商民反对的情况下，武断宣布“干路国有”政策，酿成四川保路运动风潮。这就大大激化了社会矛盾，也导致了立宪派的离心。关乎此，李剑农先生是这样分析的，他说：“自此风潮发生以来，与革命党人素无关系的商民，也不知不觉趋向革命党方面来了。革命党刻刻乘机待发，立宪党亦已失望，一般商民又积愤无可申雪，于是只等武汉炮响。”② 林增平先生也指出本来“立宪派人对清王朝抱有期望，对革命派持敌视态度，但到一九一一年皇族内阁成立前后，他们的政治态度就产生很大的变化，即对清王朝失去信心，而以缓急不同的步调，转到了革命的一边”③。当武昌起义的枪声响起，立宪派便纷纷投身革命的阵营中，抛头露面，主持地方大计。不仅如此，“从前一切对清皇室、贵族及其政府不满或失望的人们，都或先或后，或主动或被动地会集到全国性的反满革命的潮流中来”④。这就注定了清朝的灭亡。

武昌起义后，清廷慌忙应对，不得已起用袁世凯，但对袁也是疑忌重重。尽管袁世凯一时稳住阵脚，但难改清王朝命数每况愈下的形势。不过一个月，响应者十余省。而清廷的谕旨却是一个接着一个，看上去从谏如流，服从民意，但倔强的人们已都看穿清廷本质——不过收拾人心而已，人们已不再相信谕旨的权威。关于此，英国驻华公

---

① 刘锦藻：《清朝续文献通考》卷400，上海商务印书馆1936年版，总第11510页。

② 李剑农：《中国近百年政治史》，武汉大学出版社2006年版，第230页。

③ 林增平：《近代中国资产阶级论略》，《近代中国资产阶级研究》，复旦大学出版社1984年版，第395页。

④ 黎澍：《辛亥革命几个问题的再认识》，《人民日报》1981年9月10日。

使有过独到解读："这些谕旨体现了朝廷对群众压力的彻底屈服。从摄政开始以来，随着政府的日益衰弱，朝廷的意旨逐渐失去了权威，以致对人民不再具有很大的影响。在清朝兴盛的年代，甚至到了慈禧太后逝世为止，谕旨是不轻易发布的，而且所使用的语言极为庄重，因而受到人们的重视。谕旨不能撤销，这是一项惯例。现在，谕旨大批的发布出来，一个接着一个，紊乱不堪，而且措辞常常是矛盾的。朝廷越是向人们泄露它的机密，它的建议所得到的反响就越冷淡。10月30日的谕旨，也许是中国历代朝廷发布的谕旨中最为屈辱的，据说它哀婉动人的程度超过了明朝末代皇帝所发表的绝望的呼吁。朝廷在这道忏悔的谕旨中把全国遭受的动乱归咎于它自己，紧接着又发布一道谕旨，革除皇族各亲王所担任的官职。"① 尽管清廷低首下心，宣布宪法十九条，实行君主立宪，但为时已晚。

当时三股政治势力北洋集团、立宪派、革命派认识逐渐趋于一致：清廷非下诏退位不可。可考虑到方方面面的因素，决定对清室实行优待。于是，在众叛亲离的情势下，清帝不得不宣布逊位。但是，优待条件一出台，就惹起多方争议，西方人认为民国每年提供清室四百万元岁用，"是一个很荒谬的数字"②。革命派内部反对之声更加强烈，谭人凤、陈炯明、柏文蔚等先后发电质问。针对他们的反对，孙中山等革命领袖却是大加安抚。孙中山在复谭人凤电中指出："前提条件，系委曲以求和平，若虚君之制犹存，则绝不能承认，文虽愚昧，亦断不容以十数省流血构成之民国，变为共和之谬制，祈共鉴之。"③ 黎元洪表示："优待条件于共和主义，毫无妨碍，敝处极表同情。"④ 伍廷芳也致各省通电，进行解释说："清帝虽不去尊号，而以外国君主之礼相待，王公虽不去其爵，而公权私权一切与国民同等，

① 《朱尔典爵士致格雷爵士函》，胡滨译：《英国蓝皮书有关辛亥革命资料选译》（上），中华书局1984年版，第84页。

② ［澳］骆惠敏编：《清末民初政情内幕》上册，知识出版社1986年版，第835页。

③ 《复谭人凤电》，《孙中山全集》（第二卷），中华书局1982年版，第91页。

④ 《磋商优待条件要电》，《申报》1912年2月13日，第三版。

此于共和国体似无所妨。”① 总之，表面看来，优待条件有损革命之本旨，但就当时的境况而言，其无疑是稳定局势的一个催化剂，是值得肯定的。② 所以从这个角度而言，辛亥革命又是一个多赢的结局。③

相较而言，清朝覆亡的速度之快，令人吃惊。时人恽毓鼎在日记中这样记道：“呜呼！国竟亡矣。三万六千场之欢娱，极于亲贵；二百七十年之宗社，渺若云烟。天耶人耶，真堪痛哭。”“自武昌乱起，至今不过一百二十日。八月十九日以前，犹是太平一统江山也。自来亡国，无如是之速者。”④ 关于原因，恽毓鼎是这样认识的，他说：“其实乱亡之祸，早伏于十年之前。光绪庚子以后，孝钦显皇后未免倦勤，又鉴于义和团之乱，肇自宫廷，于是遇事一意脱卸，唯求及身幸免，不复作永远苞桑之计。迨景皇升遐，利于拥立幼冲，不致翻戊、庚两案，以神器之重，授之暗懦孱王。父监子国，而君为虚位。名之不正，莫过于斯。醇王承述父志，排斥汉人（重满轻汉，始于高宗，老醇王猜忌汉人尤甚）。劻耄而贪，泽愚而愎，洵、涛童騃喜事，伦、朗庸鄙无能，载搏乳臭小儿，不足齿数。广张羽翼，遍列要津，借中央集权之名，为网利营私之计，纪纲昏浊，贿赂公行。有识痛心，咸知大祸之在眉睫矣。譬人恣情纵欲，元气久离，偶触外邪，立蹶不救。昌黎所谓‘其绝必有处’，即无革命军，亦必有绝之者矣。呜呼！二百余年培之而不足，三年馀覆之而有余。”⑤ 应该说，恽毓鼎的分析很有道理，可谓一语中的。

而郑孝胥却认为清亡于“北为乱臣，南为贼子”之手，有此二者，“天下安得不亡”⑥。当时，持这种主张的恐怕并非少数，而这些

---

① 《关于优待条件之要电》，《申报》1912 年 2 月 11 日，第三版。《伍代表解释优待清帝条件》，《东方杂志》第 8 卷第 10 号。

② 参见喻大华《〈清室优待条件〉新论》，《近代史研究》1994 年第 1 期，第 162 页。

③ 参见张华腾《对立中的统一：辛亥革命前后同盟会、北洋集团关系述论》，《江海学刊》2006 年第 1 期；丁健《民元孙中山让位的共赢性》，《哈尔滨学院学报》2007 年第 12 期。

④ 恽毓鼎著，史晓风整理：《恽毓鼎澄斋日记》，浙江古籍出版社 2004 年版，第 576 页。

⑤ 同上书，第 576—577 页。

⑥ 劳祖德整理：《郑孝胥日记》第三册，中华书局 1993 年版，第 1396 页。

人又多少掌握着一定的社会资源，他们的存在，肯定会对社会产生一定的影响，这不免为民初政治的革新带来不祥的阴影。2 月 12 日，隆裕太后在御前会议上则是更直截了当地说："予三年中深居宫中，不预外事，一般亲贵，无一事不卖，无一缺不卖，卖来卖去，以致卖却祖宗江山。"① 我们常说隆裕太后庸才，在国家大事上毫无建树，辛亥革命爆发后，只知道哭啼，却能在清亡的原因上总结得如此精辟独到，看来她并非等闲之辈，或许我们原先对其多存有误解。由此看来，隆裕太后这个历史人物仍值得我们做进一步探讨。其实，这样的总结，也只有局中人才能有如此深刻的体会，得出如此结论，看似粗俗的语言，却能道破天机。但无论如何清亡是改变不了的事实，新陈代谢，民国而立。

有必要指出，辛亥革命的历史功绩是伟大的，它不仅推翻了在中国长达两千多年的封建君主专制政体，而且在中国破天荒地建立起资产阶级民主共和国，因此，我们理应给予其很高的评价。当下，对辛亥革命的评价却有偏低的倾向，他们以革命对社会造成更大的动荡，成本过高立论，甚至假设历史，论说辛亥革命历史功绩是有限的等等。我们认为辛亥革命的伟大历史功绩是不可磨灭的，首先"不能把武昌起义看作一次偶发的事件，而应当确认，它是中国资产阶级民主革命逐步高涨、渐次延展所导向的结果"②。其次，我们今天重新审视辛亥革命，不能仅仅着眼或指责辛亥革命的弱点，而是要总结其可供今天吸收借鉴的经验教训，不能因为辛亥革命后中国没能建立一个强大民主的共和国而悔恨其不彻底。因为："即使具有'世界革命'之称的法国资产阶级革命，在其吵吵闹闹和反反复复的历史场面中，那里的民主共和制也经过了几代人的艰苦努力，费时近百年才最终确定下来。在中国这样一个被封建专制主义笼罩了数千年的国度里，共和制的威力还能迅速粉碎袁世凯之流的倒行逆施，堪称难得。

① 恽毓鼎著，史晓风整理：《恽毓鼎澄斋日记》，浙江古籍出版社 2004 年版，第 576 页。

② 林增平：《近代中国资产阶级论略》，《近代中国资产阶级研究》，复旦大学出版社 1984 年版，第 397 页。

历史展示给后人的显然不是辛亥革命的失败，而恰恰是这场革命的不朽功绩。”[①] 最后，我们应该清楚，辛亥革命给中国社会及其生活习俗、文化教育、政治经济制度等方面带来的革新和发展，它极大地促进了中国社会的进步。陈旭麓先生认为“事实上辛亥革命把皇帝赶跑了，把自秦始皇两千多年以来的‘帝国’变为‘民国’，就否定了整个皇权体制，也触动了封建社会的各条神经，是政治制度和社会思想的一个大跃进”[②]。胡绳先生亦认为“辛亥革命结束了两千年来的君主专制政治，使中国人民的反封建斗争跨出了第一个大步，这是应该在历史上大书特书的”[③]。金冲及先生说：“我们不能把从君主专制到建立共和国，只看作无足轻重的政体形式上的变化，甚至只看作换汤不换药的招牌的更换。”[④] 1924 年，在中国国民党第一次全国代表大会上，回顾辛亥革命时，孙中山指出“革命之目的，非仅仅在于颠覆满洲而已，乃在于满洲颠覆以后，得从事于改造中国”[⑤]。其实，正是辛亥革命推翻了清朝的腐朽统治，为两千年来的封建君主专政治体制改革打开了一个大的缺口，才使中国政治不断朝着民主的方向前进。正是这种破与立的过程，也为民初中央实业管理机构的设立提供了历史契机。

（二）袁世凯主政及组阁

在清末复杂的国际国内背景下，有三股政治势力备受瞩目，它们分别为：以袁世凯为首的北洋集团，小站练兵起家，以维护清皇朝为己任；以孙中山、章太炎、黄兴等为代表的革命派，宣传革命是救国之良剂，主张建立资产阶级民主共和国；以张謇等地方名流和一些开

---

① 郭世佑：《辛亥革命的历史条件与历史结局再认识》，《清史研究》1995 年第 3 期，第 77—78 页。

② 陈旭麓：《中国近代史上的革命与改良》，《近代史思辨录》，广东人民出版社 1984 年版，第 89 页。

③ 胡绳：《历史与现实》，上海三联书店 1988 年版，第 44—45 页。

④ 金冲及：《辛亥革命的历史评价》，《人民日报》1981 年 4 月 13 日。

⑤ 孙中山：《中国国民党第一次全国代表大会宣言》，《孙中山全集》，中华书局 1981 年版，第 288 页。

明的官僚为代表的立宪集团，积极主张开国会，实行地方自治。① 它们在当时都非常有影响。让人们感到意外的是，辛亥革命本为革命党人发动起来的，可革命后政权最终却转移至以袁世凯为代表的北洋集团手中。以往我们在解释这一问题时，无不强调袁世凯的阴谋诡计，强调孙中山大公无私的让与等。尽管近来人们多对这一说法产生怀疑，然而并未进行深入的探讨，这不能不说是一大遗憾。其实，袁世凯最终当选为民国临时大总统，是与其清末以来开明形象、对社会所做出的贡献以及促清帝退位有功且又深得西方列强的赏识分不开。② 这体现在以下几点。

首先，袁世凯拥有一支现代化的忠诚军队——北洋六镇，他们只知道有"袁宫保，而不知有大清国"。当时无论是在操法上，还是在装备上以及战斗力上，国内都没有任何一支军事力量可与之匹敌。况且袁世凯本人也有丰富的带兵阅历，见过大场面，不仅实战过，而且成功地在河间、彰德举行过大规模的模拟操演。③ 当时人们把目光不约而同地聚焦在袁世凯身上，主要看重的就是这一点。

其次，清末以来袁世凯都以开明务实著称。不论在中央，地方督抚，还是在一般绅士中都享有极高的政治威望。因为其在政治上不是顽固的守旧者，而是对君主立宪制抱同情，"国内立宪派视他为宪政运动的中坚"④。其在直隶总督任内大刀阔斧地推进新政，很多事情在中国具有开创性，比如开办的巡警，是中国两千年来所未有的，其所在的辖区一时成为"新政权舆之地"，"各行省咸派员视察，藉为取法之资"⑤。深得普通民众之好感。

---

① 亦可参见李剑农《中国近百年政治史》，武汉大学出版社 2006 年版，第 231 页。李先生认为中国从甲午到辛亥的 17 年间，已养成三大派的政治动力：一是激烈的革命派；二是温和的君宪派；三是袁世凯的实力派。第一派早已彰明昭著与清政府为敌；第二派想就清政府加以改良；第三派则尚无何种明了的色彩和宗旨，并且没有出现什么派别系统的形式，不过其骨子里面，隐隐以袁世凯为中心，成为一种猎官竞权的团体。

② 参见张华腾《北洋集团崛起研究》，中华书局 2009 年版，第 25—291 页。

③ 张华腾：《河间、彰德会操及其影响》，《近代史研究》1998 年第 6 期。

④ 李宗一：《袁世凯传》，中华书局 1980 年版，第 134 页。

⑤ 甘厚慈辑：《北洋公牍类纂续编》，台北文海出版社 1960 年版，第 1 页。

再次，袁世凯北洋集团在政治和经济方面，实力都很雄厚。政治上有一套复杂的关系网，中央有奕劻、那桐、徐世昌等照应，地方握有实权的督抚姻亲，及官场上的朋友或盟友，个别反对派声势很小，无法与北洋相抗衡。经济上，开场设矿，控制当时的铁路修筑，矿山开采等。这些都为北洋集团的存在奠定了雄厚的经济基础。①

最后，深得西方列强信任。袁世凯一直重视外交工作，不管是山东巡抚任内处理教案，还是义和团运动中与刘坤一、张之洞、盛宣怀主张“东南互保”，以及直隶总督任内与外国人进行矿产交涉方面，都有所表现。特别是在主持外务部时，与各国的关系进一步密切，其所作所为深得西方列强的赞许和信任。当时德国驻北京公使雷克司给德国首相的公文中满意地说，凡与袁世凯在大问题上有公事往来的人，都能给他这个赞美，即他总是信守他的诺言。② 其他国家也都大致持相同意见。③

所以，武昌起义发生后，清廷就想到了三年前被罢黜的旧臣袁世凯，不得不重新起用他，关于袁世凯起用的原因，时人这样认为：“袁宫保曾任北洋大臣，励精吏治，筹划新政，成绩宏著。先效日式编练新军，嗣又编练近畿六镇，威望尤高，足以指挥北洋全军者，项城外实无其人。且北洋在军机任内应接外臣，颇得信赖，加太子少保衔，名誉尤著，深为中外人士所仰慕。”④ 总结得可谓恰当至极，真是深得要领。正因如此，清廷不仅重新起用了他，而且畀以重权重任，且不断加码。先让他做湖广总督并给予其前线指挥的统一事权，不久后又招其进京做内阁总理。此时的革命派、立宪派亦乘机拉拢袁世凯。总之，袁世凯逐渐成为时代的中心人物，成为各方争取的对象。

---

① ［日］渡边惇：《袁世凯政权的经济基础——北洋派的企业活动》，《国外中国近代史研究》第3辑，中国社会科学出版社1982年，第238页。

② 孙瑞芹译：《德国外交文件有关中国交涉史料选译》卷3，商务印书馆1960年版，第37页。

③ 参见丁健《辛亥袁世凯再起述论》，《历史档案》2010年第2期。

④ 《袁岑两宫保起用之原因》，《盛京时报》宣统元年八月二十八日（七）。

满清朝野上下则希望袁世凯成为第二个曾国藩，带领北洋军，像曾国藩镇压太平军那样，一举消灭南方革命党人，挽救即将覆亡的清朝，使其重振朝纲，继续统治。一位西方人是这样评价袁世凯的，他说："满族的陆军大臣是袁世凯的朋友，袁世凯在训练新军方面做过许多工作，他看来是制止革命浪潮、争回不忠诚的军队，以及同起义首领中的某些人达成协议的唯一人物。"① 盛宣怀也说："袁世凯公忠素著，韬略久娴，北军第二、第四镇皆其手中督练，不特威声足以慑匪胆，抑且恩谊足以结兵心。"② 但也曾料到袁世凯不会服服帖帖地听话，而可能成为曹操、王莽的，如善耆、溥伟等。满族学生在致政府电中也提到："袁世凯有大野心，付以大兵权，甚为可怪，宜急急派人侦探，且只可与之名义，不可授以实权。"③ 可在所谓的"大敌"当前情势下，清政府又不得不畀袁以大权。

革命党人则希望袁世凯投入自己的"怀抱"，合力推翻满清王朝的统治，建立一个五族共和的资产阶级民主共和国。为达此目的，先是在革命派机关报《民立报》（1911 年 10 月 29 日）上登载《鄂人致袁书》："慰庭宫保大人阁下，盖闻语曰：英雄造时势，时势造英雄，又曰：识时务者为俊杰，从来伟大人物成不世之勋，未能殊乎此者。……阁下纵不为一身计，得不为子孙计乎，即不为子孙计，独不为千载以后史家之唾骂乎！？……阁下纵一身甘为满奴，阁下之所部皆汉人，能保其甘为满奴乎？！……何不以迅雷之势建不世之业，汉族之华盛顿，为阁下是望。"④ 再是得到革命元勋黎元洪、黄兴确认，且主动修书袁世凯"以拿破仑、华盛顿之资格，出而建拿破仑、华盛顿之事功，直捣黄龙，灭此虏而朝食，非但湘、鄂人民戴明公为拿破仑、华盛顿，即南北各省当亦无有不拱手听命者"⑤。最后竟然还

---

① 李约翰：《清帝逊位与列强》，孙瑞芹、陈宪泽译，江苏教育出版社 2006 年版，第 331 页。

② 陈旭麓等：《辛亥革命前后盛宣怀档案资料选辑之一》，上海人民出版社 1979 年版，第 218 页。

③ 专电，《民立报》1911 年 10 月 15 日。

④ 《鄂人致袁书》，《民立报》1911 年 10 月 29 日。

⑤ 湖南省社会科学院编：《黄兴集》，中华书局 1981 年版，第 81—82 页。

得到了各省联合会议议决。

立宪派则希望袁世凯尽快平复武昌起义以来的混乱局势，实行君主立宪制度，以促进商业的繁荣发展，避免外国的干涉。立宪派郑孝胥在1911年10月27日的日记里记述道："此时以袁世凯督湖广，兵饷皆恣与之，袁果有才破革党，定乱事，入为总理，则可立开国会，定皇室，限制内阁责任，立宪制度成矣。"① 立宪派首领张謇也不断与袁世凯暗通声气，为稳定经济形势积极奔走。

面对这样的形势，袁世凯并非被动地接受，而是积极捕捉政界信息，从而制定符合实际的政策，周旋在革命派和清廷之间。② 但是由于人心所向，人们要求推翻清朝统治呼声越来越高，尽管袁世凯一再宣称君主立宪是最合乎中国国情的政体，③ 可革命党则坚持民主共和毫不退让，再加上西方列强的步步进逼，甚至要求年内必须和平解决国内争端问题。④ 袁世凯不得不及时调整政策。另外，为了更快地推动袁世凯逼清帝退位，革命党许诺只要袁世凯促清帝退位，可以大总统相予，为此孙中山还专门致电袁世凯："倘由君之力，不劳战争，达国民之志愿，保民族之调和，清室亦得安乐，一举数善，推功让能，自是公论。"⑤ 但真是到了让清帝退位这一事上，袁世凯实难出口。起初，袁世凯只是以辞职相威胁，当时报端记述了这一事件，并指出原因有四：（1）此次议和非达到君主立宪不可，而民党坚持共和，不能开议，是以不得不辞职；（2）民党要求禅让，诸亲贵不允，难免意外之祸，是以不得不辞职；（3）和议决裂，即须开战，军饷无着，兵力难固，数人之力不敢支此危局，是以不得不辞职；（4）政体未定，需款正殷，万难持久，是以不得不辞职。⑥ 继又多次重演，效果不是很明显，可又不能明说，袁世凯心里很着急。然后让亲

---

① 劳祖德整理：《郑孝胥日记》，中华书局1993年版，第1352—1353页。

② 丁健：《袁世凯获得临时大总统的历史原因新论》，《武汉科技大学学报》（哲社版）2010年第3期。

③ 《袁内阁之政见》，《盛京时报》宣统三年十月二十二日，（一）。

④ 《要闻》，《申报》1912年2月12日，第三版。

⑤ 《复袁世凯电》，《民立报》1912年1月6日。

⑥ 《袁世凯辞职之原因》，《申报》1912年1月5日，第一张第五版。

贵自己召集国会公决国体，袁之意图是，你们自己的事情自己做主，可仍是吵吵嚷嚷并无结果，“于是他仍旧运用奕劻作傀儡，密以退位优待条件示奕劻，说这是替清室和满人谋安全的最上办法，革命党既不肯让步，用兵实在危险”①。结果奕劻先是动了心，但仍有载泽、溥伟等宗社党的反对。最后，袁世凯只得利用其拿手工具北洋军来发布共和通电，清廷不得不就范。

清廷退位之后，革命派不能不兑现诺言，再说，国内各派政治势力很难形成合力与袁世凯争雄，本来革命派最有可能掌权，但是由于经济危机，内部矛盾，军情涣散而无法与袁氏相匹敌，当时报纸上就有这样的说法：“民军现分四大党：一曰粤党，孙文主之；一曰鄂党，黎元洪主之；一曰湘党，黄兴主之；一曰苏党，程德全主之。呜呼！古人谓一国三公，吾谁适从。盖惜政出多们，不能统一，则乱中内起，即足自召灭亡。”② 况且，在革命派吵吵嚷嚷的过程中，袁世凯又紧紧地把黎元洪争取过来，这一招十分重要，以往论史者大多没有注意到这一点。自然，袁世凯就顺理成章当选为临时大总统，并开始主政民国。为了进一步稳定社会秩序，袁世凯又做了重大努力，并为此做了一番精心布置。③

先是稳定官秩、军律。在清帝退位的第二天，连发数电，要求“现有内外大小文武各项官署人员均应照旧供职，毋旷厥官，所有各官署应行之公务，应司之职掌，以及公款公物均应照常办理，切实保管，不容稍懈”④。对军队也作出特别要求：“从前政体未定，革命党人为改良政治起见，多持激烈主义，以致地方不靖，各省官吏不免有捕拿党人之事。现已宣布共和，端赖组织政党，建设一切，嗣后各省及带兵官务饬所属，勿得再拿党人，其已拿者，均一

① 李剑农：《戊戌以后三十年中国政治史》，中华书局1980年版，第133页。

② 《民军党派之轧铄》，《经纬报》1912年1月24日。

③ 丁健：《袁世凯与辛亥政局的演化》，《民国研究》第16辑，社会科学文献出版社2009年版，第110—124页。

④ 《全权组织临时共和政府袁布告内外大小文武官衙》，《临时公报》，通告，辛亥年十二月二十七日。

律释放。至实系土匪，扰害地方，既不得藉党人为名，自应从严惩治，以维秩序。”①

其次是稳定社会秩序。辛亥革命后，国内元气大伤，秩序混乱。除旧布新，维持秩序是首要之图。因此，袁世凯下令：“所有旧定之军纪警章，仍当继续施行，藉以统一政权，保持秩序。倘有不逞之徒借端生事，扰乱治安者，定当按法惩治，以维大局。凡各级长官务当共申此恉，认真约束，勿得稍有疏懈，致干咎戾。”② 而对晚清以来的各种商法、民法等，只要不与民国共和政体有碍，袁世凯要求在新法尚未拟就出台之前仍旧适用。

最后，特别注重对各督抚沥陈实情：共和是大势所趋，退位亦是朝廷所愿，希望他们不要妄加猜测，共图建设共和大业。他说：“世凯等复屡荷慈谕，谆谆以保全宗庙、寝陵及安全。两宫相训勉，并谓万不可激成种族之惨祸，闻命惴慄惧莫能副，心力既竭，计无复之。只得以国家为前提，以安上全下为目的，以多数舆论为从违。当奉懿旨与民军先商优礼皇室，暨待遇满蒙回藏等条件，此实朝廷两害取轻，万不得已之苦衷。果能双方同意和平解决，皇室既可永享尊荣，为前代所未有，而满蒙回藏世爵各旗俸饷均可照旧，不致停废。以视决裂之后受祸不测者，其安危苦乐殆不可同年而语，磋商数四，朝廷比较厉害，斟酌定议，遂有今日之局。诸公热心求治，伟略匡时，渴望和平，定征同意。惟于此中原委或尚恐未知其详用，敢略述奉达，伏乞亮鉴。”③ 袁世凯图治民国，用心可谓良苦。

终究是革命党人对袁世凯不放心，设法限制袁世凯，以防其专断。而这也是无可非议的。革命派先是要求其在南京就职，这在社会上引起不小的论争，有识之士纷纷参与其间并发表高见，商人、社会名流、外国驻华使馆大都主张仍定都北京，章太炎就明确指出：迁都

① 《致北方各省督抚及所辖各军队电》，《临时公报》，通告，辛亥年十二月二十七日。

② 《全权组织临时共和政府袁布告军警》，《临时公报》，通告，辛亥年十二月二十七日。

③ 《致各督抚电》，《临时公报》，通告，辛亥年十二月二十七日。

可能造成南北分离，土崩瓦解，浪费钜资等五危害。① 有的则认为："国都问题，宜在北京，此稍有识者所同意也。"因为"谋政治上之统一"，"谋经济上之发展"，"谋财政之撙节"，"避外交上之烦难"，"筹边防之支持"，"谋兵权之统一"，"达光复之目的"，"巩固共和之基础"都不可不在北京，"凡此八者，皆今日我中华民国不可不建都北京之理由，世之议者苟念及此，夫亦可以恍然矣"②。也有主张定都南京、天津、武汉的，而理由并不十分充分。尽管南京政府派专使北上迎袁南下就职，但袁世凯以北方局势不稳为由，拒绝南下。袁世凯的主张并非没有道理，当时，北方的确发生了兵变，先是北京发生兵变，然后连锁反应，保定、天津相继发生兵变，有谓"北京叛兵，自丰台窜入天津，煽动天津陆军，四出焚掠，军民商店，多被焚毁"③。再是制定《临时约法》，想把袁世凯约束在其范围之内行事。袁世凯起初也并没有拒绝，相反倒是很配合，因为其后来的命令发布无不由国务员署名，国家的大政方针的制定与公布也都由国务员署名。只是后来，其发现《临时约法》处处掣肘，有碍于行政的推行时，才提出制定一部新的宪法以适应形势发展的要求，他说："其内容规定束缚政府，使对于内政外交及紧急事变，几无发展伸缩之余地，本大总统证以种种往事之经验，身受其苦痛，且间接使四万万同胞无不身受其苦……方今吾国宪法，既因事实上之障碍而猝难发生，若长守此不良之约法（指《临时约法》）以施行，恐根本错误，百变横生，民国前途危险不可名状。"④ 况且，其他共和国家都是"以时势造法律，不以法律强时势"⑤。应该说，《临时约法》程序合法，即"合理"，但不能适应民国初年实际社会发展的需要，即"不合情"，而《中华民国约法》程序上不合法，即"不合理"，但能促进社会的

---

① 《章太炎先生致南京参议会书》，《盛京时报》1912 年 2 月 28 日，（四）。

② 《建都北京》，《民立报》1912 年 2 月 13 日。

③ 《中国大事记》，《东方杂志》第 8 卷第 10 号，第 16 页。

④ 顾鳌：《约法会议记录》，《近代中国史料丛刊第十九辑》，台北文海出版社 1966 年版，第 339 页。

⑤ 同上书，第 144 页。

发展，即“合情”[①]。当然《临时约法》和《中华民国约法》都是很重要的论题，二者至今仍有许多地方值得做进一步探讨，但由于本书主旨所关，在此不作展开论述。

尽管进入了民国，而且获得了临时大总统的宝座，可袁世凯并不轻松，他不仅需要处理革命遗留下的一切重大事务，而且需要透明公开地接受国内外的监督，最重要的是还得领衔建立一个让国内外信任的政府，这并不是一件容易的事情。先是南北双方经过讨价还价选唐绍仪做内阁总理，其次由唐绍仪组阁，组阁过程中各种政治势力亦参与其间，使政府机构的数量、人员构成不断发生变化，最终于1912年3月30日正式公布政府各部人员名单。[②] 而民初中央实业管理机构农林部、工商部就是在这个过程中产生的。

（三）内忧外患与民众舆论诉求

民初中央实业管理机构是在民国初立时内忧外患的环境中产生的，不了解民初的国内国外局势，就很难洞悉中央实业管理机构成立后所肩负的重大经济社会责任，以及其后来取得非凡成就的不易。民国成立后，新生政权就将面临一系列问题。主要有以下几方面。

第一，外交难题。

清帝退位后，南北统一实现，袁世凯北京政府首先面对的问题就是西方列强的承认，这是一个很重要的问题。尽管袁世凯主动通电各国：“所有满清前与各国缔结各项国际条约，均由中华民国政府担任实行上之效力，凡已结未结及将来开议各项交涉案件，均即由驻在国之临时外交代表继续接办。”[③] 以后又一再努力争取西方诸国的承认，可各国反应冷淡，并不给予相当之同情。这样一来，由于“未得各国之承认，致国际交涉每遇困难”[④]。这让袁世凯政府不能不暗中

---

① 有关“情理说”，请参见郑剑顺《中国近代史上几个问题的“情”和“理”》，《学术月刊》1989年第4期。

② 命令，《临时公报》1912年3月31日。

③ 《中国大事记》，《东方杂志》第8卷第11号。

④ 中国第二历史档案馆编：《中华民国史档案资料汇编》第三辑，外交，江苏人民出版社1991年版，第26页。

叫苦。

第二，外蒙、西藏，西南边境险象重重。

有人言：民国成立以来，边疆所发生重要之事件，即为外蒙及西藏两问题。[①] 这确是事实。其实，早在辛亥革命期间，外蒙古活佛宣布独立时，俄国就趁机干预。《东方杂志》有载："蒙古库伦活佛者，蒙人所奉之教主也，与清库伦办事大臣三多，夙多恶感。闻武昌事起，蒙人遂勃勃欲动。（1911）10月11日，活佛率蒙兵，至办事大臣衙门，要求兵饷，三多未允，活佛遂宣言如无兵饷，应即出境。蒙人愈聚愈众，声势汹汹，三多乃仓皇出奔，避匿俄领事署，而活佛遂即宣告独立。"[②] 甚至赞同俄人在库伦设立警察队，并训库民警务。[③] 袁世凯面对此情，想法从速收复，"惟仍拟首以和平手段从事，先行派员劝导，倘执迷不悟，再行另订对待办法"[④]。但是由于外蒙古内部关系复杂，所牵涉的问题方方面面，而统一政府尚未建立，因而外蒙问题一拖再拖。然后，黑龙江蒙人在呼伦贝尔宣布独立，俄兵攻据胪滨府。[⑤]

在西藏，由于"清廷派驻西藏之军队，因川路事起，协饷无着。（1911）9月23日，驻扎拉萨之兵，首先变乱，涌至兵备处抢劫军火。……嗣闻英国将派兵平乱，始陆续溃散，而波蜜、江孜等处，亦相继骚动"。由于英国在西藏问题上作梗，整个民国时期，政府为此交涉不断。在西南边境，"腾越厅干崖土司刁安仁，乘滇省响应革军之际，率土勇数千人，取道永昌府黄达铺，进攻大理府，而西南蒙人，亦驱逐清廷将军参赞，拟在乌里雅苏台建国，黑龙江边境之蒙

---

① 季啸风、沈友益主编：《中华民国史史料外编》第二册，广西师范大学出版社1996年版，第659页。

② 参见高劳《革命成功记》，《东方杂志》第8卷第10号；《外蒙古独立始末纪》，《申报》1912年3月3日，第六版；《外蒙古独立始末纪》（续），《申报》1912年3月6日，第六版；《外蒙古独立始末纪》（续），《申报》1912年3月9日，第六版；高劳《外蒙古之宣布独立》，《东方杂志》第9卷第2号等。

③ 季啸风、沈友益主编：《中华民国史史料外编》第二册，广西师范大学出版社1996年版，第507页。

④ 《将派蒙古宣慰使》，《申报》1912年3月1日，第二页。

⑤ 中国大事记，《东方杂志》第8卷第10号。

人，复暗引俄兵，侵占胪滨省”①。真是“以蒙藏之噩耗方来，滇辽之警电踵至；而日皇对于议院之愤言，其心尤为叵测，瓜分之祸，逞于目前。”② 边境危机已经让袁世凯忙不过来，随后又发生一系列棘手的外交事件。

1912年2月19日，发生了泗水华侨被虐事件，关于其缘由及经过，王宠惠先电告袁世凯说：“旧历元月二日因升旗燃炮事，与荷警察争执，闹起风潮，当场被搥毙三命，重伤十余人，掳禁百余人，书报社被封，外埠来电被截，荷兵日日乱掳，全体罢市抵制；复以兵力赚吓开店，事在危急，乞速解决对付，否则民不聊生。”③ 这样情况已经很严重了，可是荷方在法律上的无理规定，更是令人不能容忍。关于此，王宠惠再电袁世凯：“北京新选大总统袁钧鉴：敬径电悉。顷复接泗水电称：连日搜掳，已达千数，无法维持，乞速电华荷两使，转电爪哇荷官速释，以保侨商等语。查荷属治理华人，有所谓PolizieRoll者，按照此律，凡华人因事被逮，不准向寻常裁判所起诉，必先监禁七日，然后提交甲必丹，任意定罪，不准本人或雇律师辩护。定罪后，即为终审，不能上控。此等苛律，只施之于中国人。前清政府漠视侨民，不能力争，实堪痛恨。应请向荷国要求，所有被掳华人必须由寻常裁判所正式审判，且许其雇用律师辩护，一切看待，不得与他国人之在荷属者有所歧异。至于国旗虽未经正式承认，然此庆祝，凡华侨之在各国居留者，均有升旗，不闻外人干涉，独荷属有此惨剧，此皆荷人向来虐待，特借升旗为口实耳。且升旗庆祝，断不至妨碍治安，必系向来鱼肉华人警察，横加干涉，激成此变。窃以为荷官之悖谬有四：举行庆典，无国无之，何至伤杀多人，一也。升旗只一日之事，而株捕至今不止，二也。升旗与妇女小孩何涉，而株连

---

① 高劳：《革命成功记》，《东方杂志》第8卷第10号。

② 廖少游：《新中国武装解决和平记》，《辛亥革命资料类编》，中国社会科学出版社1981年版，第353—354页。

③ 《华侨联合会致孙中山等电》，《临时政府公报》第二十三号，1912年2月27日，附录电报。又见《交涉荷属泗水华侨被荷兰官员虐待案件致袁世凯电》，王宠惠：《王宠惠法学文集》，法律出版社2008年版，第321页。

竟及于数百之无辜妇孺，三也。国旗既被撕毁，何以复封报社，禁通电，四也。现在海内外函电纷驰，人心激昂，已臻极点，若无满意之交涉，恐激成他变，更难收拾。乞据此严诘。”①

袁世凯尽管答应积极处理，但言语里透出些许无奈，这在其回王宠惠、华侨联合会、国民公会信中可见一斑，“念三日即由外部电知驻荷刘使向荷政府交涉，并派员往诘驻京荷使，据云荷官未接荷兰政府承认公文，是以阻拦挂旗，或当时彼此小有冲突，亦未可知，并非反对意思，其详情当即电询等语。廿四日迭接各电，当再派员往诘，荷使引援前未承认葡萄牙之时，葡船挂旗亦不准进口，祇允电荷询问。总之，华侨遭厄，自必竭力援拯，惟现在政府尚缺统一交涉各事，每令人轻视，棘手极多，俟覆电后当再设法”②。泗水华侨被虐事件当时在国内掀起一阵风潮，各大报纸都连篇累牍地报道，主张维护民族权益而伸国权，不仅给政府施压，也促使荷方态度软化并尽快放人。这表明了中国人民参与外交的意识有了很大程度的提高。

在日本，也发生了干涉华商庆祝共和的事件，“神户华商因庆祝中华民国之成立，举行提灯会……日本警察忽然出街阻止，彼此互有争执”③。法国报纸则又提“黄祸”之说，《申报》载：“近日，天津法报以中国革命成功，曾载长论一篇，略云：中国素称睡狮，今一跃而驱去数千年之专制，此吾人所梦想不到也，故吾辈须知将来为我白种人之劲敌者，终必为黄种之支那人……是故我人对于中国此次之大改革，不可等闲视之，即谓之黄祸一说自今日始可也。”④ 总之，民初的外交环境极其险恶。

第三，财政困难。

高劳在《东方杂志》上撰文说：中国向来财政上大弊有三：(1)

---

① 罗家伦主编：《国父当选临时大总统实录》上册，国事丛编社 1967 年版，第 488 页；《再纪荷人虐待华侨之交涉》，《申报》1912 年 2 月 28 日，第二版。

② 《北京袁总统电》，《申报》1912 年 2 月 27 日，第二版。

③ 《日警察亦干涉庆祝共和矣》，《申报》1912 年 2 月 27 日；《纪神户华侨提灯会与日警龃龉事》，《申报》1912 年 3 月 3 日，第二版。

④ 《法报又提黄祸之说》，《申报》1912 年 3 月 2 日，第二版。

以某项之收入抵某项之支出，各抵各款，破碎支离，无通盘之筹划；（2）行政机关，各筹各款，收入支出，各自直接，无提纲挈领之机关；（3）中央财政与地方财政划界不明，隔阂殊甚。太平天国运动之后，已紊如乱丝，经过甲午庚子之大役，赔款浩大，国用殷繁。辛壬癸甲间，益紊乱不可究诘。“凡遇筹款要政，大都指令各省摊派”①，并增加各种苛捐杂税。新政后，改户部为度支部，以财政处并入，由于用款激增，清政府不仅加强了监督各省财政编制全国预算的集权措施，而且积极地对财政进行清理。② 通过对财政的整理，清政府更有效地控制了全国财政，有人说这“第一次相对查清了自咸丰军兴以来王朝财政真实的‘家底’”③。但是，这并不能改变清末财政危机的困境。

武昌起义前，除了赔款外，清政府已经借了许多外债，这包括甲午之役的战费借款，各省滥借的外债，路政借款等。④ 而这些外债仅仅以关税为担保的，至武昌起义尚未付清的款项就有八项：

（1）1886 年七厘息银款，这是向汇丰银行商借的，总额为库平银 70 万两，合规平银 760702000 两。此款至辛亥革命时，尚欠本息总数规平银 320700 余两。

（2）1894 年清政府汇丰六厘息银款。借款总额为规平银 1090 万两，合库平银 1000 万两。到 1911 年 11 月 1 日净欠本息规平银 248 余万两。

（3）1895 年清政府汇丰六厘息金款。总额为英金 300 万镑。辛亥革命时，尚未到期的本息，共为英金 89.6 万镑。

（4）1895 年清政府向南京瑞记洋行订借的六厘息金款。瑞记银行是代表德国的国家银行。借款总额为英金 100 万镑。辛亥革命时，

① 高劳：《十年以来中国政治通览财政篇》，《东方杂志》第 9 卷第 7 号。［美］王业键：《清代田赋刍论（1750—1911）》，高风等译，人民出版社 2008 年版，第 25 页。

② 高劳：《十年以来中国政治通览财政篇》，《东方杂志》第 9 卷第 7 号。

③ 史志宏、徐毅：《晚清财政：1851—1894》，上海财经大学出版社 2008 年版，第 290 页。

④ 刘秉麟：《近代中国外债史稿》，武汉大学出版社 2007 年版，第 11—71 页。

尚未到期的本息，为英金 300600 余镑。

（5）1895 年清政府向英商克萨商借的六厘息金款。此项借款共 100 万镑，至辛亥革命时，本息尚未偿付的，共为英金 30 余万镑。

（6）1895 年四厘息金款，即俄法借款。借款总额为法金 4 万万法郎，约合英金 1582 万镑，是向俄法六家银行团合借的。至辛亥革命时，此项借款未付本息共计 4.2 万万余法郎。

（7）1896 年清政府五厘息金款，即英德正借款。承募备款的为汇丰、德华两银行合组的银团。总额为英金 1600 万镑。两行各认募半数。辛亥革命时，此项借款未到期之本息，共为英金 1974 万余镑。

（8）1898 年四厘五息金款，即英德续借款，总数为英金 1600 万镑，承募银行团亦系汇丰、德华两行合组的。此款至辛亥革命时本金之未还的，尚有英金 1402 余万镑。[①]

这八项款项合计起来，并非一个小数目。

武昌起义后，清政府的财政问题则更加突出，加上军费日增，财政库空如洗。不仅如此，由于对清廷的不信任，人们争相取款，导致银行瘫痪。关于此多有记载："是月（指 10 月 21 日），武昌起义后，北京、南京储户持票至银行、官钱局取银，市面动摇。"[②] "昨日，大清银行取银者数万人，市中（天津）不用大清钞票，金价每两五十余换，米价每石二十元，银元每元值银八钱余。"[③] 由于大量的取款，"财政恐慌就要在北京发生了。国库储备的白银不足一百万两，可以肯定它无力支付官员的俸禄。而失信又会加深财政恐慌"[④]。清政府的收入来源主要是田赋、盐课、厘金等，但由于时局动荡，各省也拒不将这些收入缴解中央。当时海关收入要算是清廷的一大收入来源，可是辛亥革命后，外国公使团却公然要求"把全部海关岁入置于总

① ［英］魏尔特著，郭木校阅：《自民国元年起至二十三年止关税纪实》，总税务司署统计科印行，1936 年版，第 207—230 页；陈诗启：《中国近代海关史（民国部分）》，人民出版社 1999 年版，第 1—2 页。

② 戴逸、李文海主编：《清通鉴》，山西人民出版社 2000 年版，第 9101 页。

③ 劳祖德整理：《郑孝胥日记》，中华书局 1993 年版，第 1350 页。

④ ［澳］骆惠敏编：《清末民初政情内幕》上册，知识出版社 1986 年版，第 764 页。

税务司的控制之下，那些岁入不仅包括清政府已失各口岸的岁入，而且包括清政府仍然控制的各口岸岁入在内”①。不仅如此，其还大言不惭地说：“采取某种方针确保关税不致为革命党作军费。”② 在收入断绝的情况下，清廷自感度日如年，不得不发行爱国公债，可应者寥寥。袁世凯处境同样困难，当时的日本外相内田就认为“金库里没有存款，也无收入，袁的处境看来极为困难”③。英国驻华公使朱尔典也认为“严重的财政拮据使这位总理大臣陷于窘境”④。为了维持局面，袁世凯秘密商议大借外债，但西方列强以“坚决拒绝向为争夺中国最高统治权而斗争的任何一方贷款，除非证实其中一方已建立了稳定政府”⑤ 为借口，不愿意为袁世凯提供财政支持。

南方的革命阵营也同样面临财政压力，当时，“临时政府在财政上困难很大，不得不向外国借债；由于英、法、德、美财团拒绝给予贷款，它只得去找日、俄，而这两国为了与四国银行进行竞争，特别是日本为了乘机在长江流域发展势力，也对贷款抱积极态度”⑥。其实，当时日本为扩充在华的利益对南北双方均进行了小额借款交涉，而目的主要则在售卖军火。⑦ 其对南京临时政府的借款共计四项：（1）沪军都督陈其美联络日本之大仓，借款数额日金三百万两；（2）南京政府军需借款总额日金二百五十万元，年息七厘；（3）陆军部军装借款总额日金二百万元，年息八厘；（4）以汉冶萍公司名义借

---

① 海关总署编译委员会编：《旧中国海关总税务司署通令选编（1911—1931）》第二卷，中国海关出版社 2003 年版，第 18 页。胡滨译：《英国蓝皮书有关辛亥革命资料选译》上册，中华书局 1984 年版，第 156—157 页。

② 中国近代经济史资料丛刊编辑委员会编：《中国海关与辛亥革命》，中华书局 1964 年版，第 330 页。

③ 《窦纳乐爵士致格雷爵士函》，章开沅、罗福惠、严昌洪编：《辛亥革命史资料新编》（第八卷），湖北人民出版社 2006 年版，第 123 页。

④ 同上书，第 187 页。

⑤ 《阿迪斯致乌毕希函》，章开沅、罗福惠、严昌洪编：《辛亥革命史资料新编》（第八卷），湖北人民出版社 2006 年版，第 126 页。

⑥ 丁名楠等：《帝国主义侵华史》（第二卷），人民出版社 1986 年版，第 353 页。

⑦ 张忠绂：《中华民国外交史》卷上，第 63 页，引自“Foreign Relations”，1912，pp. 67 - 68。

日款二百万元，年息八厘。[①] 此外，南京临时政府还向外国银行借款。见下表：[②]

表 2－1　　南京临时政府向外国银行借款清单

行名	金额	期限	利率	偿还来源	用途	资料来源
华俄道胜银行	150万金镑	一年	五厘	由大宗外国借款内扣还	军需	《南京临时政府公报》第26号，咨，1912年3月1日
四国银行	200万两银	未定	五厘	同上	南方军需	《南京临时政府公报》第34号，咨，1912年3月7日
四国银行	160万两银	未定	五厘	同上	救皖灾	《中华民国史料》第51—52页，1912年3月7日
华比银行	100万金镑	未定	五厘	同上	救皖灾	《中华民国史料》第51—52页，1912年3月19日

论者指出："武汉起义，各省响应，于是北京与外省之财政关系，彼此断绝，当是时也，各省入款，凡地丁正税，厘课杂捐，或因革命而蠲除，或因战争而短绌，而出款则以征兵筹饷之故，其数陡增，罗掘弥缝，备极困难，其赖以支持危局者，大抵以劝捐及发行军用纸币暨公债票，为挹注补苴之策，迨南京政府成立后，军队麕集，需款尤繁，因而苏路借款二百五十万元，并由汉冶萍公司转贷款项二百万元，藉资应付。"[③] 说的都是实情，也有人说："民国初建，各省独立，中央收入几等于零。"[④] 总之，民初北京政府面临前所未有的财政困难，因为它不得不接收晚清政府与南京临时政府遗留的一切债务。其实，民初政府相当长一段时间内都没有摆脱财政困境。

尽管当时国民捐的呼声铺天盖地，且也越来越引起民众的注意，民众也大都慷慨解囊，但三元五元的国民捐只能透视出民众参与民初国家建设的热忱，而对民初社会建设和经济发展上的财政困难并不能有根本性的改观。针对政府的大规模借债，抱同情者少，批判政府卖

① 刘秉麟：《近代中国外债史稿》，生活·读书·新知三联书店1962年版，第88页。

② 中国人民银行总行参事室：《中华民国货币史料》，上海人民出版社1986年版，第49页。高劳：《临时政府借债记》，《东方杂志》第8卷第11号。

③ 高劳：《十年以来中国政治通览财政篇》，《东方杂志》第9卷第7号。

④ 杨荫溥：《民国财政史》，中国财政经济出版社1985年版，第2页。

国者多。本来晚清以来的赔款借债就已经够新政府头疼的了，可革命中的新借外债无疑又堆高了政府肩负的经济负担。新的政府要建，需款；政府人员要发薪饷，需款；偿付对外赔款，清还外债，仍旧需款。在此境况之下，民初北京政府别无选择，只得大举外债。当然，为了增加财政收入，人们也逐渐认识到整理国内财政和发展工商的重要性，便开始清理大清银行，建立中国银行；并整顿币制，发行新币；兑换军用票，维持信用①。而民初设置农林、工商二部，大力发展实业，也有增加财政收入的目的。

第四，兵变与处置。

武昌起义后，由于南北双方举行和谈，军事冲突发生较少，但是前期各方都招募了大量的军队，军费开支极大。南方黄兴为筹措军费，“以空拳支拄多军之饷食，……寝食俱废，至于吐血”②。北方为筹集军费，也是绞尽脑汁，发行爱国公债，利用内帑，甚至变卖珍藏等。③ 也正是双方都陷入了严重的财政危机之中，才促使和谈成功。④革命结束后，如何安置这些军队就成了一大棘手问题，当时南北双方的主流意见是遣散军队，可是，完备政策尚未制定，此消息就流布至社会，且在南北双方的军队中都引起相当强烈的反响。结果，军队秩序越来越糟糕，北方就发生了兵变。

时人恽毓鼎亲历了北京兵变，他在日记里详细地记述兵变发生的原因和经过：“甫抵家，即闻东城枪声震地，遥望火光烛天，有第三镇兵变之事。第三镇者，为项城旧兵，向驻东三省。客腊将宣布朝廷逊位诏书，恐禁卫军作梗，特调此军入城以制之。素骄横不戢，尝殴

① 中国人民银行总行参事室：《中华民国货币史料》，上海人民出版社1986年版，第15—32页。

② 《胡汉民复张謇函》，张孝若：《南通张季直先生传记》，中华书局1930年版，第176页。

③ 《袁世凯等奏为变卖盛京大内等处库存瓷器的济军饷折》，中国第一历史档案馆藏：军机处上谕档，宣统三年十一月十一日。

④ 参见丁健、李金全《武昌起义后清、袁、孙妥协原因述论》，《北京理工大学学报（社会科学版）》2010年第1期；《南北政府经济困难之状况》，《申报》1912年2月26日，第二版。

伤日本兵。项城欲借以威众，大局虽定犹不迁。在前敌时，特加月饷一两，以其驻京裁之，军心固已愤怒思乱。适南京专使唐绍怡，蔡元培来京，一般浮动喜事之徒，思有以媚之，勒令商户遍悬五色旗，创提灯会，大书‘革命党之功’五字，招集群不逞，携剪刀迫人截辫，如饮狂药。是日，群诣帅府园，劝诸军剪发，不从，则丑语以辱骂之，遂哗变。镇兵之在齐化门外者，闻枪声，以炮攻门而入，内外相合，先拔五色旗，攻石大人胡同袁府，为卫队机关枪所拒，不得入，复赴法政学堂杀专使，均匿暗陬，搜之不获，略掠其衣物而出。赴东安门，禁卫军伏桥上拒之，又不得入。遂肆焚掠，北至北新桥，南至使馆界，东抵城墙，西抵皇城，其中灯市口、丁字街，皆罹其祸。到处纵火，逢门劫掠。项城闻变，匿窟室中，不敢发一令，听其饱载，排队鸣枪，出正阳门，掠西河沿、大栅栏、打磨厂、前门大街一带。至东车站，登火车，威逼司机人放汽开车，从容遁去。时天已大亮，火犹不息。土匪掠其余，莫敢枝梧。”① 时人梁济亦有记述：“正月十一日，北京兵变，焚东安门，大掠于市。”②

但事情尚不至此止，当第二日袁世凯让毅军（姜桂题统）守西南城时，军士却扬言“第三镇兵均发财以去，吾辈独在此苦守，岂非痴人！外间又谣传总统放抢三天，西城商民即知大祸在眉睫矣。甫灯上，即闻枪声自南而北，火光时时出现。余知毅军亦肆掠矣，犹冀姜桂题出而靖乱。乃彻夜纵劫，并无一人弹压，巡警和之，地痞附之”③。后来这批乱兵又窜至天津，又“煽动天津陆军，四出焚掠，军民商店，多被焚毁。”④ “保定亦被抢，不论贫富，均存四壁而已。”

---

① 恽毓鼎著，史晓风整理：《恽毓鼎澄斋日记》，浙江古籍出版社 2004 年版，第 578—579 页。亦参见《北京兵变详情》，《申报》1912 年 3 月 3 日，第二版；《再记北京兵变情形》，《申报》1912 年 3 月 5 日，第二版；《北京兵变之前因后果》，《申报》1912 年 3 月 14 日，第二版；《关于北京兵变焚掠情形函》，《中华民国史档案资料汇编》第二辑，江苏人民出版社 1981 年版，第 90 页。

② 梁济著，黄曙辉编校：《梁巨川遗书》，华东师范大学出版社 2008 年版，第 36 页。

③ 恽毓鼎著，史晓风整理：《恽毓鼎澄斋日记》，浙江古籍出版社 2004 年版，第 579 页。亦参见《北京兵变详情》，《申报》1912 年 3 月 3 日，第二版；《再记北京兵变情形》，《申报》1912 年 3 月 5 日，第二版。

④ 《中国大事记》，《东方杂志》第 8 卷第 10 号。

结果，北京是“繁华锦绣场，一夜间变为焦土”。天津是近数年，繁华过于上海，“今乃付之一炬”。所以恽毓鼎十分感慨，“北方元气，十年不能复矣”。“豢兵之害如是！五代骄兵之祸，将见于共和世界矣。”①

当然，这只是看得见的损失，而人们心理上的压力和精神上的压抑则是更加严重。本来，进入民国后，民众迫切希望有个好的开始，不料想社会还是如此动荡不安，让人提心吊胆。有时甚至是自然界的大风，都能让人破胆，以为是什么不祥之兆，一些人的思想逐渐变得消极，这自然会影响到社会的发展。兵变后几日，恽毓鼎日记中就有这样的记载：“夜，风尤狂，合家破胆之余，惴惴不敢安寝。”“余亦尝谓以岁入十万与岁入一万者，厚薄固悬殊矣，然因入款多或存息，或牟利，筹画忧虑，反为身心之累。入一万者，不敢过侈，量所入而节省用之，有时亦能有余，而享受同适，身心泰然。此在乱世为尤甚。凡人衣食足用，便是富翁，而子弟不至淫侈，盗贼不甚觊觎，其所得反过于富翁者。”② 这不能说仅仅是恽毓鼎一人的感受，它在当时恐怕是相当一部分人（特别是满清遗老）心态的真实写照。民初初建，需要的是有魄力的干劲，需要的是大胆的尝试，在商业发展上尤是如此，可时局的动荡，难免为民初农工商业的发展带来不良影响。

其实，兵变的发生，不仅普通民众反感，也引起了西方列强特别是在华外交团的强烈不满。外交团决议，先由天津调兵一千人入京驻扎使馆界内，以资保护；③ 后各领事又电请本国政府派兵至天津。④ 具体情形是，英、法、日、美各调200名，德、俄各调100名，以加强北京使馆区护卫；各国军队在京大街进行武装巡逻，间有马队驻扎

① 恽毓鼎著，史晓风整理：《恽毓鼎澄斋日记》，浙江古籍出版社2004年版，第579—580页。

② 同上书，第581页。

③ 专电，《申报》1912年3月4日，第一版。

④ 专电，《申报》1912年3月5日，第一版。

城内，[1] 英、俄、德、法、美五国，合兵游街，以耀军威而镇人心。[2] 并增调军舰到大沽，以维持大沽的无线电联系。几天以后，列强军队陆续抵京。其中俄国由哈尔滨调兵 3 个连，进据京津；日本则由旅顺向天津增兵 1200 名，使其在华北驻军总数达 2400 余名。[3] 并扬言："民国已无自治之能力，将以兵力实行干涉，化界防守，如庚子故事。"[4] 这样一来，外国干涉的危险再至。

在内外的压力下，袁世凯不得不严肃军纪，接连发布布告、命令，以稳定秩序，用恽毓鼎的话说是"项城惭且愤，力以能保卫自任。乃发命令军法从事。责成民政部、步军统领、游击队加意防范"[5]。要求："一、除巡警照常站岗，消防队更须准备一切。今夜全城逡巡、防范盗贼等事，统责成毅军办理。二、三镇各营暨洪统领所部今夜均令休息。三、今夜如有意外，警告三镇及洪营听候命令遵行，不得擅自出入。四、如有不法匪徒黄夜扰乱治安，即行格杀。"[6] 并布告京师市民："昨夕第三镇炮辎重两营因事哗乱，哨兵附之，土匪继之，纵火鸣枪，全市震惊，损失钜万。查兵丁原以弹压地面，保卫治安，不意有此结果，乃与初心相反，此虽由该兵丁等误会谣传，不能恪守纪律，实由鄙人镇抚无术，未能先事防维之所致。鄙人甫受国民委托，膺此重大仔肩，诚欲竭区区之愚，为同胞稍谋幸福，乃新任未履而愆咎先丛，利国之政无，闻病民之事已见，抚衷自问，负疚良多。嗣后益当振刷精神，妥为布置。一面严申军纪，镇压乱萌，务竭心力所能为，以无负国民付托之重。至此商民损失，已饬详细查明，筹给抚恤，所愿全市商民仍各照常营业，安堵勿惊，共鉴鄙忱，

① 《再记北京兵变情形》，《申报》1912 年 3 月 5 日，第二版。

② 恽毓鼎著，史晓风整理：《恽毓鼎澄斋日记》，浙江古籍出版社 2004 年版，第 580 页。

③ 中国社会科学院近代研究所近代资料编辑室编：《国耻事典（1840—1949）》，成都出版社 1992 年版，第 354 页；《记北京兵变后情形》，《申报》1912 年 3 月 7 日，第二版；《纪天津兵变后情形》，《申报》1912 年 3 月 7 日，第二版。

④ 恽毓鼎著，史晓风整理：《恽毓鼎澄斋日记》，浙江古籍出版社 2004 年版，第 580 页。

⑤ 同上。

⑥ 临时大总统令，《临时公报》，1912 年 3 月 2 日，命令。

力维大局，有厚望焉。特此布告。”① 后又布告各军队，要求严守纪律，服从命令。“从来养兵原以卫民，军饷之所出，莫非民间之所供，若不能保护民人生命财产，维持地方秩序，大失养兵之本意。至军人名誉，以严守纪律为第一要义；军队性质以服从命令为第一要义。失此二者，即失军人之资格。况今共和成立，尤须军民同心，共谋前途幸福，乃违法之举竟先出自军人，实堪痛恨。应行通饬各军队长官及地方官吏，严拿犯事各兵暨附从抢劫之土匪，一律按照军法从事。此后如再敢滋生事端，扰害商民，除重惩该犯外，并将该管长官一并惩处，决不姑容，以肃军纪而彰国法，懔之勿违。”② 在强大的威压下，北方秩序逐渐稳定。为了安抚民心，并对外交团有所交代，袁世凯只得承诺对中外商民进行赔偿。

内忧外患显而易见，但民主共和的思想逐渐在人们心中扎根，共和一词也日益成为人们频频使用的热门话语。旧秩序被打破了，随之而来的新秩序尚未能一时建立起来，在这新旧交替的过渡时期，社会秩序略显紊乱，思想纷歧，民众舆论很杂，意见很难统一，但思想很自由活跃，人们争相表达一己之见。通过梳理，故且将他们分为忧时派、折衷派、乐观派、悲观派。

忧时派则对政府提出很多有益的建议，有的希望新政府崇俭，指出“万恶之原起于不节俭”③；有的希望政府破除专制余孽，就要“破除专制道德之习惯，而为共同道德之基础”④。有的则对政府、各政党提出忠告：“满清之季，政以贿成，乳臭亲贵布满朝列，上下征利罔恤民生，因此结果遂酿革命。今者民国新造，当轴诸公均一时物望所归，知必有宏猷硕划，为我国利民福者。旧清污点且将一扫而空，本无待鳃鳃过虑。惟愿勿生意见，勿存党派，对外则巩固国权，对内则尊重舆论。”⑤ 在对工商界的忠告中指出：“二十世纪为经济竞

① 临时大总统令，《临时公报》，1912 年 3 月 2 日，命令。
② 临时大总统令，《临时公报》，1912 年 3 月 3 日，命令。
③ 《崇俭》，《盛京时报》1912 年 2 月 1 日，（一）。
④ 《道德之改革》，《民立报》1912 年 3 月 3 日。
⑤ 《对于各界之新希望》，《申报》1912 年 2 月 23 日，第一版。

争之世，亦为工商竞争之世。吾国物产饶富，于商业上、工业上均占天然之优胜，徒以满清时代政府之敲剥，捐税之重困，以致着着失败，转为各国之外府。数十年来，金钱外溢，何可胜数。加以军兴半载，商辍于途，工叹于肆，百业凋疲，尤从来所未有。今幸大局安定，政尚共和，而我新政府实业总长，又为全国泰斗，其所设施当有以昭苏积困，扶持各业之发达者。惟愿我资本家、制造家及时奋发，各出其心思、财力，专精于实业之一途，改良土产，以发展销路；仿造洋货，以挽回利权。工任其制作，商任其运输，互相维持，即互图进步，无以同业而倾轧，毋贪小利而忘大局。"① 有的认为："处今日之时局，乘革新之昌运，宜执行何种政策，始厝国家于不倾之地，举国中彷徨相视，新旧杂糅，主奴出入，初无一定之方策。于斯时也，非得有力之政治团体以言论事实从各方面为之响导奖进。……政党者，当国民思想浑沌之时，而与之以明灯，以烛幽昏之玄夜，使人心知所趋，而共同以致力于国家者也。"② 有的则对国民提出了相当之期望，如要"祛虚骄之见"，敦"撙节之风"，宜"联络南北之情愫"，须"预筹南北统一之手续"③。由此看来，忧时派不仅仅忧时，更希望国家步入正轨。

折衷派认为民初社会是一个半新半旧的社会。当时就有人说："或问今日之风景如何，余曰：半新半旧之新年；或问今日之人民如何，余曰：半新半旧之新国民；或问今日之学说如何，余曰：半新半旧之新学说；或问今日之服装如何，余曰：半新半旧之新服装；或问今日之国家如何，余曰：半新半旧之新共和国；或问今日之政府如何，余曰：半新半旧之新共和政府。"④ 正是基于这样的认识，所以在用人方面主张"宜新旧兼收也"，"宜南北并用"，进而指出"统一国家既立，本无南北可言，凡在一国之中，俱得参与国政"⑤。应该

① 《对于各界之新希望》，《申报》1912 年 2 月 23 日，第一版。

② 《吴虞日记》，四川人民出版社 1984 年版，第 20—21 页。

③ 《勖哉新共和之国民》，《申报》1912 年 2 月 21、22 日，第一版。

④ 钝根：《半新半旧》，《申报》1912 年 2 月 21 日，第九版。

⑤ 《临时统一政府之人物》，《民立报》1912 年 3 月 17 日。

说折衷派的这种主张也正适合民初政局，有利于保持社会稳定。但在新旧矛盾之下，这种想法很难实现。

乐观派则认为民国成立开辟中国历史的新纪元，必然会带来社会的进步。清帝退位后，他们就提出告别旧时代，跨入新时代。并不由自主地喊出：“数千年神圣之君权，至此而为一挫；数千年遏抑之民气，至此而为大伸。由专制之国一跃而为共和之国，不谓今年一年中缔造此震古铄今之伟业，获睹此空前绝后之奇观。则今年之岁月有尽期，而今年之留为国民纪念者，将永无尽期也。”[①] 有的则认为“向例阴历年终必将国内大事撮叙要略，列表而系以论，盖所以资结束也。今者义旗一举，全局翻新，共和事业方在进行，则以前种种应以八月十九日之前为一大结束，而以后种种正如春草方生，有一日千里之势。”[②] “我全国人民务勉为共和国人民，而注意于共和精神之所在，组织健全优美之立法机关，建设健全优美之共和政府。”[③] “凌驾各强国，夫复何难。”[④] 相较而言，乐观派的主张在民初复杂的格局里，无疑就是一道亮光，冲刺黑暗。

悲观派，则主要是一些忠清的官僚，如梁鼎棻、梁济等。当时梁济就“慨然叹开创之初，淬砺不闻，暮气已见。以民国为号，而民困欲殆，顾不之恤，则革命云云徒为大盗窃国之资，辜负先朝禅让之盛美”[⑤]。他们有些人后来郁郁寡欢，总认为民国不比大清，消极遁世，甚至殉清而死。

总之，尽管人们的思想有诸多差异，但他们都希望看到一个强大民主的中国出现，都希望组成一个高效廉洁的政府，尽快开展社会的各项工作，以巩固东亚民国之丕基。[⑥]

---

① 《辛亥年回顾录》，《大公报》（天津版）1912 年 2 月 13 日。

② 东吴：《清谈》，《申报》1912 年 2 月 13 日，第三版。

③ 《国体之解决》，《民立报》1912 年 2 月 14 日。

④ 《辛亥年之回忆》，《盛京时报》1912 年 2 月 15 日，（一）。

⑤ 梁济著，黄曙辉编校：《梁巨川遗书》，华东师范大学出版社 2008 年版，第 37 页。

⑥ 《论今日亟宜建设临时统一政府》，《申报》1912 年 3 月 1 日，第一版。

二　设立之社会基础

民初中央实业管理机构的设立，与民主共和政体的建立相适应。尽管其不是对清末农工商部和南京临时政府时期实业部简单地进行整合而成，但清末农工商部和南京临时政府时期实业部对农工商各业的管理理念，却为民初中央实业管理机构的成立提供了重要参考和借鉴。特别是在人才方面，前后有一定的继承性。因此，要洞晓民初中央实业管理机构的成立，就要历史地考察其成立前农工商管理机构之概况。

（一）清末以来的商部、农工商部

清末设立的商部、农工商部对民初中央实业管理机构的成立，有重要的奠基作用。[①] 当时的《东方杂志》是这样认识的，“民国实业之有政策，以设立商部始”[②]。这一点不假，关于二者之间的关联主要体现在以下三个方面。

（1）清末商部、农工商部设立了一系列有效的行政管理制度

商部的设立，目的是联络商情、痛除隔阂为宗旨，分设保惠、平均、通艺、会计四司，把农工矿务与交通财政事宜，列入该部管理范围之内。尽管“吾国人之贱视农工商也久矣，阶级之制，深入人心。”但“自商部开办以来，力惩旧习，积极进行。先后奏请力行保商兴农各政，设立商务顾问，商矿议员等职。暨京外办理农工商矿各机关，订颁商律注册奖励各项章程，开办商部官报。各种实业学堂局所”[③]。1906年，清廷预备立宪，把工部并入商部，改为农工商部，“除就工部旧隶事事宜与农工商部名实不副者，改隶他部。并将交通等项拨归该管衙门外，计分农务、工务、商务、庶务四司，以矿务隶诸工务之下。嗣后复旧各省设立劝业道，各厅州县设立劝业员，掌理各省各地方实业事项。……先后奏请饬查各省实业，设立统计调查等局，续订各项章程，京外办理各项实业之学堂局所，亦次第增设，并

① 关于商部、农工商部的组织架构，前文已述，在此不再赘述。

② 高劳：《十年以来中国政治通览·实业篇》，《东方杂志》第9卷第7号。

③ 同上。

开办南洋劝业会”①。有人认为南洋劝业会“规模宏大，收罗精备，为远东诸博览会之冠”②。如此等等，这些机构的设置以及分科治事的行政方式，都为民初中央实业管理机关的机构设置提供了参考和借鉴。

（2）清末商部、农工商部留下了一批可资借鉴的法令法规

清末商部、农工商部在发展经济的过程中，制定和颁行了一系列的法令、章程，尽管有些法规很不成熟，内容也只有十几条，但它们是将经济发展的秩序化诉诸法律的第一次大规模尝试。不但有开拓性，还为后来同类法规的制定提供了借鉴。北洋政府时期的农商总长张謇在制定《商人通例》和《公司条例》时就认为：“前清农工商部奏交资政院会议之《商律总则》《公司律》二编草案……颇称完备，拟即用为工商部现行条例，改《商律总则》为《商人通例》，《公司律》为《公司条例》。”③ 由此可见一斑。清末商部、农工商部厘订的法令章程见下表：④

表 2－2　　**清末商部、农工商部厘订的法令章程清单**

颁行时间	法令、章程名称
1903 年	《商部章程》《奖励华商公司章程》《重订铁路简明章程》
1904 年	《商会简明章程》《商人通例》《公司律》《暂行矿务章程》《公司注册试办章程》《商标注册试办章程》《商务议员章程》《商部接见商会董事章程》
1905 年	《矿政调查局章程》《茶叶改良章程》《出洋赛会章程》《京师劝工陈列所章程》
1906 年	《破产律》《奖励商勋章程》《商会章程附则》《商船公会简明章程》
1907 年	《改订奖励华商公司章程》《华商办理农工商实业爵赏章程》《奖励工商实业奖牌章程》《大清矿务章程》《农会简明章程》

① 高劳：《十年以来中国政治通览·实业篇》，《东方杂志》第 9 卷第 7 号。

② 杨铨：《五十年来中国之工业》，《最近之五十年——申报馆五十周年纪念》，上海书店影印版 1987 年版，第 3 页。

③ 《请用前清〈商律〉、〈公司律〉为工商部现行条例呈》，《张謇全集》第二卷，经济，江苏古籍出版社 1994 年版，第 167 页。

④ 资料来源：《大清光绪新法令》《大清律例新编》《商务官报》《清实录》《申报》等。

续表

颁行时间	法令、章程名称
1908 年	《劝业道职掌任用章程》《推行划一度量权衡制度暂行章程》
1909 年	《推广农林简明章程》《南洋第一次劝业会章程》
1910 年	续定《矿务章程》，重新修订《公司律》
1911 年	《划分矿质局章程》《工会简明章程》《奖励棉业章程》

（3）清末商部、农工商部为民初农商部积累了相当一部分人才

由于农工商各业专门性很强，人才的培养也不是一朝一夕的事情。商部成立之初，其司员大都来自旧衙门，但必须经过考试筛选。据唐文治回忆："当即考取司员四十八名。载尚书派定掌印、主稿，内以熙君隽甫名彦、祝君芷生名孝复、毛君艾生名祖模、胡君劭介名祥熔、陶君杏南，单君束笙名镇、王君斡臣名大贞、阮君惟和最为得力。舆论以为商部人才极一时之选焉。"① 商部、农工商部对留学生更是青睐有加，根据"所习何项专门，应即用以充当何项差使"②。对于农工商矿各业，"先是专设艺学堂，以农工商矿分门授课，"起初"酌聘西洋教习"，但"一俟业成之艺生回国，即行辞退西教习，悉令此项艺生充当"③。商部司员群体极为稳定，1904 年春季商部有司员 36 名，1905 年春为 37 名。④ 农工商部成立后，各司部务愈加繁殷，部直属机构扩充办理，遂始大量引进人才，1907 年司员达到 77 人，⑤ 1910 年年底至 1911 年年初农商部司员人数更是高达 206 人。⑥ 1911 年冬季，人数更是达到 450 人。⑦ 机构已相当庞大，他们当中自

① 唐文治：《茹经先生自订年谱正续篇》，《近代中国史料丛刊三编第九辑》，台北文海出版社 1986 年版，第 50 页。

② 《奏议复派赴出洋游学办法章程折》，《中国近代教育史资料》上册，人民教育出版社 1961 年版，第 176—180 页。

③ 北洋洋务局辑：《约章成案汇览》，上海点石斋 1905 年版，乙篇，卷三十二，上。

④ 爵秩全览（1904、1905），国家图书馆清史文献中心藏。

⑤ 爵秩全览（1907），国家图书馆清史文献中心藏。

⑥ 爵秩全览（1911），国家图书馆清史文献中心藏。

⑦ 根据当时农工商部衙门职员数而统计，见内阁印铸局编《宣统三年冬季职官年表》，《近代中国史料丛刊二十九辑》，台北文海出版社 1967 年版，第 435—448 页。

然有滥竽充数之流，但对于留学生来说，有一技之长者也不在少数。他们之中的一些人后来就任职民初的中央实业管理机构，有人通过统计认为可考的主要人员名单见下表：[①]

表 2－3　　　　**民初农商部职位任职清单**

姓名	民初农商部职位	清末农工商部履历
张謇	工商部总长，农商部总长	商部、农工商部一等顾问官
向瑞琨	工商部代理总长	日本留学生，农工商部主事
章宗祥	兼任农商部总长	日本留学生，商部主事
周学熙	农商部代理总长	农工商部承参上行走
赵椿年	工商部参事	农工商部参议上行走
廖世纶	工商部工务司佥事	日本留学生，商部司员、农工商部主事
文琦	工商部工务司佥事	商部员外郎
关文彬	工商部商务司佥事	日本留学生，商部主事
俞嵘	工商部商务司佥事	农工商部主事
夏循恺	工商部佥事，农商部参事	日本留学生，商部主事，农工商部主事
李振铎	工商部商务司主事	留学生，农工商部小京官
于长藻	工商部商务司主事	农工商部小京官
王季点	工商部矿务司佥事	日本留学生，农工商部主事
郝树基	工商部矿务司佥事	农工商部庶务司主事
张培	工商部矿务司主事	农工商部小京官
宋文	工商部司务厅主事	商部保惠司行走，农工商部员外郎
张英绪	工商部工务司技正	日本留学生，商部主事
袁思亮	工商部秘书	农工商部庶务司郎中
魏震	农林部参长	商部通艺司员外郎
陆长桥②	农林部农务司主事	农工商部员外
张璧田	农林部农务司主事	农工商部庶务司主
叶基桢	农林部农务司佥事	商部主事，农工商部主事

① 参见刘世龙《中国工业化与清末的产业行政——以商部、农工商部的产业振兴为中心》，日本溪水社 2002 年版，第 63、172、261 页。

② 应为陆长俊，参见《宣统三年冬季职官年表》，《近代中国史料丛刊二十九辑》，台北文海出版社 1967 年版，第 437 页。

续表

姓名	民初农商部职位	清末农工商部履历
邓振瀛	农林部农务司佥事	日本留学生，农工商部主事
田步蟾	农林部垦务司司长	商部通艺司主事，农工商部员外郎
胡宗瀛	农林部山林司司长	商部主事，农工商部主事
屈蟠	农林部山林司佥事	农工商部主事
蒋嘉钧	农林部总务司佥事	农工商部小京官

但是我们经过认真考证和梳理，发现上表的统计并不完整，对其统计不及之处进行补充，如：单镇，江苏吴县人，进士，农工商部工务司郎中，后任工商部参事。①

此外，商部、农工商部还对西方有利于农工商矿各业发展的切要之书，进行了翻译介绍，积累了丰富的专业技术知识。

当然，以上仅仅从清末商部、农工商部对民初中央实业管理机构设立有利的方面而言的，而其腐朽暮气的一面却为民初实业管理机构的设立带来了诸多困难。

溥颋任农工商部尚书后，部务发展开始走向停滞，其“敷衍因循，毫无建树，遇有稍关重要事件，往往请示于枢臣，以为试行之标准”②。溥伦上任后，仍然沿用溥颋时代的核心班子，虽然进行改革，③ 还未见成效，武昌起义就爆发了。

袁世凯任内阁总理大臣组阁后，想让社会名流张謇做农工商大臣，④ 可是张謇却给袁世凯一封代辞农工商大臣的长电，他说：“简謇为农工商大臣，无任惶悚。自庚子祸作，迄于事定，前后赔款，几及千兆；海内沸腾，怨叹雷动。謇时奔走江鄂，条陈利害，须亟改革

① 内阁印铸局编：《宣统三年冬季职官年表》，《近代中国史料丛刊二十九辑》，台北文海出版社 1967 年版，第 436 页。

② 《溥尚书请教之可怜》，《大公报》1910 年 11 月 26 日。

③ 参见《泽公允筹实业准备金》，《大公报》1911 年 4 月 3 日、4 月 13 日、4 月 20 日、5 月 30 日等。

④ 《袁世凯来电》，《张謇全集》第一卷，政治，江苏古籍出版社 1994 年版，第 182—183 页。

政体，未获采陈；乃专意于实业、教育二事，迭有陈说，十不行者五六。自先帝立宪之诏下，三年以来，内而枢密，外而疆吏，凡所为违拂舆情、摧抑士论、剥害实业、损失国防之事，专制且视前益剧，无一不与立宪之主旨相反。枢密疆吏，皆政府而代表朝廷者也。人民求护矿权、路权无效，求保国体无效，求速开国会无效，甚至求救灾患亦无效。謇在江苏辄添代表，瞠目挢舌，为社会诟责，无可解免。虽日持国运非收拾人心无可挽回，人心非实行宪法无可收拾之说，达之疆吏而陈之枢密者，无济也。谏行言听之无期，而犹大声疾呼之不已，诚愚且妄。今年内阁成立，亲贵充任总理，铁道国有之政策发表。謇适由社会公推入都，晤阁部臣时，复进最后之忠告：谓实业须扶；国防须重；舆情非可迫压，愈压则反激愈烈；士论非可摧残，愈摧则愤变愈捷。一再披沥，不留余蓄，并以假立宪者真革命之说儆者。……今则兵祸已开，郡县瓦解；环观世界，默察人心，舍共和无可为和平之结果者，趋势然也。假使滦州兵士陈请条件，沛然明发之谕旨，在要求国会之日，或内阁成立定时，容不致有今日之祸；今无及矣。且罪己之诏方下，而荫昌汉口兵队于交绥之外，奸淫焚掠，屠戮居民数万于前；张勋江宁驻兵不在战期，闭城焚掠，屠戮五六百人于后。其最惨者，凡无辫、白帽结、白辫线、呢布褂裤之学生及非学生，无不一律搜杀。外人观战之訾论，译登报纸，无不痛恨荫、张之野蛮残酷，惨无人道；中国报纸，更无论已。尚有何情可慰？尚有何词可宣？使犹可以宣慰释之，则圣贤亡国败家之诫，尽属欺人；史氏覆宗绝祀之纪，不足为鉴矣。无已，再进终后之忠告：与其殄生灵以锋镝交争之惨，毋宁纳民族于共和主义之中；必如是乃稍为皇室留百世禋祀之爱根，乃不为人民遗二次革命之种子。如翻然降谕，许认共和，使謇凭借有词，庶可竭诚宣慰。所有今日宣慰使之职无效可希，不敢承命。至于政体未改，大信已漓，人民托庇无方，实业何从兴起？农工商大臣之命，并不敢拜。谨请代奏辞职。”① 再说，非常时

① 《致袁内阁代辞宣慰使、农工商大臣电》，《张謇全集》第二册，函电，上海辞书出版社 2012 年版，第 286—287 页。

期哪还谈得上实业的发展，基本的政治稳定都没有，张謇是个明眼人，与其坐拥虚位，招来骂名，还不如不就职的好。南京临时政府此时亦邀张謇做实业部部长，仍被张拒绝。后来，袁世凯与南方达成协议，议和成功后，就腾出手来处理农工商部的烂摊子，甚至干脆令农工商部暂行停止办公。①

辛亥革命后，农工商部的人员进一步膨胀，农工商大臣、侍郎、丞参、郎中、员外郎、各司主事等竟达计达450人，② 大大增加了民初农林部、工商部在接收人员方面的困难。其次是经费亏空严重，当时“农工商部堂司各官银两盖行停支，饭食银全部裁撤。存款仅余二百两，不得已将劝业会银奖牌悉数熔化，暂行发给录事、差役每人各三两银”③。再就是组织结构涣散，这给民初中央实业管理机构的重建埋下一个大隐患。

（二）南京临时政府时期的实业部

南京临时政府，仿美国制，以总统总揽行政，设总统府及陆军、海军、司法、财政、外交、内务、教育、实业、交通九部。据《东方杂志》中说：“外交部置外政、通商、庶务三司；内务部设民治、职方、警政、土木、礼教、卫生六司；司法部设法务、狱务二司；交通部设路政、邮政、电政、航政四司。其余各部，组织未见通令。”④并说实业部因“时战事方殷，且为日甚暂，故无何种之设施”，且“惟通饬各省设立实业司，呈报筹办实业情形而已，然各省多未遵设”⑤。但只是粗略的规定了其职权是“管理农工、商矿、渔林、牧猎及度量衡事务，监督所辖各官署”⑥。其实，这种说法是不太确切的，是没有准确掌握南京临时政府实业部内部情况的一己之言，不足

① 《宣布共和后之北京》，《申报》1912年2月22日，第二版。

② 根据当时农工商部衙门职员数而统计，见内阁印铸局编《宣统三年冬季职官年表》，《近代中国史料丛刊二十九辑》，台北文海出版社1967年版，第435—448页。

③ 《农工商部之奇窘》，《大公报》1911年11月23日。

④ 高劳：《十年以来中国政治通览·实业篇》，《东方杂志》第9卷第7号。

⑤ 同上。

⑥ 《中华民国临时政府中央行政各部及其权限》，《临时政府公报》1912年1月30日，第二号。

为凭。实际上，当时的实业部有较为健全的组织机构，设有秘书长、书记官、参事、文牍员、庶务员、会计员、收发员、调查员、缮写员等职；并设有秘书处，内置有四司，分别为：农政司、工政司、商政司、矿政司。①

关于南京临时政府，有人对之有过评论："孙总统莅任之始，即宣言政见，期军政、民政、财政之统一，将以中华民国建筑于纯粹平民政治之上，采总统制，内阁不设总理，而人才济济，皆一时之彦。当时同盟会以天之骄子首执国政，有组织政党内阁之势与组织政党内阁之力而不为者，非弗善政党内阁也，不欲以政权私于一党，而博览群贤以共治也。然阁员若张謇、汤寿潜之流竟挟非党之嫌，或屡屡辞职或终不赴任，以故南京政府实有意见不一之象，而为时短促，无可展布，故政绩亦属难言。然南京政府之所善，则在俯从舆论，不惮更易。舆论之是者是之，舆论之非者非之。"② 尽管如此，无论从性质上，还是从内容上，相较清末商部、农工商部，民初实业管理机构和南京临时政府的实业部更为接近。首先二者都是民主共和政治体制下的产物，都服从服务于民主共和政体；其次，二者长官的称谓也大体一致，都是称总长，这已与清农工商部的农工商大臣之称谓有天壤之别。然而，二者的区别也是显而易见的，那就是民初中央实业管理机构的施政范围明显扩大，不是局限东南一隅，而是全国性的实业管理机构。南京临时政府时期的实业部虽然存在为时甚短，但其成就不容忽视。其在短暂的时间内，做了不少实事。这主要体现在以下四方面。

（1）通令各省设立实业司，并要求详报筹办实业情况

实业部成立之后，为了加强对地方的管理，为了及时准确地把握地方实业发展状况，进一步完善了地方实业管理机构的建置，即通令各省都督设立实业司。"本部司理本国农工、商矿、山林、渔猎及度量衡，窃念实业为民国将来生存命脉，今虽兵战未息，不能不切实经

① 《实业部职员名单》，《临时政府公报》1912 年 3 月 14 日，第三十八号。

② 《民国元年政局变迁之回溯》，《民国汇报》1913 年第 1 期，第 6—7 页。

营。已成者，当竭力保存，未成者，先是筹画。今外省官制，虽未画一，而各省之实业司，当速行成立，隶属本部。其已经成立者，乞将办事重要人姓名报告本部，以后并乞饬该司将所办事件，每月择要报部，以备存查。”① 后来又通令实业司呈报筹办实业情形，以通筹规划。“窃本部成立后，为统一全国实业行政，各省应设立实业专司，业经通电在案，未获呈报。想系各省情形不同，未经设立。惟战乱之后，小民生计维艰，国家元气未复，若不亟图实业振兴，何以立富国裕民之计。望贵都督确体斯意，饬实业司官关于农工商矿诸要政，凡已经创办者，或急须筹办者，或暂从缓办者，分别详细呈报本部，以便确定经济政策，统筹进行方法。国利民福，胥赖乎此。请烦查照施行，无任盼切。”② 在辛亥革命期间的动荡之下，不知是各省都督无暇顾及，还是对实业部通电的重要性认识不足，他们对之大都置若罔闻。尽管如此，但实业部本身的所作所为并无任何可挑剔之处。

（2）颁布商业注册章程

实业部成立以来，各埠公司呈请保护、注册、立案、给示等事，纷至沓来。有感于此，实业部认为“若非妥订划一章程，头绪茫然，实无以资遵守之策。”但是由于“民国统一，大功告成，所有全国各种公司及一切商店，皆持有前清政府发给部照，俨若尚在清之势力范围内者。山河依旧，主体已非，门悬汉室彩旗，家贮满虏印照，既堕体制之尊严，复缺政令之完备。”实业部主动承担注册给照之事，“允宜由敝部详加厘定章程，颁行全国。”主张采纳西方良法，以“注重公司财产，保卫债主权利，上以裕国课之支艰，下以顺商户之吁恳。”摒弃清政府“敲肤吸髓，有至一帖恒纳千金左右者”的陋规，而是“以恤商起见，减其征额，亦归商业注册一律办理，以免纷淆”。并规定“此外尚有独出资本之商号，每亦有至请注册之时，

① 《实业部通电各省都督设立实业司文》，《临时政府公报》1912 年 2 月 5 日，第八号。《东方杂志》第 8 卷第 10 号，中国大事记。

② 《实业部咨各都督饬实业司详细呈报筹办实业情形文》，《临时政府公报》1912 年 2 月 29 日，第二十五号。

似宜一体允其自由呈注，不令偏怙，方与共和政体宗旨不悖”①。关于商业注册章程，朱英先生曾给予很高的评价，他说：“显而易见，南京临时政府之所以在当时非常急切地颁行商业注册章程，是为了减轻工商业者的负担，促进实业的振兴，因而受到广大工商业者的欢迎。”② 应该说，这种评价是切合实际的，并非溢美之词。

（3）鼓励创办各类公司，各种实业团体，保护公司法人的合法权益

为了促进实业的发展，南京临时政府实业部不仅制定了一系列的恤商惠商政策，还鼓励创办各类公司，正是在实业部的倡导下，开矿、垦牧、渔业、工艺公司相继成立。③ 但并非听之任之，对某些不具备公司成立资格者，不予注册发钤记事。当时浙江杭州光复分社执事员王霈泽呈请开办苏浙洋面商船船户保险公司，实业部就认为：“该员等所呈各节，热心缉捕，保护商渔，洵堪嘉许。但保卫地方，自系地方官应有之责，该员等有无侵越权限之处，仰即呈请苏浙军政府查实核办，所请注册给发钤记事，尚未具有公司成立资格，碍难允准。”④ 但对侨商回国创办公司，实业部却是给予大力支持。如批准侨商统一联合会王敬祥等呈请拟办的兴业贸易株式会社，⑤ 对钱商朱卓文开办工厂，批示道：“集赀建设工厂，教养流民，俾无业之人，皆有谋生之业，不至流为匪类，于民生主义、国计前途，均大有裨益，本部自应力为保护。”⑥ 对沈佩贞女士拟设中央女子工艺厂，大

---

① 《大总统咨参议院提议实业部呈送商业注册章程文》，《临时政府公报》1912 年 3 月 5 日，第二十九号。

② 朱英：《辛亥革命与近代中国社会变迁》，华中师范大学出版社 2001 年版，第 190 页。

③ 参见《临时政府公报》1912 年 3 月 16 日，第四十号；《临时政府公报》1912 年 2 月 14 日，第十五号；《临时政府公报》1912 年 3 月 21 日，第四十四号；《临时政府公报》1912 年 3 月 22 日，第四十五号等实业部批。

④ 《实业部批王霈泽等请开办苏浙洋面商船船户保险有限公司禀》，《临时政府公报》1912 年 2 月 14 日，第十五号。

⑤ 《大总统令实业部审定侨商统一联合会王敬祥等呈请拟办兴业贸易会社文》，《临时政府公报》1912 年 3 月 16 日，第四十号。

⑥ 《实业部批侨商朱卓文开办工厂请给照拨地呈》，《临时政府公报》1912 年 3 月 10 日，第三十四号。

加赞赏，并给以鼓励，指出“所拟章程尚属妥善，本部准予立案。仰自行择地设厂，切实进行”①。在商业发展上，实业部坚持男女平等，一视同仁的思想可见一斑。

对于实业社团的成立，实业部也给予了极大的支持，在批实业协会开办呈中就明确表示：“振兴实业，洵为富国裕民之计，本部成立伊始，正亟筹进行方法，苟得国民协助，共筹进步，实业前途，实利赖之。该发起人所创实业协会，愿宏意美，望此后不分畛域，合集通才，切实研究，妥定条目，节节进行。所呈钤记式样亦合，刻就后，迅速呈阅，本部即予立案可也。”②

武昌起义以来，各地驻军侵害商民利益的事件，时有发生，对此实业部亦极力协助排解，切实维护商民利益。如无锡恒大永源生米行，粮船被扬州驻军扣留。实业部在批《无锡商会转呈恒大永源生米行运米被扬州徐司令扣留请派委监验给放呈》时指出：该商执护照运稻，如与税率不悖，应即查验放行；即使小有不合，或应议罚，亦有向来相沿旧章，立可决办。今已延搁三月之久，未见放行，殊不可解。特别指出：“徐司令职在治兵，更不能听信炮船兵弁，留难商民。”为了保护商民，实业部做了重大努力，后来还特电达徐司令转饬释放，并转咨陆军部一同电饬放行；③ 另有因内河招商局小轮被无锡军政分府扣留事，实业部亦马上咨请交通部核办；④ 实业部还据芜湖益新公司经理章兆奎陈明公司困难情形，吁恳出示保护并注册立案一事，除批示续准注册外，并准暂缓对其追款；⑤ 等等。由此可见，南京临时政府实业部为了保护商民的合法权益，可谓尽心尽责。

---

① 邱远猷、张希坡：《中华民国开国法制史——辛亥革命法律制度研究》，首都师范大学出版社1997年版，第577页。

② 《实业部批实业协会开办并呈钤记式样呈》，《临时政府公报》1912年2月14日，第十五号。

③ 《实业部批无锡商会转呈恒大永源生米行运米被扬州徐司令扣留请派委监验给放呈》，《辛亥革命资料》，中华书局1961年版，第268页。

④ 邱远猷、张希坡：《中华民国开国法制史——辛亥革命法律制度研究》，首都师范大学出版社1997年版，第577页。

⑤ 《实业部发给芜湖益新公司准缓追款示》，《临时政府公报》1912年3月3日，第二十八号。

（4）挽回利权

实业部为挽回利权做出了不少贡献。如电告安徽都督取消与外人订办铜官山矿合同，就是一例。在致安徽孙都督电中指出："顷阅报章载，贵都督将与日人订立合同，合资开办铜官山矿产，资本定为日金三百万元，中日各半，中国应缴之数，即以铜官山矿产及从前工程机器房屋等作价日金一百二十万元，另招股本金日金三十万元，以足其数。合同定后，贵都督即向公司借日金一百五十万元，作为安徽行政要需，此宗借款，即以铜官山采掘权作抵等语。批阅之下，不胜惶骇。查矿山国有，各国通例。今本部草订矿法，用意亦复相同。况开矿一事，可否招集外股，尚未决定。各省如有开办矿业之事，自应咨由本部酌核办理，以保矿利而一事权。今贵省与日人合资开办铜官山矿产一事，并未咨商本部，所拟合同诸多损失利权之处。现在人心愤激，议论纷腾，事如属实，望即取消为祷。"[①] 在当时各自为政的情况下，地方为了一己之利与外国势力勾结违背实业法令的为数不少。当然，有些地方是被外国势力所逼迫而为之，而在混乱之中，实业部为了挽回利权，做出的很大努力，应该给予肯定。

此外，实业部还创办中华民国实业部机关报《实业公报》，其包括图画、法令、著论、译述、调查、电报、纪事、杂录等内容。"以宣布实业法令，灌输实业学识为宗旨。"[②] 强调"凡与实业有关系之各官署、局所、学堂、公司皆有购阅本报之义务。但各官署具印文请领者，照五折政费；实业学生联名请领者，十份以上八折，五十份以上七折，百份以上六折"[③]。为了弥补办报经费之不足，其还代登各种实业广告，酌量收费。尽管《实业公报》发行量有限，发行范围亦十分狭小，但其印制风格和体例多为后来的《农商

① 《实业部电安徽都督取消与外人订办铜官山矿合同文》，《临时政府公报》1912年3月22日，第四十五号。

② 附录，《临时政府公报》1912年3月20日，第四十三号。

③ 《中华民国实业部附设实业公报简章》，《辛亥革命资料》中华书局1961年版，第282页。

公报》继承。

总之，尽管南京临时政府实业部存在的时间很短，但其在如此短暂的时间内所发挥的作用不能忽视，其在实业发展方面的思路无疑为民初实业管理机构提供了借鉴。

南京的实业部也很注意吸引专业技术人才，网罗了一大批留学生，这为以后的农林、工商部的发展提供了智力支持。后来人们在议论工商部时不无感叹地说："工商部自划分后，参事、秘书、司长任命者八人，其中二人为原在部之人，其余均来自南都。"[①] 这并非妄言，关于实业部的职员名单如下：[②]

秘书长：廖炎

书记官：谢维喈　张福桢　赵斌

参　事：屠振鹏　周家彦　屈爔　顾兆熊

文牍员：江恒源　周伯伊

庶务员：吴钟麟

会计员：尹道和

收发员：钱正居　诸驭

调查员：马振

缮写员：邵振渭　周璞

农政司长：陶昌善

科　长：盛先觉　林祜光　高文炳

科　员：夏树人　傅　仁　汪寿序

工政司长：贺之才

科　长：陈承修　施　弼　高近辰

科　员：常　怡　郑　诚

商政司长：庞元澂

科　长：汪钟岳　杨汝梅

科　员：钟守颐　周在鼎　杨嗣轩

① 《工商部颓唐之一斑》，《申报》1912年6月11日，第二版。

② 《实业部职员名单》，《临时政府公报》1912年3月14日，第三十八号。

矿政司长：于焕东

科　长：　张铁欧　章鸿剑

科　员：　张振纲　廖树勋　王锡宾

此外，实业总长本拟张謇，可张謇拒不赴任，次长为马君武。[①]在以上的职员名单中被后来农商部留用的有：章鸿钊、林祜光、周家彦、汪钟岳、陶昌善、高文炳、汪寿序、江恒源、吴钟麟、屠振鹏、陈承修、施弼、常怡十三人，[②] 占职员总数的近30%，留用的比例很大。

第二节　设立过程中之权力纠葛

尽管辛亥革命推翻君主专制制度显得相当顺利，民初中央实业管理机构的组建却经历了一个不寻常的过程。其实，民初政府的组建是辛亥革命以来各方势力博弈的继续，其间虽然没有惊心动魄的公开大论争，背后却隐藏着许多鲜为人知的故事。当然，这些信息有些被当时的报纸捕捉，发布出来却掀起了一阵阵波澜。事实上，不同方案的提出，就是各派政治力量角逐的结果，但由于受国内外形势的影响与制约，各派又不得不相互妥协，达到暂时的平衡。如今，在回顾这段历史时，我们仍会有诸多感慨。

武昌起义后，清政府成为越来越多人的矛头所向，也越来越孤立。当时袁世凯出来主持政务，主张南北和谈，为了表示和谈的诚意，先是派蔡廷干、刘承恩与黎元洪接触，[③] 再派唐绍仪带队先赴武汉，后至上海与革命派代表伍廷芳公开和谈。[④] 双方在谈判过程中逐渐达成共识：只要清帝退位，袁世凯宣布赞同共和，革命派就举袁世

① 《纪事》，《临时政府公报》1912年1月31日，第三号。

② 参见《调用农林部员名单》，《政府公报》1913年12月29日，命令；《调用工商部员名单》，《政府公报》1913年12月29日，命令。

③ 卞孝萱辑：《闵而昌旧存有关武昌起义的函电》，《近代史资料》1954年第1期。

④ 南北双方本来说好在武汉举行和谈，但是后来革命党变卦，要求和谈地点改在上海，袁世凯也毫不犹豫地答应。

凯做临时大总统。于是，袁世凯绞尽脑汁，利用奕劻，贿赂隆裕身边的太监，[①] 示以优待条件，后来干脆授意段祺瑞逼宫。清帝宣布退位后，袁世凯顺利当选为南北统一临时政府大总统，[②] 南北剑拔弩张的局面暂告一段落。本来，如果南北双方能互谅互让，以诚相待，临时政府就能很快成立，社会也会正常运转。袁世凯亦非常想“尽量缩短清帝退位与建立南北联合政府之间的间隔时间”[③]。但是，社会的发展并非一帆风顺的，南北双方则从原来的明争，重新卷入新一轮暗斗的旋涡。

一　袁世凯就职地点问题

简言之，袁世凯就职地点问题，即总统与政府机关谁迁就谁的问题。关于此当时就有人一针见血地指出：“南北既已联合，总统亦经选举，而统一政府所以不能尅期成立者，则以政府在南，总统在北。将强政府以就总统乎，则政府为机关，总统为个人，无强机关以就个人之理；将强总统以就政府乎，在理法上固为不易之条件。然当日者，北方秩序，正赖维持，东北人心，犹难一致，部署完密，尚费时日。总统南行，难期尅日。有此二故，遂致迁延。”[④]

袁世凯的确不愿意赴宁就职，为此还发长电致孙中山等，说明不能赴宁之苦衷。“南京孙大总统、黎副总统、各部总长、参议院、各省都督、各军队长鉴：清帝辞位，自应速谋统一，以定危局，此时间不容发，实为唯一要图。民国存亡，胥关于是。顷接孙大总统电开，提出辞表，推荐鄙人，属速来宁，并举人电知临时政府，畀以镇安北方全权各等因。黄陆军总长暨各军队长电招鄙人赴宁等因。世凯德薄鲜能，何敢肩此重任。南行之愿，真电业已声明。然暂时羁绊在此，

① 中国人民政治协商会议全国委员会文史资料研究委员会编：《晚清宫廷生活见闻》，文史资料出版社1982年版，第83页。

② “南北统一临时政府大总统”的称谓见《中华民国最初之大总统》，《东方杂志》第8卷第10号插画。

③ 胡滨译：《英国蓝皮书有关辛亥革命资料选译》下册，中华书局1984年版，第463页。

④ 平佚：《临时政府成立记》，《东方杂志》第8卷第11号。

实为北方危机隐伏，全国半数之生命财产，万难恝置，并非由清帝委任也。孙大总统来电所论，共和政府不能由清帝委任组织，极为正确。现在北方各省军队暨全蒙代表，皆以函电推举为临时大总统，清帝委任一层，无足再论。然总未遽组织者，特虑南北意见因此而生，统一愈难，实非国家之福。若专为个人职任计，舍北而南，则实有无穷窒碍。北方军民，意见尚多纷歧，隐患实繁。皇族受外人愚弄，根株潜长，北京外交团向以凯离此为虑，屡经言及。奉、江两省，时有动摇，外蒙各盟，迭来警告，内讧外患，递引互牵。若因凯一走，一切变端立见，殊非爱国救世之素志。若举人自代，实无措置各方面合宜之人。然长此不能统一，外人无可承认，险象环集，大局益危。反复思维，与其孙大总统辞职，不如世凯退居，盖就民设之政府，民举之总统而谋统一，其事较便。今日之计，惟有由南京政府将北方各省及各军妥筹接收以后，世凯立即退归田里，为共和之国民。当未接收以前，仍当竭智尽愚，暂维秩序。总之，共和既定之后，当以爱国为前提，决不欲以大总统问题，酿成南北分歧之局，致资渔人分裂之祸。已请唐君绍仪代达此意，赴宁协商，特以区区之怀，电达聪听，惟亮察之为幸。”[①] 以后见之明，袁世凯所言不差，北方局势本就不稳，袁世凯贸然离开必然会加剧局势动荡。

可是革命派不依不饶，偏偏要求其离开北京南下就职。孙中山告知袁世凯：“袁公慰庭为民国之友，盖于民国成立事业，功绩极大。今日参议院选举总统，若袁公当选，余深信必能巩固民国。至临时政府地点，仍设南京。”[②] 并“派专使奉请我公来宁接事”[③]。于是，蔡元培等一行于2月27日抵达北京，准备迎袁南下。袁世凯亦十分有诚意地打开正阳门，以示欢迎。[④] 不料想，北京却发生

---

① 骆宝善：《骆宝善点评袁世凯函牍》，岳麓书社2005年版，第335—336页。

② 《在南京总统府庆贺南北统一典礼的演说》，《孙中山全集》第二卷，中华书局1982年版，第97—98页。

③ 《临时公报》，1912年正月初一日，电报。

④ 《纪南京代表行抵北京之盛况》，《申报》1912年2月28日，第二版；《再纪代表抵京后情形》《申报》1912年2月29日，第二版。

了兵变。有人说这是袁世凯自导的一出好戏，以此拒绝南下。持这种观点的人未免有些轻率，老谋的袁世凯不会轻易地做出这样让其坐卧不安的事情。首先，其刚刚被选为大总统，各方的贺电不断，皆曰：民国得人，无任欢忭。[①] 袁世凯不会在这个节骨眼上发动兵变；其次，他不会不考虑到这次兵变将大大地损害其形象，使其向来治兵有术的印象，毁于一旦；再次，袁世凯亦不愿在其当政未几，就出这么大的乱子，害得他不得不一再向外界申谢，天天跑外国使馆；[②] 最后，袁世凯最不愿看到的是庚子事变的重演，他也一直绷着外交这根弦，本来西方列强以国内秩序未稳，而不承认中华民国，这样一来只能使列强承认的难度又加一层。事实上，尽管袁世凯曾表露过不愿意南行的意思，但其在与代表们商谈时从来没有说过不愿南行或者不南行。蔡元培也在当时发表的《告全国文》里明确指出："袁公始终无不能南行之语。"[③]

结果，兵变一发生，袁世凯尤其感到北方的不稳，不得不采取高压措施，严格实施宵禁，违者格杀勿论，秩序逐渐稳定。这便使他有"借口"不南行。他择机致电孙中山、参议院："此次南京特派专使来迎凯，赴南京受职，凯极愿南行，与诸君相见，共筹国家大计。惟以北方秩序须人维持，正在拟议留守之人，不期变生仓猝，京师骚然，波及津保。自维抚驭无方，致使闾阎受惊，殊深惶悚。连日布置，差幸秩序渐复，人心渐安。惟自经此变，北方商民愈不欲凯南行，函电吁留，日数十起。而南京政府亦鉴北事之方殷，谅南行之宜缓，连日筹商办法，以凯既暂难南来，应请黎副总统代赴南京受职，而内阁总理，俟凯与孙大总统、黎副总统商定其人，即行提交参议院请求同意。庶几大局早定，人心早安，对内而谋统一，对外而谋承认，已完全巩固中华民国之基础，是所深望，特此电闻。"[④]

---

① 参见《临时公报》辛亥十二月二十九至壬子年正月初十日，电报。

② 关于此事，《申报》1912 年 3 月 1 日至 11 日，第一版、第二版多有记述。

③ 中国蔡元培研究会编：《蔡元培全集》第二卷，浙江教育出版社 1997 年版，第 31—33 页。

④ 公电，《申报》1912 年 3 月 9 日，第一版。

其实，先前蔡锷、张謇等已经为袁出谋划策，告诫袁世凯不要南行，蔡锷说："建都之议，章太炎、庄思缄及各报馆所论，已阐发无论。而鄙意所尤虑者，则建都南京后，北边形势当为之一变迁，恐遗孽有乘虚窃据之虞，而强邻启蹈隙侵陵之渐，黄河以北沦入毡裘，甚非国民之利，尚望早定大计。建都燕京，可以控都中外，统一南北，大局幸甚。若夫祛除私见，调和感情，袁公当优为之，似可无烦过计。"① 张謇则说："公膺众选，全国忭庆。要公南者固甚多，不可说。公不能南，须北数省咨局，恳切联争于参议会。若南，须以师从。今先陈亟应行之事：一、就近得各公使承认，发表欢迎之意，取外交权。以五十万犒海陆军，认发海军月饷约十二万；令南方确查陆军人数，认饷。请酌。二、分别派蒙、藏、南洋宣抚使。蒙可阿王，金还②副，盛先觉参赞；藏可温宗尧，姚锡光③副，范源濂参赞；盛、范均尝留心蒙藏。南洋可汤寿潜，潜方辞交通，应华侨之约，胡国廉副，吴作镆参赞。请酌。三、宣布以公债票酬同盟光复党死事效命人。数自一万至五万，期自五年至廿五年，均五等。电孙查开各名籍，以消其隐私而杜其他望。请酌。余俟专函续详。"④ 面对实情，再有此推波助澜，更坚定了袁世凯不南行的决心。

南方代表目睹兵变，深感北方形势不妙，如袁离开，后果可能更加严重。因此蔡元培电告南京政府，历述兵变恐怖情况，"大局之危已如此，□□□□□言者均谓因争执地点，以致耽误大局，函电交至，外人亦啧有烦言。若不有以安人心，恐将败坏不可收拾。敢请尊处迅开会议，如赞同袁君不必南行就职，及临时统一政府设在北京，请即电复，以拯危局。"⑤ 面对蔡元培的长电，革命党只得同意袁世

① 曾业英编：《蔡松坡集》，上海人民出版社 1984 年版，第 323 页。

② 金还，字仍珠，江苏江宁人。

③ 姚锡光，字石泉，江苏丹徒人。

④ 张謇研究中心、南通图书馆编：《张謇全集》第一卷，江苏古籍出版社 1994 年版，第 215—216 页。

⑤ 《蔡专使致南京政府电》，《申报》1912 年 3 月 9 日，第三版。

凯在北京就职，但必须遵参议院办法六条。① 为此孙中山电告袁世凯："北京袁大总统鉴：鱼电悉。支日因专使来电，知公不能刻日南行，故有商请黎副总统到宁代公受职之电。同日接各界来电，期望至殷，言之迫切。因恐黎副总统镇守武昌，不能遽来，仍稽时日，是以将专使要求各条提交参议院，当经院议决，允公在北京受职。其办法六条，除由参议院电知外，今日一再电专使转达尊处。请黎副总统代行一节，可以取消。尤望即依参议院所开手续，正式受职，速电国务总理员名，俾参议院同意，刻日派遣来宁，接收交代，早定大局。无任切盼。"② 于是，3 月 10 日，袁世凯便在北京宣誓就职，可事情还不算了结，袁世凯就职的第二天，孙中山公布《中华民国临时约法》，规定责任内阁制，以此限制袁世凯的权力。这明显带有因人立法倾向，张国淦回忆说："袁为总统，群思抑制袁，故改为内阁制。因人立法，无可讳言。"③ 也有人认为："与其谓为制度上之选择，无宁认为基于人事之考虑。"④ 由于袁世凯"一直坚持认为，摆在各派面前的头等任务就是建立一个政府"⑤，所以对革命派的限制意图并没有反对，而是积极组织选择统一政府人选，这样南北双方又陷入国务总理、国务总长任命的争夺中。

二 统一临时政府组建问题

统一政府的筹建，主要是其国务总理、各部总长人选的确定。但是这谈何容易！我们以当时《盛京时报》《申报》的报道为中心进行

① 见孙曜编《中华民国史料》上海文明书局 1929 年版，第 56—57 页，内容为：一、由参议院电知袁大总统允其在北京受职。二、袁大总统接电后即电参议院宣誓。三、参议院接到宣誓之电后，即复电认为受职并通告全国。四、袁大总统受职后，即将拟派国务总理及各国务员姓名电知参议院请求其同意。五、国务总理及国务员认定后即在南京接收临时政府交代事宜。六、孙大总统于交代之日始行解职。

② 《复袁世凯电》，《孙中山全集》第二卷，中华书局 1982 年版，第 193 页。

③ 张国淦：《国会篇》，《近代史资料》，中国社会科学出版社 1997 年版，第 91 号，第 115 页。

④ 钱端升：《民国政制史》，商务印书馆 1945 年版，第 8 页。

⑤ 章开沅、罗福惠、严昌洪编：《辛亥革命史资料新编》（第八卷），湖北人民出版社 2006 年版，第 228 页。

考察，就能明显地感觉到其中的明争暗斗。之所以要以当时的报纸为考察中心，是因为民初报刊舆论很发达，且这样的一种获取信息的方式也越来越多地被民众接受；再说，当时的记者能够通过各种途径与当政者或者消息灵通者取得联系，可以获取最新政界内幕消息，从这一点说，报纸具有一定的可信度。当然，有时其报道尽管并非对政治内幕的准确揭露，但也不至于毫无根据。有时即便毫无根据，也在受众中产生了影响。所以，从这个角度而言，研究当时的报纸舆论对政府的组建关注就很有意义。

首先，看一下各部的设置情况。《盛京时报》有过不同的表述。1912 年 3 月 14 日，《盛京时报》说“闻临时政府之组织，司分十二部，盖将旧有邮传部、农工商部均划分为二部之故，各部大臣由总理推荐，请总统承认而后受任”①。关于设置十二部的原因，除了将原有的邮传部、农工商部各划为两部外，主要是“唐绍仪以上级机关设立太少，则南北私人难得位置，恐酿成此争彼竞之风，于民国前途大生障碍”②。3 月 17 日，却又有十四部之说，是为“农部，工部，商部，邮电部，船部，路部，外务部，法部，内务部，度支部，教育部，拓殖部，海军部，陆军部”③。3 月 20 日，又报道说：参议院“认可十一部”④。《申报》的报道是九部四院，即“闻统一政府之制，袁总统已经拟定，大致设立九部四院，其九部：一外交，二民政，三财政，四司法，五教育，六交通，七军事，八实业，九殖务。四院则一财政，二会计，三参议，四裁判”⑤。当然，这些报道于后来政府正式确定的十部仍有出入，但是我们不要忘了，后来的十部正是在先前南北讨论商议基础上成立的。其实，部务机构的设置多少，一方面固然是根据国家建设的需要，而另一方面却仍是南北权力之争的继续和表现。特别是十四部之说，看似荒唐，但考虑到对南北主要

---

① 《临时政府组织大纲》，《盛京时报》1912 年 3 月 14 日，（二）。
② 《位置私人之大舞台》，《盛京时报》1912 年 3 月 16 日，（四）。
③ 《堂哉皇哉之十四部》，《盛京时报》1912 年 3 月 17 日，（二）。
④ 《商定改拟国务人员名单》，《盛京时报》1912 年 3 月 20 日，（四）。
⑤ 《专电》，《申报》1912 年 3 月 12 日，第一版。

人员和社会名流的安置，恐怕这十四部也不够。况且，无论是袁世凯，还是唐绍仪当时都是以调和南北为宗旨。

就当时南北商定的情况十二部最合适，当时袁世凯把十二部的情况告知孙中山，孙中山也很满意，就咨送参议院，可参议院不同意，认为应遵循其所议定的官制通则，为此电告袁世凯："北京袁大总统鉴：本日准孙中山咨送大总统拟派十二部国务员交由本院同意等因。查本院议决各部官制通则，原设外交、内务、财政、陆军、海军、司法、教育、农林、工商、交通十部，业于文电奉闻，兹大总统拟派各国务员与原案员数不符，未便遽付同意。仍请按照本院议决原案所设十部，开明姓名，电交本院同意。"[①] 本来人员都已基本确定，而压缩至十部，必然要再更动人员，而更动人员，谁上谁下都是棘手的问题。无奈，袁世凯只得服从。

其次，看一下各部人选。国务总理袁世凯拟任唐绍仪，南方无异辞，并表示欢迎。[②] 为此，孙中山致电袁世凯："北京袁大总统鉴：顷得初八日电，悉国务总理拟任唐君绍仪，文极赞成，即代咨送参议院矣。"[③] 但其他国务员就不那么容易选定了。《申报》对此关注较早，甚至在清帝尚未退位之时就说："今日关系最要之事，则为选举内阁人员。闻南北两政府目下已在讨论此节，其人员大概如下：内阁总理唐绍仪，参谋总长黄兴，外务卿伍廷芳，海军卿陈璧光，陆军卿黎元洪，司法卿王宠惠，度支卿陈锦涛，民政卿程德全，交通卿汤寿潜，教育卿蔡元培。"[④] 这种情报《申报》是如何获取的，从哪获取的，抑或是猜度的，不得而知。但这可以看出其对新政府的关心和关注。1912 年 2 月 29 日，又报道说："统一政府人物闻已议有端倪，内阁总理拟用唐绍仪或徐世昌或程德全，陆军总长拟黄兴，司法长拟

① 公电，《申报》1912 年 3 月 20 日，第一版。

② 《大总统咨送袁大总统选派国务员姓名请参议院查照文》，《临时政府公报》1912 年 3 月 16 日，第四十号。

③ 中国社会科学院近代史研究所中华民国史研究室等合编：《孙中山全集》第二卷，中华书局 1982 年版，第 201 页。

④ 《新国都与新内阁》，《申报》1912 年 2 月 10 日，第三版。

沈家本，交通长拟梁士诒，实业长拟张謇，教育长拟汤寿潜或章炳麟，民政长仍拟赵秉钧，其余各部及各省长官则尚未定局。”① 3月4日，又有一新说法：“孙大总统昨接北京袁大总统来电，商议组织中央新政府，决计添设内阁，担负全国责任，拟以唐绍仪充任总理，其陆军部则以段祺瑞反正有功，民国拟畀之以总长，次长则为田文烈；海军部为程璧光，次长黄钟英；交通部为梁士诒，次长汤寿潜；外务部陆征祥，次长胡惟德；内务部为赵秉钧，次长乌珍；财政部为熊希龄，次长陈锦涛；司法部伍廷芳，次长沈家本；教育部谓严修，次长蔡元培；实业部张謇，次长杨士琦。闻孙大总统以赵严胡乌杨诸人皆舆论所反对，拟俟袁来宁再行更定。”② 实际上，袁世凯确实在3月16日之前把国务员姓名电告参议院，是为“外交部陆征祥，内务部赵秉钧，财政部熊希龄，教育部范源濂，陆军部段祺瑞，海军部蓝天蔚，司法部王宠惠，农林部宋教仁，工业部陈棍，商业部刘炳炎，交通部陈其美，邮电部梁士诒”③。但是参议院不同意。于是，3月17日，又有报道：“孙总统以更改名单电商袁总统后，昨日（十五）又得袁总统唐总理合电，交来修正国务员名单如下，外交陆征祥或伍廷芳，司法王宠惠，陆军段祺瑞，海军蓝天蔚或刘冠雄，教育蔡元培，交通梁士诒，工商陈其美，财政熊希龄或陈锦涛，内务赵秉钧，农林严修。”④ 以后又有许多内阁成员的新版本。即使到了内阁名单正式公布前，《盛京时报》与《申报》也未能准确地捕捉到真正的内阁名单，当时《盛京时报》报道：“陆军部黄兴，海军部萨镇冰，财政部熊希龄，外交部陆征祥，交通部陈其美，内务部赵秉钧，参谋部段祺瑞，教育部蔡元培，司法部王宠惠，农林部梁士诒。”⑤《申报》则是“陆军部段祺瑞，海军部萨镇冰，财政部陈锦涛，外交部陆征祥，交

---

① 《专电》，《申报》1912年2月29日，第一版。

② 《袁总统假定之各部长》，《申报》1912年3月4日，第二版。

③ 《大总统咨送袁大总统选派国务员姓名请参议院查照文》，《临时政府公报》1912年3月16日，第四十号。

④ 《新内阁人员之纷议》，《申报》1912年3月17日，第二版。

⑤ 《新内阁人物表》，《盛京时报》1912年3月30日，（二）。

通部陈其美，内务部赵秉钧，工商部溥伦（或刘炳炎），教育部蔡元培，司法部王宠惠，农林部宋教仁”①。即使消息应该说较为准确的《民立报》也是一样不能得到确切名单，3 月 27 日它的报道说：“外交部陆征祥，内务部赵秉钧，陆军部黄兴，海军部萨镇冰，财政部熊希龄，交通部梁如浩，工商部陈其美，教育部蔡元培，司法部王宠惠，农林部宋教仁，参谋部段祺瑞。”② 其实，报纸舆论不是摸不清情况，而是阁员名单调整得太频繁了，南北双方争夺得太激烈了。

最后看一看有关各部部长人选的争论。用人的确是一件很费心力的事情，“将少用旧人，则旧人怨，将少用新人，则新人怒”③。况且，“就今日之人材而论，有学识者未必有经验，有经验者未必有学识”。如果仅有学识而无经验，“过去之事实多所未习，其于凡百措施或不免悉以学理为准则”，结果窒碍难行；“然徒有经验而无学术，又不免狃于所见，安于所习，而于民国之事业或不足以应付”④。说的都是实情，再说，当时还有很多跑官要官的人呢，向袁世凯推荐人才的也不少。⑤ 因此，在此情形之下，再加之政治因素，选人哪能不困难呢？当时争论较大的是陆军部部长，袁世凯心里很清楚，兵权就是后盾，没了兵权，说话就不能算数了，所以在陆军部人选上极力推举自己的老部下，逼宫有功的段祺瑞。而南方也是看到了掌握兵权的重要性，极力推荐黄兴做陆军部部长，甚至“南京民军干部员等集议，全体赞成，决议公推黄兴令其就任陆军大臣”⑥。司法总长，袁世凯本来想推荐沈家本，可是南方不同意，而沈家本也无意政界。教育袁世凯推荐严修，南方推荐蔡元培。在实业部方面，袁世凯起初想让张謇做实业部部长，但是张謇告诉袁世凯：“代表南回，北事当已大定，甚慰。客腊效电，属以实业同尽义务。于公岂有所怪。惟审察

① 《最后修正之国务员名单》，《申报》1912 年 3 月 26 日，第二版。

② 《专电》，《民立报》1912 年 3 月 27 日。

③ 《清谈》，《申报》1912 年 5 月 23 日，第三版。

④ 《对于阁员之忠告》，《申报》1912 年 4 月 4 日，第一版。

⑤ 当时梁启超就向袁世凯极力推介人才，参见丁文江、赵丰田编《梁启超年谱长编》，上海人民出版社 1983 年版，第 615—619 页。

⑥ 《黄兴将复任陆军大臣矣》，《盛京时报》1912 年 3 月 17 日，（二）。

时局，尚未至可以效力之期。自忖目前但可以一二事稍分公虑，幸勿处以国务地位，庶几彼此皆有余裕。详函仍托刘君诣陈，千万鉴谅。"① 委婉地拒绝了袁世凯。其实，张謇的超脱对于袁世凯来说更有利，在民初秩序紊乱之际，本来官位相对而言就少，一方面张謇的上任必然会给袁世凯造成压力，因为袁世凯得为其争取职位，再说当时又不是袁世凯一人说了算。由此可见，张謇处事之深谋远虑。

后来，袁世凯意识到调合满汉关系的重要，便推荐溥伦为农林总长，曾于南京临时参议院电商，南京亦表同情。袁大总统又商之溥伦，溥伦居然认可，自谓农林一席，已在掌握，可"不意事机中变，竟至落第"②。最终，南北双方经过商议和讨价还价，并通过参议院议决，3 月 30 日，袁世凯发布大总统令公布了内阁人员名单："任命陆征祥为外交总长，赵秉钧为内务总长，熊希龄为财政总长，段祺瑞为陆军总长，刘冠雄为海军总长，蔡元培为教育总长，王宠惠为司法总长，宋教仁为农林总长，陈其美为工商总长，交通总长由国务总理唐绍仪兼任。"③ 其实，即使到了名单最后通过时，还是出现了问题，当时参议院采用无记名投票的方式，不过二十票不算通过。当时的投票情况是："陆征祥三十八票，赵秉钧三十票，段祺瑞二十九票，刘冠雄三十五票，熊希龄三十票，蔡元培三十一票，王宠惠三十八票，宋教仁三十四票，陈其美二十四票，惟梁如浩十七票以少数未通过。"④ 所以才有唐绍仪兼任交通总长的结果，后又任命施肇基为交通总长。

国务员本来打算 4 月 1 日之前公布，但当时人们大都认为"组织临时政府各项问题，又多纠葛，且前拟各国务卿又多力辞，恐非仓卒所能成立。唐总理所预订四月一号以前成立之议，必难办到"⑤。后

---

① 《致袁世凯电》，《张謇全集》第一卷，政治，江苏古籍出版社 1994 年版，第 218 页。

② 《新北京宦海升沉记》，《申报》1912 年 4 月 9 日，第二版。

③ 大总统命令，《申报》1912 年 4 月 1 日，第一版。

④ 《记参议院表决国务员》，《申报》1912 年 4 月 1 日，第二版。

⑤ 《临时政府成立之纠葛》，《盛京时报》1912 年 3 月 28 日，（四）。

来之所以3月30日提前公布，是由于“内乱外患日迫一日”，“黎副总统及七省议事联合会暨军事统一会之电促”，“哈尔滨及瓜［爪］哇荷警皆以我国政府未成立之故，辱我五色旗”[①]，以及“苏州兵变的影响”[②]。看上去日期似乎是提前了，但是，对于民众来说，它又是迟缓的。时人有论：“共和宣布已近五旬。临时政府尚未成立，列强承认更不知在于何日，南北兵警人心惶惶，望政府之成立，眼几欲穿。据个中要人云，此事极属不易，新官制共定十部，凡一国务卿须得五方面同意，始可作为定局。所谓五方面同意者，一须俟袁总统之同意，二须唐总理之同意，三须孙总统之同意，四须参议院之同意，五须本人之同意，国务卿共有十人，必须有五十个一致之同意，临时政府方可谓组织完成也。”[③] 由此看来，组织临时政府之难，可想而知。

总之，南北双方都想增加自己所占未来政府总长的名额，从发表的阁员来看，袁世凯派有：陆军部段祺瑞，内务部赵秉钧，财政部熊希龄；从南方革命阵营而来的有：海军部刘冠雄，工商部陈其美，教育部蔡元培，司法部王宠惠，农林部宋教仁。而外交部陆征祥似乎没有一定的政治倾向。尽管南方没有控制新生政府的主要部务，但其所占的席位却居绝对优势，正如有人评论的那样“唐内阁为‘以同盟会为中心’之内阁。”[④] 而教育、工商、农林又和普通民众关系密切，如果能施政有方，必定能赢得民众的支持，有了民众的支持，就能逐渐掌握话语权！可是他们没有这样做，而是不久便集体辞职，真让人遗憾。但无论如何，临时政府是成立了，这才是最可庆幸的事情，正如时人所言：“民国成立以来已两月，于兹其间，险象环生，祸机四伏。以言内政，则兵变之事，层出不穷；以言外交，则强邻环伺，乘隙蹈暇，可惊可怖之事，接触于耳鼓。其所以致此之由，则以南北名为统一，而政府尚未组织，人人心目之中，不免有所疑惧也。今者阁

---

① 《国务员提前发表之原因》，《盛京时报》1912年4月5日，（四）。

② 专电，《民立报》1912年3月31日。

③ 《国务卿迟迟发表之原因》，《盛京时报》1912年3月31日，（四）。

④ 谢彬：《民国政党史》，上海学术研究总会1925年版，第145页。

员发表，南北一家，革命之事业可称完全，人民之希望可望满足，诚民国成立以来，最可庆幸之一事。”① 接下来就是各部开始组建部务了，而南北的谣言却又沸沸扬扬起来，关于谣言产生的原因，张謇曾有过精辟的论断：“南北谣言都极离奇，推考缘因，大略由于侦探而生者三之一，由于平空捏造以献勤，或构陷人者三之一，有其事者亦三之一。今论有其事者：其故由于积猜，而猜生于分之未定。所谓分者，位也，权也，利也，党也，人也；五者赅之。”② 处此境地，民初各部的组建不可能不经受各种各样的巨大压力。

第三节 农林、工商二部之筹建

主要阁员名单公布后，各部的组建陆续展开。农林、工商二部也是如此。但由于它们二部之总长当时都在南方，一个在南京，另一个在上海，而都城又定在北京，所以他们需要北上来接收和整理部务。宋教仁跟随唐绍仪顺利北上，时任沪军都督的工商总长陈其美则滞留上海，办理善后事宜。随着南方实业部拟留用相关人员的到京，以及对旧清农工商部部务的接收，农林部，工商部相继组建而成。

一 农林、工商二部成立之指导思想

由于民初财政困难，农工商各业情形凋敝，袁世凯和刚组建的临时政府对农林、工商二部的筹建，都十分重视，且对之抱以很高的期望，并提出总的要求。“现今统一政府完全成立，凡内外百司，职权所在，责任宜明。……既以保民为专职，即以定乱为考成，使法出不信，令出不遵，则乱日以滋，民日以困，安危存亡，机决于此。自今以往，各机关以次完备，各法令以次实施，不得自为风气，各顾其私。设有阻挠侵越，致妨大局，是为人民之公敌，即为国法所不容。

① 《阁员发表之感言》，《申报》1912 年 4 月 1 日，第一版。

② 《致袁世凯函》，《张謇全集》第一卷，政治，江苏古籍出版社 1994 年版，第 213 页。

若复姑息迁延，养痈成患，辜负国民付托之重，其何以对天下。”①关于各部的筹建，袁世凯主张从稳健入手，不要操之过急。他说：“但现值改革之后，亟当维持秩序，利用厚生，建设从稳健入手，措置以实事为归。譬如营造巨室，须将基础审慎测量，择工选料，层层稳固，处处坚实，非可徒侈外观，虚事粉饰，然后广厦落成，方能历久不敝。倘以孟浪潦草出之，恐墙壁未立，而倾覆随之，其损失何可胜言。是以必须根本完固，再行急起直追，则观成可操左券矣。”②袁氏之务实精神可见一般，由此指导各部建设，各部如认真执行，急起直追，民国何不能获得长足之发展？

具体到农林、工商二部上，他说：“民国成立，宜以实业为先务，故分设农林、工商两部，以尽协助、提倡二义。凡学校生徒，尤宜趋重实业，以培国本。吾国实业尚在幼稚时代，质言之，中华实农国也。垦荒、森林、畜牧、渔业、茶桑，富藏于地，类多未辟之菁华，愿我国民，无从空中讨生活，须从脚底下著想。即从矿产言之，急须更改矿章，务从便民，力主宽大，以利通行。且商律与度量权衡，亦应迅速妥订实行。”③ 并对各业的发展提出要急培元气，毋要误农工，荒商市，维持保护市场秩序。特发布命令“现在国体确定，组织新邦，百务所先，莫急于培元气、兴实业。东南各省自上年重罹水患，又迫军兴，农商之业损失已多，困苦流离，言之泪下。现届春令耕作，既贵得时，丝茶又将上市，而警耗时告，人心未安。设误农工，荒商市，则收获无望，阛阓大伤，富者化为穷民，贫者流为饿殍，民不聊生，何以为国。此本大总统所最痛心者也。应责成各省都督，劝谕农民及时耕种，严饬兵警镇慑地方，保护市面，使农勤于野，商悦于途，庶秋稔可期，商市渐复，民皆有以赡其生而殖其产，以克迓幸福于无既。凡有军民地方之责者，其共体此意焉。”④ 并令

① 命令，《临时公报》1912 年 4 月 25 日。

② 徐有朋编：《袁大总统书牍汇编》，文辞，上海广益书局 1914 年版，第 1—4 页。

③ 同上。

④ 命令，《临时公报》1912 年 4 月 17 日。

各省制造土货之实业工厂，由地方民政长妥为劝导，切勿停工辍业。[①] 由此可见，袁世凯及其政府十分渴望发展农工商各业，十分期待民初实业快速发展。

如果以上还只是全国性的笼统的指导方针的话，那么农林总长宋教仁和工商次长王正廷上任后的述职报告，却是农林、工商二部的具体指导方针。宋教仁在参议院第五次会议中指出："适顷唐总理演述之政见，其关于教育实业变通等者，谓当取渐进主义，鄙人固同抱此见，且以为关于农林政策，尤不得不然。语曰：十年树木，其明证也。故鄙人对于农林一项，拟以十年为期，定国家施政之大方针，并逐渐实行。夫吾国以农立国，农业之发达颇有可观，然较之各文明国有不及者，国家关于农业之施政缺乏也。农业纯为生产实业之一，当以增加生产力为要著，今后政府拟即以此为主义，而行种种之政策，并一以增加土地生产力为主，而副以设备；关于农业之金融、教育等各种机关，为助长生产力。增加土地之生产力，其策有三：一曰垦土地。东西南北，土地荒废者不少，拟由政府定奖励保护之法，使人民开垦，其方针以注重农民自行经营而政府辅助之为主；二曰修林政。森林之利益，已无待赘言。东北边地，宜用消极的方法；中原腹地，宜用积极地方法。均拟以次设定各种制度、法律，实行提倡，而尤注重于官有事业；三曰兴水利。中国水利不讲者已久，不但失灌溉之利，且为害滋甚。拟以新式之技术，兴修水利工事，先除害而兴利继之。中国农民之缺点，以乏于经营农业之资力及知识为甚，故拟设立拓殖之金融机关，劝农之金融机关，以辅助农民之资力。设立学校及其他教育机关，如试验场等，以增长农民之知识。以上诸事业，酌量输入外资以为挹注，亦无不可；经营之法，不可不有次第，拟分数期，逐渐举行。第一期则行调查之事；第二期则定诸制度、法律及诸行政机关；至于实施各事，则在第三期以后矣。有不逮处，尚望诸君教正。"[②] 宋教仁的施政计划可谓宏大而务实，虽其长项是政党政治，

① 上海市档案馆藏：《工商部长专案呈明》，档号：S37—1—57。

② 《内外时报》，《东方杂志》第9卷第1号。

但对发展民初实业特别是农林各业的热情饱满，无论是农业金融，还是水利建设都是亟待解决的问题。仅从此二者着眼，我们就不难看出宋教仁对民初农林各业还是进行了一番深入的研究的。

工商部次长王正廷说："二十世纪之世界，各国皆以工商为全国之命脉，工商能战胜于人则国强，不能战胜于人则国弱，已几乎无人不知。鄙人既以次长暂任总长，敢就提倡实业之计划，振兴工商之大端，约略为诸君说明：第一在驱除工商之障碍；第二则在保护现有之工商。何谓驱除障碍，因从前中国工商，国家毫不思保护之方法，不独不思保护，而且还有种种之剥削。如厘卡之密布，杂税之重捐，皆足以阻滞工商之进步，妨碍工商之发达。民国成立，对于工商事业首应扫除障碍，以谋振兴。何谓保护，现有之工商，盖政府虽极力提倡工商，而种种事业有政府所不能办到，而人民能办到者。如造全国度量衡一事，政府即不能自办，惟有令人民自办，而国家为之监督；又如丝绸颜色，政府势亦不能遍设染色场所于各处，但政府可派专门学问之人，留学外洋，学成归国，教人民以改良之方法，极力提倡，自然臻于完善之地步；次则订定商律、工律、矿律，有法律而后工商始有所遵守，其权利亦始能保护；又次则提倡资本，政府力或不足，国民亦可同时出资，中国之资不足，并可输入外资以济之；又次则养成专门人才，以增工商之智识。本部办理伊始，于此途颇为注重，聘请顾问，大总统已有此命令，正廷现正在罗致。再如经济问题，亦工商之必要，然此必合财政、农林、工商、交通数部合谋而成，始有效果，非一部所能办到。再如一国之中，有进货无出货者，其国必穷，是外货输入，本非政策；然只要中国货物能输出，则实业亦仍可发达，国家亦不至于穷困。是宜派有工商经验之人至各国考查，外人需用我国何种物件，即随时报告本国，工商极力制造，以广销路。正廷规划工商发达之意见如此，一面俟总长就职，禀承办理，一面仍请诸君加以匡正。"① 应该说，宋教仁、王正廷对农林、工商二部的规划，

① 《参议院第五次会议速记录》（五月十三日上午开议），《政府公报》1912 年 5 月 16 日，第十六号，附录。

是切合实际的，且又都具有一定的前瞻性。既指出了当前存在的问题和积弊，又分别找出了解决问题的方法与思路，这无疑会对将来农林、工商二部工作的开展产生积极的影响。

二　农林、工商二部之部务接收与创新

对南京临时政府实业部、旧清农工商部部务和人员的接收，是民初农林、工商二部必须面对的问题，这也是一个十分棘手的问题。下面看一看二部采取的具体措施。

首先，人员接收与纳新。

清末农工商部人员不断膨胀，朱锴通过考证指出："1911 年初农工商部司员数达到历史顶峰，是商部成立时的 7.3 倍。"[①] 由此可见，清农工商部机构人员十分臃肿。为此，尚书溥颋、溥伦先后都曾计划裁员，当时的舆论也多有反映。"溥仲璐尚书日昨对各堂提议。以各部院衙门现多裁汰冗员，查本部向有人浮于事之议，又值财政困难之际，与其待朝廷谕令裁并，不如早为之。所因拟除各司实缺人员外，一切行走、候补人员，概行开单请奏核减。"[②] "农工商部大臣伦贝子近日连次至部，与左右两尚书密开会议，关防极严。兹据探得其中消息，据云该贝子因详查本部各员多非实业专才，欲图振兴实业，须先由甄别部员入手。拟即将部内不谙实业之各员大加甄别，另选著名专门者奏保任用，以冀得力。恐于此次值班当即具奏，以故部员闻知此耗，无不异常惶恐。"[③] 但实施裁员的效果并不理想。本来溥伦一上任，极力整顿部务，有意大干一场，可是清朝的命数已尽。接下来的武昌起义击碎了溥伦的一切规划梦想，这也为投机者打开了方便之门，一些人趁着清廷大乱之际，买通关节，用金钱在农工商部换得一官半职，使本来就臃肿的机构更加膨胀，到民初农工商部人数达 400 余人[④]。如何接受这些人员，就成了民初农林、工商二部不得不面对

① 朱锴：《清末农工商部研究》，首都师范大学 2004 年硕士论文，第 21 页。
② 《农工商部有先见之明》，《大公报》1910 年 8 月 27 日。
③ 《农工商部人员将大更动》，《大公报》1911 年 4 月 7 日。
④ 《北京人才之新旧观》，《申报》1912 年 5 月 21 日，第三版。

的棘手问题。

当时，关于各部人员的去留问题，社会上有不少传言。有的说"袁大总统因国务院刻已成立，所有各部事务，应即向新任总长交替，旧有部属人员一律解散，以便新总长另行委任。现各部人员闻此消息，大起反对。其理由系谓政府前当需人之际，力为挽留，数月间不发薪，现在新任有人，即挥之使去，殊觉欺人太甚。"① 有的说："各部用人例由总次长自择，惟须得参议院审查同意，闻大概办法，须各国高等毕业者方可充司长，本国高等毕业者方可充科长，普通毕业者充一等科员，至有知识经验而无毕业文凭者，只可充二等科员，至薪水一节，有说最少每月一百元，有说最少每月三十元，须交参议院通过，刻下均未能定夺。"② 但无论如何，新旧冲突不可避免，真是"将少用旧人，则旧人怨，将少用新人，则新人怒"③。在这样的情况下，农林总长宋教仁也感到十分为难。他采取恩威并用的方式，先是采用一刀切解散旧有部员，发布命令指定二十五员留部办事。"本部开办伊始，应暂派办事员掌筹备规划一切事务，兹派定各项办事员二十五人仰即到部视事，勿误。此令。计开：本部临时办事员承政厅办事员魏震、罗蕺、余光粹、张周、屈蟠、张焌；农务司办事员陶昌善、陆长儁，恩庆、黄公迈，陈发檀、易次乾；垦牧司办事员田步蟾、黄岐春、高文炳、周藻祥、钟赓言；山林司办事员胡宗瀛、林祜光、唐荣喜、齐鼎颐；水产司办事员王文泰、徐宗彦；临时庶务办事员张璧田、沈竹孙。"④ 然后再安抚民众说："本部建设方新，事尚单简，加以部款支绌，未暇扩充，积此二因，用人甚少。凡大雅所推，或上书请试诸君子，其姓名住址均已汇登记室，俟将来本部扩充，需才孔亟之时，再行函聘。此刻诸君行止，尽可自便，幸勿为守株之待，致误杖策之游也。"⑤ 这样，农林部很快实现了人员的安全

① 《旧部风潮迭起》，《申报》1912年5月2日，第二版。
② 《各部用人之计划》，《申报》1912年5月13日，第二版。
③ 清谈，《申报》1912年5月23日，第三版。
④ 《农林部长令》，《政府公报》1912年5月9日，第9号，部令。
⑤ 《农林总长宋教仁启事》，《政府公报》1912年6月7日，第38号，通告。

过渡。

工商部由于陈其美迟不赴任，1912 年 5 月 7 日，袁世凯命令王正廷署理工商总长。[①] 在工商部群龙无首的情况下，王正廷不辱使命，也很快完成了角色的转变，安慰农工商部旧员，对他们说："新部用人原无成见，此次旧员暂为解散，将来仍有借重之处，兄弟每日除午后二钟到国务院外，诸君皆可随时赐教。"[②] 尽管"旧日之司员留者甚属寥寥"，但各旧员闻之稍慰。[③] 这样王正廷亦很快实现了工商部人员的安全着陆。

为了进一步完善组织结构和人事，明确各司任务分工，农林、工商二部又都进一步吸纳新人。5 月 15 日，陈振先任农林次长，[④] 关于其原因，有人这样描述道："陈振先为农林次长，已见前日命令，兹探悉，陈振先前在美国公使馆为翻译生时，周自齐为代理参赞，见其中美文字俱佳，甚欣赏之。前清光绪之时招考留学生，陈因回国考试，取列最优，嗣往东三省，徐世昌、唐绍仪均极赏识，此次得农林次长，乃唐绍仪所极力推举，陈君在东三省曾指陈森林办法，洋洋数千言，极为中肯。其得唐之力荐，袁总统之许可者，皆因注意关于森林之进行。"[⑤] 6 月 26 日，农林部派张明纶筹办农政讲习所事务，派谢恩隆充编译处总纂。6 月 27 日，农林部又派易次乾充农林公报处总编辑。6 月 29 日，派梁赉奎、陶昌善、陈训昶、杜慎媿、陈发檀、王文泰、聂熙、张际春、田永正筹办农林调查委员会事务，派田步蟾充恳牧司主任。[⑥] 7 月 4 日，派陶昌善为农务司长，胡宗瀛为山林司长，曹文渊为水产司长。此外，农林部还吸纳了一些有一技之长的旧部员和留学生。[⑦] 工商次长王正廷呈请任命"赵椿年、张新吾、周家

---

① 《临时大总统令》，《政府公报》1912 年 5 月 8 日，命令。

② 《各部用人之计划》，《申报》1912 年 5 月 13 日，第二版。

③ 《各部新陈代谢记》，《申报》1912 年 5 月 3 日，第二版；《各部用人之计划》，《申报》1912 年 5 月 13 日，第二版。

④ 《临时大总统令》，《政府公报》1912 年 5 月 17 日，命令。

⑤ 《陈振先得农林次长之原因》，《盛京时报》1912 年 5 月 24 日，（四）。

⑥ 《农林部部令》，《政府公报》1912 年 7 月 8 日，命令。

⑦ 《农林部部令》，《政府公报》1912 年 6 月 29 日，第 60 号，命令。

彦、朱庭祺为工商部参事，杨谱笙为工商部秘书长，廖炎、陈介、何燏时为工商部司长。”也得到袁世凯的赞同，并发大总统令布告全国。[①] 至此，农林、工商二部基本完成人员接收，亦进一步完善了组织机构，且选拔了农林工商实业经验丰富的人员充任之。

其次，对南北部务的接收与报告成立日期及办公地址。

农工商业各业的发展具有很强的继承性，对清农工商部旧有部务的接收，就不能割断前后联系。农林、工商二部遵循大总统命令："现在民国法律，未经议定颁布，所有从前施行之法律及新刑律，除与民国国体抵触各条，应失效力外，余均暂行援用，以资遵守。"[②] 农林部关于统计报告，农事会计，及农事试业之工程继承了旧农工商部的传统，继续推行，并设"特别职员以辅之"[③]。工商部对于"附设机关之工艺传习所，度量衡，制造所，工业试验场，地质调查，商品陈列所等未设者亟应设立，已设者亟应推广"[④]。总之，在南北实业机构旧有的基础上，农林、工商二部不断扩充部务，以促进民初实业的发展。此外，农林部还接收旧农工商部漏银一百六十九两正，[⑤] 作为新部办公经费。

关于农林部的办公地点，民元 5 月 2 日，农林总长专门发布通告，告知天下："为通行事，中华民国元年三月三十日，奉临时大总统令，任命宋教仁为农林总长。此令。教仁于四月二十七日就任农林总长之职，暂在农工商部旧署内设立办公处，相应通行各部院、各旗都统并南京留守、各省都督民政长。查凡有咨报文件，均至办公处投递，俟本部择定公署地址迁入后，再另行通告可也。"[⑥] 5 月 1 日启用

---

① 《临时大总统令》，《政府公报》1912 年 5 月 26 日，第 26 号，命令。

② 要闻一，《申报》1912 年 3 月 13 日。

③ 《参议院第十七次会议速记录》，《政府公报》1912 年 6 月 16 日，附录。

④ 《参议院第十七次开议纪事》，《盛京时报》1912 年 6 月 14 日，（四）。

⑤ 《农林部咨财政部五月份决算清册》，《政府公报》1912 年 6 月 8 日，第 39 号，通告。

⑥ 《农林总长宋教仁通行各部院等文》，《政府公报》1912 年 5 月 4 日，第 4 号，通告。

“农林部印”[①]。关于工商部的办公地点，工商部也专门发布了广告：“农工商部旧署仅改为农林部办公处，本部办公处迁至丰盛胡同绣工科旧址，凡有因事来部及投递文件等，迳至本部办公处为要。”[②] 5月6日启用“工商部印”。[③] 但尽管如此告示，专制政体下的遗毒，也不能一时半会儿就肃清，工商部都已经宣布成立，且登报章，一般士民不说，官员应该清楚，但是不然，直隶劝业道仍称工商部为“农工商部大堂”。由于地方工作思维还仍其旧，这样一来势必会影响及后来工商业之发展，于是工商部不得不就事论事再次申明。“据申已悉，叠阅该道呈内称谓诸多舛误，三月十八日所奉到前农工商部批详，仍称之曰钧部，本月二十日禀报本部之公牍，又称之曰农工商部大堂。本部成立日期，叠经登诸公报，津地与京师近在咫尺，该道何竟漫无闻见，昏聩一至于此。民国肇基，百端待理，该道所处之地位，与地方工商各业前途有密切之关系，如此小事尚属梦梦，其他复何望耶！此次故从宽申饬，以后务当振刷精神，力图振作，庶无负本部期望之至意，切切。”[④] 其实，这也正说明一个规律性的问题，尽管新社会已经成立，但旧社会的思维不可能一下刷除净尽，甚至可能还会延续一段时间，新政府如何调试新旧矛盾，直接关涉新政权的前途与安危。后来，民国初年的一系列怪现象的出现，就是这一问题的真实反映。

三　重新订立办事规则

重新订立办事规则，既是重要的制度安排，也标志着二部已进入正常的运转轨道。新的办事规则既是民初二部集体智慧的结晶，同时也是二部工作态度的集中反映。

1912年6月21日，工商部公布了《工商部暂行办事通则》，其

---

① 《农林总长宋教仁呈报就职及启用印信日期文》，《政府公报》1912年5月6日。第6号，呈文。

② 《工商部办公处迁移广告》，《政府公报》1912年5月9日，第9号，通告。

③ 《工商部呈报启用印信日期文》，《政府公报》1912年5月11日，第11号，呈文。

④ 《工商部批直隶劝业道申文》，《政府公报》1912年5月26日，第26号，呈批。

内容为共分为七章，分别包括：文件的收发与分配，处理事务的办法，部务会议，各厅司长的权限，办事的责任，办公时间，公文的编纂及存档等。具体内容如下：

第一章 文件之收发及分配

第一条 凡文件到部由收发处编号，摘由登簿，随时送秘书处，由秘书处拟定主管呈请总次长核定，分交主管各司，其不属于各司者交承政厅，凡办公时间外收到之文件，除紧急事件外，可于次晨送秘书处。

第二条 文件之授受应由收领者盖章为记。

第三条 凡应发之文件，由收发处抄由编号，登簿分别发送。

第四条 凡有不归本部管辖之文件，由秘书处分别交收发处发还或转送之。

第二章 事务办法

第五条 厅司接到文件时由厅司长查阅，登入收文簿后，分交各科拟稿，并授以办法之大要，但事关重要或难于解决者，应呈明总次长，然后处办。

第六条 厅司应拟之稿，除法律命令案及难于解决之事件外，自收到之日起至迟不得逾三日复电，及紧急事件随到随办。

第七条 凡法律命令案由总次长授意于参事或厅司长主稿，厅司长之稿呈请总次长，交参事审议后，再送呈总次长核定，参事之稿则直接送呈总次长核定。

第八条 凡关于法规之修订解释由厅司长随时与参事协商而处理之。

第九条 各司事务有互相关联者，由主管厅司长具案而协同关系，厅司长决定之。

第十条 凡紧急文件应盖用急字图记，机密文件盖用密字图记，以示区别。

第十一条 凡未经发表之文件不得先行宣布，机密文件尤应注意以防漏泄。

第十二条　总次长核定之稿由主稿员发交录事缮写后，仍由主稿员核对，送总长签字盖印后，再由主管厅司封交收发处发送。

第十三条　凡每一事件，所有全部卷宗，应纳之于一卷夹中，如一卷夹不能容时，亦得添用卷夹，并注明于各卷夹面。

第十四条　凡应登政府公报之文件由厅司长陈明总次长核定后，交由承政厅送登。

第十五条　凡一切文卷非得厅司长之许可，不得抄给他人或使他人阅览抄入。

第三章　部务会议

第十六条　一星期内由总次长召集左列职员开会议二次谘议部务：参事、秘书长、各司司长。

第十七条　右列各员中，凡关于部务之兴革，及法规之订定、修正及其他改良进步之事件，具有意见者得于面议时提出，会议而取决于总次长。

第十八条　凡提出之事件，设过于繁赜，可先提出意见书，呈请总次长阅览，然后付议，以期节省时间。

第十九条　凡本会议决之事项，由秘书长具簿录存。

第二十条　设事件之性质，只关系于参事或厅司长之职务者，由总次长临时分别召集谘商。

第四章　权限委任

第二十一条　厅司长关于委任权限内之事项得专决执行之；厅司长之委任条项各以部令定之。

第二十二条　凡厅司长委任权限内之事项中，如有关系重大或难于解决者，仍须取决于总次长。

第二十三条　厅司长关于其委任权限内之事项，得呈请总次长认可而委任若干项于各该科长。

第五章　办事责任

第二十四条　厅司长关于主管事务之处理及部下职员之监

督，应负其责。

第二十五条　厅司长得订各厅司办事细则，以便遵行。

第二十六条　各科长关于该科事务应负其责。

第二十七条　科长遇有该科事务与他科关系联者，应会商他科，然后执行。

第二十八条　部中各员自备名章一颗，遇有经办事件，应签名钤章，若数员共办之件，并应连署，以表负责之意。

第六章　关于办公时刻之规定

第二十九条　办公时间每日上午自九点至十二点，下午一点半至四点半钟，遇有特别事件更得延长。

第三十条　各厅司设签到簿，到署时各亲自署名，月终由参事厅司长呈送总次长查核。

第三十一条　因病或不得已之事故致缺席者，于先一日或当日呈明各该上官核夺。

第三十二条　凡办公时间内，凡有宾客来访者，除公事外，概不延见。

第七章　公文之编纂及保存

第三十三条　每月终各厅司长将所收文件汇总，查明已办若干件，应存若干件未办，及所发若干件，编制统计表呈总次长查核。

第三十四条　各项档案由各该厅司派员专管，随时归档存案，检入卷夹，标明事由、年、月、日并分类编纂档册，以便检阅，惟调阅后应即收回，不得遗失。

附则

第三十五条　本通则自发布日施行。①

6月29日，农林部也发布了《农林部训令》，“本部现定办事暂行通则二十二条，收发所暂行办事章程九条，电报处暂行办事章程八

---

① 《工商部暂行办事通则》，《政府公报》1912年6月21日，第52号，通告。

条。兹公布之。”① 具体内容如下：

本部办事暂行通则计开：

第一条　各厅司依官制通则及本部官制分掌事务，遇有彼此关联事件，应会同协议，呈由总次长核定。

第二条　各厅司长设办公室，自厅司长以下按照规定时间就席办公。

第三条　本部收到文件由收发所汇送承政厅，分别应办应存呈总次长阅看后分送各司，其不属于各司者归承政厅，其事属机密或关于国务者交秘书办理。

第四条　办公时间分四期，规定如左：第一期（自四月初一日至六月底）午前自九时起至十二时止，午后二时起至五时止。第二期（自七月初一至八月底）午前自八十起至十二时止，午后休息。第三期（自九月初一日至十一月底）午前自九时起至十二时止，午后自二时起至五时止。第四期（自十二月初一至翌年三月底）午前自九时起至十一时止，午后自一时起至四时止。但有紧要事件仍当随时办理，不拘以上之规定。

第五条　本部人员除因事请假外，例定假日如左：一星期日，二国庆日（关于国家庆典纪念等日），三年假（自十二月二十四日起至正月八日止），以上例假日各厅司内每科须留一员轮流值日。

第六条　各厅司人员遇有重要事故请假者，具请假书须经厅司长许可，每月总计不得过三日。如因特别事故，请假至十日以上者，由厅司长呈明总次长派员代理，厅司长及秘书参事请假须呈明总次长。

第七条　各厅司办理公文之顺序如左：一、登记，收到文件将事由登记收文簿内，并注收到日期；二、审议，文件登记毕，由厅司长阅过，分盖各科戳记，审议办法如系重要文件，由厅司

① 《农林部训令》，《政府公报》1912年6月29日，命令。

长或各科主任人员亲呈总次长请示办理；三、拟稿，文件应办稿者，由各科主任人员办理，仍由厅司长核定再送总次长判行；四、缮校，已判行之稿交录事缮写，由办稿人校对，送承政厅盖印；五、封发，文件用印后，将事由登记发文簿内，标明月、日，封固交收发所递送；六、归档，文件发行后，仍由各科将所收原件及拟办之文稿分别类目归档，以备检查。

第八条　凡法律命令案由总次长授意于一参事或该管司长拟稿，拟就后呈请总次长，交参事审议后，再呈总次长核定。其各厅司办理之公文，总次长有认为重要者，亦先交参事审议后，总次长始核定判行。

第九条　各厅司长除紧要公文即时赶办或重大问题尚待研究外，其普通文件自收文至拟稿、判行、印发至迟不得逾五日。

第十条　本部各员自备名章一颗，遇有经办文件，应签名钤章担负责任；若数员共办之稿，并须连带负责。

第十一条　各厅司每月终将所收文件汇总，查明已办若干件，应存若干件，未办若干件及所发若干件，编制统计表呈总次长查核。

第十二条　遇有临时发生重要事件，应公同研究者，由总长指定日期，召集各员会议决定。

第十三条　各厅司立考勤簿，各员到署时于名下划到，如逾办公开始钟点三十分后由厅司长查核，系因公出外者盖公出字戳。请假者盖假字戳，无故不到盖不到字戳，如盖过不到戳后始到者，须声明缘由，加盖迟到字戳。

第十四条　本部经费应于每月二十日以前由各厅司拟定下月预算案，送由会计员汇造成册，呈总次长阅定用款通知书，向财政部具领，交会计员备用。

第十五条　本部职员俸给每月二十日以前，由各厅司将次月分应领俸金按名开列，应领全月者注明全月，非全月者按在职日扣算，交会计员，以备列入预算册内，但夫役工食则由承政厅庶务员列报。

第十六条　本部职员俸给于每月十五日发给，由会计员设立俸给簿，由受领者于本名下签字盖章，其夫役工食则由庶务员传集各役亲自具领。

第十七条　本部须于每月初五日以前，决算上月经费，由会计员造具清册交秘书长呈总次长查阅。

第十八条　各厅司需要物品由秘书长、参事司长开列清单，交庶务员备办，但物品价值在二十元以上者须由总次长核准，再交庶务员购办。

第十九条　庶务员须备本部夫役名册，家具清册、添补物品、毁坏物品各清册及收据保存清册，以备查考。

第二十条　凡关于清洁卫生事宜由庶务员掌理之。

第二十一条　每日办公、会、食、休息，既有定时，届时以振铃为号。

第二十二条　本通则于总次长批准之日施行，凡本部人员均须一律遵守，如有须增删修改之处，得由参事秘书长、司长随时提议斟酌损益，呈请总次长核定施行。①

收发所暂行办事章程：

第一条　收发所于承政厅文牍科，主管收发文件、分班值宿。

第二条　收发员以承政厅主事充之。

第三条　收发员在部值宿时得管辖各项差役。

第四条　收发员每日暂派一员，至部院完全成立，每日应派二员。

第五条　投送本部部名、总长次长名各文书、电报在内以下同归收发员收受，除注明密件或亲展字样者，不便开拆外，其余均准开拆，分别事由登于收项簿，并盖用收到年、月、日戳记号数，除电报立时送呈总长次长或封送总次长居宅外，余均于翌晨

① 《农林部训令》，《政府公报》1912 年 6 月 29 日，命令。

汇齐呈送承政厅文牍科。

第六条　附有现洋、钞票、证券、物品等之文牍书，除照前项办法外，并于收项簿及文书内逐一登记，其现洋钞票等即交承政厅会计科收存。

第七条　紧急公文虽办公时限外，亦得于登记收项簿后，封送总次长核办。

第八条　收发员于发文时，按照厅司发项簿所摘之事由、月、日登记于收发所发项簿，立即发送，发电报亦同。

第九条　收发员于停止办公之日，仍应照常值班。①

电报处暂行办事章程：

第一条　电报处隶属于承政厅文牍科，主管收发电报并译电事件。

第二条　电报处办事员以承政厅主事充之。

第三条　电报处办事员应在部值宿时，派定一员，至部务完全成立，应派二员。

第四条　递送本部部名、总次长名各电报，由电报处收受后，立时译出，除于部务并无关系，迳呈总次长外，其余均应送交收发所登入收项簿。

第五条　厅司发电均交由收发所登发项簿，随送电报处译发，原电发出后，由电报处盖戳送回收发所存查。

第六条　所有收发电报应守秘密者，不得漏泄。

第七条　电报处办事员于停止办公之日，仍应照常值宿。

第八条　厅司发电之电报费，应由电报处按照字数核计，随时登记于簿，每月月终开列清单送承政厅核办。②

当然，以上仅是农林、工商部的暂行规则，③ 只是后来众多规则

① 《农林部训令》，《政府公报》1912 年 6 月 29 日，命令。

② 同上。

③ 后来二部又进行了修订，参见《申报》1913 年 9 月 22、26 日，第一版。

中的一部分，但我们从这些暂行的规定中不难看出农林、工商二部的锐意进取意识，比如对事务的处理，都要求提高效率，农林部要求普通事件的处理不超过五日，工商部则要求不超过三日；在考勤、请假方面都有较为严格的规定，这就打破了旧农工商部部员上班的随意情况。在重大事务的处理方面，强调集体共同研究，而不是总长一人说了算，带有很强的民主性。农林部对部员俸给日期也给予明确的规定，这有利于稳定本部职员队伍，调动职员工作的积极性。工商部提出每周开会两次谘议部务，不仅可以加强各司、参事、秘书长的联系，也有利于他们互相交换意见，并形成合力，以增强和提高对部务的处理能力。

第四章

民初中央实业管理机构的整合

农林、工商二部自从成立后，各总长都为各部的发展谋划，尽心尽职，但由于民初是处于社会的转型期，旧的价值体系被打破了，新的尚未建立，所以新旧冲突一直贯穿其中，这种情况也同样存在于农林、工商二部。再加上政府总理更迭频繁，也给农林、工商二部的发展带来不利的影响。更重要的是财政困难，导致二部缺乏经费支持，在国家实行“减政主义”[①] 的背景下，二部被并为农商部。这表明起初中央实业管理机构设置并不稳定，其整合与现代转型是历史发展的必然。下面具体地分析一下其合并的原因和经过。

第一节　合并之缘由

一　一年来财政困难未能根本改观

有论者指出：“民国初年的财政，一言以蔽之，既困难且紊乱，而两者皆源于清季，加上革命之后，中央权力涣散，地方对中央之财力支持减少，其困难与紊乱愈形严重。所谓困难，在于收支不能平衡，赤字继续增加；所谓紊乱在于各种制度未能建立，币制和银行皆乏系统。”[②] 这一点也不错，就连当时的大总统袁世凯，亦为此叫苦不迭，他说：“自前清之末叶，久岁入之不敷。一年以来，原有赋

① 1913 年 7 月 31 日熊希龄任国务总理后，就极力推行减政主义。

② 张朋园：《梁启超与民国政治》，吉林出版集团 2007 年版，第 91 页。

税，地方节节截留，中央征解无几，而善后之费日增，旧债之期更迫。乃或利用感情之弱点，倡为无责之游谈。国税则屡征而屡抗，外债则旋赞而旋否，借风作浪，节外生枝。”①

民国初建，的确需款甚钜。为了增加财政收入，袁世凯及几任财政总长为解决财政问题，使出浑身解数。一方面呼吁崇俭：“民国成立以来，国家财力困竭，即社会生计，何尝不备极艰难。本大总统征诸已往历史，大都开国多俭，亡国多奢。前清之季，财源涸竭，怨讟繁兴，而京外官僚以及富商巨族，奢侈之风，为数十年前所未有。小民困苦，殆不乐生，而上下酣嬉，不知悛戒。豪家一夕之餐，足耗中人十家之产。深识之士，早知败亡之将及矣。民国新创，正宜引为殷鉴，痛加革除，尤而效之，宁非大谬。本大总统就任之始，即以屏奢华，师勤俭，勗我国民乃历时寖久而教化未行，窃甚愧之。”② 另一方面加强对财政的整理，划一币制。“仿照新法整理盐政，可增盐课五千万两。清理田赋，剔胥役之积弊，轻人民之负担。未经升科之地，搜集专门人才，从新测量，酌定税率，改良国币，划一圜法，为财政最要关键，即须迅速实行。”③ 并指出理财的重要性：“立国之道，首重理财。往者吾国风气未开，政纲不振，举一切扩张实业、整顿金融诸政策，皆未能切实进行，驯至经济困难，债累山积。改革以来，支出愈增，收入无几，不得不仰给外债，暂资救济。顾目前多一日因循，即将来重一分负担，以言开源之计，既非旦夕可期，若不通盘筹划，力节虚縻，则破产之期，翘足可待言。念及此，诚可寒心。”其实，财政之所以困难的另一重要原因在于军费，“博稽岁出，军用为多，迭经国务会议，佥以裁兵节饷为切要之举，应由参谋、陆军两部会商财政部，妥筹限制兵额，分配军区，核实简练，以足维持地方治安为度。所有应裁之兵，均给资一律遣散，即由各该部核拟办法，呈候察夺。至京外行政经费，亦应由各部各省权衡缓急，大加裁减，制定预算，依法颁行，务实漏卮尽塞，丝毫无滥。值此民生穷

① 《临时大总统令》，《政府公报》1913 年 7 月 22 日，命令。

② 《临时大总统令》，《政府公报》1913 年 6 月 23 日，命令。

③ 徐有朋编：《袁大总统书牍汇编》，文辞，上海广益书局 1914 年版，第 1—4 页。

蹙，国步多艰，凡有理财之责者，各需悉心整顿，实力奉行，以期无忝厥职。尤赖全国一心，共维危局，咸以整理国家经济等诸个人，切要之图，庶几财政既修，邦基以固，民国前途实利赖焉。”① 尽管袁世凯苦口婆心劝告政府官员与民众，但因政治视野与经济利益的束缚，收效甚微。

处此境遇之下，社会安稳还好，可屋漏偏逢连阴雨。由于革命党人宋教仁被刺身亡，袁世凯被认为嫌疑最大，再加上袁世凯发布命令撤江西都督李烈钧职，即：“综核情形，该督李烈钧措置乖方，实属不称厥职。念其初莅任时，平治会匪，尚称得力，仍望其感触时艰，痛伤民瘼，以恢复军人名誉，以表本大总统与人为善之诚。乃迭阅人民代表呼吁之词，至再至三，不忍卒读，即王芝祥呈复查办各节，亦有定评，是该督无术维持，确系不孚众望。倘仍优容姑息，坐视闾阎疾怨，商业凋残，何以对赣省厌乱望治之穷甿，何以告各省戢暴安良之贤吏。李烈钧应即免江西都督本官，即日交卸来京，听候酌用。”② 不久，李烈钧就率先掀起了反袁的二次革命。革命的发生无疑又增加了军费的开支，袁世凯对此事也感到十分痛惜，他说：“本大总统所最痛心者，当此国家多难之时，乃更有此不祥之事，就令指顾之间廓清戡定，而人民生命财产所损几何，国家财政负担增窘安极。言念及此，泪可挥。”③ 本来财政就很脆弱，几乎靠借债度日，④ 又出现了意外之事，真可谓到了“言念前途，危险万状”⑤ 的地步。军兴以来，财政危机更加凸显。尽管有瑞记第一、第二次借款，比国借款，德商美商借款，克利斯浦借款，银行团垫款以及善后大借款等，但难改财政的困难情形。国内田赋收入，地方多有截留，应交中央的大量款项亦被截留。⑥ 而海关款亦被外人扣住，“凡中央应收之盐款等类悉被

---

① 《临时大总统令》，《政府公报》1913 年 6 月 22 日，命令。

② 《临时大总统令》，《政府公报》1913 年 6 月 10 日，命令。

③ 《临时大总统令》，《政府公报》1913 年 7 月 27 日，命令。

④ 左治生：《中国财政历史资料选编（北洋政府部分）》，第十一辑，中国财政经济出版社 1987 年版，第 26 页。

⑤ 周秋光编：《熊希龄集》中册，湖南出版社 1996 年版，第 531—532 页。

⑥ 中国第二历史档案馆藏：《各省田赋比较表》，全总号：1027，卷号：243。

各省占据，有时忽吐出少数……但大借款成立，以盐作抵，由洋员稽核之，于是盐款不能动用丝毫。”[1] 总之，此时“中央一无所入，仅有极大之支出。”[2] 自然而然，中央要求节减财政经费的呼声渐高。

二　减政主义之推行

二次革命爆发后，中央财政雪上加霜，一边对外借债，一边对内发放内债。为了进一步节省开支，中央决定精简中央和地方人员，缩减行政机构。主要办法有三：（1）裁汰冗员并裁并不重要之各司；（2）实行减俸；（3）各项中央直辖机关酌量裁并。[3] 国务会议再次重申，各部人员不得兼差，如有实在相需，“准其兼差不兼薪”[4]。自梁士诒主持财政后，对于裁减各省行政经费主张甚力。[5] 熊希龄任国务总理之后，更是极力推行减政主义。他主张“财政暂时务量入为出，将应举办诸政分别缓急次第进行，并实行节省主义”[6]。

在熊内阁的强力推行下，减政逐渐取得成效，当时舆论中关于减政的呼声和报道都很多。比如盐政处裁员：“减政主义第一在裁冗员。熊总理前在任财政总长时，该部司员曾汰去十之六七，自熊氏去职后，又稍稍恢复原状，以盐政筹备处而论，自总办以下所用人员已逾一百二十余人，实为人浮于事，顷闻熊总理之意，竭力主张裁撤。”[7] 总统府也积极减政：“近日财政困难，当事者取撙节，主张减政问题提议已非一日，旋以南方兵事继起，此议遂渐归冷静。兹闻大总统以军务一时未能平定，饷需一端关系重要，非于他项用途力求节减，不足以资接济；况九月间应需各款，此时尚无着落，因决拟减政办法，先自府中始，以为各机关之表率，其所拟办法如下：（1）府中原设各项机关酌量裁并；（2）府中月需经费分别减成支发；（3）

---

① 《民国财政全局之危机》，《申报》1913 年 9 月 8 日，第三版。

② 同上。

③ 《减政主义之大发达》，《申报》1913 年 7 月 4 日，第六版。

④ 要闻二，《申报》1913 年 7 月 4 日，第六版。

⑤ 同上。

⑥ 《熊内阁政治进行之方针》，《申报》1913 年 9 月 5 日，第三版。

⑦ 《减政主义之实行谈》，《申报》1913 年 9 月 3 日，第三版。

府中费用实行搭放公债票。”[①] 更有甚者，袁世凯直接发布命令裁撤各省司法筹备处，“现在内外财力艰窘万分，前饬各省设立司法筹备处，本为预策进行，目前各处未设法院有无余力扩充，尚待从长计划，所有各省司法筹备处应即一律裁撤，各该处办应办事宜，仍由司法部就高等审检两厅长中遴员呈请兼任，以节靡费”[②]。这看上去是很不可思议的事情。民初以来法治向来被政府重视，但此一时已非彼一时了。正是在这样的减政风暴形势下，农林、工商二部的合并，也被提上了日程。

三　部务之重叠

工商、农林两部关系密切，显而易见。其实在部务方面多有重叠之处，将二部划归一部，反而能减少很多不必要的麻烦，所以，农林、工商二部合并的消息一出，“舆论亦极力赞成”[③]。工商总长刘揆一也十分赞同，他说：“工商、农林两部在前清为农工商部，在南京为实业部，政府北移始分为二。若论实业之发达，则农工商矿四者均为要政，分立四部亦无不可。若就现状言之，则财政问题先未解决，农工各部几等闲曹，计划虽多，着手无术。且以事实而论，农林、工商互相关系之事甚多，譬如丝茶两项，为国货大宗，提倡整理，最为急务。而种植属于农业，制销关系工商，划归一部，性质既不明了，分隶两部办理复多窒碍。又如农矿两事，同一地也，农林部以为宜于垦荒，工商部以为宜于开矿，两部分管则易起争端，一部统辖则权衡尽利。况两部分立，各司以外多设首长，以下各官亦嫌靡费，欲行政便利计，为实业发达计，为经费节省计，均可合为一部办理。”[④] 说的十分中肯，这也可以看出刘揆一毫无权力意识，出此言论，完全是出于对农工商矿各业长远发展的考虑，出于对国家财政现状的考虑。正是在工商总长刘揆一的大力支持下，并得到了农林部的理解，最终

① 《减政主义之实行谈》，《申报》1913 年 9 月 3 日，第三版。

② 《临时大总统令》，《政府公报》1913 年 9 月 24 日，命令。

③ 《工商农林两部实行合并》，《盛京时报》1913 年 7 月 1 日，(三)。

④ 《减政主义实现之先声》，《申报》1913 年 7 月 4 日，第三版。

由农商总长张謇完成二部的合并。

第二节　二部合并之经过

经过一年的努力，袁世凯北京政府仍未走出财政危机的困境，时任财政总长周学熙不得不辞职，梁士诒署任财政总长，梁上台后就开始缩减中央各部以及地方各省的经费开支。时任工商总长刘揆一一方面感到缺乏经费，部务无从施展，另一方面也确实认识到国家财政困难情形，于是便有与农林部合并的想法，而这种想法首先得到了袁世凯和国务会议的赞同，二部的合并开始有条不紊地进行。刘揆一辞职后，①张謇被任命为工商总长，②不久袁世凯免农林总长陈振先职，③由张謇兼任。至此农林、工商二部的总长同为张謇，这就为二部的合并提供了难得的时机，在张謇的主持下二部顺利地实现了合并。

一　刘揆一之倡导

当时较早披露农工商合并传闻的是《申报》，内容为："工商合并传闻有二原因：（1）刘（揆一）向（瑞琨）冲突；（2）工商借款中止，非此不足以对付外人。此事现有三难：（1）分立时系由参议院经过，合并亦必须由参议院经过；（2）合并后汰员必给津贴；（3）两部人员均示反对。"④此消息并非空穴来风。根据中国旧官场的规则，一般是事情未定，舆论先行。那么消息是从何而来，由谁而起的呢？

自从中央决定减少工商部经费后，刘揆一非常不乐意，先是愤而辞职，他说："揆一自共和告成以来，即思融化畛域，齐一心治，新旧为一炉，统南北为一体，旋蒙擢任国务，益求勉副初衷，讵意情因

① 《临时大总统令》，《政府公报》1913年7月22日，命令。

② 《临时大总统令》，《政府公报》1913年9月12日，命令。

③ 《临时大总统令》，《政府公报》1913年9月5日，命令。

④ 专电，《申报》1913年6月30日，第二版。

事阻，力与愿违，徒具赤心，无裨国计，忧怀萦结，精力交疲。”[①] 所以请免职，袁世凯也看出刘揆一的意图，批示道：“该总长赞襄国务，备著热忱，值兹时事艰难，正资倚任，据称感患咯血重，宜应给假一个月，俾资调理，一俟病体就痊，即当销假任事，所请免官之处，应毋庸议。”[②] 在此以后，刘揆一多次在部务会议里讨论与农林部合并问题，据当时的报纸记载：“昨日该部会议，自总次长以下，秘书、参事、司长均列席，各科科长亦有列席者，当经提议以目前财政困难，势将破产，政府亦拟裁员减薪，自成立以来，因财政上之关系，虽经工商会议议决，有兴业办法，终不能着手开办；部内虽划出农务司另成一部，然工商矿三司亦少事办，不如仍照前议呈请与农林部合并，为减政之首倡，树各省之风声。”[③] 后来，刘揆一在国务会议也提出：“农林、工商互相关系之事甚多，譬如丝茶两项，为国货大宗，提倡整理，最为急务。而种植属于农业，制销关系工商，划归一部性质既不明了，分隶两部办理复多窒碍。又如农矿两事，同一地也，农林部以为宜于垦荒，工商部以为宜于开矿，两部分管则易起争端。”不如合为一部办理。[④]

尽管刘揆一已经把合并的问题提到国务会议上，舆论也支持，可善后问题还有很多尚待处理，于是两部暗潮汹涌。当时的报纸多有反映，《盛京时报》说：“日昨国务院会议有以工商、农林两部归并之说，闻将实行。兹据两部暗潮如下：（1）法律根据。据谓工商归并农林或名实业或名农工商均无不可，惟工商、农林系经参议院通过，官制废除时亦应仍由参议院表决，不能以命令变更法制。（2）用人问题。工商、农林归并，势必自各汰冗员，而现供职两部之员司，以文官保障法论，则裁汰之员应给津贴。（3）经济事项。工农两部政策简单，月用不及五六万之数，而现时政府中外消之费，毫无数计，

---

① 饶怀民编：《刘揆一集》湖南人民出版社 2008 年版，第 99 页。

② 《工商总长刘揆一呈大总统请准辞职文并批》，《政府公报》1913 年 4 月 10 日，公文。

③ 《工商农林两部实行合并》，《盛京时报》1913 年 7 月 1 日，（三）。

④ 《减政主义实现之先声》，《申报》1913 年 7 月 4 日，第三版。

故日来迭生暗潮，将有俟正式政府再行归并云。”① “又昨国务院接大总统农林、工商两部合并命令后，风潮日烈，遂于二十七日下午一点钟开会，会议讨论进行手续与合并宗旨，两部人员多数极端反对合并，理由谓农林、工商部前已在南京临时政府经参议院通过，若一时农工合并，凭总统一面命令，骤废法律制度，后事无论如何，将遵守命令，不必遵守法律矣。”② 由此可见，工商、农林二部的合并的确不是一件容易的事情，所牵涉头绪多种多样，舆论尚且有如此认识，真实情况肯定远比舆论所述的要复杂得多。

刘揆一当时之所以敢于提出合并问题，一是因为部务经费无着，另一个原因恐怕就是其想以此脱身，免于国人对其借款问题的追责。③ 有人说“工商、农林两部合并，今春即发动于工商部部员刘揆一，适欲藉此脱离借款关系”④。这不是没有道理的。1913 年 4 月 18 日，刘揆一与英商薛福双方签字，以全国铁产、满洲矿地抵押，私借外债五百万镑，7 月 16 日应参议院之要求出席答复质问，一称该合同原系草约，二称该合同现已作废。但被众议院刘（恩格）议员抓住不放，他说刘揆一是“擅借外债，事实已成立，不因合同存废变更责任”。而“不交国务议决，其违法已达极点，乃该总长并国务会议亦不提交，擅以工商部总长名义，举全国铁产、满洲矿地押借外债五百万之多；并允许外人在满洲开矿优先之权，直以全国铁产私有，满洲矿地为酬料，背职违法，侵权擅专。舆论宣传指为盗卖，良有由也。倘不严为查办，人尤而效之。”⑤ 但是无论如何，工商总长刘揆一把问题提出来了。其实，这正中了袁世凯减政的下怀，可农林部是否同意还是一个问题。为了促进农林、工商二部的合并，精简行政经费，袁世凯也有意拿这二部给全国作出表率。于是，说服农林总长陈

---

① 《工商农林合并之阻力》，《盛京时报》1913 年 7 月 2 日，（三）。

② 同上。

③ 《工商部私借外款之大风潮》，《盛京时报》1913 年 7 月 17 日，（三）。

④ 《工商农林合并再记》，《盛京时报》1913 年 8 月 22 日，（三）。

⑤ 《众议院刘议员提出查办工商总长刘揆一违法案》，《盛京时报》1913 年 8 月 2 日，（二）。

振先同意的事情，袁世凯亲自出马，而陈振先既识时务，且与袁世凯关系密切，尽管心里有所不甘，加之斯时其被爆出的狎妓丑闻，不得不辞职。[①] 继而其职由已为工商总长的张謇兼任，这就为工商、农林二部的合并奠定了基础。

二　张謇完成部务之合并

北京政府成立之时，袁世凯就想让张謇出任实业总长，可是当时张謇认为时机不成熟，告诉袁世凯说："惟审察时局，尚未至可以效力之期。"[②] 在斯时南北斗争激烈的情况下，袁世凯只有作罢，并未坚持。到了民国二年夏秋之间，工商总长刘揆一、农林总长陈振先相继萌生退意，袁世凯再次请张謇出山，来为其排忧解难，张謇未再推辞，应允下来。其实，袁世凯此时请张謇出山，目的就是利用张謇在实业界的地位与威信，来完成农林、工商二部的合并任务，整合民初中央实业管理机构，适应国内政治经济形势发展的需要。张謇心里当然亦清楚袁氏意旨，所以他一上任就筹划农林、工商二部的合并事宜。

张謇先是出任工商总长，在他上任之初，先稳住工商部员对合并传闻的担忧，大讲工商业发展除弊兴利之计划，一定程度上获得了工商业界人士对他的好感，这也为后来部务合并减少诸多阻力。他说："余对于工商部务，首先着手者约有四端：一为排除工商业之阻碍。盖今日而言，振兴中国实业，不先排除障碍，几无方法之可言。如国家日日言保护工商，而商民终不肯信，一切营业不敢放手进行。又如借破产为名，以为骗款之计者，比比皆是，以致商民对于公司招股极不信用。此皆所谓工商之障碍也。欲排除此种障碍，惟有速订商法，使奸商无可取巧之一法耳。余现邀孟君昭常同来，即专为此事。因孟君于商法研究有素也。次则为改良税则。我国今日欲实行关税保护政策，以进口税不能自由加价之故，万难办到。然内地常关及厘金，若

① 《临时大总统令》，《政府公报》1913 年 9 月 5 日，命令。

② 《复袁世凯函》，《张謇全集》第一卷，政治，江苏古籍出版社 1994 年版，第 218 页。

对于足以抵制洋货之国货减轻其税，或竟无税以利销行，则亦未始非保护工商之一道也。再次则为调查全国实业孰利孰害，以便商民之经营。如矿业有若干处所？工业有若干类？资本如何？销场如何？一一调查确切，列为表目，通示全国，则商民营业知所先后矣。再次则为实行奖励。"① "謇此次出就部任，大惧无以应现世之所需，餍国人之属望，夙夜惴惴，不能自已。盖际此时艰，不敢不出，勉尽国民一分子义务。然外观时事，内忖精力，此义务能尽到几分，能收几分之效，以报我国人期望之万一，则毫无把握。况謇从前初未尝投身政界，今猝然从诸君之后，与闻政事，正在试验时代，宁可自信？所可以告我国人者，惟矢此勤勤恳恳之心，与国务院诸君，交尽职责而已，不敢侈言政见也。"② 张謇如此宣言，务实的作风，的确博得了政界、实业界的同情与支持。

与此同时，张謇也在计划合并事宜，他认为合并部务，最要紧的是安抚被汰人员问题，当时"张总长住宅门望门请见者，大有山阴道上应接不暇之势，每日推荐函件不下百余张"③。为此他专门订章，并告知两部人员："国家设官分职，有职然后有官，用人者为事务求人才，非为个人谋位置，此古今政治之常轨，无论如何，政治无交通之余地者也。乃现查工商、农林两部员司至四百余人之多，其学有专门或熟娴部务者，固不乏人，而但有职名无所事事者，亦殊不少。苟国库充裕，藉此养才，亦足示承平之气象。无如民国肇造，祸乱未已，民穷财尽，上下嚣然。国家方行减政，救济时艰，讵容一部独持广义。"④ 所以从国家的角度而言，裁员不可避免。转而张謇又表露出十分理解和同情的姿态，"亦知于予而来者，半以任职谋生。然政

① 《对于工商部务的政见》，《张謇全集》第一卷，政治，江苏古籍出版社 1994 年版，第 270—271 页。

② 《实业政见宣言书》，《张謇全集》第一卷，政治，江苏古籍出版社 1994 年版，第 271—274 页。《农林工商部政见宣言书》，《盛京时报》1913 年 12 月 3、4 日，（一）。经世文社编：《民国经世文编》，实业，文海出版社 1970 年版，第 4553—4557 页。

③ 《工商农林二部员司之恐慌》，《盛京时报》1913 年 10 月 30 日，（三）。

④ 《关于工商农林两部用人原则的通告》，沈家五主编：《张謇农商总长任期经济资料选编》，南京大学出版社 1987 年版，第 10 页。

府与个人既判两途，即任职与谋生不能混一，诸君明达，宁不谅之”[①]。并进而指出：“下走性不爱官，年逾六十，丁此纷庞之世，宁有问政之思，此次各方敦迫，趑趄就任，任事之久暂，视志愿之行否，气体之胜否为衡。既不敢窃据贤路，存伐檀素食之心，亦不改独费官钱，博缁衣好贤之誉。用人之标准，当视办事之范围，有官而无事者存其官，而不必置其人。有事而人多者减其人，以适当于事。诚能全国实业，渐次稳固扩充，即暂时未能留用，诸君亦可各出所学，自谋乡里。藉以增加阅历，积累信用，遂成业发名之希望。抑或部务因发展而繁，财政因舒用而裕，诸君彼时即在浚之郊，在浚之野，干旌孑孑，亦必乐赋嘉招也。敢布腹心，维希共谅。”[②] 由此可以看出，张謇遣散人员的办法不是采取强制的行政办法，而是动之以情，晓之以理，详述了国家与官职的关系，用人的标准，保证以后部务发达了，诸君仍有被召回服务的机会，还真诚祝福他们到乡里自谋发展。这与当时的一篇论说的观点不谋而合，“被裁汰时，亦自懊恼，然苟因此而回心转意，从事实业，三五年后或稍稍能自立也”[③]。由于方法得当，被遣人员也没有什么过激的举动，农林、工商二部较好地实现了合并时的平稳过渡。

合并后，张謇告知国务院，并希望国务院迅速汇案呈明大总统批准。“农林、工商原设两部，今并为一部，则其中各司职掌，一一变更，即部之名称，亦宜重定。今以林属于农，工又不能离商而独立，故名农商部。至各司组织，则农林、工商各原设四司，两部共八司。今改农商部则设三司，而为注重矿政起见，专设一局，共设三司一局，此必须修改之理由也。至原定员额，计农林部总额为若干人，工商部总额为若干人，今合并共裁去若干人，[④] 另单呈核。即祈迅速汇

① 《关于工商农林两部用人原则的通告》，沈家五主编：《张謇农商总长任期经济资料选编》，南京大学出版社 1987 年版，第 10—11 页。

② 同上。

③ 《论淘汰今日之官僚》，《盛京时报》1912 年 9 月 18 日，(一)。

④ 可惜的是遍查了有关张謇以及农商部的档案，都没有发现裁去的具体人员名单和具体数字。

案呈明，以便早日实行。是所至盼。”① 后来又进一步公布了调用农林部员名单和工商部员名单。

调用的农林部各员为：刘馥、余光粹、楼祖迪、章祖纯、沈竹孙、张焌、刘德孙、孙安仁、司徒衍、章鸿钊、田步蟾、李恩庆、高文炳、屈蟠、孟燮寅、汪寿序、郑崇庆、杨煜奇、林祜光、廖训棨、严少陵、高殿元、周国瑞、汤丙星、陈训昶、詹惟贤、周藻祥、刘惟藻、朱经、汪杨宝、谢恩隆、张明纶、黄艺锡、刘文选、曾公智、张辰、佟藻宸、籍汉梁、杨崑、陶昌善、漆运钧、郭凤鸣、伍正名、何恢禹、徐苇舫，李士襄、王文泰、胡宗瀛、张乾翼、魏宗莲、张悳垚、周惟廉、张际春、黄岐春、汤襄、陆安、韩安、徐球、苏常锡、齐鼎颐、唐有恒、唐荣禧、罗蕺。②

调用工商部各员为：周家彦、洪翼昇、夏敬观、恽欒森、孙时勋、粟思祖，林大闾、刘异、屠振鹏、江恒源、吴钟麟、程良模、吴啟贤、吴在章、徐传笃、廖炎、陈承修、廖世纶、林先民、文琦、高近宸、邬肇元、屈瑞銮、李宣谏、郭宗瀚、李善福、施弼、陈传瑚、郑礼明、徐家楣、张锳绪、常怡、卓宏谋、致礼、陈介、关文彬、俞鏻、夏循垲、于长藻、李澂、王治昌、周典、杨曾询、彭重威、汪钟岳、曹镇岳、张轶欧、郝树基、顾德邻、邢端、丁文江、郑宝善、王季点、彭世俊、张培、张景光、余焕东、余怀清、何声桐、王锡宝、萧柱中、王传鎏、邱淮光。③

对于留任人员，张謇明确要求：“本部分科职掌未定以前，所有调用人员仍按原在农林、工商部时各司厅科内照常办事，并责成保存公署案卷、簿记、款项暨其他各项官物，妥慎归并，毋稍疏忽。”④ 至此，农林、工商二部在张謇的主持下基本完成合并。

① 《张謇关于解散农林、工商两部组合农商部复国务院文》，《中华民国商业档案资料汇编（1912—1928）》，第一卷，上册，中国商业出版社 1991 年版，第 5 页。

② 《调用农林部员名单》，《政府公报》1913 年 12 月 29 日，命令。

③ 《调用工商部员名单》，《政府公报》1913 年 12 月 29 日，命令。

④ 《农商部部令第三号》，《政府公报》1913 年 12 月 29 日，命令。

第三节　二部合并之评价

农林、工商二部的合并，在民初财政困难情形之下，带有一定的必然性，后来产生的农商部通过对农林、工商二部的整合，不仅没有延缓经济的发展节奏，破坏经济发展的延续性，相反却大大地促进了民初经济的现代化进程，一时出现了中国历史上少有的“黄金时期”。因此，对农林、工商二部的合并我们应该给予肯定的评价，不能仅仅把它看作民初北京政府处在经济危机之下的权宜之计。

首先，通过合并，精简了内部管理机构，提高了效率。

本来农林、工商二部，原来各有四司，合并后，“为注重矿政起见，专设一局，共设三司一局”①。农商部把原来两部所设的 8 个司，改设为农林、工商、渔牧 3 个司，两部原来共有 400 多人，② 留用农林、工商部员分别为 63 人，共计 126 人，③ 加上他本人，农商部人数总共应为 127 人，是原有工商、农林两部人数的 31% 左右。由此可见，裁掉了将近 70%，裁减的额度之大，令人吃惊。但据虞和平先生考证，当时农林部“所用人员，计总长 1 人、次长 1 人、参事 4 人、司局长 4 人、佥事 32 人、主事 50 人、技监 2 人、技正 16 人、技士 32 人，共计 142 人，④ 仅为原来农林、工商两部人员总数的 35% 左右。”进而指出“在减少行政官员的同时，却增加了专职的技术官员，数量达 50 人之多，占到官员总数的 35% 以上”⑤，当然，无论哪一个数字更准确，都说明了农商部对原有农林、工商两部进行了

---

① 《解散农林、工商两部组合农商部复国务院文》，沈家五主编：《张謇农商总长任期经济资料选编》，南京大学出版社 1987 年版，第 2 页。

② 《关于工商农林两部用人原则的通告》，沈家五主编：《张謇农商总长任期经济资料选编》，南京大学出版社 1987 年版，第 10 页。

③ 此为张謇上报国务院的人数，见《政府公报》1913 年 12 月 29 日，命令。

④ 1914 年 7 月农商部修正官制后，农商部核定人数为 146 人。

⑤ 虞和平：《张謇与民国初年的经济体制改革》，《社会科学家》2001 年第 3 期，第 10—18 页。

大规模裁员，这在当时是很难做到的，沈家五先生是这样评价张謇的部务精简改革："尤其是在裁减冗员过程中，冲破遗老遗少、亲戚故旧以及裙带关系的障碍，其任务是相当艰巨的。这样的大胆改革，当时是难能可贵的。"① 的确如此，张謇所留用的人员，要么是对部务十分熟悉，要么有一技之长，可谓两部之精华。他们各司其职，各负其责，大大提高工作效率，促进了农工商矿各业的快速发展。

其次，推动了其他中央各部裁减冗员，节省财政经费。

农林、工商二部合并，是中央当时的既定政策，目的是通过合并，一方面表明中央实行减政主义的决心；另一方面是达到整合中央实业管理机构的目的。其实，农林、工商二部的合并，在政界引起了不小的轰动，中央其他各部部员为此人心惶惶，生怕自己惨遭裁撤。当时交通部、司法部、财政部等都进行了裁员，有报道说："此次财政部司员之被裁者，闻有七十多人之多，如王长庚、许潜文等则因不到部，有旷职守，着即开出，至如屠文濬、任文燦、杨庚元、卢重光，朱绍濂、朱焕文、胡宝焕、邬敬一、崇玉、戴啟琨、张寿慈、朱黻、周寅、陈润，许汝霖、叶培琨、李宝樟、熊璧、俞之昆等虽无错失之可指，亦拟暂行停职。"② 不仅如此，中央议员的岁俸也再议减，甚至发放债券，③ 地方裁员和节减经费的减政也在进行。④

最后，农商部进入一个全新的发展时期。

农林工商合并后，并没有留下后遗症，部务正常开展，效率也大大提高。张謇就任农商总长后，进一步阐明其今后的打算。他说："农林工商者，图治之事；农林工商部者，为人民生利，供政府分利之地也。世不思治，治无可图，分利过当，生亦不及。何况民国肇建，内乱外寇，侵寻未已，借款重叠，债权四压。"⑤ 鉴于此，张謇

---

① 沈家五：《序言》，沈家五主编：《张謇农商总长任期经济资料选编》，南京大学出版社 1987 年版，第 16 页。

② 《财政部之裁员》，《盛京时报》1913 年 10 月 31 日，（五）。

③ 《议员岁俸发给债券》，《盛京时报》1914 年 1 月 1 日，（六）。

④ 《实行核减俸给之通电》，《盛京时报》1914 年 1 月 16 日，（三）。

⑤ 《宣布就部任时之政策》，《张謇全集》第一卷，政治，江苏古籍出版社 1994 年版，第 275—277 页。

主张“有所为有所不为”，对“凡隶属本部之官业，概行停罢，或予招商顶办。惟择一二大宗实业，如丝茶改良制造之类，为私人或一公司所不能举办，而又确有关于社会农商业之进退者，酌量财力，规画经营，以引起人民之兴趣，余悉听之民办”①。对于民业主张“提倡、保护、奖励、补助，以生其利，监督、制限，以防其害而已”②。还对在部及热心实业的诸君提出忠告：“二十世纪之经济问题，实有左右全球之价值。吾国叠经兵乱，国力益形疲敝，已陷入经济之旋涡；设再玩愒数年，则有此广土众民，已无复自营之余地。謇年逾六十，精神才力，渐不如前，惟此不自暇逸之心，数十年如一日，斯则愿与邦人君子共相策励者尔。”③ 后来，张謇进一步完善了农商部官制。④并制定了新的办事通则，于1914年2月6日由张謇发部令公布之。⑤《农商部办事通则》具体内容为：

第一章　总纲

第一条　各厅局司依各部官制通则及本部官制分掌事务。

第二章　法令

第二条　法律命令案由总长指定承办，参事拟稿呈请总次长核定。其由厅局司拟稿时，须经参事审议后再行会同呈请总次长核定，其稿本存原办厅局司，正本存参事厅。

第三条　各厅司办理之文件，凡具有法律命令性质，总次长认为重要者，先交参事审议后总次长始核定判行。

第四条　凡关于法令之解释，主管各厅局司须与参事协议

① 《就任农林工商总长时发表实业政策文件》，沈家五主编：《张謇农商总长任期经济资料选编》，南京大学出版社1987年版，第8—10页。

② 《宣布就部任时之政策》，《张謇全集》第一卷，政治，江苏古籍出版社1994年版，第275—277页。

③ 《张謇就任农林、工商总长时向部员宣布农林工商政策的通告》，《中华民国商业档案资料汇编（1912—1928）》第一卷，上册，中国商业出版社1991年版，第5页。又见《宣布就部任时之政策》，《张謇全集》第一卷，政治，第275—277页。又见经世文社《民国经世文编》（实业），文海出版社1970年版，第45页。

④ 《农商部官制》，《政府公报》1914年7月11日，法律。

⑤ 《农商部部令第二十一号》，《政府公报》1914年2月9日，命令。

后，呈请总次长裁决。

第五条　参事于拟订或审议法律、命令案或审议重要案件时，得邀集厅局司主管人员商办，并得随时调阅各厅局司文件。

第三章　文件

第一节　文件之接收及分配

第六条　凡文件到部，由总务厅文书科收发处编号、摘由、登簿后，须即送文书科拟定主管交由秘书呈请总次长核阅后，分交主管各局司，其不属于各局司者，交参事厅或总务厅主管各科。

第七条　收发处收到电报及紧急文件登簿后，即送总次长核阅，交由各厅局司办理。

第八条　文件上直书总次长姓名或各厅局司职员姓名者，随时分别送交本人，不必登簿；直书总长姓名之文件拆阅后，如系公牍即交由秘书送收发处照本通则第六条办理。

第九条　附有现洋、钞票、证券、物品等之文书，须于收文簿上逐一注明，其现洋、钞票、证券交总务厅会计科收存。

第十条　文件之授受应由收领者盖章为记。

第二节　文件之办理及发送

第十一条　各局司接到文件时，由局长司长阅登入收文簿，分交各科拟稿，总务厅文件即由总务厅主管各科拟稿。前项文件如事关重要或难于解决者，应呈请总次长核示办法。

第十二条　凡各局司员拟稿之件，应先由拟稿者署名，经局长司长核阅署名后，送请总次长核定。

第十三条　各厅司应拟之稿，除法律命令案及难于解决之事件外，自收到之日起，至迟不得逾五日复电，及紧急事件随到随办。

第十四条　凡稿件经总次长核定后，交由秘书处分送各厅局司缮讫，送总务厅文书科用印，其须用总次长名义者，由秘书送请总长或次长签名盖章。凡盖用部印须由总务厅文书科登薄呈总次长查阅。前项文件监印员及各该厅局司校对员均须盖用名章。

第十五条　前条公文之稿件非有总次长及主管员签名不得盖用部印。

第十六条　应登政府公报文件，由各厅局司交总务厅文书科发送。

第十七条　收发处于发文时按照各厅局司发文簿所摘之事由、年、月、日登记于收发文薄，立即发送。

第十八条　收发处每日收发文件应编号、摘由按日油印，送由文书科分送各厅局司备查。

第三节　文件之保存及查核

第十九条　各项档案由各厅司随时归档存案，检入卷夹，标明事由、年、月、日并分类编纂档册。

第二十条　每星期由总务厅文书科造具前星期分送各厅局司文件表，送交各厅局司，查明填注已办若干件，应存若干件，未办若干件，其未办各件须逐件叙列理由，仍交由总务厅文书科呈请总次长查阅。

第四章　权限及责任

第二十一条　总长得因便宜以职权之一部委任次长代理，其委任条件另定之。

第二十二条　机要事项由总次长指定秘书拟稿，其关系各局司之主管者，须与各厅局司协商办理。

第二十三条　矿政局长关于委任条件内之事项得专决执行，其委任条件另定之。

第二十四条　各厅局司事务有相互关联者，应由主管各局司及厅之主管各科拟稿，与有关联者协商，若彼此意见不同时，应即请总次长裁夺。

第二十五条　凡本部直辖各局所事务，各局所长须与主管厅局司协商，然后呈请总次长核定施行。

第二十六条　凡职员对于经办事项负其责。

第二十七条　一切文件非得各厅局司主管员认可，不得抄给他人或使他人阅览。

第二十八条　各局司及总务厅各科得拟订各该局司科办事细则，呈请总长核准施行。

第五章　部务会议

第二十九条　每星期一日午前十时由总次长召集职员开会议一次，但有特别事项谘询时，临时召集。

第三十条　部务会议以总长为议长，如总长有要公，得由次长代理。

第三十一条　召集之职员以左列为限：一、参事；二、局长；三、司长；四、秘书。除前项职员外经总次长指定，或主管长官呈请总次长许可者，亦得列席陈述意见。

第三十二条　会议事件分左列三种：一、总长或次长交议事项；二、第三十一条第一项所列职员提议事项；三、法律命令案及各项单行章程。

第三十三条　会议事件之大要应于会议前缮印、分送列席人员，但临时发生事项不在此限。

第三十四条　每次会议之事件及列席人员，应由文书科科长载入议事录并保存之。

第六章　考勤

第三十五条　本部办公时间以部令定之。

第三十六条　各厅局司立考勤簿，各员每日到署均须划到，月终呈送总次长查核。

第三十七条　职员因病或不得已事故得请假，其请假规则另定之。

第三十八条　办公时刻凡有宾客来访，除因公预约外，概不接见。

第七章　附则

第三十九条　本通则自公布日施行。①

---

① 《农商部办事通则》，《政府公报》1914年2月9日，命令。

张謇任农商总长期间所推行的机构改革，基本形成了后来历届北洋政府乃至南京国民政府农商部机构和人员设置的模式，尽管以后政局动荡，但这个模式及其内在运行机制保持了相当的稳定性，这为中央实业管理机构向经济管理制度的现代化转型奠定了良好的基础。从此，农商部在张謇的带领下进入一个较好较快的发展时期。当然，要清楚地了解民初中央实业管理机构是如何促进经济社会发展的，就不得不研究其内部构架及其施政过程。

第　三　编

民初中央实业管理机构之组织架构

民初中央实业管理机构设置后，自然就要发挥其组织领导和管理农工商矿各业发展的行政职能。而这种职能是如何行使的呢？因此我们就有必要分析其组织架构（Organizational Structure）。[①]民初中央实业管理机构的组织架构主要是指内部组织机构和人事构成，而内部组织机构及其主要人事构成，则是民初中央实业管理机构的灵魂和核心。组织机构是从宏观上而言的，人事构成却是微观范畴，组织机构如果说是一架高速运转的机器的话，那么人事就是这台机器的具体操作者，就是中枢指挥系统。民初中央实业管理机构发挥正常的农工商矿各业行政管理职能，既需要组织其所有职员的参与和协作，又需要一个合理的组织机构作为其运作的载体，二者缺一不可，或者说二者有任一方出现问题，都会损害其机能。正如行政管理学所认为的那样“行政主体的健全、合理、优质，是行政效益和效率的决定性因素。行政主体包括行政组织和机构、行政领导以及执行行政公务的工作人员”[②]。因此，对民初中央实业管理机构的组织结构及其人事构成进行研究，不无必要。

---

① 这里是套用管理经济学的概念，参见［美］詹姆斯·布里克利（James A. Brickley）、［美］克雷佛·史密斯（Clifford W. Smith，Jr）、［美］杰诺德·施泽曼（Jerold L. Zimmerman）著《管理经济学与组织架构》，张志强、王春香译，人民邮电出版社2005年版，第1—488页。

② 夏书章：《行政管理学》，中山大学1998年版，第9页。

第五章

官　制

研究民初中央实业管理机构内部组织机构，就不得不研究其官制，因为官制是民初中央实业管理机构执掌的重要体现形式，是窥探其内部机构设置及其分工、权限的重要依据，也是判断中央农商行政管理机构由传统向现代转型的重要指标。官制（bureaucratic establishments），它是政权机构的一个重要组织制度，主要指行政管理的体制、方式、手段、范围、内容、制度的总称。

中国的官制，由来已久，大约自原始社会进入奴隶社会，出现了阶级，形成了国家，建立了政权，渐渐构成了一套职官制度。即《周礼》所谓“体国经野，设官分职”[①]。到了封建社会，尤其是秦统一后的各代，无论是中央还是地方，逐渐形成完备的职官制度。辛亥革命后，成立了中华民国，袁世凯北京政府颁布了各部官制通则，[②] 进一步厘定和修正了中央各部官制，其中包括农林部、工商部、农商部官制。[③] 以上各官制的变迁，也正是新制度经济学强制性制度变迁理论的重要体现。强制性制度变迁是指由政府命令和法律引入导致的变迁，其变迁主体是国家及其政府。国家为了追求产出的最

① 见《周礼·天官·冢宰》。

② 中国第二历史档案馆编：《中华民国史档案资料汇编》第三辑，政治（一），江苏古籍出版社1991年版，第7—9页。

③ 参见《政府公报》1912年8月9日，法律；《政府公报》1913年12月23日，法律；《政府公报》1914年7月11日，法律；中国第二历史档案馆编《中华民国史档案资料汇编》第三辑，工矿业，江苏古籍出版社1991年版，第7—9页。

大化，通过政策法令实施这一变迁。而这种强制性制度安排无论是从制度实施方面，还是从组织成本方面均具有优势，因为政府可以凭借强制力组织和实施。①

第一节　农林部官制评述

民初农林部官制有一个草创、修正完善的过程，与此相适应，它内部机构的设置及权限范围也有一个不断完善的过程。通过考查农林部官制的发展变化过程，我们可以清楚地看到其内部机构是如何设置及其权限是如何发生变化的。

一　农林部官制的产生、修正、完善

1912 年 3 月 30 日，袁世凯发布大总统令，任宋教仁为农林总长，标志着民初农林部开始创设，但此时一切尚在草创之中。首先，当时的农林总长宋教仁还在南京；其次，还未对南北部务正式接收；复次，内部主要人员还待商定；最后，总的指导方针即官制尚未订立。4 月 5 日，南京临时参议院移至北京，重新组织。为了加快农林部成立的速度，临时参议院议决公布了《农林部官制》8 条，其主要内容如下。

1. 农林部总长，管理农务、山林、畜牧、渔猎、蚕业、水产、垦殖事务，监督所辖各官署。规定了参事、秘书长、秘书、司长、科长、科员、视察、审查、录事、工监、工正、工师、工手各员的数额。农林部置农务司、林务司、渔务司。

2. 农务司所掌之事务：(1) 关于水利振兴事项；(2) 关于水灾预防事项；(3) 关于虫害预防及驱除事项；(4) 关于畜牧狩猎事项；(5) 关于茶业事项；(6) 关于蚕业事项；(7) 关于糖业事项；(8) 关于耕地整理事项；(9) 关于农会事项；(10) 其他关于农业一切

① 参见国彦兵《新制度经济学》，上海立信会计出版社 2006 年版；［美］科斯等《财产权利与制度变迁》，上海三联书店 1991 年版等。

事项。

3. 林务司所掌之事务：（1）关于森林监督事项；（2）关于林业公会事项；（3）关于森林警察事项；（4）关于保安林事项；（5）关于国有林事项；（6）其他关于林业一切事项。

4. 渔务司所掌之事务：（1）关于渔业监督事项；（2）关于渔业奖励事项；（3）关于渔业公会事项；（4）关于水产试验及水产讲习事项；（5）其他关于渔业一切事项。[①]

到了5月4日，宋教仁正式宣布农林部成立，暂在农工商部旧署内设立办公处。[②] 并进一步修正农林部官制，草订《农林部官制修正草案》，提出国务会议审核。[③] 其修正草案内容为：

第一条　农林总长管理农务、山林、畜牧、蚕业、水产、垦殖事务，监督所辖各官署。

第二条　农林部职员，除各部官制通则所定外，并置职员如左：

编纂　荐任

视察　荐任

审查　荐任

主计　荐任

技监　简任

技正　荐任

技士　委任

第三条　编纂五人，承长官之命，掌编译、记录事务。

第四条　视察十人，承长官之命，掌视察及调查事务。

---

① 参见邱远猷、张希坡著《中华民国开国法制史——辛亥革命法律制度研究》，首都师范大学出版社1997年版，第574页。

② 《农林总长宋教仁通行各部院等文》，《政府公报》1912年5月4日。第4号，通告。

③ 中国第二历史档案馆编：《中华民国史档案资料汇编》，第三辑，政治（一），江苏古籍出版社1991年版，第26—27页。

第五条　审查四人，承长官之命，掌审查学艺事务。

第六条　主计二人，承长官之命，掌经理及会计事务。

第七条　技监二人，承总长之命，管理专门技术事务，指挥监督所属技术官。

第八条　技正二十人，技士三十人，承长官之命掌技术事务。

第九条　农林部承政室，除各部官制通则所定外，并掌关于农林劝业会事务。

第十条　农林部置左列各司：农务司　垦牧司　山林司　水产司。

第十一条　农务司掌事务如左：

一　关于农业、蚕桑事项

二　关于水利及耕地整理事项

三　关于茶、丝、棉、糖诸业事项

四　关于天灾、虫害之预防、善后事项

五　关于农会及农业法团事项

六　其他关于农业一切事项

第十二条　垦牧司掌事务如左：

一　关于开垦移民事项

二　关于牧畜改良事项

三　关于荒地处分事项

四　关于种畜检查及兽疫事项

五　关于狩猎事项

六　关于垦牧团体事项

七　其他关于垦牧一切事项

第十三条　山林司掌事务如左：

一　关于山林监督、保护、奖励事项

二　关于保安林事项

三　关于国有林事项

四　关于林业团体事项

五 其他关于山林一切事项

第十四条 水产司掌事务如左：

一 关于水产监理、保护事项

二 关于渔业监督、保护事项

三 关于公海渔业奖励事项

四 其他关于水产一切事项

第十五条 农林部为农林行政，得设特别局所。其官制另定之。

第十六条 农林部主事员额，至多不得逾九十二人。

第十七条 农林部参事、佥事、主事定额，以部令定之。

第十八条 本制自公布日施行。①

农林部修正草案，提出国务会议议定后，又提交参议院审读，②经过讨论并通过参议院议决，最终确定农林部官制，并由大总统袁世凯公布。③ 这次订定后，农林部官制没有再次更变，直到农林、工商二部合并。其具体内容为：

第一条 农林总长管理农务、水利、山林、畜牧、蚕业、水产、垦殖事务，监督所辖各官署。

第二条 农林部职员除各部官制通则所定外置职员如左：

视察 荐任

技正 荐任

技士 委任

第三条 视察八人承长官之命掌视察事务。

第四条 技正十人，技士十五人，承长官之命掌技术事务。

第五条 农林部总务厅除各部官制通则所定外，掌关于农林

① 中国第二历史档案馆编：《中华民国史档案资料汇编》第三辑，政治（一），江苏古籍出版社 1991 年版，第 27—29 页。

② 《参议院第十七次会议速记录》，《政府公报》1912 年 6 月 16 日，附录。

③ 《临时大总统令》，《政府公报》1912 年 8 月 9 日，命令。

劝业会、万国农会，并考察外国农业等事务。

第六条　农林部置左列各司：农务司、垦牧司、山林司、水产司。

第七条　农务司掌事务如左：

一　关于农林改良事项

二　关于蚕丝业事项

三　关于水利及耕地整理事项

四　关于茶、棉、糖、豆诸业事项

五　关于天灾虫害之预防善后事项

六　关于农会及农业团体事项

七　关于气象事项

八　其他关于农业一切事项

第八条　垦牧司掌事务如左：

一　关于开垦移民事项

二　关于牧畜改良事项

三　关于荒地处分事项

四　关于种畜检查及兽疫事项

五　关于垦牧团体事项

六　其他关于垦牧一切事项

第九条　山林司掌事务如左：

一　关于山林监督保护奖励事项

二　关于保安林事项

三　关于国有林事项

四　关于林业团体事项

五　关于狩猎事项

六　其他关于山林一切事项

第十条　水产司掌事务如左：

一　关于水产监理保护事项

二　关于渔业监理保护事项

三　关于公海渔业奖励事项

四　关于渔业团体事项

五　其他关于水产一切事项

第十一条　农林部主事员额至多不得逾七十二人。

第十二条　农林部参事、佥事、主事定额以部令定之。

第十三条　本制自公布日施行。[①]

以上就是民初农林部官制发展演变的过程和内容，草案的每一个阶段都是那个时期农林部的总体指导原则。但是由于受到各种因素——国家政策取向、国务会议集思广益、农林部内部需要进一步完善等的影响，农林部的官制也不断地进行调整适应。为什么会如此？下面我们就具体地考察农林部官制不断修正的具体缘由。

二　农林部官制修正的原因及其内部机构的设置演变

参议院1912年4月5日决定的《农林部官制》，从某种程度上说，是一种应急，是南北统一后的初期，为了尽快在北京建立农林部的权宜之计。但随着南北部务的整合，以及时代赋予农林部发展职权的行使，《农林部官制》的一些内容就越来越不能适应社会发展的需要，于是，农林部在农林总长宋教仁的带领下，修改农林部官制，拿出《农林部官制修正草案》，并且指出具体修正的缘由：

原案第二条，参事、秘书长、秘书、司长、科长、科员、录事等名称及额数，各部官制通则修正草案中已分别改换名目，并限定其人数，故本草案删。

各部官制通则修正草案未规定特别职员名称及职掌，且农林部关于农林法令、统计报告等，均须编纂。而关于垦牧、山林之经理及会计甚繁，此二项亦须设专官。故本草案第二条规定特别职员名称，并增设编纂及主计，第三条至第八条规定其职掌。

原案第四条，分置三司，所掌事务烦简悬殊，况吾国北方辽

① 《农林部官制》，《政府公报》1912年8月9日，法律。

阔荒芜，垦殖畜牧最为相宜，战乱后殖产兴业，尤注重在此。故本草案第十条增设垦牧司，而于第十二条规定其职掌。

原案林务司范围较小，故本草案易名山林司。

原案渔务司，不能包括水产全体，故本草案易名水产司。

农林行政事项，除本部各司职掌外，尚有应设特别局所者，应分别拟定官制。故本草案第十五条，依各部官制修正草案通例规定，得设特别局所。其官制另行规定。

农林部次长、秘书、参事、司长、佥事员额，各部官制通则修正草案中已限定人数。故本草案第三条至第八条规定特别职员定额，第十六条限定主事员额。

各部官制通则修正草案，于参事、佥事唯限以最多数，本草案于主事亦然。故本草案第十七条依各部官制修正草案通例规定，其定额以部令定之。”①

以上可见，农林部提出的修正原因都是切合实际的。《农林部官制修正草案》也的确是对原有《农林部官制》的一种超越。就拿农林部内部机构的设置及其权限来看，我们亦能深刻地体会。

原有《农林部官制》只设有农务司、林务司、渔务司三司，而《农林部官制修正草案》则提出设立四司：农务司、垦牧司、山林司、水产司。显然，《农林部官制》对农林部的设计显得过于简陋，似乎不太放得开，束缚了农林部的正常发展。《农林部官制修正草案》则进一步丰富了农林部的内涵，进一步扩充了职权，有利于农林部的快速发展。不仅如此，对林务司、渔务司名称的更改则更是明确了其内部机构的办事权限。因为林务司不仅所涵盖的内容范围小，就是其职权范围也有未详尽之处，所以更改为山林司，却能更好地发挥其职权。原来的渔务司也与山林司有同样的问题，它让人感觉只是专管渔业，而“不能包括水产全体”。尽管农务司还是保留了原状，

① 《国务会议审核农林部官制修正草案理由》，《中华民国史档案资料汇编》，第三辑，政治（一），江苏古籍出版社1991年版，第26页。

职权却是更一步明晰，范围也更切合实际。《农林部官制》规定农务司的职权10项，显得拉杂不明晰，而《农林部官制修正草案》规定农务司的职权6项，简洁明确。更重要的是原来的三司根本满足不了当时社会发展的需要。特别是当时北方辽阔，亟待开垦，正如农林部提出的修改意见所说："原案第四条，分置三司，所掌事务烦简悬殊，况吾国北方辽阔荒芜，垦殖畜牧最为相宜，战乱后殖产兴业，尤注重在此。"① 所以，特地指出增设垦牧司。垦牧司的提出，这是农林部内部员司的真知灼见，也是农林部经过深刻思考的结果，同时也为农林部的发展提供了一个新的领域，为后来北方荒地的开垦提供了具有法律意义上的保证，亦为北方农业发展创造了条件。

此外，《农林部官制修正草案》还设置了农林部承政室，专门掌管农林劝业会事务。② 这是原《农林部官制》所没有的。增设了关于编订农林法令、统计报告的编纂和掌经理及会计的主计。这些都极具创见性，适应了民初社会生产发展的需要。

显而易见，农林部提出的修正《农林部官制》意见，带有很强的针对性，主要针对旧有官制存在的弊病，这既是农林部敢于重新检视自己部务问题的表现，也是农林部敢于突破、寻求进一步发展的结果。修正后的官制进一步完善，内部机构设置进一步合理化，但远未达到尽善尽美。因其不仅需要通过国务会议的审议，还要看其是否与《各部官制通则》③ 相抵触，最终经参议院的审核通过后，才能由大总统发布施行。由此，我们有必要了解《各部官制通则》的具体规定。其内容为：

第一条 本通则于外交、内务、财政、陆军、海军、司法、教育、农林、工商、交通各部适用之。

---

① 《国务会议审核农林部官制修正草案理由》，《中华民国史档案资料汇编》，第三辑，政治（一），江苏古籍出版社1991年版，第26页。

② 中国第二历史档案馆编：《中华民国史档案资料汇编》第三辑，政治（一），江苏古籍出版社1991年版，第27—29页。

③ 《各部官制通则》，《政府公报》1912年7月19日，法律。

第二条　各部总长就主管事务应负其责，事务主管不明，关涉二部以上者，提出于国务会议定其主管。

第三条　各部总长就主管事务依其执【职】权或特别委任，得发部令。

第四条　各部总长就主管事务对于地方长官得发训令及指令。

第五条　各部总长就主管事务对于地方长官之命令或处分，认为违背法令或逾越权限者，得令其停止或撤销之。

第六条　各部总长统辖所属职员，简任官、荐任官之进退，会同国务总理呈请大总统行之，委任官之进退，由总长专行之。

第七条　各部总长有事故时，除国务会议副署及发部令外，得命次长代理其职务。

第八条　各部设总务厅其职务如左：

一　掌管机要。

二　典守印信。

三　编制统计及报告。

四　记录职员之进退。

五　纂辑、保存并收发各项公文、函件。

六　管理本部所管经费，并各项收入之预算、决算及会计。

七　稽核会计。

八　管理本部所管之官产官物。

九　其他不属于各司及依各部官制规定属于总务厅事项。

前项所列事务得依各部之便宜以其一部属于各司。

第九条　各部设司分掌部务，其分掌事务于各部官制定之。

第十条　各部总务厅及各司之分科由各部总长定之

第十一条　各部置职员如左：

次长　简任

参事　荐任

司长　荐任

秘书 荐任

佥事 荐任

主事 委任

各部于前项职员外，有应置专门技术官及其他特别职员者，于各部官制定之，各部为缮写文件及其他庶务得酌用雇员。

第十二条 次长一人，辅助总长整理部务，监督各职员。

第十三条 参事二人至四人，承总长之命，掌参拟定及审议法律、命令案事务。

第十四条 各司司长一人，承总长之命，总理一司事务。

第十五条 秘书四人，承总长之命，分掌总务厅事务。

第十六条 佥事承长官之命，分掌总务厅及各司事务。

第十七条 主事承长官之命，助理总务厅及各司事务。

第十八条 各部佥事员额，总务厅及每司均不得逾八人。

第十九条 各部主事员额，于各部官制定之。

第二十条 本通则自公布日施行。

根据《各部官制通则》，我们不难发现，《农林部官制修正草案》还有诸多需要完善的地方，如第二条至第七条之规定，一部分内容就显得没有必要，因为其内容与官制通则第十一条重复，所以修正后的《农林部官制》就贯彻了各部官制通则的精神，仅列本部“专门技术官及其他特别职员”①，即视察、技正荐任，技士委任。农林部内部所置机构略有变化，原有农务司、垦牧司、山林司、水产司保持不变，置总务厅代承政厅，这是因为原有的承政厅主要是根据国务院《修正各部官制草案》而设，② 但其在参议院讨论后，被《各部官制通则》取代。新的官制通则规定每部置总务厅来掌管机要、印信、编制统计及报告、职员的进退情况，编纂保存和收发公文、函件，管理本部所管经费，并各项收入之预算、决算及会计，管理本部所管之

① 《各部官制通则》，《政府公报》1912 年 7 月 19 日，法律。

② 《各部官制修正草案》，《中华民国史档案资料汇编》第三辑，政治（一），江苏古籍出版社 1991 年版，第 7—9 页。

官产官物等。[①]

通过对比，修正的《农林部官制》与《农林部官制修正草案》还有一大不同，那就是部分职员数额的规定。后者第十六条规定“农林部主事员额，至多不得逾九十二人”，第八条规定“技正二十人，技士三十人”[②]，而改后的《农林部官制》规定“主事员额至多不得逾七十二人”，“技正十人，技士十五人”[③]。二者相较，修正的《农林部官制》比《农林部官制修正草案》主事员额少了20人，技正少了10人，技士少了15人，分别占原额的20%、50%、50%，精简的额度是非常大的。之所以要精简职员人数，主要是《农林部官制修正草案》在参议院宣读时，一些议员针对农林部主事、技正、技士等规定的数额进行抨击。在审议《农林部官制修正草案》一读会时，当时的第105号议员曾有翼指出：“本员对于修正案，亦有疑问之。……农林部至多不得逾九十二人，……既加以限制，何以又有至多之名称。当查各衙门之用人，无论其事之繁简，非达到规定至多之人数目的不止，树党、卖私，积习已然，无庸或讳，初不知财政之艰难已达极步，不容再有如是之挥霍也。”[④] 当然，在民初财政艰难的背景下，这种看法还是占主流的，政府机构亦应该主动精简人员。所以后来在二读会上，当政府委员再次提出保持原额不变时，多数议员均表示反对，最后经表决不获通过。[⑤] 正是在这样的背景下，修正的《农林部官制》进一步精简了部分职员数额。

本来，农林部本还想把编纂设为专官，理由为“因各国对于农社、农事、农政以及农林法令、统计报告等均考研精详，书籍甚多，故本部特设专官以编纂之。且民国以农立国，举凡农业之改良，农会之研究，天灾之预防，虫害之善后，以及开垦移民西北，各省山林之

---

① 《各部官制通则》，《政府公报》1912年7月19日，法律。

② 《农林部官制修正草案》，《中华民国史档案资料汇编》，第三辑，政治（一），江苏古籍出版社1991年版，第27—29页。

③ 《农林部官制》，《政府公报》1912年8月9日，法律。

④ 《参议院第十七次会议速记录》，《政府公报》1912年6月16日，附录。

⑤ 《参议院要闻》，《申报》1912年8月6日，第二版。亦见《参议院第四十九次会议速记录》，《政府公报》1912年8月20日，附录。

保护事项，东南各省水利之奖励方法等，中国关于此种书籍编纂不多，以故前此人民均少加研究。今农林既创设专部，凡此书籍更不可缺少，如参考无着，即进行有碍，此编纂当设专官”。其次，“本部情形与各部不同，各部关于行政之事项多，关于研究之事项少。本部则关于研究之事项多，关于行政之事项少。且本部创设，研究尤关要紧，此编纂当设专官之第二理由”。再则“窃查美国为一大农国，当其五十年前设立农部有六大政纲中，关于研究之事项有五大条件，关于行政之事项仅一条已耳。创设之始研究必多，在最发达如美国已属如此，我民国成立伊始，且与美国同为以农立国之国家，其研究事项之多，更不待言，编纂当设专官，势所应尔”①。应该说，农林部的设想是合情合理的，而议员之间却有不同的声音，支持者有之，反对者亦有之。遗憾的是，由于受民初政治、财政因素、议员素质的影响，这一建议最终并未通过。而是以“参事等官办政之暇兼理之”②。

总之，修正后的《农林部官制》比原有的《农林部官制》《农林部修正官制草案》都更符合社会发展的需要，无论其在内部机构的设置上，还是在各机构的具体人事分配及其权限方面都更切合实际，人员数额的精简程度也很高，这不仅有利于提高工作效率，还可以避免人浮于事等诸多腐败事情的发生。

第二节 工商部官制论析

1912 年 3 月 12 日参议院通过《各部官制通则案》，对于先前所议设的工业部和商业部合并为工商部。③ 自此以后，工商部的重建就展开了。

---

① 《参议院第十七次会议速记录》，《政府公报》1912 年 6 月 16 日，附录。

② 《参议院第四十九次会议速记录》，《政府公报》1912 年 8 月 20 日，附录。亦见《参议院要闻》，《申报》1912 年 8 月 6 日，第二版。《要件》，《盛京时报》1912 年 8 月 4 日，（二）。

③ 《参议院议决案汇编》甲部一册，北京大学出版社 1989 年复印本，第 33—35 页。

一 工商部官制的厘定

由于社会呼吁振兴实业的声浪渐高,[①] 为了尽快筹建工商部，参议院于4月5日通过了《工商部官制》8条,[②] 以作为工商部筹建的指导原则。其主要内容为：

1. 工商总长，管理关于工商矿事务，监督所辖各官署。工商部职员，除《各部官制通则》所定者外，规定了参事、秘书长、秘书、司长、科长、科员、视察、审查、录事、工监、工正、工师、工手各员的数额。工商部置承政厅，除《各部官制通则》所定者外，并掌理内外劝业会事项。工商部置工务、商务、矿务3司。

2. 工务司所掌之事务：(1) 关于度量衡统一事项；(2) 关于工业品发明及特许事项；(3) 关于工人保护事项；(4) 关于工人教育事项；(5) 关于工人卫生事项；(6) 关于工会事项；(7) 关于工场监督事项；(8) 其他关于工业一切事项。

3. 商务司所掌之事项：(1) 关于银行保险及其他公司事项；(2) 关于商标事项；(3) 关于商会及懋迁所事项；(4) 关于商品陈列所及商品检查事项；(5) 其他关于商业一切事项。

4. 矿务司所掌之事务：(1) 关于矿权特许事项；(2) 关于矿区规定事项；(3) 关于矿业经营及监督事项；(4) 关于矿业警察事项；(5) 其他关于矿业一切事项。

以上可知，工商部官制规定了工商总长的权限，规定了参事、秘书长、秘书、司长、科长、科员、视察、审查、录事、工监、工正、工师、工手各员的数额,[③] 并设有承政厅，掌理内外劝业会事项，内置三司，分别为：工务、商务、矿务。机构设置还算合理，但是各司权限则并不是十分明晰，所以后来工商部又对其进行了修改，起草出

---

① 参见《论今后宜振兴实业之策》,《盛京时报》1912年3月9日,(一)。《论宜注意于农事之副业》,《盛京时报》1912年4月10日,(一)。

② 参见邱远猷、张希坡《中华民国开国法制史——辛亥革命法律制度研究》，首都师范大学出版社1997年版，第573—574页。

③ 遗憾的是，查了很多资料尚未发现其确切的数额。

《工商部官制修正草案》，尽管目前没有找到其具体的内容，但我们可以断定其是存在的。因为这份草案曾在参议院第十七次会议里进行过宣读，且提出了对原《工商部官制》进行修改的理由。大意为："工商部修正之理由，第一，原案所列举各司之职掌尚多遗漏，故草案增入其重要各司之职掌于第七、第八、第九三条之间。第二，工商事务于各司职掌之外，尚有应设特别局所者，而其特别局所从前已经设立，而将来不能不扩充者；有从前未设，而目下不能不从速设置者。所以草案第十条第一项列举已经设立及目前所从速兴办之局所，第二项依各部官制修正草案通例规定，依必要得增设局所，此工商部修正草案重要之理由也。"[①] 后来工商部并把修正草案付诸参议院审读。由此可见，工商部已经认识到要对原《工商部官制》进行修改了，而且一定程度上还贯彻了《各部官制通则修正草案》的精神，[②]但是由于《各部官制通则修正草案》被后来的《各部官制通则》[③]所取代，所以，《工商部官制修正草案》又要遵循《各部官制通则》的精神，重新修正。

二　工商部官制之修正

修正的过程中，部分内容颇有争议。[④] 主要是公司的核准及监督权问题，国务委员认为："原第八条第五项，本系公司之核准注册及监督事项，审查会改为公司之监督事项，将核准注册四字删去。工商部对于删去之处，稍有意见，不得不略为说明，从前清朝农工商部本有一公司注册局，又有公司律、商律，凡公司成立，必须向部注册。现在新法尚未颁行，旧法注册之事当然有效，不能遽行删去。其理由一。次则从前农工商部因注册之事，而规定一种注册章程，此项章程

① 《参议院第十七次会议速记录》，《政府公报》1912 年 6 月 16 日，附录。

② 《各部官制修正草案》，《中华民国史档案资料汇编》，第三辑，政治（一），江苏古籍出版社 1991 年版，第 7—9 页。

③ 《各部官制通则》，《政府公报》1912 年 7 月 19 日，法律。亦见神州编译社编《民国二年世界年鉴》，神州编译社 1913 年版，第 405 页。

④ 《参议院第四十九次会议速记录》，《政府公报》1912 年 8 月 20 日，附录。

在今日犹为现行法之一种，施行有效者；工商部关于公司注册之事，实为根据法律、工商部权限内应有之事，理由二。除此之外，尚有事实上之问题，审查会将注册之事删去，将来归审判厅办理，此为各国通行之惯例，中国亦自然当照此办理。但未归审判厅办理之先，工商部必当办理，若工商部官制上不为规定，审判厅登记法又未颁行，当此过渡时代，工商部审判厅双方均无办理职务，则注册之事将归何种机关办理？况现在公司注册之事甚多，工商部日有办理之事实，不能为之一时中断，故政府之意以审判厅登记制度未定之先，应照向来成例，归工商部办理。将来审判厅登记制度定后，再归审判厅办理，此时无论从法律上、事实上观察，均不得不归工商部办理。"[①] 但是 94 号议员秦瑞玠反对政府委员之言，他说："此非满清时代……公司登记事项亦当然归司法官厅处理，万无工商部可以办理之理由。公司之设，二十二行省均有，若二十二行省之公司须全至北京工商部注册，则工商部亦不胜其烦，况注册亦并非一日登记即可了事。"[②] 而最后支持国务委员说法的最终占大多数，而获得通过。

其次是商务委员的派遣权问题，在由议长孙钟主持的参议院表决会上，政府委员就指出："商务委员之设并不自今日始，如驻外公使馆中皆有常驻商务委员，第前清时代由外交部派遣，并不由农工商部派遣。此项委员每值四季须作报告书，一面报告于外交部，一面报告于农工商部。前清时之商务委员如此，但商务委员为工商部之重要职官，凡调查外国商务之情形，皆商务委员是赖，必须由工商部自行派遣，始能收指臂之效。如由外交部派遣，亦不过一纸空文而已，万难得外国商务之真象。故国务会议工商部与外交部商酌派遣商务委员，由工商部自行之，从前所谓由外交部派遣之委员，不过于公使之随员中派委，与工商部实无直接之关系。若改为由工商部派委，既有直接之关系，则收效自易。至于谓驻外财政员与驻外领事可以兼任商务委员，事实上实有做不到之处。驻外财政员事体繁杂，绝不能兼任调查

① 《参议院第四十九次会议速记录》，《政府公报》1912 年 8 月 20 日，附录。

② 同上。

商务，驻外领事则分驻各地，不能统察全国商务之真情，而商务委员则驻于公使馆中，地点既为全国枢纽，调查自易著手，而一国之商务可以得其真相矣。”[①] 后来经过表决，参议院同意工商部有单独派遣驻外商务委员之职权。

最终经过参议院的讨论和议决，修正文本于民国元年8月8日由袁世凯发布大总统令：“参议院议决修正工商部官制，本大总统按照约法第三十条，公布之。”[②] 其具体内容为：

第一条 工商总长管理关于工商矿事务，监督所辖各官署

第二条 工商部职员除各部官制通则所定外，置职员如左：

技正 荐任

技士 委任

第三条 技正八人，技士十三人，承长官之命，掌技术事务

第四条 工商部总务厅除各部官制通则所定外，掌关于内外劝业会事务

第五条 工商部置左列各司：工务司 商务司 矿务司

第六条 工务司掌事务加左：

一 关于工业提倡奖励事项

二 关于国有工业事项

三 关于工业团体事项

四 关于工厂监督及检查事项

五 关于工人保护事项

六 关于工人教育事项

七 关于工业品发明及特许事项

八 关于工业调查及试验事项

九 关于度量衡之制造检查及推行事项

十 其他关于工业一切事项

---

① 《参议院第四十九次会议速记录》，《政府公报》1912年8月20日，附录。

② 《临时大总统令》，《政府公报》1912年8月9日，命令。

第七条　商务司掌事务如左：

一　关于商业提倡奖励事项

二　关于商业团体事项

三　关于交易所核准及监督事项

四　关于商品检查及商品陈列事项

五　关于公司之核准注册及监督事项

六　关于银行保险运送及其他商业监督事项

七　关于商标登录事项

八　关于通商贸易事项

九　关于遣派驻外商务委员事项

十　关于侨商事项

十一　其他关于商业一切事项

第八条　矿务司掌事务如左：

一　关于矿业提倡奖励事项

二　关于矿权特许及撤销事项

三　关于矿区勘定事项

四　关于矿业税事项

五　关于矿业诉愿事项

六　关于矿业监督事项

七　关于矿业经营事项

八　关于矿业警察事项

九　关于矿业调整事项

十　关于地质调查事项

十一　其他关于矿业一切事项

第九条　工商部主事员额至多不得逾五十人。

第十条　工商部参事、佥事、主事定额以部令定之。

第十一条　本制自公布日施行。①

① 《工商部官制》，《政府公报》1912 年 8 月 9 日，法律。

修订后的《工商部官制》，内容简洁明晰，内部机构一厅三司。总务厅除了各部官制通则所定外，掌关于内外劝业会事务；工务司主管工业及度量衡事项；商务司主管商业及派遣驻外商务委员、侨商事宜；矿务司主管矿业及地质调查事项。分工明确，权限范围亦容易操作。关于主事员额问题，参议院议员曾有翼对此提出质疑，“工商部不得逾五十人，既加以限制，何以又有至多之名称。”[①] 议员的本意是想让工商部裁减不必要的人员，因为他认为“财政已达极步，不容再有如是之挥霍也”[②]。可是从修正后的《工商部官制》来看，既定的人数并没有更动，而农林部主事却由原来的92人，最后定为72人，减少了20人。[③] 这说明工商部在制定官制修正草案时，就已经把裁减职员人数、提高工作效律的思想贯彻其间了。

其实，由《工商部官制》到《工商部官制修正草案》，再到修正的《工商部官制》，看似简单，其中却是工商部施政模式不断实现转变的过程，亦是对部务不断探索的过程，这些变化说明了工商部是在不断地发展完善的。一个国家机构要高效地发挥其职权，必须经过实践和探索，这一点，工商部做到了。

总之，修正后的《工商部官制》清楚地规定了工商部的办事原则和职权范围，为工商部进一步开展工作提供了重要的法律依据。其是工商部相当长一段时间内的行政指导方针，直到农林部和工商部合并为止，由新的《农商部官制》取而代之。

第三节　农商部官制述评

农林部、工商部通过一系列的努力，各自的部务整理渐有眉目，所采取的发展农工商矿各业的措施也逐见成效。但是民初以来的财政

① 《参议院第十七次会议速记录》，《政府公报》1912年6月16日，附录。

② 《参议院第十七次开议纪事》，《盛京时报》1912年6月14日，（四）。

③ 《农林部官制修正草案》，《中华民国史档案资料汇编》，第三辑，政治（一），江苏古籍出版社1991年版，第27—29页。《农林部官制》，《政府公报》1912年8月9日，法律。

困难情形并未有大的改观，[①] 反而因革命后的重建，须赀更殷。到了民国二年，财政更加困难，南方掀起反袁的二次革命，军费激增。熊希龄内阁组成后，就极力推行减政政策，袁世凯也十分赞成。正是在这样的情况下，中央要求农林、工商二部进行合并。

一　农商部官制的出台

民初农林、工商二部进行合并，应该说这是一次重大的政府机构改革，改革是否成功、有效，官制自然是重要的依据，因为官制集中体现了农林、工商二部改革的一个重要方向，或者说是二部改革后所要实现的初步目标。当时农商部官制是在张謇的主持下制定的，并由大总统公布。[②] 其具体内容为：

第一条　农商总长管理农、林、水产、牧畜、工、商、矿事监督所辖各官署。

第二条　农商部职员，除各部官制通则所定外，置职员如左：

技监

技正

技士

第三条　技监承总长之命，分掌技术事务。

第四条　技正、技士承长官之命，分掌技术事务。

第五条　农商部置左列各局司：

矿政局

农林司

工商司

渔牧司

① 在不到半年的时间内，经当时的财政总长陈锦涛、熊希龄之手所借的洋债九笔，数额高达9400多万元。参见徐义生《中国近代外债史统计资料》，中华书局1962年版，第116—118页。

② 《临时大总统令》，《政府公报》1913年12月23日，法律。

第六条　矿政局掌事务如左：

一　关于矿业提倡奖励事项

二　关于矿权特许及撤销事项

三　关于矿业税事项

四　关于矿业诉愿事项

五　关于矿业监督事项

六　关于矿业警察事项

七　关于官营矿业事项

八　关于矿区勘定事项

九　关于矿区调查事项

十　关于地质调查事项

十一　关于官营炼厂事项

十二　关于矿业用地事项

十三　关于冶业监督事项

十四　关于分析矿质事项

十五　其他关于矿业一切事项

第七条　农林司掌事务如左：

一　关了农业、林业保护、监督、奖励及改良事项

二　关于农产物及蚕丝事项

三　关于耕地整理及水利事项

四　关于气候之测验及天灾、虫害之预防善后事项

五　关于官有荒地之处分事项

六　关于官有林及保安林事项

七　关于狩猎事项

八　关于农会及农业、林业各团体事项

九　关于万国农会及考察外国农业事项

十　其他关于农林一切事项

第八条　工商司掌事务如左

一　关于工商业保护、监督、奖励及改良事项

二　关于官办工商业事项

三　关于工商业团体事项

四　关于工厂之监督及检查事项

五　关于工人之保护及教育事项

六　关于工商业之调查及商品陈列、检查、试验事项

七　关于度量衡之制造、检查及推行事项

八　关于交易场及各种公司设立之核准及监督事项

九　关于商标特许及专卖事项

十　关于保险、运送、外国贸易事项

十一　其他关于工商业一切事项

第九条　渔牧司掌事务如左：

一　关于水产监督、保护事项

二　关于渔业监督、保护事项

三　关于公海渔业奖励事项

四　关于渔业团体事项

五　关于收畜改良事项

六　关于种畜检查及兽疫事项

七　其他关于水产、牧畜一切事项

第十条　农商部参事定额四人，佥事定额三十二人，主事定额五十人，技监定额二人，技正定额十六人，技士定额三十二人。

第十一条　本官制自公布日施行。①

通过农商部官制，我们可以清楚地看出农商总长的职权，所设职员的类别，以及所设的主要办事机构：矿政局、农林司、工商司、渔牧司，并规定了三司一局的具体主管范围、职员的数额。由此可见，农商部官制并不是对原有农林部官制、工商部官制的简单合并，而是经过了大的“手术”。原来农林部内置四司一厅，② 工

① 《农商部官制》，《政府公报》1913 年 12 月 23 日，法律。亦见商务印书馆编订《民国十三年编订法令大全》，商务印书馆 1924 年版，第 72—73 页。

② 《农林部官制》，《政府公报》1912 年 8 月 9 日，法律。

商部内置三司一厅,[①] 叠加起来共九个独立的机构。新的农商部官制仅设三司一局四个办事机构，比原来的农林、工商二部精简了一半还多。是不是机构精简之后，就不能覆盖原有的职权范围？回答是否定的。其实，农商部内部机构是在原农林、工商二部内部机构整合的基础上建立的，如矿政局的设立是为“注重矿政起见”[②]，是对原有工商部矿务司的整合，并在原有职权的基础上增加了“官营炼厂事项”“矿业用地事项”“冶业监督事项”“分析矿质事项”等新的职权。[③] 农林司是对原农林部农务司、山林司、垦牧司的整合，增加了主管“万国农会及考察外国农业事项”。工商司是对原工商部工务司、商务司的整合，渔牧司是对原农林部垦牧司、水产司的整合。所以，尽管农商部的内部机构设置与原工商、农林二部相比大为减少了，但是职权范围不但没有缩小，反而得到进一步扩大。这说明农商部所设的三司一矿并没有削减原来农林、工商二部的职权，而是进一步整合了原有的职权。这样一来，不仅能有效地避免人浮于事，还可以进一步提高办事效率。

此外，由于农商部官制中特设了矿政局，1914 年 2 月 1 日农商部还据以制定《矿务监督署官制》，并由袁世凯公布施行。[④] 矿政监督署分区设立，隶属农商部矿政局，掌理区内一切矿务，设署长一人，佥事一人；技正一人至四人，技士二人至八人；主事一人至四人。内置矿政科和矿业科，矿政科由佥事、主事等掌理，主要掌理矿业监督、提倡、奖励，矿权特许及撤销，矿业税征收，矿业诉愿、诉讼，以及其他矿务行政等。矿业科由技正、技士等掌理，经办矿区勘

① 《工商部官制》,《中华民国商业档案资料汇编（1912—1928）》第一卷，上册，中国商业出版社 1991 年版，第 1—3 页。

② 《张謇关于解散农林、工商两部组合农商部复国务院文》,《中华民国商业档案资料汇编（1912—1928）》第一卷，上册，中国商业出版社 1991 年版，第 5 页。

③ 江苏实业厅、第二历史档案馆编:《中华民国商业档案资料汇编（1912—1928）》，第一卷，上册，中国商业出版社 1991 年版，第 6—8 页。

④ 《大总统令》,《政府公报》1914 年 2 月 2 日，命令。

定，矿业调查，地质矿床调查，矿业警察，矿质化验以及其他矿业事务。[①] 并把全国划分八个矿区并相应设立矿政监督署，具体如下：

第一区：直隶、山东、山西、河南；由农商部直辖

第二区：奉天、吉林、黑龙江；在长春设署

第三区：安徽、江苏、浙江；在江宁设署

第四区：湖北、湖南、江西；在长沙设署

第五区：陕西、甘肃、新疆；在长安设署

第六区：广东、广西、福建；在番禺设署

第七区：云南、贵州；在昆明设署

第八区：四川；在成都设署[②]

由于经费困难，其实行不久，便被撤销，将事务交给各省财政厅兼办。当时农商部并拟定《各省财政厅兼理矿务职守规则》，并被袁世凯批准。[③] 其中规定，由各省财政厅承农商部之命，兼理全省一切矿务，得添设矿务科主办。[④]

二　农商部官制的修正

但是，农商部官制的出台毕竟是在仓猝之中，从农林、工商二部合并的消息传出来，到正式合并，不过五个多月的时间，[⑤] 尽管其看上去似乎没有什么瑕疵，但是当时中国的政治体制渐渐地发生变化，革命党掀起反袁的二次革命，但很快以袁世凯的大获全胜而告终，进而袁世凯解散了国民党，[⑥] 不久又解散国会，接着制定新的约法，实行总统制，进一步加强了中央集权。为了适应这一新的变化，农商部

---

① 中国第二历史档案馆编：《中华民国史档案资料汇编》，第三辑，工矿业，江苏古籍出版社 1991 年版，第 7—9 页。

② 《矿务监督署官制》，《政府公报》1914 年 2 月 2 日，法律。又见钱实甫《北洋政府时期的政治制度》，中华书局 1984 年版，第 197 页。

③ 《大总统批令》，《政府公报》1915 年 3 月 22 日，命令。

④ 钱实甫：《北洋政府时期的政治制度》，中华书局 1984 年版，第 197 页。

⑤ 最早提出工商、农林二部合并的是在《申报》的专电栏里，参见《申报》1913 年 6 月 30 日，第二版。正式合并时间是 1913 年 12 月 24 日，袁世凯特任张謇为农商总长。参见《临时大总统令》，《政府公报》1913 年 12 月 25 日，命令。

⑥ 《大总统令》，《政府公报》1913 年 11 月 5 日，命令。

官制又做了进一步的修改，并于1914年7月10日，发布大总统令公布之。[①] 其具体内容为：

第一条　农商部直隶于大总统，管理农、林、水产、牧畜、工、商、矿事务。

第二条　农商部置总务厅及左列各司：

矿政司　农林司　工商司　渔牧司。

第三条　总各厅掌事务如左：

一　管理本部所管之官产官物

二　管理本部经费并各项收入之预算

三　稽核直辖各官署之会计

四　撰辑、保存、收发文件

五　编制统计及报告

六　记录职员之进退

七　典守印信

八　管理本部职务及其他不属于各司之事项

第四条　矿政司掌事务如左：

一　关于矿业提倡、奖励事项

二　关于矿权特许及撤销事项

三　关于矿业税事项

四　关于矿企诉愿事项

五　关于矿业监督事项

六　关于矿业警察事项

七　关于官营矿业事项

八　关于矿业调查事项

九　关于地质调查事项

十　关于官营炼厂事项

十一　关于矿业用地事项

---

① 《大总统令》，《政府公报》1914年7月11日，命令。

十二　关于冶业监督事项

十三　关于分析矿质事项

十四　其他关于矿业一切事项

第五条　农林司掌事务如左：

一　关于农业、林业保护、监督、奖励及改良事项

二　关于农产物及蚕丝事项

三　关于耕地整理及水利事项

四　关于气候之测验及天灾虫害之预防、善后事项

五　关于官有荒地之处分事项

六　关于官有林及保安林事项

七　关于狩猎事项

八　关于农会及农业、林业各团体事项

九　关于万国农会及考察外国农业事项

十　其他关于农林一切事项

第六条　工商司掌事务如左：

一　关于工商业保护、监督、奖励及改良事项

二　关于官办工商业事项

三　关于工商企团体事项

四　关于工厂之监督及检查事项

五　关于工人之保护及教育事项

六　关于工商业之调查及商品陈列、检查、试验事项

七　关于度量衡之制造、检查及推行事项

八　关于交易场及各种公司设立之核准及监督事项

九　关于商标特许及专要事项

十　关于保险、运送、外国贸易事项

十一　其他关于工商业一切事项

第七条　渔牧司掌事务如左：

一　关于水产监督、保护事项

二　关于渔业监督、保护事项

三　关于公海渔业奖励事项

四　关于渔业团体事项

五　关于牧畜改良事项

六　关于种畜检查及兽疫事项

七　其他关于水产、牧畜一切事项

第八条　农商部置总长一人，承大总统之命，管理本部事务，监督所属职员并所辖各官署。

第九条　农商总长对于各省巡按使及各地方最高行政长官之执行本部主管事务，有监督指示之责。

第十条　农商总长于主管事事务，对于巡按使及各地方最高行政长官之命令或处分，认为违背法令或逾越权限者，得呈请大总统核夺。

第十一条　农商部置次长一人，辅助总长整理部务。

第十二条　农商部置参事四人，承长官之命，掌拟订关于本部主管之法律、命令事务。

第十三条　农商部置司长四人，承长官之命，分掌各司事务。

第十四条　农商部置秘书四人，承长官之命，掌管机要事务。

第十五条　农商部置佥事三十二人，承长官之命，分掌总务厅及各司事务。

第十六条　农商部置主事五十人，承长官之命，助理总务厅及各司事务。

第十七条　农商部置技监二人，承总长之命，掌技术事务。

第十八条　农商部置技正十六人，技士三十二人，承长官之命，掌技术事务。

第十九条　农商部因缮写文件及其他特别事务，得酌用雇员。

第二十条　本官制自公布日施行。①

修正后的农商部官制有二十条内容，原农商部官制内容仅有十

① 《农商部官制》，《政府公报》1914 年 7 月 11 日，法律。

一条，虽然相差九条，但主要内容并未发生根本性的变化，主要的办事机构，只是把原来的矿政局改为矿政司，其他三司保留不变，具体权限也没有发生什么变化，只是多出一个总务厅，管理杂务。主要办事机构保持不变和延续，有利于农商部更好地发挥职能，减少了部务交接带来的不必要的负面影响，有利于维护农工商矿各业的正常发展。

新旧农商部官制也有不同的地方，根本性的那就是农商部直隶于大总统。在此之前，从未有过这样的规定，这是一个很大的变化，是当时政治因素影响的集中体现。有此规定，表明袁世凯已经全面加强中央集权，各部开始对其负责，而不再是向内阁负责。这也是其区别于以往农林部、工商部官制的地方，因为它是新约法时代的产物。①这样一来，农商部总长在行使职权的时候不能再像以前那样独立，事事似乎必须要向大总统请示。其次，明确规定了参事、司长、佥事、主事、技监、技正的数额和权限。此外，还多出酌用雇员的规定，这一规定虽然有满足农商部办公的需要，但也有一个危险的倾向，即没有雇员的确切限额规定，这可能会导致滥用雇员的腐败现象出现。

总之，以上民初农商部官制的强制性制度变迁，不仅合理地设置了内部组织机构，而且最大化地精简了人事安排。这种制度安排的创新较强地适应了民初社会经济发展的需要，适应了民初社会生产力的发展。

第四节　分科治事制度及地方行政机构

一　民初中央实业管理机构分科治事制度的完善

通过以上官制的演变，整体观之，我们不难发现民初中央农商行政管理机构是一个不断发展和完善的过程。尽管前已述及，但为了更

① 1914年5月1日，袁世凯正式公布《中华民国约法》，同时废除《中华民国临时约法》。见《政府公报》1914年5月1日，命令。关于新旧约法之对比，请参见季啸风、沈友益主编《中华民国史史料外编》，第二册，广西师范大学出版社1996年版，第489—492页。

清楚地了解其内部主要职能机构的设置和发展演变情况，我们仍有必要对它们分科治事的情况做一了解。在此仅以修正后的官制为准。

表 3－1　　农林部的分科情况①

总务厅	四科	机要、统计、会计、庶务
农务司	六科	农政、树艺、蚕丝、水利、土壤、化验
垦牧司	四科	垦务、边荒、畜牧、兽医
山林司	四科	林政、经理、业务、监查
水产司	三科	渔政、河产、海产

表 3－2　　工商部的分科情况②

总务厅	五科	文牍、编纂、统计、会计、庶务
工务司	四科	第一科、第二科、第三科、第四科
商务司	四科	第一科、第二科、第三科、第四科
矿务司	二科	第一科、第二科

表 3－3　　农商部的分科情况③

总务厅	四科	文书、会计、统计、庶务
矿政司	四科	第一科、第二科、第三科、地质调查所
农林司	四科	第一科、第二科、第三科、第四科
工商司	五科	第一科、第二科、第三科、第四科、第五科
渔牧司	三科	第一科、第二科、第三科

① 《农林部厅、司分科暂行章程》，《政府公报》1912 年 9 月 4 日，命令。钱实甫：《北洋政府时期的政治制度》，中华书局 1984 年版，第 123 页。

② 《工商部各司科职掌草案》，中国第二历史档案馆馆藏：《农商部档案》，全宗号：1038，卷号：1383，后来工商部又进一步修订了各科办事细则，就拿工商部的总务厅来说，办事细则就有 14 条，科内又有分股，仅会计科就分编制股、稽核股、纪录股、出纳股四股，每股又都有自己的职掌。具体参见《工商部总务厅会计科办事暂行细则》，《政府公报》1913 年 11 月 25 日，命令。

③ 《农商部分科规则》，《政府公报》1914 年 1 月 17 日，命令。中国第二历史档案馆编：《中华民国史档案资料汇编》第三辑，农商（一），江苏古籍出版社 1991 年版，第 3－7 页。

为了更加清楚地了解分科治事的情况，我们仅以农商部具体分科情况为例，做一探讨。农商部参事厅和秘书处不分科，总务厅分四科如上表，各科又有各自的具体管辖范围。文书科主要掌管：（1）文书收发；（2）文书分配；（3）文书编制；（4）不属于各司及总务厅其他各科文书之拟撰并保存；（5）典守印信；（6）关于职员及雇员进退记录；（7）部务会议记录；（8）文件公布。统计科主掌事务为：（1）统计材料的整理；（2）统计报告的编制。会计科掌事务为：（1）会计稽核；（2）经费出纳；（3）本部的预算决算；（4）官有财产的管理。庶务科掌管的范围为：（1）本部器物的购置和管理；（2）整理衙署；（3）监督衙役。[①] 仅一个总务厅分工就很细，比官制规定的要详细很多。

下面再看一看各司（局）的分科情况，完备得令人吃惊。因为每一科所管范围都十分明确清晰，真可谓职有专责。这样一来，就更有利于商民反映的情况能得到及时处理。

矿政司内置三科和地质调查所。

第一科所掌事务为：（1）矿务机要纪录；（2）矿务文件收发；（3）印章保管；（4）矿权特许及撤销；（5）官营矿业、冶业；（6）矿业诉愿；（7）矿务交涉；（8）矿务特别会计预算；（9）编存本局案牍；（10）记录本部直辖矿务机关人员考绩。

第二科所掌事务为：（1）矿业、冶业监督；（2）审查各省矿务册报；（3）综核矿业税；（4）官有矿地监理；（5）稽核官有矿厂报销；（6）经收矿股利息。

第三科主要掌管：（1）矿业调查；（2）矿区及矿业使用地测勘事项；（3）矿业警察；（4）矿质分析；（5）官营矿业、冶业技术。

地质调查所掌管：（1）地质构造调查；（2）矿床调查；（3）地形图及地质图调制；（4）矿肥及土性调查。[②]

农林司第一科所掌事务为：（1）农业保护、监督、奖励及教育；

---

① 《农商部分科规则》，《政府公报》1914 年 1 月 17 日，命令。

② 同上。

（2）关于农会及其他农业团体；（3）农产物及丝、茶、棉、糖诸业；（4）测候所事项；（5）农事试验场；（6）耕地整理及水利；（7）万国农会及考察外国农业事项。

第二科所掌事务为：（1）林业保护、监督、奖励及教育；（2）官有林及保安林；（3）林务机关及林业团体；（4）狩猎事项；（5）林艺试验场；（6）林产物；（7）官有林的特别会计。

第三科所掌事务为：（1）荒地调查；（2）官有荒地管理；（3）垦务机关和垦务团体；（4）边省的移垦及屯垦。

第四科所掌理事务为：（1）农事、园艺、丝、茶、棉、糖改良；（2）气候的测验，（3）农作物及蚕桑之天灾、病虫害；（4）耕地整理及水利上设计；（5）肥料及农具；（6）农场及农产、林产制造厂设计；（7）土壤肥料及农林产物化验；（8）编制官有林、保安林施业案；（9）林野及荒地测绘；（10）森林区及垦荒区内土木工程事项；（11）制材厂及储木场设计。

工商司第一科所掌事务为：（1）工商业保护、监督；（2）工商团体；（3）工商人保护及教育。

第二科所掌事务为：（1）外国贸易；（2）关于侨工商事项；（3）工商业调查；（4）关税；（5）出口货物检查。

第三科所掌事务为：（1）官办工商业；（2）度量衡之制造及推行；（3）工厂之监督及检查；（4）商品陈列所；（5）银行、保险运送交易场及其他特种营业事项。

第四科所掌事务为：（1）工厂、公司立案、注册；（2）工业品发明特许及专卖；（3）关于商标事项。

第五科所掌事务为：（1）官办工商业之设计改良；（2）工厂设计之核定；（3）特许、专卖、奖励之审查；（4）原料商品的试验、化验；（5）工商技术上之调查。

渔牧司第一科掌管事务为：（1）渔业保护、监督、奖励；（2）水产、动植物保护监督；（3）渔业团体；（4）水产教育；（5）渔税；（6）渔政厅事务监督；（7）渔业上交涉事项；（8）渔户人口调查。

第二科所掌范围为：（1）牧场筹划、监督；（2）畜牧公团事项；（3）牧养奖励；（4）牧务教育；（5）畜产物奖励、检查；（6）家畜市场。

第三科所掌事务为：（1）水产、动植物养殖；（2）渔业及水产物调查改良；（3）水产物制造、调查及改良；（4）水产动植物种类分析鉴定；（5）家畜调查改良；（6）家畜卫生；（7）种畜检查、试验；（8）兽疫调查；（9）免疫血清制造及试验；（10）关于兽医、蹄铁工事项。[①]

此外，农商部内部还设置筹办全国油矿处，督办为熊希龄。全国水利局，总裁为张謇，会办导淮事宜，负责人为许鼎霖；督办浦口商埠事宜，督办刘恩源；督办汉口建筑商场事宜杨度。组织机构进一步完善。[②]

不仅如此，农商部还进一步完善了各科办事细则，具体内容不再详述，仅以当时农商部庶务科为例，农商部制定颁行的《农商部庶务科办事细则》就多达三十二条。[③] 比较详细地规定了庶务科应办之事。

之所以不厌其烦地列举各司科的具体职掌，就是想进一步说明民初农商部的现代性。其实，行政机关采取分科治事的方式，是对传统模糊治事方式的扬弃，是政治制度现代化的重要体现。农商部作为全国管理农工商矿各业的专门行政机构，其所要处理的事务是庞大的，如果仍用传统模糊的治事方式，根本不能满足时代发展的需要，只能导致农商部门前每天人头攒动，事情延而不决。而采用分科治事的方式，规定各科有其专管的范畴，该谁的事务谁负责，这样更有利于办事效率的提高。相对而言，这样也能分流人们各往各自要办事务的司科，再也不会出现商民蜂拥而上的情况，从而方便商民办事。事实证明，农商部这种治事方式大大促进了民初农工商矿各业的快速发展。

---

① 中国第二历史档案馆编：《中华民国史档案资料汇编》第三辑，农商（一），江苏古籍出版社1991年版，第3—7页。

② 《民国职员表》，《东方杂志》第11卷第1号。

③ 《农商部庶务科办事细则》，《政府公报》1914年3月19日，命令。

二　地方行政机构的建置

北京政府刚刚建立之初，由于全国没有统一规定，地方实业行政管理机构情况比较复杂，多不统一，有的省份沿用晚清的劝业道，有的省份使用南京临时政府时期所设的实业司。由此以来，多有不便，于是，中央决定划一各地方行政官厅组织就显得十分必要。

为此，袁世凯发布临时大总统令，指出改良政治的重要性和必要性。“利国福民，首在改良政治。而改良政治之枢纽，系于法律之良窳与官制之得失。自统一政府成立以来，虽中央官制业已公布施行，而地方官厅，尚多各为风气。诚以共和宣布，其时政府计划，惟注重于军事、财政、外交诸大端，对于各省地方，亦只恢复秩序为急。故官厅之如何组织，不暇一一深求，究非整齐划一之道。就目前现象而论，各省同此一司，而南北之名称互异；同为一长，而彼此之权限各殊。至于道府并存，府县相辖，则尤沿袭前清之弊政，大戾改革之初心。此外，特别官厅、警察官署，系统既不分明，编制复多歧出，以致纲纪愈坠，政令愈疲，官治愈棼，民生愈悴。本大总统概念时艰，疚心无已。迭经饬据国务会议，佥以地方制度固为民国百年之远谟，而现行机关，宜有暂时画一之办法。是以本大总统决定方针，特就各该地方现行官厅，先从画一组织入手。所有现设各省、各道、各县以及特别行政，并警察行政各官厅，于其各本官制未公布以前，均应悉依各本令办理。为此通令京外各官厅，凡现行各项官厅组织，有与各本令所定画一办法不符者，均需分别遵照改定。一面为整齐现制之图，即一面为施行新制之备。至地方制度，其关系于国家之强弱与国民之休戚者，非常重大，究应采取如何主义，始可得国利民福之精神，政府提案业已至于再三，现正从长修正，不厌求详，一俟参议院议决，再行公布施行。各该长官当念国体骤变，物力不易，行动所需费用，悉出国民脂膏，组织能早一日就绪，即地方可少一分更张，我国民亦可稍轻一重担负。此次各令公布后，务各力任其难，按照政府计划，以民国二年三月以前为限，一律办齐，以慰国民喁喁望治之心。共和建设，来日方长，日为改岁，勖哉勖哉。此令。”[①] 接着，这长长的一道命令就成为当时划一各地方行政官厅组织的先声，正是在这样的期望下，地方农商行政管理机构也进行了划一。

（一）省级农商管理机构

1913 年 1 月 8 日公布《划一现行各省地方行政官厅组织令》。其中规定：“地方行政编制法及地方各项官制未公布以前，民国之国家行政区域，除蒙古、西藏、青海地方别有规定外，其各省地方划一现行行政长官之名称”，“各省行政公署，除各设一总务处外，划一现行分司之名称如左：（1）内务司；（2）财政司；（3）教育司；（4）实业司”[②]。

显然，实业司即地方农商行政管理机构，其具体职权是办理关于下列各种事项：（1）农业改良；（2）农事试验场；（3）蚕丝业改良和检查；（4）地方水利和耕地整理；（5）天灾、虫害的预防和善后；（6）农会；（7）农业讲习；（8）农林牧渔各种团体；（9）畜牧改良；（10）种畜检查、兽医；（11）公私林的监督、保护和奖励；（12）苗圃、林业试验；（13）狩猎监察；（14）水产试验和讲习；（15）水产业监理、保护、奖励；（16）劝业会；（17）经营工业；（18）度量衡的检查和推行；（19）模范工场；（20）工业补助；（21）工业试验所；（22）工业调查；（23）工厂监督和检查；（24）工人教育和保护；（25）输出品的奖励；（26）商品陈列；（27）保险业和其他商业监督；（28）工商业团体；（29）矿区调查；（30）矿业监督；（31）矿夫保护；（32）矿税稽核；（33）地方自办和民办的电气营业。[③] 由此可见，各省实业司的职权是繁而杂的。

但也有例外，如张俊华曾通过研究指出：“此时由于各地发展不一，有些省份限于财力或其他原因并未设置实业司，如安徽和福建等

---

① 《临时大总统令》，《政府公报》1913 年 1 月 9 日，命令。

② 中国第二历史档案馆编：《中华民国史档案资料汇编》第三辑，政治（一），江苏古籍出版社 1991 年版，第 115—116 页。《划一现行各省地方行政官厅组织令》，《政府公报》1913 年 1 月 9 日，法律。

③ 钱实甫：《北洋政府时期的政治制度》，中华书局 1984 年版，第 236 页。

省，把实业司裁去，改于内务司内设置实业科。1913 年 9 月，国务院通电各省节减财政行文中，则明令除直、苏、鄂、粤等省事务较繁保留实业司外，其余各省均可仿照安徽办理，裁并教育和实业二司。如广西即于 1914 年 3 月实行裁并，新疆改设实业局，随后又改实业局为实业科；其后各省纷纷裁并。”① 由于未找到相关原始资料，此处仍有存疑之处。但是对于其所言的 1913 年 9 月国务院的通电，遍找了当时的报纸以及国务院发布通电的重要窗口《政府公报》，就是没有发现。再把其论“除直、苏、鄂、粤等省事务较繁保留实业司外，其余各省均可仿照安徽办理，裁并教育和实业二司。”对照《民国职官年表》,② 却发现这些省在 1914 年几乎都设有实业司一职，且有相关人员在任上。

袁世凯为了加强中央集权，1914 年 5 月 23 日，又颁布了《省官制》16 条，省级行政机关颇有所变化，主要是取消行政公署原设各司，而在巡按使公署内设置政务厅，作为行政枢纽。③ 当时在政务厅内设“总务、内务、教育、实业各科”④。后把实业科改为实业厅，但在制度上并无变化。

（二）道、县级农商管理机构

在道、县一级，地方农商行政管理机构，也有明确的规定，《划一各道地方行政官厅令》中，清楚地规定在观察使公署下“除设秘书一人外，划一现行分科之名称如左：（1）内务科；（2）财政科；（3）教育科；（4）实业科”。“各道观察使公署之各科，划一现行设官之名称如左：科长、科员。”⑤ 顺天府府属行政官组织令中的规定亦同。⑥ 以后又具体指出“各道观察使公署之内务、财政、教育、实

---

① 张俊华：《民国北京政府时期的农业改良（1912—1928）》，华中师范大学 2007 年硕士论文，第 11 页。

② 参见刘寿林、万仁元、王玉文、孔庆泰编《民国职官年表》，中华书局 1995 年版，第 187—373 页。

③ 钱实甫：《北洋政府时期的政治制度》，中华书局 1984 年版，第 231 页。

④ 《省官制》，《政府公报》1914 年 5 月 24 日，命令。

⑤ 《划一现行各道地方行政官厅组织令》，《政府公报》1913 年 1 月 9 日，法律。

⑥ 《划一现行顺天府属地方行政官组织令》，《政府公报》1913 年 1 月 9 日，法律。

业各科承观察使之指挥办理本科事务，以观察使名义行之”①。

1914 年 5 月 23 日颁布的《道官制》，② 只是在一些官职的具体名称上发生变化，而道内的分科和职掌没有发生实质性的变化，实业科仍然负责管理道级地方农商事务。

在《划一现行各县地方行政官厅组织令》只是简单规定“各县知事公署分科方法，量其事务之繁简，设二科至四科，称第一、第二等科字样。其科数由该省行政长官核定之，但须呈报于国务总理及内务总长”。“每科科员二人至四人，技士至多不得过三人。”③ 并没有具体规定如何分掌地方农商事务。在随后公布的《各县知事公署暂行办事章程》中进一步明示：在各县知事公署内设置两科至四科，其中分科所掌事务包括：土地调查，土地收用，农林工商事项。④ 在后来颁布的《县官制》中，这些规定暂仍其旧。⑤

以上可见，民初北京政府在进一步完善中央管理机构的同时，也不断完善地方组织机构的建置。在各省设立劝业道、实业司、实业厅，进一步完善其职权。当然，在民初复杂的历史背景下，劝业道、实业司、实业厅行使职权时，都无一例外地受到各地方军政长官的制约。从某种程度上而言，这就使农商部政策在地方贯彻执行的效果方面大打折扣。

综上所述，尽管民初农商部官制还未达到完全现代意义上的尽善尽美，但从清末民初政治制度转型的大视野来考察，其进步性和现代性是不言而喻的。

---

① 《各道观察使公署暂行办事章程》，《政府公报》1913 年 3 月 29 日，公电。

② 《道官制》，《政府公报》1914 年 5 月 24 日，命令。

③ 《划一现行各县地方行政官厅组织令》，《政府公报》1913 年 1 月 9 日，法律。

④ 《各县知事公署暂行办事章程》，《政府公报》1913 年 3 月 29 日，公电。

⑤ 《县官制》，《政府公报》1914 年 5 月 24 日，命令。

第六章

人事与经费

人事和经费为民初中央实业管理机构正常运作提供智力支持和经济保障。民初中央实业管理机构领导群体素质的高低直接影响着其整体作为，而没有经费来源，民初中央实业管理机构部务根本无法施展。由此可见，人事和经费对民初中央实业管理机构的施政都有着巨大的制约作用，所以考察民初中央实业管理机构的人事和经费，是深入认识其运作不可或缺的重要路径。通过对民初中央实业管理机构人事制度安排、关键人物施政理念的考察，我们可以窥知，民初中央实业管理机构为了实现西方民主式的现代化的规范管理，有一套较为先进的人事管理制度；民初中央实业管理机构各总长刘揆一、陈振先、张謇、周自齐等，在施政的过程中，在结合本国国情的同时，注意吸收借鉴西方先进的实业思想，提出一系列具有现代化管理理念的实业政策，有力地推动了民初农工商矿各业的发展，一定程度上也促进了中国早期现代化的进程。

第一节　人事制度

民初北京政府为了完善人事制度，相继制定和颁布了一系列人事法规，分别为：《文官任免执行令》《文官考试法草案》《典试委员会编制法草案》《文官保障法草案》《文官惩戒法草案》《文官甄别法草案》《中央行政官官等法》《中央行政官官俸法》《文官保障法草案》《文官抚恤令》《文官官秩令》《文官任用法草案》《官吏服务令》《官吏违令惩罚令》《文官惩戒委员会编制令》《文职任用令》《简任文职任用程序令》《委任文职任用程序令》《文职任用令施行令》《文官高等考试令》《文官高等考试典试令》《文官普通考试令》《文官普通考试典试令》等，之所以如此重视文官制度，颁布这么多具有奠基作用的法令，袁世凯曾颁布命令对此进行解释说明："国家设官分职，原所以保卫民生。任免之途，即应以法令为衡，力彰公道。本大总统前经将关于官规之文官考试任用及惩戒、保障各法案，按照约法制定，先后提交参议院，咨请议决在案。各项法案，关系重要，自非一时所能议决。惟民国成立以来地方行政机关，率皆改组，用人行政，既无共贯同条之制，遂有此疆彼界之嫌。甚且任免自由，各为风气，萧艾杂进，吏治不修，破坏之余，难期建设。此任用无法之失也。至于赏罚不明，人怀侥幸，名誉既所不惜，率以逾闲荡检为自由，政事尤所不谙，日以罔利营私为惯技。遂致巧宦者，图一时利禄之计，贤者存五日京兆之心。百事悉以委徇，上下务为姑息。扬清激浊，戛戛其难。此又惩戒及保障二者无法之失也。本大总统深鉴于此，前经特颁训令，责成各省行政长官，将所有现任人员，分别严加考核。顾无依据之明文，斯爱憎得行于察典，欲臻上理，其道莫由。兹特制定关于文官任免执行令，声明以上各项法案，未经正式公布以前，所有文官任用、惩戒、保障各事宜，暂行适用各该草案办理，一俟参议院议决后，再行公布施行。为此，通令中央、地方各该行政长官，自关于文官任免执行令公布之日起，嗣后荐任以上文官，无论何省，有未呈请本大总统任命者，速行依照各该草案所定资格，分别呈请任免。凡未经呈请任免之员，即不得受相当之保障。其余惩戒事件，既有一定范围，亦应切实举行，以肃官纪。各该长官，务宜力谋行政之统一，共济时局之艰难，本大总统有厚望焉。此令。"① 有人认为这"一系列法规，从制度上健全了北洋政府的组织机构，以强化其统治"②。这一点不错，因为这些法令，对文官的考选、甄别任

① 《临时大总统令》，《政府公报》1913 年 1 月 9 日，命令。

② 林代昭：《中国近现代人事制度》，劳动人事出版社 1989 年版，第 156 页。

用、官等、官俸、抚恤、惩戒等内容作了详细的规定和说明，也奠定了民初文官制度的基础。袁世凯死后，北洋政府虽然历经几次更变，但文官制度并没有多大的变化。民初文官制度具有普遍的适用性，对于民初中央实业管理机构来说亦不例外。下面我们进一步检视民初文官制度的具体内容和规定。

一 文官的考选和甄别制度

南京临时政府时期，孙中山等革命派领导人已经着手筹建文官考试制度，还制定了《任官令草案》，对文官任用的资格和方式作了具体的规定，以促进和保证文官考试的顺利进行。但是由于其存在的时间较为短暂，相关工作尚未开展，就被随之而成立的北京政府取代。尽管如此，其进步意义显而易见，“与古代科举考试以制义为主者相较，则又具有划时代的进步”。“虽未实施，但对于其后北京政府关于考试用人的建制，则有启导的作用。”①

袁世凯北京政府成立后，修正新官制，颁布通行《各部官制通则》，②“构成了民国文官考试制度运行之基础”③。当时文官产生的主要机构是铨叙局，其官制内容为：（1）关于荐任官以上任免事项；（2）关于荐任官以上履历事项；（3）关于文官高等考试事项；（4）关于恩给及抚恤事项；（5）关于荣典授与事项；（6）关于外国勋章受领及佩用事项。④ 后来，随着社会的发展，铨叙局的职能越来越不能适应时代要求，文官制度需要进一步完善，于是，袁世凯北京政府积极厘定文官考试法令，于1913年1月9日，颁布《文官任免执行令》《文官考试法草案》《典试委员会编制法草案》，⑤ 1915年9月30

① 考试院考铨丛书指导委员会：《中华民国考选制度》，台北正中书局1983年版，第8页。

② 《各部官制通则》，《政府公报》1912年7月19日，法律。

③ 胡向东：《民国时期中国考试制度的转型与重构》，湖北人民出版社2008年版，第121页。

④ 《铨叙局官制》，《政府公报》1912年7月21日，法律。

⑤ 中国第二历史档案馆编：《中华民国史档案资料汇编》第三辑，政治（一），江苏古籍出版社1991年版，第287—293页。

日颁布《文官高等考试令》《文官高等考试典试令》《文官普通考试令》《文官普通考试典试令》等，[①] 对文官考试进行了较为详尽的规定，逐渐形成较为完善的文官考试制度。综合北京政府两次主要的修订文官考试法令，我们可以将文官考试制度的主要内容以图表的形式列出。

表 3－4　**1913 年文官考试制度框架**

	文官高等考试	文官普通考试
报考资格	民国男子，年满 21 岁以上者，得应文官考试，有下列各款之一者，不在此限：（1）褫夺公权，尚未复权者；（2）受禁治产及准禁治产之宣告确定后，尚未有撤销之确定裁判者；（3）受破产之宣告确定后，尚未有复权之确定裁判者；（4）其他法律有特别规定者格	同左
考试程序	分为甄录试、初试、大试。甄录试为笔试，落第者不得参加初试。在中学以上学校毕业或有与之相当之资格者，得免甄录试。初试及大试皆先笔试后口试。初试及第者，授以学员证书，由国务院总理咨送各官署学习，学习两年后经由各该长官呈请参加大试或本人呈请大试。未及格者延长学习期一年以下再送大试	不分试
考试科目	甄录试：国文、历史、地理、笔算。 初试主科：国法学、刑法、民法、国际公法、行政法、经济学、财政学；初试附科：商法，政治学，刑事诉讼法，通商约章。 主科不得去取，附科任应试人自择其一。 大试：现行法令解释，设案之判断，草拟文牍	国文、历史、地理、笔算、法学通论、经济学。 除以上科目外，各官署得斟酌情形将该署所掌事务加入一、二科目，但须于考前一个月以前登报公布之

① 《大总统申令》，《政府公报》1915 年 10 月 1 日，命令。

续表

	文官高等考试	文官普通考试
典试人员构成	委员长1人，监督委员管理一切事务，其对应试人的评定权，无论何人不得干涉。主试委员无定额，受委员长之监督，管理考试事宜，遇有亲属与试时应先声明回避。监试委员2人或1人，受委员长之监督，管理监试事宜。 高等典试委员会受国务总理之监督，管理文官高等考试事宜。其主要人员由国务总理在下列各员中开列，呈请大总统选派组织：大学校校长，大学校法科大学学长及教授，法制局长，铨叙局长，法制局参事，各部参事，大理院推事，平政院评事	委员长1人，监督委员管理一切事务，其对应试人的评定权，无论何人不得干涉。主试委员无定额，受委员长之监督，管理考试事宜，遇有亲属与试时应先声明回避。监试委员2人或1人，受委员长之监督，管理监试事宜。 中央普通典试委员会：受各该官署长官监督，管理该署文官普通考试事宜，由各该官署长官自该署内荐任官中选派组织。 地方普通典试委员会：受该省行政长官监督，管理该署普通考试事宜，由该省行政长官于所属之荐任以上官及官立中学以上学校教员中选派组织
分数评定	应试人及第、落第，并其等第，以主试委员对其考试成绩意见过半数决定，当主试委员意见参半时，由委员长加入决定之	同左
考后任用	大试及第者，授以试补官证书，按照其等第之高下，依文官任用法叙补。大试落第者，由文官高等委员会决定补习期，由国务总理通知于各该长官责令照期补习，期满再试，至三试落第者不得再与试	考试及格者，授以试补官证书，按照其等第之高下，依文官任用法叙补

表3－5　　1915年文官考试制度框架

	文官高等考试	文官普通考试
报考资格	中华民国男子年满25岁以上，且在下列各学校修习三年以上，毕业获得文凭者，得与文官高等考试：（1）国立大学或高等专门学校；（2）教育部指定的外国大学或高等专门学校；（3）教育部认可的私立大学或高等专门学校。但有下列情形之一者，不得报考：（1）褫夺公权或停止公权尚未复权者；（2）品行卑污被控有案查明属实者；（3）受破产之宣告，尚未复权者；（4）有精神病或年力衰弱者；（5）亏欠公款或侵蚀公款者；（6）关于考试有不正当行为或违背考试规则者；（7）其他法令有特别规定者	中华民国男子凡年满20岁，具有下列各款资格之一者得与报考：（1）符合文官高等考试资格之一者；（2）经教育部制定或认可的技术专门学校毕业获得文凭者；（3）经各省各特别行政区域地方考试及格，取充选士者；（4）曾任委任以上文职者。关于不得报考的条件与文官高等考试同

续表

	文官高等考试	文官普通考试
考试时间	每三年举行一次，如有必要延长期限、临时考试或暂缓考试时，得由政事堂呈请大总统核准先期公布之。考前由政事堂将各官署所需人员名额及所考专科先行通告。考试日期及录取名额由大总统核定	于文官高等考试后行之，但委任人员有不敷用时，得由政事堂呈请大总统特令举行。录取名额于考期前由大总统以命令定之
考试程序	分为第一试，第二试，第三试，第四试。前三试为笔试，第四试为口试。四试平均合取者为及格	分为第一试，第二试，第三试。前两试为笔试，第三试为口试。三试平均合取者为及格
考试科目	第一试：经义、史论、现行法令解释。 第二试、第三试分门类进行考试，如政治专科，第二试考试科目：宪法、政治学、财政学、政治史、刑法、中国历代政治大要、行政法规、经济学、统计学、民法、地方行政制度。第三试考试科目为：商法、国际私法、农事行政、商事行政、垦务行政、社会政策、国际公法，教育行政、工事行政、交通行政、警务行政等。关于经济专科、法律专科、文学专科、物理专科、数学专科、测量专科、化学专科、地质专科、采矿专科、冶金专科、机械专科、造船专科、船机专科、土木工专科、建筑专科、电工专科、医学专科、制药专科、农学专科、农艺化学专科、林学专科、兽医专科等考试科目略。① 各科目由典试官临时指定，每试至少以四项为率。 第四试：典试襄校三人以上出席，口试内容为应试人曾经笔试的学科	第一试：国文。 第二试：行政职：宪法大纲，现行法令解释，策问，文牍。 技术职：就考试所需技术按被试学业分别考试，至少以四题为限。 第三试：典试襄校三人以上出席，口试内容为应试人曾经笔试的学科
成绩等次	每试为一场，每场合定一总分数，合每场分数平均计算（高等考试四场，普通考试三场），其平均分满 60 分者为及格，60 分以上者为中等，70 分以上者为优等，80 分以上者为最优等。及格人数超过应取名额时，由典试官按定额择优录取。不及定额时，尽及格之卷录取	同左

① 具体内容参见《大总统教令第四十九号》，《政府公报》1915 年 10 月 1 日，命令。

续表

	文官高等考试	文官普通考试
典试人员构成	一、典试官：1 人，由大总统特派，掌理文官高等考试事务。 二、副典试官：2 人，由大总统特派，辅助掌理文官高等考试事务。 三、襄校官：按报考学科分别遴选，临时定额，呈请大总统派充，分掌文官高等考试事务。此外还得聘用专门学问人员充典试评议员。 四、监试官：4—6 人，由大总统于肃政史及高等以上检察厅检察官中简派，掌纠察文官高等考试事务。 一、二、三类人员如与应试人有亲属关系，应在相应之考试自行声明回避；如有特殊情形应声明是否回避，由大总统核定之。 考试事竣，由一、二类人员将考试及格者姓名呈报大总统，并具备个人基本情况并考试成绩清册，咨呈政事堂交由铨叙局注册。所有考试事竣，典试各官即行裁撤	一、典试官：1 人，由大总统简派，掌理文官普通考试事务。 二、副典试官：1 人，由大总统简派，辅助掌理文官普通考试事务。 三、襄校官：按报考学科分别遴选，临时定额，呈请大总统派充，分掌文官普通考试事务。 四、监试官：4—6 人，由大总统于肃政史及各级检察厅检察官中简派，掌纠察文官普通考试事务。 一、二、三类人员如与应试人有亲属关系，应在相应之考试自行声明回避；如有特殊情形应声明是否回避，由大总统核定之。考试事竣，由一、二类人员将考试及格者姓名呈报大总统，并具备个人基本情况并考试成绩清册，咨呈政事堂交由铨叙局注册。所有考试事竣，典试各官即行裁撤
分数评定	各场分数由襄校官酌拟，送典试官核定；口试分数以典试官、襄校官合意定之。高等考试之典试评议员由政事堂临时聘用，在口试必要之时出席为襄校官之补助。 考试及格各员之分发由政事堂就其考试成绩及所习学科定之	同左
考后任用	考试及格者，由大总统依文官官秩令授以上士，其有原官高于应授之秩者，仍从其原官。前项授秩人员应按所考科目分发京外各官署学习，以两年为限，学习期满成绩优良者经甄别试后作为候补，由政事堂铨叙局注册备案，归各该长官以相当的职缺按荐任职任用程序令呈请任用	考试及格者由大总统依官秩令授以同少士，其有原官高于应授之秩者，仍从其原官。前项授秩人员应按所考科目分发京外各官署学习，以一年为限，学习期满成绩优良者作为候补，由政事堂铨叙局注册备案，归各该长官以相当的职缺按委任职任用程序令任用

以上资料来源：《文官任免执行令》《文官考试法草案》《典试委员会编制法草案》、[①] 《文官高等考试令》《文官高等考试典试令》《文官普通考试令》《文官普通考试典试令》[②] 等。

---

① 《大总统教令第十号》，《政府公报》1913 年 1 月 9 日，命令。

② 《大总统教令第四十九号》，《政府公报》1915 年 10 月 1 日，命令。

北京政府建立后，由于从中央到地方各级官署中都留有大量未经考试的官吏，为此，北京政府在推行文官考试制度的同时，也对文官进行甄别。[①] 凡在《文官任用施行法》实施以前任命的官吏，在《文官甄别法》实行后即进行甄别。[②] 1915 年 9 月，袁世凯又公布了《文官甄用令》，[③] 对文官的甄用，作了具体的规定。《文官甄用令》规定"确系经验宏富，才堪致用者"，具有以下资格之一时，得由保荐官切实保荐，可以任用为官吏：（1）有与简任或荐任相当资格而由考试出身者；（2）有与简任或荐任相当资格，虽非考试出生，但曾任实职 5 年以上、确有特别政绩者；（3）有荐任以上相当资格，历办地方行政事务 8 年以上，成绩卓著者；（4）有特别才能，通达治术而夙著闻望者；（5）办理国家特别事务，有异常劳绩者；（6）有与委任相当资格，曾任职 10 年以上，有特别政绩者。[④]

民国伊始，中国正是朝着政治现代化转型的重要时期，而文官考试制度又是当时政治制度现代化的必然结果。[⑤] 实际上，无论是文官考试制度，还是文官甄别、甄用法令都是文官产生的基础，或者说是前提条件。它对文官的选拔，以及政府组织结构的完善起着至关重要的作用。它是对传统选官原则的一大突破，摒弃了世袭制和任人唯亲。客观地说，"比之古代科举考试，从形式到内容都具有现代资产阶级民主制度的色彩，尤其以体系的完备、法规的完整和组织系统的严密为古代科举所远远不及"[⑥]。这些新制度的规定，也使选官不仅有法可依，且有了统一的标准，可操作性也很强。文官主要是通过考试来选取，但也不仅仅拘泥于考试，还可以通过甄用的方式，甄用是对文官考试制度的有益补充，这使有经验和有一技之长者不至于因为不能通过文官考试，而无用武之地。这些

---

① 《文官甄别法草案》，《中华民国史档案资料汇编》第三辑，政治（一），江苏古籍出版社 1991 年版，第 301—304 页。亦见《东方杂志》第 9 卷第 8 号。

② 林代昭：《中国近现代人事制度》，劳动人事出版社 1989 年版，第 164 页。

③ 《大总统教令第五十七号》，《政府公报》1915 年 10 月 1 日，命令。

④ 《文官甄用令》，1915 年 9 月 30 日公布，《东方杂志》第 12 卷第 11 号。

⑤ 秦昊杨主编：《民国文官考试制度研究（1912—1949）》，国家行政学院出版社 2009 年版，第 4 页。

⑥ 同上书，第 221 页。

文官选拔的新制度，既是对西方先进文官制度经验的借鉴，也是袁世凯北京政府吸取中国传统选官制度教训的结果。既具有先进性，也具有中国特色，顺应了民初社会转型与发展的历史潮流。

二 文官的任用制度

文官考试制度和甄用令为民国文官的产生奠定了基础，而其产生后文官如何任用，其标准是什么？将是接下来我们要探讨的内容。

民国文官的任用是分等级的，称为“官等”，北洋时期的文官等级分为四种，即特任、简任、荐任和委任。[①] 1912 年 10 月 16 日公布的《中央行政官官等法》[②] 规定，除特任官外，文官分九等。第一等第二等为简任官。第三等至第五等为荐任官。第六等至第九等为委任官。[③] 在上列四等文官中，前三等为高等文官，后一种为普通文官。“在北洋政府统治时期，上述规定有些变化，但历届政府基本上都是沿用上述《中央行政官官等法》。”[④] 它对各类任官的具体程序都有明确的规定。

特任官：指国务总理及各部总长。国务总理由大总统提名，经国会同意后再由大总统特令任命；各部总长由国务总理提名，经国会同意后再由大总统特令任用。[⑤]

简任官：简任官属于国务院或直隶于国务总理者。其任免叙等，由国务总理呈请大总统行之。属于各部或直隶于各部者，由各部总长商承国务总理呈请大总统行之。

荐任官：属于国务院或直隶于国务总理者。其任免叙等，由各该长官呈由国务总理呈请大总统行之。属于各部或直隶于各部总长者，由各部总长经由国务总理呈请大总统行之。

委任官：委任官之任免叙等，由各该长官行之。

---

① 《文官任用法草案》，《政府公报》1913 年 1 月 9 日，命令。

② 《临时大总统令》，《政府公报》1912 年 10 月 17 日，命令。

③ 彭勃、徐颂陶主编：《中华人事行政法律大典》，中国人事出版社 1995 年版，第 1383 页。亦见神州编译社编《民国二年世界年鉴》，神州编译社 1913 年版，第 403 页。

④ 林代昭：《中国近现代人事制度》，劳动人事出版社 1989 年版，第 166 页。

⑤ 根据《中央行政官官等简表》，《政府公报》1912 年 10 月 17 日，法律。

此外还具体规定：（1）初任官者之官等，须为官等表中所定各该官最低之等。升任者亦同。（2）有荐任官资格之人，任为委任官者，其初任官之官等为六等。应文官高等考试初试及第之人，任为委任官者，自七等始。（3）转任者，如其前官之官等高于其转官之最低等者，须从其前官之官等。（4）已退官者，如复任时，须依前官官等，或前官官等以下之等；但任前官时，在官已逾两年者，得进前官一等。第二项第三项及第四项之规定，于秘书不适用之。各官之官等非在官两年以上，受至各该官官等最高级之俸者，不得叙进一等。此项规定，于秘书不适用之。①

关于中央行政官官等，我们可以用下列简表表示：②

表 3－6　　**中央行政官官等表**

官署	特任	简任		荐任			委任	
		一等	二等	三等	四等	五等	六等	七至九等
国务院	总理	秘书长	同左	秘书	同左			
					佥事	同左	主事	同左
		法制局局长	同左	参事③	佥事、秘书	同左	主事	同左
		稽勋局局长	同左		佥事、秘书	同左	主事	同左
		蒙藏总裁	同左		佥事、秘书	同左	主事	同左
			铨叙局局长		佥事、秘书	同左	主事	同左
			印铸局局长		佥事、秘书	同左	主事	同左
					技正	同左	技士	同左
各部	总长	次长	同左	参事	同左			
				秘书	同左			
				司长	同左			
					佥事	同左	主事	同左
		技监	同左	技正	同左	同左	技士	同左
	（财政部）	驻外财政员	同左		④			
	（陆海军部）				科长、副官	同左	科员、司副官	同左

① 《中央行政官官等法》，《政府公报》1912 年 10 月 17 日，法律。

② 参见钱实甫《北洋政府时期的政治制度》下册，中华书局 1984 年版，第 345 页。

③ 四年十二月二十五日，令中央各部院局署的参事、司长、厅长等，均改为简任职。

④ 海军、农商、交通各部的“视察”，司法部的“编纂”，教育部的“视学”等，均荐任四等。

具体到当时的农林部、工商部官等见下表：

表 3－7 **农林部、工商部官等表**①

特任		农林总长						
简任	一等	农林部次长						
简任	二等	同上						
荐任	三等	农林部秘书		农林部参事	农林部司长			农林部技正
荐任	四等	同上 四等始者限一人	农林部秘书	同上	同上	农林部佥事	农林部视察	同上
荐任	五等		同上			同上	同上	同上
委任	六等					农林部主事		农林部技士
委任	七等					同上		同上
委任	八等					同上		同上
委任	九等					同上		同上

工商部官等表②

特任		工商总长					
简任	一等	工商部次长					
简任	二等	同上					
荐任	三等	工商部秘书		工商部参事	工商部司长		工商部技正
荐任	四等	同上 四等始者限一人	工商部秘书	同上	同上	工商部佥事	同上
荐任	五等		同上			同上	同上
委任	六等					工商部主事	工商部技士
委任	七等					同上	同上
委任	八等					同上	同上
委任	九等					同上	同上

① 《中央行政官官等简表》，《政府公报》1912 年 10 月 17 日，法律。
② 同上。

1914 年 7 月 28 日，袁世凯曾颁布《文官官秩令》[①]，这带有一定的封建主义色彩。[②] 其把文官分为九秩，分别为：上卿、中卿、少卿、上大夫、中大夫、少大夫、上士、中士、少士。另有加秩：同中卿、同上大夫、同少大夫、同中士、同少士。[③] 此令称，历代官制的主要宗旨，重在官位和职责的区分，也就是按照资历任官，这样使人不能急进功利，可以按照才能授予职位，使每件事都有专人负责。袁世凯认为此令是总结历代官制之道，使贤达、有才能的人能各尽其职，各尽其能，为社会共同服务，杜绝争相进职的不良社会风气。[④] 而实际上，这显然是一个向帝制过渡的官秩令。袁世凯死后，此令很快被黎元洪废除。

民初文官不仅分等级，而且规定了简任以下各官的任用资格。1913 年 1 月 9 日公布的《文官任用法草案》中有明确的体现。

简任文官：由下列各资格之人中任用之。（1）现任三等荐任文官及曾任三等荐任文官者，但教官、技术官及依特别任用法任用之官，不在此限。（2）曾任简任文官满一年以上者，但教官、技术官及依特别任用法任用之官。在职之年数，除去计之。（3）曾任简任文官。受文官高等考试及第者。

荐任文官：由下列各资格之人中任用之。（1）受文官高等考试及第者。（2）曾任荐任文官满一年以上者。但教官技术官及依特别任用法任用之官，在职之年数，除去计之。现任荐任审判官、检察官满一年以上，及曾任审判官、检察官满一年以上者，得任为司法部荐任文官。现任北京大学校及官立中等以上经教育部认可之诸学校教官满一年以上，及曾任北京大学校及官立中等以上经教育部认可之诸学校教官满一年以上者，得任为教育部荐任文官。陆海军将校，得各任为该部荐任文官。

委任文官：由下列各资格之人中任用之。（1）受文官普通考试

① 《大总统申令》，《政府公报》1914 年 7 月 29 日，命令。

② 陈兴德：《二十世纪科举观之变迁》，华中师范大学出版社 2008 年版，第 166 页。

③ 《文官官秩令》，《政府公报》1914 年 7 月 29 日，命令。

④ 《大总统申令》，《政府公报》1914 年 7 月 29 日，命令。

及第者。(2) 受文官高等考试初试及第者。(3) 受文官高等考试及第者。(4) 曾任委任文官满两年以上者。(5) 曾充各官署雇员满三年以上者。①

由于上述规定略显笼统，执行起来多有困难，所以同时颁布了《文官任用法施行法草案》，进一步规定了任官资格。规定在三年之内，在任用资格上可稍作变通，具体内容如下。

简任文官之任用。除依文官任用法所定资格外，得以有下列资格之一者任用之。(1) 在本国或外国大学或专门学校修政治、法律、经济之学三年以上，得有毕业文凭者。(2) 曾任简任文官者。(3) 现任或曾任四等荐任文官者。(4) 曾有与简荐任文官相当之资格。并历办行政事务满五年以上，有成绩者。

关于荐任文官之任用。除依文官任用法所定资格外，得以有下列资格之一者任用之：(1) 有前条第一、第二、第四各款之资格者。(2) 曾任荐任文官者。(3) 曾有与荐任文官相当之资格。历办行政事务，满三年以上，有成绩者。(4) 在本国或外国专门以上各学校。或本国法政讲习所修政治、法律、经济之学一年半以上，得有证明书，曾办行政事务满两年以上，有成绩者。(5) 受文官高等考试初试及第。学习半年以上，有成绩者。

关于委任文官之任用。除依文官任用法所定资格外，得以有下列资格之一者任用之：(1) 在本国或外国中学校及与中学相当或以上之学校毕业者。(2) 有与前款毕业相当之资格者。(3) 曾任荐任文官者。(4) 历办行政事务满一年以上，有成绩者。(5) 曾任委任文官者。②

1915 年 9 月 30 日，袁世凯又颁布了《文职任用令》《简任文职任用程序令》《荐任文职任用程序令》《委任文职任用程序令》《文

---

① 《文官任用法草案》，《政府公报》1913 年 1 月 9 日，命令。

② 《文官任用法施行法草案》，彭勃、徐颂陶主编：《中华人事行政法律大典》，中国人事出版社 1995 年版，第 1355 页。亦见《政府公报》1913 年 1 月 9 日，命令；《中华民国史档案资料汇编》第三辑，政治（一），江苏古籍出版社 1991 年版，第 292—295 页；《东方杂志》第 9 卷第 8 号。

职任用程序令》等①，其内容与上述任用法相比，主要有两点不同：一是增加了文官的甄别、甄用；二是大总统享有“特擢”或“特佥”的用人权，这无疑就扩大了大总统的权力。②

三 文官的监督和惩戒

袁世凯北京政府对文官的选拔、任用作出一系列的规定之外，还制定了文官纪律，并对文官进行监督和惩戒，加强了对文官队伍的管理。

1913 年 1 月 9 日，北洋政府公布了《官吏服务令》，③ 对文官纪律做了具体的规定。其内容大略为：

1. 凡官吏应竭尽忠勤，从法律命令所定，以行职务。

2. 长官就其监督范围以内所发命令，属官有服从之义务。但有下列各项情形者，不在此限。(1) 所发命令有违法令之规定者。(2) 命令形式不完具者。(3) 非属官职守所应为者。于两级长官同时所发命令，以上级长官之命令为准。主管长官与兼管长官同时所发命令，以主管长官之命令为准。属官对于长官所发命令，如有意见，得随时陈述。其遇有长官以第二条所列各项强属官以执行者，属官得依据法令拒绝。

3. 官吏有保密职责。对于官署机密事件，无论署内署外及是否本管事件，均不得漏泄，退职后亦同。官吏在审判官厅为证人、鉴定人时，如涉及职务上之秘密事件，非经本管长官许可，不得陈述。官吏于该管事件，不得以未发之文书通知该事件有关系之人。官署报告文件，未经发刊者，非得该管长官许可，不得私自宣示。为了保守机密，官吏不得兼任报刊的执笔人员。

4. 官吏应于法定时间到署。但有特别职务得长官许可者，不在此限。遇有紧要事件，如逾办事时间未完结者，不得任意离署。

5. 凡属官于所管册档、文卷、器物、财产，均有典守之责，不

---

① 《大总统教令第五十九号至六十三号令》，《政府公报》1915 年 10 月 1 日，命令。

② 林代昭：《中国近现代人事制度》，劳动人事出版社 1989 年版，第 169 页。

③ 《临时大总统令》，《政府公报》1913 年 1 月 9 日，命令。

得遗失弃毁。

6. 官吏不得假用权力，以图本身和他人的便利。

7. 凡官吏有统属关系者，无论涉及职务与否，不得馈受财物。其因家族或用别项名义及其他方法间接馈受者，亦同。他人对于官吏所办事件有馈遗者，无论用何名称，均不得领受。官吏有得外国政府赠与之勋章，及其他赠送者，应经由国务总理呈请大总统认可，始得领受。

8. 官吏于该管事件，不得滥用职权。除惯例所许外，不得有嘱托公事之酬宴。官吏应恪守官箴，不得狎妓聚赌及一切非法之举动。①

为了维护官僚秩序，袁世凯北京政府还对文官进行监督，除议会监察外，还设置专门的监察机构平政院和肃政厅。② 并对文官的不法行为进行惩戒，设置惩戒委员会。③ 颁布《文官惩戒法草案》，④ 规定文官凡有下列各款情形之一者，应受惩戒：（1）违背职守义务；（2）玷污官吏身份；（3）丧失官吏信用。惩戒处分如右：（1）褫职；（2）降等；（3）减俸；（4）申诫。另外规定：受褫职处分者，自受处分之日起，非经过两年，不得复任。受降等处分者，自受处分之日起，非经过一年，不得再叙进，受降等处分无等可降者，减其半俸，其期间为一年以上、两年以下。减俸期间，为一月以上、一年以下，减俸数目为月俸十分之一以上、三分之一以下。⑤

民初北京政府通过一系列的文官纪律令，监督和惩戒法案，有利于保证整个官僚体系的廉洁、高效。

---

① 《临时大总统教令第十一号》，《政府公报》1913 年 1 月 9 日，命令。亦见《中华民国史档案资料汇编》第三辑，政治（一），江苏古籍出版社 1991 年版，第 70—72 页；《东方杂志》第 9 卷第 8 号。

② 平政院成立于 1914 年 4 月 27 日，肃政厅与平政院同时成立，按规定它是平政院的一部分，但与平政院是两个独立行使职权的监察机关，直接属于大总统管辖。见钱端升《民国政制史》，上海人民出版社 2008 年版，第 103—104 页。

③ 参见林代昭《中国近现代人事制度》，劳动人事出版社 1989 年版，第 179 页。

④ 《文官惩戒法草案》，《政府公报》1913 年 1 月 9 日，命令。

⑤ 中国第二历史档案馆编：《中华民国史档案资料汇编》第三辑，政治（一），江苏古籍出版社 1991 年版，第 296—299 页。

四　官员的编制与薪俸

关于农商部人员的具体编制，我们用表3-8表示。

表3-8　农商部人员的具体编制表　（单位：人）

部别	总长	次长	普通部员					技术部员			特别部员	总数
			司长	参事	秘书	佥事	主事	技监	技正	技士	视察	
农林部	1	1	4	4	4	40	70		10	15	8	157
工商部	1	1	3	6(5)	5	28	50		8	13		115（114）
农商部	1	2	4	4	4	32	50	2	16	32		147

资料来源：《农林部官制》《工商部官制》《农商部官制》。

民初北京政府关于官员的薪俸规定得十分详细，因为它是稳定官僚队伍的一个重要保证。1912年10月16日，袁世凯发令公布《中央行政官官俸法》,[①] 其具体内容为：

> 第一条　特任官官俸。除别有规定外。其俸额如下：国务总理月俸一千五百元；各部总长月俸一千元。
>
> 第二条　简任官官俸，除别有规定外，其各级俸额依附表第一表第一号。
>
> 荐任官官俸，除别有规定外，其各级俸额依附表第一表第二号。
>
> 委任官官俸，除别有规定外，其各级俸额依附表第一表第三号。
>
> 同一官，因其官等不同而俸额异者，依附表第二表定之；同一官等之官，其俸额有数级者，由各该长官视其事务之繁简、学职之短长、执务之勤惰定之。并以次进之。但非执务半年，不得进一级。
>
> 第三条　简任官进至各该官最高之等，受至最高级之俸满五年以上，确有功绩者，得给以七百元以内之年功加俸；荐任官进至各

① 《临时大总统令》，《政府公报》1912年10月17日，命令。

该官最高之等，受至最高级之俸满五年以上，确有功绩者，得给以五百元以内之年功加俸；委任官进至各该官最高之等。受至最高级之俸满五年以上，确著勤劳者，得给以二百元以内之年功加俸。

第四条 休职退官及死亡时，仍给以本月之全俸。

第五条 退官者仍在续办公事清理余务时。照常给俸。休职者在休职期间中，仍给俸三分之一。

第六条 凡在官于一年之内，因病不能执务过九十日，或因私事不能执务过三十日者，须计其一年应得之俸，减其四分之一。但因公致疾及服丧者，不在此限。

第七条 关于官俸发给细则。由财政总长以部令定之。

第八条 本法自公布日施行。①

文中提到的俸额附表如表3－9，官等俸给附表如表3－10。

表3－9 **简任官以下月俸分级表** （单位：圆）

俸级	第一号	第二号	第三号
第一级	600	360	150
第二级	500	340	140
第三级	400	300	130
第四级		280	115
第五级		240	105
第六级		220	95
第七级		200	80
第八级			75
第九级			70
第十级			60
第十一级			55
第十二级			50

① 《中央行政官官俸法》，《政府公报》1912年10月17日，法律。亦见神州编译社编《民国二年世界年鉴》，神州编译社1913年版，第404页。

表 3－10　　　　　　　　　　　　**官等俸给对照表**

官等 俸别	一等	二等	三等	四等	五等	六等	七等	八等	九等
简任官月俸	第一级	第二级 第三级							
			第一级 第二级	第三级 第四级	第五级 第六级 第七级				
						第一级 第二级 第三级	第四级 第五级 第六级	第七级 第八级 第九级	第十级 第十一级 第十二级

后来，袁世凯又于1912年11月2日公布了《技术官官俸法》，[①] 明确规定技术官的各级薪俸情况，其具体内容为：

> 第一条　技术官官俸，除别有规定外，其各级俸额均依附表。
>
> 第二条　简任技术官，受至最高级之俸满五年以上，确著功绩者，得给以七百元以内之年功加俸。
>
> 荐任技术官，受至最高级之俸满五年以上，确有功绩者，得给以五百元以内之年功加俸。
>
> 委任技术官，受至最高级之俸满五年以上，确著勤劳者，得给以二百元以内之年功加俸。
>
> 第三条　技术官官俸，由各该长官视其事务之繁简、技艺之短长、执务之勤惰，定其俸级。并以次进之。
>
> 第四条　中央行政官官俸法第四条至第六条之规定，于技术官适用之。
>
> 第五条　本法自公布日施行。[②]

该法中提到的附表见表 3－11。

① 《临时大总统令》，《政府公报》1912年11月3日，命令。

② 《技术官官俸法》，《政府公报》1912年11月3日，命令。亦见《东方杂志》第9卷第6号。

表 3－11　**技术官月俸分级表**　（单位：圆）

官名 / 俸级	技　监	技　正	技　士
第一级	800	440	165
第二级	750	420	150
第三级	700	400	135
第四级	650	380	120
第五级	600	360	105
第六级	550	340	95
第七级		320	85
第八级		300	75
第九级		280	65
第十级		260	55
第十一级		220	45
第十二级			35
第十三级			30
第十四级			25

此外，为了维护官员的利益，保证其恪守职责，安心服务，北京政府还颁布了《文官保障法草案》[①]《文官抚恤令》。[②]

总之，以上有关人事的规定，尽管是对于整个国家的人事而言的，但具有全盘性和普遍性的指导意义，显然亦适用于民初中央实业管理机构——农林部、工商部、农商部。

第二节　主要人事赓续

尽管袁世凯北京政府执政时间不长，但由于其处在中国社会由专制社会向民主社会过渡的重要转型时期，旧的秩序尚未完全打破，新的价值体系一时难立，各种政治势力纵横捭阖，党派林立，“各处会所如林，党员如鲫”[③]，他们极力插手政治，导致民初政局动荡不安，内阁更迭频

① 《文官保障法草案》，《政府公报》1913 年 1 月 9 日，法律。

② 《文官抚恤令》，《政府公报》1914 年 3 月 3 日，命令。具体内容亦可参见代继华《中国职官管理史稿》，法律出版社 1994 年版，第 1146—1150 页。

③ 《清谈》，《申报》1912 年 3 月 13 日，第三版。

仍。其实，这亦可从民初实业管理机构的人事更替中管窥一斑。关于民初实业管理机构内部主要人事的赓续，为了更简明扼要地说明问题，我们把它们列表讨论。对总次长、佥事、司（局）长等主要职员进行较为详细的考证，由于其他官职要么为数较多，要么相对而言并非占十分重要的地位，再受时间和知识水平的限制，对之逐一进行考证确难做到。

一 总长之更替

农林部时期农林总长的职责是管理农务、水利、山林、畜牧、蚕业、水产、垦殖事务，监督所辖各官署。① 工商部时期工商总长则管理关于工商矿事务，监督所辖各官署。② 农商部时期农商总长管理农、林、水产、牧畜、工、商、矿事监督所辖各官署。③ 由此可见，总长具有总揽全局的职权，发挥统率的作用，全面负责和主持部务工作。显然，各总长无疑是研究民初中央实业管理机构人事不可或缺的最重要组成部分，也是透析其施政方略的关键节点。

表 3－12　**总长或代理总长更替表④**

姓名	任职官称	任职时间	辞（免）职时间	籍贯	学历出身或留洋经历	出生年月及备注
宋教仁	农林总长	1912－03－30⑤	1912－07－14⑥	湖南	留日，先入日本法政大学，后入日本早稻田大学学习	（1882—1913）

① 《农林部官制》，《政府公报》1912 年 8 月 9 日，法律。

② 《工商部官制》，《政府公报》1912 年 8 月 9 日，法律。

③ 《农商部官制》，《政府公报》1913 年 12 月 23 日，法律。

④ 制此表参考《政府公报》相关任免令，钱实甫：《北洋政府职官年表》，华东师范大学出版社 1991 年版，第 3—12 页；《民国元年京省职官表》，《东方杂志》第 9 卷第 7 号；《民国二年京省职官表》，《东方杂志》第 10 卷第 1 号；《民国职员表》，《东方杂志》第 11 卷第 1 号；《民国职员表》，《东方杂志》第 12 卷第 1 号；《民国职员表》，《东方杂志》第 13 卷第 1 号；《民国职官表》，沈云龙主编：《近代中国史料丛刊续编第八十六辑》，台北文海出版社 1983 年版，第 1—148 页；《辛亥以后十七年职官年表》，沈云龙主编：《近代中国史料丛刊续编第五辑》，台北文海出版社 1983 年版等。

⑤ 《临时大总统令》，《临时公报》1912 年 3 月 31 日，命令。

⑥ 《临时大总统令》，《政府公报》1912 年 7 月 16 日，命令。

续表

姓名	任职官称	任职时间	辞（免）职时间	籍贯	学历出身或留洋经历	出生年月及备注
陈振先	农林总长	1912—07—26①	1913—09—04②	广东	留学美国，习农科	（1877—1938）③ 1912—07—16 代④
罗振方	农林总长			浙江	举人出身	（1875—1932） 1913—09—04 代⑤
张謇	农林总长	1913—09—11⑥	1913—12—24⑦	江苏	状元出身	（1853—1926） 1913—12—24 农林、工商部合并为农商部
陈其美	工商总长	1912—03—30⑧	1912—06—29⑨	浙江	留日，初学警察后习法律	（1878—1916）
王正廷	工商总长			浙江	留学美国，耶鲁大学毕业	（1882—1961） 1912—05—07 署⑩， 1912—07—14 辞⑪
张新吾	工商总长			江苏	北洋大学毕业，后留学日本，日本帝国大学毕业	（1879—1976） 1912—07—16 代⑫

① 《临时大总统令》，《政府公报》1912 年 7 月 27 日，命令。

② 《临时大总统令》，《政府公报》1913 年 9 月 5 日，命令。

③ 参见张宪文等编《中华民国史大辞典》，江苏古籍出版社 2001 年版，第 1099 页。《陈振先》，贾逸君《民国名人传》，岳麓书社 1993 年版，第 150 页。可是，刘真主编《留学教育——中国留学教育史料》（国立编译馆 1980 年版，第 815 页），却注“光绪三十四年九月（1908），33 岁”。前后有不符之处。关于陈振先卒于何年，前面这些资料中都未述及，见孙大权《中国经济学的成长——中国经济学社研究（1923—1953）》，上海三联书店 2006 年版，第 405 页及蔡翔、孔一龙《20 世纪中国通鉴 2》，北京改革出版社 1994 年版，第 433 页。

④ 《临时大总统令》，《政府公报》1912 年 7 月 17 日，命令。

⑤ 《临时大总统令》，《政府公报》1913 年 9 月 5 日，命令。

⑥ 《临时大总统令》，《政府公报》1913 年 9 月 12 日，命令。

⑦ 《大总统令》，《政府公报》1913 年 12 月 25 日，命令。

⑧ 《临时大总统令》，《临时公报》1912 年 3 月 31 日，命令。

⑨ 《临时大总统令》，《政府公报》1912 年 6 月 30 日，命令。

⑩ 《临时大总统令》，《政府公报》1912 年 5 月 8 日，命令。钱实甫《北洋政府职官年表》认为王正廷署任日期为 1912 年 6 月 29 日，疑有误。

⑪ 《临时大总统令》，《政府公报》1912 年 7 月 16 日，命令。

⑫ 《临时大总统令》，《政府公报》1912 年 7 月 17 日，命令。

续表

姓名	任职官称	任职时间	辞（免）职时间	籍贯	学历出身或留洋经历	出生年月及备注
刘揆一	工商总长	1912—08—02①	1913—07—18②	湖南	留学日本	(1878—1950)
向瑞琨	工商总长			湖南	留学日本，早年赴日本明治大学学习工商科	1913—07—21 代③ 任两江总督端方的商务文案。1911 年得工商科举人④。曾任上海总商会副会长⑤
张謇	农商总长	1913—12—24	1915—04—27⑥	江苏	状元出身	1914—04—02⑦，张謇出差。10—02，⑧ 张謇请假
章宗祥	农商总长	1916—06—06⑨	1916—06—30⑩	浙江	留学日本，获明治大学法学学士学位	(1879—1962) 1914—04—02⑪， 1914—10—22⑫ 兼代（章时任司法总长）
周学熙	农商总长			安徽	光绪举人	(1868—1947) 1914—10—02 代⑬， 10—22 请假⑭
周家彦	农商总长			广西	1912 年毕业于日本帝国大学法科	(1879—?) 1914—10—09 代行⑮

① 《临时大总统令》，《政府公报》1912 年 8 月 3 日，命令。

② 《临时大总统令》，《政府公报》1913 年 7 月 19 日，命令。

③ 《临时大总统令》，《政府公报》1913 年 7 月 22 日，命令。

④ 参见林开明、陈瑞芳、陈克、王会娟《北洋军阀史料徐世昌卷 9》，天津古籍出版社 1996 年版，第 121—122 页，另见《天津历史资料》，1981 年第 11 期，第 36 页。

⑤ 徐鼎新、钱小明：《上海总商会史（1902—1929）》，上海社会科学院出版社 1991 年版，第 196 页。

⑥ 《大总统策令》，《政府公报》1915 年 4 月 28 日，命令。

⑦ 《大总统令》，《政府公报》1914 年 4 月 3 日，命令。

⑧ 《大总统批令》，《政府公报》1914 年 10 月 23 日，命令。

⑨ 《大总统策令》，《政府公报》1916 年 6 月 7 日，命令。

⑩ 《大总统策令》，《政府公报》1916 年 7 月 1 日，命令。

⑪ 《大总统令》，《政府公报》1914 年 4 月 3 日，命令。

⑫ 《大总统策令》，《政府公报》1914 年 10 月 3 日，命令。

⑬ 《大总统策令》，《政府公报》1914 年 10 月 3 日，命令。

⑭ 《大总统批令》，《政府公报》1914 年 10 月 23 日，命令。

⑮ 《大总统批令》，《政府公报》1914 年 10 月 10 日，命令。

续表

姓名	任职官称	任职时间	辞（免）职时间	籍贯	学历出身或留洋经历	出生年月及备注
周自齐	农商总长	1915—04—27① 特任	1916—04—23	山东	赴美国哥伦比亚大学留学	（1871—1923） 曾任山东都督兼民政长，交通总长
金邦平	农商总长	1916—04—23② 次长升任	1916—06—06	安徽	1899 年留学日本早稻田大学，三年后毕业	（1881—？）

主要资料来源：《东方杂志》《政府公报》《中国人名大辞典》③《中国国民党九千将领》《上海名人辞典》④《长沙市志》⑤《中国近代史辞典》⑥《中国近代史辞典（人物部分）》⑦《辛亥人物碑传集》⑧《近现代名人小传》⑨《中华民国史大辞典》⑩《最近官绅履历》⑪《留学教育——中国留学教育史料》⑫《民国百人传》，《民国人物列传》⑬《中国历史大辞典（清史卷）》⑭ 等，下表同。

由表 3－12 我们不难得出如下结论。

（1）民初总长更迭比较频繁。在袁世凯北京政府短短的四年多时间内，共有 14 人出任过总长或代理总长，平均每人任期不过五个月，任期较长的有张謇、刘揆一、周自齐。

（2）总长群体的学历很高。除张謇、周学熙、罗振方都是旧功名出身外，其余皆留过洋，都是国外大学毕业，其中赴日本留学的共

① 《大总统策令》，《政府公报》1915 年 4 月 28 日，命令。

② 《政事堂奉策令》，《政府公报》1916 年 4 月 24 日，命令。

③ 廖盖隆：《中国人名大辞典》，上海辞书出版社 1992 年版。

④ 吴成平：《上海名人辞典》，上海辞书出版社 2001 年版。

⑤ 长沙市地方志办公室编：《长沙市志》第 16 卷，湖南人民出版社 2002 年版。

⑥ 陈旭麓：《中国近代史辞典》，上海辞书出版社 1984 年版。

⑦ 秦孝仪主编：《中国近代史辞典》，台湾近代中国出版社 1985 年版。

⑧ 唐文权、卞孝萱：《辛亥人物碑传集》，团结出版社 1991 年版。

⑨ 沃丘仲子：《近现代名人小传》，北京图书出版社 2003 年版。

⑩ 张宪文主编：《中华民国史大辞典》，江苏古籍出版社 2001 年版。

⑪ 敷文社：《最近官绅履历》，《近代中国史料丛刊第四十五辑》，台湾文海出版社 1970 年版。

⑫ 刘真主编：《留学教育——中国留学教育史料》，国立编译馆 1980 年版。

⑬ 吴相湘：《民国百人传》，传记文学出版社 1982 年版。吴相湘：《民国人物列传》传记文学出版社 1986 年版。

⑭ 郑天挺、荣孟源：《中国历史大辞典（清史卷）》，上海辞书出版社 1992 年版。

有8人，占57%，赴美留学的共有3人，占21.5%。

（3）具有较为明显的地域性。除了周家彦、周自齐，全部是南方人，尤以江浙地区为多。这与清末南方经济的发达和开放性分不开，南方经济的发展，促进人们的思想解放，对农工商矿业的发展更为熟悉和更有经验。

（4）年龄分布适中，大多数年龄为32—45岁，而张謇年龄较大，任事时达60岁。宋教仁、王正廷、金邦平年龄尚不到30周岁。由此可见，各总长年富力强，正是大有作为的黄金时期。

二　次长之更替

官制规定：次长只设一人，次长的职责是辅助总长整理部务，监督各职员。当总长有事故时，除国务会议副署及发部令外，得命次长代理其职务。① 在民初实业管理机构的人事构成上，次长权力仅次于总长，同样是日常部务的主要主持者，地位也十分重要。表3－13列出了1912年5月到1916年间次长的更替情况。

表3－13　　　　**次长或代理次长更替表②**

姓名	任职官称	任职时间	辞（免）职时间	籍贯	学历出身或留洋经历	出生年月或备注
陈振先	农林次长	1912—05—15③	1912—07—26④	同前	同前	同前表
梁赍奎	农林次长	1912—07—31⑤	1913—02—24⑥	广东	留学美国⑦	（1879—1931）

① 《各部官制通则》，《政府公报》1912年7月19日，法律。

② 制此表参考文献主要有：《政府公报》相关任免令，钱实甫：《北洋政府职官年表》，华东师范大学出版社1991年版，第3—12页；《民国元年京省职官表》，《东方杂志》第9卷第7号；《民国二年京省职官表》，《东方杂志》第10卷第1号；《民国职员表》，《东方杂志》第11卷第1号；《民国职员表》，《东方杂志》第12卷第1号；《民国职员表》，《东方杂志》第13卷第1号；《民国职官表》，沈云龙主编：《近代中国史料丛刊续编第八十六辑》，台北文海出版社1983年版，第1—148页；《辛亥以后十七年职官年表》，沈云龙主编：《近代中国史料丛刊续编第五辑》，台北文海出版社1983年版等。

③ 《临时大总统令》，《政府公报》1912年5月17日，命令。

④ 《临时大总统令》，《政府公报》1912年7月27日，命令。

⑤ 《临时大总统令》，《政府公报》1912年8月2日，命令。

⑥ 《临时大总统令》，《政府公报》1913年2月25日，命令。

⑦ 《宣统二年归国留学生史料》，《历史档案》1997年第2期。

续表

姓名	任职官称	任职时间	辞（免）职时间	籍贯	学历出身或留洋经历	出生年月或备注
张昉	农林次长	1913—02—26①	1913—09—04②	湖北	留学日本东京政法大学③	（1872—1913）
罗振方	农林次长			浙江	举人	（1875—?）1913—09—04 代④
刘垣	农林次长	1913—11—29⑤		江苏		（1873—?）长期协助张謇从事政治和实业活动
王正廷	工商次长	1912—04—15⑥	1912—07—14⑦	浙江	留学美国，耶鲁大学毕业	同前
张新吾	工商次长			江苏	北洋大学毕业，后留学日本，日本帝国大学毕业	1912—07—14 代⑧
向瑞琨	工商次长	1912—08—04⑨	1913—10—25⑩	湖南	留学日本，早年赴日本明治大学学习工商科	举人，农工商部主事。⑪ 生卒年月不详
刘垣	工商次长	1913—10—25⑫		同前		同前
刘垣	农商次长	1913—12—25⑬	1914—02—27⑭			同前

① 《临时大总统令》，《政府公报》1913 年 2 月 27 日，命令。

② 《临时大总统令》，《政府公报》1913 年 9 月 5 日，命令。

③ 湖北省地方志编委会编：《湖北省人物志稿》，光明日报出版社 1989 年版，第 1066 页。

④ 《临时大总统令》，《政府公报》1913 年 9 月 5 日，命令。

⑤ 《大总统令》，《政府公报》1913 年 11 月 30 日，命令。

⑥ 《临时大总统令》，《临时公报》1912 年 4 月 16 日，命令。

⑦ 《批署工商总长王正廷再请开总长及次长之职呈》，《政府公报》1912 年 7 月 16 日，呈批。

⑧ 《临时大总统令》，《政府公报》1912 年 7 月 16 日，命令。

⑨ 《临时大总统令》，《政府公报》1913 年 8 月 6 日，命令。

⑩ 《大总统令》，《政府公报》1913 年 10 月 26 日，命令。

⑪ 内阁印铸局编：《宣统三年冬季职官年表》，《近代中国史料丛刊二十九辑》，台北文海出版社 1967 年版，第 440 页。

⑫ 《大总统令》，《政府公报》1913 年 10 月 26 日，命令。

⑬ 《大总统令》，《政府公报》1913 年 12 月 26 日，命令。

⑭ 《大总统令》，《政府公报》1914 年 2 月 28 日，命令。

续表

姓名	任职官称	任职时间	辞（免）职时间	籍贯	学历出身或留洋经历	出生年月或备注
周家彦	农商次长	1914—02—27①	1915—03—24②	广西	1912 年毕业于日本帝国大学法科	(1879—?)1914—02—02 代③
金邦平	农商次长	1915—03—24④	1916—04—23⑤	安徽	1899 年留学日本早稻田大学，三年后毕业	(1881—?)
吴鼎昌	农商次长	1916—04—26⑥	1916—07—05⑦	四川	留学日本。⑧先后入日本成城学校、东京高等商业学校⑨	(1884—1950)

通过对各次长的考察，笔者发现：

(1) 次长更迭亦较为频繁，在袁世凯执政时期共有 12 人先后出任或代理次长，除了正常的升迁者（陈振先、王正廷）外，尚有 10 人出任过次长，平均每年更换 2 人还多。

(2) 分布具有较强的地域性。除周家彦和吴鼎昌之外，全部为南方人，与总长的地域分布十分相似，这一点的具体原因似值得进一步思考。

(3) 次长的学历很高。9 人留过学，占次长总数的 75%。这样的高学历和留洋经历，为农商部的发展提供了很强的驱动力。由此可见，袁世凯政府确实网罗了大量优秀人才。即使在当今，这样的现象也不由得令人惊羡！

① 《大总统令》，《政府公报》1914 年 2 月 28 日，命令。
② 《大总统策令》，《政府公报》1915 年 3 月 25 日，命令。
③ 《大总统令》，《政府公报》1914 年 2 月 3 日，命令。
④ 《大总统策令》，《政府公报》1915 年 3 月 25 日，命令。
⑤ 《政事堂奉策令》，《政府公报》1916 年 4 月 24 日，命令。
⑥ 《政事堂奉策令》，《政府公报》1916 年 4 月 27 日，命令。
⑦ 《大总统策令》，《政府公报》1915 年 7 月 5 日，命令。
⑧ 《宣统二年归国留学生史料》，《历史档案》1997 年第 2 期。
⑨ 刘国铭主编：《中国国民党九千将领》，中华工商联合出版社 1993 年版，第 342 页。

三　参事之更替

参事的主要职权是“承总长之命，掌参拟定及审议法律、命令案事务”①。显然也是参与农商部直接管理的重要职员。表3－14列出了参事的任职情况。

表3－14　**曾任参事人员表**

姓名	任职官称	籍贯	学历出身或留洋经历	出生年月	备注
杨荣誌	农林部参事	广东②			曾筹划救治粤省东西北三江水患③
刘馥	农林部参事 农商部参事	湖南④			
杨勉之	农林部参事	湖南	留学日本早稻田大学	（1878—1918）⑤	
魏震	农林部参事	直隶	进士出身	（1869—1912）⑥	曾考察东北林业著《南满洲旅行日记》⑦
赵椿年	工商部参事	江苏	进士出身	（1870—1942）	
张新吾	工商部参事 农商部参事	同前	同前	同前	同前
周家彦	工商部参事 农商部参事	同前	同前	同前	同前
朱庭祺	工商部参事	江苏	毕业于北洋大学，1909年去美国留学，后获美国哈佛大学商业管理科硕士学位	（1887—1979）⑧	

① 《各部官制通则》，《政府公报》1912年7月19日，法律。

② 参见陶昌善《全国农会联合会第一次纪事》，《农林公报》临时增刊，1913年5月刊印，第38页。

③ 《农林部委任令第二号》，《政府公报》1912年11月22日，命令。

④ 参见陶昌善《全国农会联合会第一次纪事》，《农林公报》临时增刊，1913年5月刊印，第28页。

⑤ 《辛亥革命前后的杨勉之》，王建荣主编：《湖南侗族百年》，岳麓书社1998年版，第19—20页。

⑥ 秦国经主编：《清代官员履历档案全编7》，华东师范大学出版社1997年版，第571—572，第702—703页。《农林组长陈振先呈大总统本部参事魏震历办实业积劳病故，拟给一次恤金以示体恤文并批》，《政府公报》1913年1月14日，公文。

⑦ 魏震：《南满洲旅行日记》，《近代史资料》第45号，中国社会科学出版社1981年版，第91—157页。

⑧ 有的认为其生年为1888年，见张元济著《张元济全集》第一卷，商务印书馆2007年版，第381页。

续表

姓名	任职官称	籍贯	学历出身或留洋经历	出生年月	备注
洪翼昇	工商部参事	湖南	日本法政大学肄业	1897 年科考时 26 岁①	
陈其殷	工商部参事	湖南	湖南时务学堂头班学生		华兴会成员②
郑宪武	农林部参事	广东	游学日本法政科举人③	1909 年清廷举行第四届游学生考试时 32 岁④	曾任职南京临时政府总统府民政科，⑤ 南社成员⑥
孟昭常	农商部参事	江苏	官费留学日本法政大学	（1871—1918）	曾创办《预备立宪公会报》，任主编⑦
雷奋	农商部参事	江苏	留学日本早稻田大学	（1871—1919）	曾任《国民报》《大陆报》编撰
秦瑞玠	农商部参事	江苏	曾赴日本法政大学学习	（1873—？）⑧	1922 年代理农商部次长，著有《著作权释义》⑨
夏循垲	农商部参事	浙江	留学日本，东京法学院毕业⑩		前清农工商部主事⑪

四　司（局）长之更替

司（局）长：各司设司长一人，承总长之命，总理一司事务。⑫

---

① 顾廷龙：《清代朱卷集成 330》，台湾成文出版社 1992 年版，第 37 页。

② 湖南省地方志编纂委员会编：《湖南通鉴》，湖南人民出版社 2007 年版，第 349—350 页。

③ 中国第一历史档案馆：《宣统二年留学生归国史料》，《历史档案》1997 年第 2 期，《宣统二年留学生归国史料续编》，《历史档案》1997 年第 4 期。

④ 刘真主编：《留学教育——中国留学教育史料》，国立编译馆 1980 年版，第 939 页。

⑤ 《总统府秘书人员表》，《时报》1912 年 1 月 22 日，（三）。

⑥ 郑逸梅：《南社丛谈》，中华书局 2005 年版，第 391 页。

⑦ 常州市地方志编纂委员会编：《常州市志》第三册，中国社会出版社 1995 年版，第 927—928 页。

⑧ 顾廷龙：《清代朱卷集成 373》，台湾成文出版社 1992 年版，第 51 页。

⑨ 参见李明山主编《近代版权史》，河南人民出版社 2003 年版，第 116 页。

⑩ 《辛亥革命史丛刊》编辑组编：《辛亥革命史丛刊》第五辑，第 253 页，亦见陈玉堂《中国近现代人物名号大辞典》，浙江古籍出版社 2004 年版，第 989 页。

⑪ 内阁印铸局编：《宣统三年冬季职官年表》，《近代中国史料丛刊二十九辑》，台北文海出版社 1967 年版，第 437 页。

⑫ 《各部官制通则》，《政府公报》1912 年 7 月 19 日，法律。

各司既是农商部运转的核心部分，也是其处理日常部务的主要机构，因而司（局）长在农商部实际所发挥的作用不言而喻。司（局）长的任职情况可从表3－15做一了解。

表3－15 **曾任司（局）长简表**

姓名	任职官称	籍贯	学历出身或留洋经历	出生年月	备注
廖炎	工商部工务司司长	四川	留学日本，入大阪高等工业学校学习机械科	（1882—?）	1914年任农商部技正、度量衡制造所所长
陈介	工商部商务司长 农商部工商司长	浙江①	官派留学日本，先后就读东京弘文学院、东京第一高等学院。东京帝国大学，后转学德国，入柏林大学法律系	（1885—1951）	曾任南京国民政府外交部次长，驻德国、巴西、墨西哥、阿根廷等国大使②
何燏时	工商部矿务司长	浙江	留学日本，1905年毕业于东京帝国大学采矿冶金系，获工学学士学位	（1878—1961）	1912年署任北京大学校长③
陶昌善	农林部农务司长 农商部农林司长	浙江	留学日本，毕业于日本北海道帝国大学	（1879—?）	著有《吉林矿务纪要》
胡宗瀛	农林部山林司长	安徽	进士。④ 首批官派13名留日学生之一，⑤ 宏文学院及东京农学校毕业⑥		农工商部员外郎
曹文渊	农林部水产司长	浙江	留学日本习农科	光绪三十四年九月（1908）25岁⑦	

① 原籍湖南。

② 吴相湘：《民国人物列传》，下册，中国大百科全书出版社2009年版，第1页。

③ 《临时大总统令》，《政府公报》1913年1月5日，命令。

④ 内阁印铸局编：《宣统三年冬季职官年表》，《近代中国史料丛刊二十九辑》，台北文海出版社1967年版，第439页。

⑤ 郑登云：《中国近代教育史》，华东师范大学出版社1994年版，第96页。

⑥ 陈学恂：《中国近代教育史教学参考资料》（上），人民教育出版社1986年版，第713页，734页；潘懋元、刘海峰：《中国近代教育史资料汇编》，上海教育出版社1993年版，第18页；《清末民初中国官绅人名录》，沈云龙主编：《近代中国史料丛刊三编第八十辑》，台北文海出版社1995年版，第270页；辽宁省图书馆：《东北方志人物传记资料索引》，辽宁人民出版社1991年版，第1025页。

⑦ 刘真主编：《留学教育——中国留学教育史料》，国立编译馆1980年版，第821页。

续表

姓名	任职官称	籍贯	学历出身或留洋经历	出生年月	备注
田步蟾	农林部垦牧司长 农商部渔牧司长	江苏	清光绪进士	(1864—1944)①	曾做为考察各国的大臣随员出访
张轶欧	工商部司长 农商部矿政司长	江苏	留学比利时海南工科大学探矿冶金科，获硕士	(1881—1938)	
杨廷栋	农商部矿政局长	江苏	官费留日，日本早稻田大学毕业	(1878—1950)②	

由曾任参事人员表和曾任司长表，我们不难看出这两个群体人员亦十分优秀。正如时人所论的那样，“各部用人例由总次长自择，惟须得参议院审查同意，闻大概办法，须各国高等毕业者方可充司长，本国高等毕业者方可充科长，普通毕业者充一等科员，至有知识经验而无毕业文凭者，衹可充二等科员”③。这并非虚言。需要说明的是，相较总次长的频繁更迭，而农商部的参事和司长们却相对比较稳定。参事的稳定有利于农商部方针政策、法律制度的稳定，司长的稳定保证了农商部处理日常事务的连续性，这在一定程度上保证了农商部的平稳运行。这也是尽管总次长更迭频繁，可民初农商部依然保持稳定，促进经济社会发展的重要缘由之一。

五　更替之缘由

通过以上各农商部主要人事列表，我们可以看到农商部人事更迭情况，特别是总次长更迭频繁。归之原因主要有以下几点。

（一）政局动荡，内阁更迭频繁

辛亥革命中，各派政治势力通过博弈，达到了暂时的平衡。尽管

① 亦有认为其生年是1869年，参见谢兆有等编《山东画家汇传》，中国文联出版社2003年版，第53—54页。

② 《杨廷栋》，《吴县历史名人》，中共吴县县委宣传部、吴县政协文史资料委员会1990年版，第210—212页。

③ 《各部用人之计划》，《申报》1912年5月13日，第二版。

南北同意选袁世凯做民国统一的临时大总统，但南北矛盾并未消除。创建民国，对于中国来说还是个新生事物，是完全移植西方的民主制度，还是结合国情走一条具有中国特色的民主道路，南北双方意见并不一致。虽然袁世凯宣誓“深愿竭其能力，发扬共和之精神，涤荡专制之瑕秽，谨守宪法”[①]，但南方将信将疑，所以想方设法限制袁世凯的权力，一是要求袁世凯南下，在南京建都；二是制定《临时约法》，目的是“裁制大总统，俾其不得专肆”[②]。对于前一个，由于不现实，再加上北方局势的不稳，连续发生兵变，未能实现。结果南方却认为这是袁世凯有意为之，自然心中窝了火。对于后一个，袁世凯尽管口口声声宣布赞同，心里肯定也感到不是滋味。其实，南北双方一开始就没有形成较为广泛的共识，只是为了统一大局，顺应民众舆论，表面上没有过多地剑拔弩张，只是背地里暗自较劲。这便成了民初政局动荡不安的根源。有人说“民国初年的中国政局，充满了共和与专制的较量”[③]。这一点儿不错。

北京临时政府的成立，标志着南北统一的实现，但南北对峙的形势依然存在，实际上革命派控制下的南方各省，“虽然表面拥护袁世凯中央集权，但从其自身利益出发，又继续保持一定程度的独立性”[④]。甚至有人认为“早在中山先生让位时，部分党人即已发觉与袁世凯之间的一场斗争将无法避免”[⑤]。的确如此，后来在江西民政长的任用上，李烈钧就多有抵触，而南方各省也暗地里支持李烈钧。可是，袁世凯也毫不手软，愤然指斥李烈钧反抗中央，并声言：“此等破坏大局之端一开，后患无穷，何堪设想。我做总统一日，决不能一日不谋统一，若李督不悔艾，我亦不能长此敷衍。”[⑥] 后又一再表示：“若有不逞之徒，为亡国祸者，惟有竭我绵力，殄此妖魔。”[⑦] 由此可见，袁世凯对革命党也不再称兄道

① 《大总统宣布新选袁大总统宣誓电文》，《临时政府公报》1912 年 3 月 12 日，第 36 号。

② 柴德庚等编：《辛亥革命》（八），上海人民出版社 1957 年版，第 521 页。

③ 朱汉国、汪朝光主编：《中华民国史》（第一册），四川人民出版社 2006 年版，第 38 页。

④ 李新、李宗一：《中华民国史》第二编第一卷，上，中华书局 1987 年版，第 72—73 页。

⑤ 胡春惠：《民初地方主义与联省自治》，中国社会科学出版社 2001 年版，第 82 页。

⑥ 望齐：《波澜险恶之内政》，《时报》1913 年 2 月 16 日，（二）。

⑦ 郭廷以：《中华民国史事日志》第一册，中央研究院近代史研究所，1979 年，第 82 页。

弟，消灭之意溢于言表。一波未平一波又起，在此节骨眼上又发生了宋教仁案。由于政府宣布的“事实真相”与革命派所想相去甚远，这是激起革命派强烈不满的重要原因，孙中山此时亦有与袁氏一决胜负之决心。[①] 二次革命不可避免地发生了。尽管二次革命很快被袁世凯镇压下去，但由此而造成的革命派国民党与北洋派之间的矛盾无法调和，政治和军事对峙持续升级。

此外，造成民初政局动荡的一个重要原因是西方列强，西方列强对中华民国持强烈的怀疑态度，很长时间内，甚至并不认同，这对民初政府造成不大不小的压力。外加西藏、蒙古问题，导致国内人心激昂。俄国政府曾对外交总长陆征祥施压，提出苛刻条件：（1）中国政府不得驻兵蒙古；（2）中国政府不得在蒙古从事屯垦事业；（3）中国政府不得在蒙古设立官吏。俄国此举是“司马昭之心，路人皆知”。于此，陆征祥以“断难允从”，拒绝之。[②] 不仅如此，还插手回疆地区。[③] 英国在西藏问题上，对袁世凯提出的要求则更加无理。当中国军队在平息藏事时，英驻华公使朱尔典于民国元年 8 月 17 日蛮横地对袁世凯政府提出五点：“一、英国政府不允中国干涉西藏内政；二、反对华官在藏擅夺行政权，并不承认中国视西藏与内地各省平等；三、英国不欲允准在西藏境内存留无限华兵；四、以上各节应先行立约，英方将承认之益施之于民国；五、暂时中藏经过印度之交通应视为断绝。”以此为条件威胁中国承认，否则英国不承认中华民国。[④] 后来又制造一条非法的“麦克马洪线”，私自与西藏代表签订《希拉姆条约》。对此，袁世凯指示中国代表陈贻范断然否认。[⑤] 其他国家亦隔岸观火，伺机而

---

① 胡春惠：《民初地方主义与联省自治》，中国社会科学出版社 2001 年版，第 88 页。

② 《俄人无理要求之驳覆》，《申报》1912 年 8 月 18 日，第三版。

③ 《咄咄俄人侵入回疆之大野心》，《申报》1912 年 8 月 22 日，第三版。

④ 北洋政府外交部编：《西藏问题》，“藏案说帖”，第 4 页。转引丁名楠等《帝国主义侵华史》第二卷，人民出版社 1986 年版，第 441 页。又见北大历史系编《西藏地方历史资料选辑》，生活·读书·新知三联书店 1963 年版，第 292—293 页。

⑤ 《外交部致陈贻范电》1914 年 2 月 21 日、4 月 25 日、4 月 28 日。参见赵佳楹《中国近代外交史》，世界知识出版社 2008 年版，第 560—566 页。

动，甚至制造新的瓜分图谋。[①] 总之，“列强对中国边乱的介入，使中央政府在决策使用武力平叛问题上增加很大困难，令当时的决策层最为头疼”[②]。正是在这一背景下，当时就有人把选举正式总统与西方列强的承认相提并论，“正式政府一日不能成立，则诸友邦必不能一律承认；大总统一日不能举出，则正式政府一日不能成立”，“早选总统即民国基础安固之一大关键，亦即吾民国存亡荣枯之一大关头”[③]。此外，宗社党的捣乱，也给民初动荡政局增添了不少阴影。

政局的动荡，导致内阁更迭频繁。在袁世凯执政时期，几易内阁，先后为唐绍仪内阁、陆征祥内阁、赵秉钧内阁、熊希龄内阁等，最后干脆抛开内阁，设立政事堂。当每次组阁时，而民初中央实业管理机构总次长则由国务总理提名，各司长和参事人员由总长呈请，并得大总统任命，才能生效。这样就难免会对民初中央实业管理机构主要人事更动产生影响。

（二）经济原因

民初财政困难的情形，是北京政府极力想方设法改变的。尽管袁世凯三令五申，“立国之道，首重理财。往者吾国风气未开，政纲不振，举一切扩张实业、整顿金融诸政策皆未能切实进行，驯至经济困难，债累山积。改革以来，支出愈增，收入无几，不得不仰给外债，暂资救济。顾目前多一日因循，即将来重一分负担，以言关源之计，既非旦夕可期，若不通盘筹划，力节虚糜，则破产之期，翘足可待言。念及此，诚可寒心”[④]。多次指出理财的重要性，还决心实施裁兵；尽管国民捐的呼声和行动都很高涨，但由于各种费用开支浩大，财政状况难以好转。正如时人所论“舍借债二字，无以立国”[⑤]。财政部为解决财政困难，也使出浑身解数。虽定《国家税与地方税

① 《瓜分承认二大问题之激战》，《申报》1912 年 8 月 19 日，第三版。

② 皮明勇：《中国近代军事改革》，解放军出版社 2008 年版，第 239 页。

③ 狮严：《各国承认问题与选举总统之关系》，《宪法新闻》1913 年第 18 期，第 26—27 页。

④ 《临时大总统令》，《政府公报》1913 年 6 月 22 日，命令。

⑤ 评论，《申报》1912 年 4 月 2 日，第一版。

(草案)》，但因当时中央政令难行，“故此种划分，行之未及全国”[①]。总之，全国上下没有找到一个解决财政危机的根本办法，正如有人所论：“民国成立以来，百弊层生，而惟一致命之处尤在财政，二年来举国上下无一考求其致病之所在。”[②] 但是，当财政状况有所好转的时候，袁世凯却又悄悄地搞起复辟帝制。

就拿民初刚成立的农林、工商二部来说，清旧农工商部早已财政拮据，只留下大量冗员和一个烂摊子，南京政府实业部经费则更为困难。农林、工商部并没获得前者的任何存银，只是后来在旧农工商部庶务司案卷内发现漏银 169 两。[③] 除此之外，几乎没有任何收入来源，只能靠财政拨款。而农林、工商部以及后来的农商部所涉及的领域极宽，如农事、棉林、糖业及畜牧各试验场，权度制造所，劝业场，商标局，巴拿马赛会事务局，商品陈列所，各工厂，垦务局，森林局，采木局，劝工局，水利局、煤油矿事务处，督办矿务处及矿业联合会、农会补助费等，它们所需行政经费甚多。当农林、工商二部分设时，就曾“建设之事颇多，均以费绌未行”，农商部时期部辖实业规划亦是“旋因费绌未办”[④]。当时其所主张设立棉糖林牧等试验场的计划，因经费不足，只好由原计划的 11 所减至 7 所。[⑤] 面对这种情况，尽管农商部总长们绞尽脑汁，想尽一切办法，多方筹集，但亦是不足敷用。工商总长刘揆一深感经费短绌是掣肘工商业发展的重要原因，所以力图改变这种制约瓶颈，在中央严禁各省和各部私借外债的情况下，仍铤而走险，私自借贷，结果事发而遭弹劾。[⑥] 对于议员的质问，刘揆一答道：“现在工商危困，百端待兴，公款不能远远

① 旧财政部财政年鉴编纂处编：《财政年鉴》正编，第 13 篇，商务印书馆 1935 年版，第 1945—1946 页。

② 《节减政费问题之难点》，《申报》1914 年 4 月 23 日，第二版。

③ 《农林部咨财政部五月份决算清册》，《政府公报》，1912 年 6 月 8 日，第 39 号，通告。

④ 贾士毅：《民国财政史》下册，上海商务印书馆 1917 年版，第 1000—1002 页。

⑤ 沈家五：《张謇农商总长任期经济资料选编》，南京大学出版社 1987 年版，第 379 页。

⑥ 黄远庸：《远生遗著》卷二，中国科学公司 1938 年版，第 146 页。饶怀民：《刘揆一集》，湖南人民出版社 2008 年版，第 121—122 页。

而来，不得已借款，以为燃眉之计。”[①] 而议员并不领情，穷追不舍质问，结果刘揆一不得不辞职。

（三）党派纠葛

党会林立是民初政坛一个非常重要和奇特的历史现象。[②] 有人曾做如是评论：“社团之多，真如过江之鲫”[③]。“集会结社，犹如疯狂，而政党之名，如春草怒生。”[④] 即便不相识的人相互打招呼，除“问尊姓大名而外，往往有问及贵党者”[⑤]。其实，当时人们对政党的认识并不一致，甚至互相抵触。[⑥] 有学者统计民初仅政治性的党会至少就有312个。[⑦] 正是在这样的环境中，“于是乃有党与党之争，有党与非党之争，更有一党之中一部分与一部分之争”[⑧]。政党的分化组合真是令人眼花缭乱。[⑨] 有学者曾对这一时期政党政治特色进行了一针见血的评论：“党派林立，党争不休，原则模糊；独立依附，惟利是趋，本性使然；党中见党，派复有派，分合无常；脱党跨党，进出自由，党德败坏；因人而党，主义无别，政见雷同。”[⑩] 正是有感于此，梁启超对民初政党政治的前途“非敢贸然抱乐观”[⑪]。政团之多，如果活动有序，并不会对社会造成太大负面影响，但实情是当时的政

---

① 《参议院纪事》，《民立报》1913年7月25日。

② 参见耿云志《西方民主在近代中国》，中国青年出版社2003年版，第304页，

③ 陆月林：《革命史谭》，《近代稗海》（一），四川人民出版社1985年版，第619页。

④ 丁世铎：《民国一年来之政党》，《国是》1913年5月第1期。

⑤ 《时事新报》1913年11月3日。亦可参见丁文江《梁任公先生年谱长编初稿》下册，台湾世界书局1962年版，第396页。“国内人士纷纷组党，一时风起云涌，政团林立。”

⑥ 参见李金河《中国政党政治研究（1905—1949）》，中央编译出版社2007年版，第65—70页。

⑦ 参见张玉法《民国初年的政党》，岳麓书社2004年版，第31—38页。

⑧ 黄远庸：《铸党论》，《远生遗著》卷二，中国科学公司1938年版，第93—94页。

⑨ 杨绪盟：《移植与异化——民国初年中国政党政治研究》，人民出版社2005年版，第142页。

⑩ 杨德山：《中国近代资产阶级政党学说研究》，人民出版社2002年版，第131页。亦见杨绪盟《移植与异化——民国初年中国政党政治研究》，人民出版社2005年版，第163—166页。

⑪ 梁启超：《敬告政党及政党员》，《庸言》1912年第7号。

党多投机钻营，有论者指出“今日之所谓政党……非真如欧美各国之政党，以福国利民为主旨者，盖不过一二野心家借政党名目，以为争权夺利之具也”[①]。说得可谓深刻，因为其党众多为东西洋留学青年，而这些青年“学实业者寥寥，大抵皆法政家，谋归国而得官，于是政党多、报馆多。无官者借党而可得官，有官者因党而不失官。不得官者借报以詈官，既得官者倚官而办报。政党也，报馆也，有谩骂者，有狐媚者，无非欲得官而已”[②]。当时，相较之民初中央实业管理机构这样一个专门性技术性极强的部门，法政毕业的学生也不占少数。

民初尽管党派林立，而左右政党趋势的主要是“北洋、国民、进步三派，北洋派常占行政优势，国民派常占立法优胜，进步派因缘离合于二者之间，惯为附寄之生活。北洋灵魂在北方军队，国民灵魂在旧国会与临时约法，进步灵魂在二、三清流与西南一、二省之武力”[③]。在实际的政治生态中也是北洋集团、国民党、进步党发挥着举足轻重的作用。他们在政治权势上的角逐，影响着内阁的稳定。唐绍仪辞职后，同盟会阁员也随之全体辞职。他们宣称要组织纯粹政党内阁，这在民初政党发展不成熟的情势下，这种想法未免脱离实际。[④] 尽管袁世凯一再挽留，但农林总长宋教仁、署工商总长王正廷等仍坚持辞职。[⑤] 接着陆征祥组阁，因为陆长期在外，与国内各派自然较少恩怨。黎元洪赞他“旧史不书其恶，新党不隶其名”[⑥]。袁世凯也认为陆“既知中国固有之情势，又知外国政治发达之趋向，与

① 王灿：《党论》，《谠报》1913 年第 3 期。

② 大愚译：《外人之共和观》，《民国经世文编》第一册，台湾文海出版社 1973 年版，第 47 页。

③ 《李庆芳致徐树铮函（1917 年 8 月）》，中国第二历史档案馆藏：《陆军部档案》，全宗号 1011（2），案卷号：43。

④ 《专电》，《民立报》1912 年 7 月 2 日。时局百论，《民立报》1912 年 7 月 3 日。

⑤ 见《政府公报》1912 年 6 月 30 日，公文。《政府公报》1912 年 6 月 30 日，呈批。《政府公报》1912 年 7 月 16 日，命令。亦见吴相湘《宋教仁》下册，台湾传记文学出版社 1985 年版，第 175 页。北京通信，《民立报》1912 年 6 月 23 日。

⑥ 黎元洪：《黎副总统政书》卷 11，湖北官书印刷局 1914 年版，第 14 页。

共和民主之精神"[①]。所以人们对陆征祥组阁充满希望。但真正到重新组阁时，问题便一个接着一个。当时袁世凯提出所拟补充阁员名单：农林总长王人文，[②] 工商总长沈秉堃。还未待送参议院审议，报纸就有报道，当时"统一共和党对拟任各员无一同意"[③]，并表示"对于大总统拟提出国务员主张一律反对"[④]。原因是袁所提的六阁员中无一统一共和党人。[⑤] 结果这个名单被否决。[⑥] 后又提农林总长为陈振先，工商总长为蒋作宾，结果蒋作宾不符众议落选。[⑦] 后又提工商总长为刘揆一，[⑧] 终以"同意者四十五人，不同意者三十六人，同意者多数"而获通过。[⑨] 当然，这仅仅是民初中央实业管理机构主要人事更迭表现的一角。由此可见，民初中央实业管理机构各总长选择之所以颇费周折，后来之所以多次更迭，就是因为党派意见掺杂其间。

（四）政治集权

从唐绍仪到陆征祥，进而赵秉钧，半年内三任内阁更替。实际上这也是袁世凯以武力为后盾，利用各政党之间的矛盾，逐步将权力集中在自己手中的过程。这一现象正如时人所论："于约法固俨然内阁

---

① 《参议院第二十七次会议速记录》，《政府公报》1912 年 7 月 9 日，附录。

② 起初袁世凯想让胡瑛出任农林总长。因为遭到同盟会的反对，只好作罢。参见《新国务员之脉络观》，《申报》1912 年 7 月 20 日，第二版。

③ 《惊涛骇浪之政局》，《亚细亚日报》1912 年 7 月 18 日。

④ 《北京政界之昨日记》，《亚细亚日报》1912 年 7 月 17 日。

⑤ 统一共和党后来被改组成国民党。

⑥ 《参议院第四十二次会议速记录》，《政府公报》1912 年 8 月 4 日，附录。共出席议员 98 人，投票结果：财政总长周自齐同意 25 票，不同意 63 票；司法总长章宗祥同意 38 票，不同意 60 票；教育总长孙毓筠同意 11 票，不同意 87 票；农林总长王人文同意 41 票，不同意 57 票；工商总长沈秉堃同意 37 票，不同意 61 票；交通总长胡惟德同意 36 票，不同意 62 票。

⑦ 《参议院第四十七次会议速记录》，《政府公报》1912 年 8 月 10 日，附录。共出席议员 91 人投票结果：财政总长周学熙同意 54 票，不同意 36 票；教育总长范源濂同意 70 票，不同意 21 票；司法总长许世英同意 70 票，不同意 21 票；农林总长陈振先同意 57 票，不同意 34 票；工商总长蒋作宾同意 44 票，不同意 47 票；交通总长朱启钤同意 47 票，不同意 44 票。

⑧ 《参议院第五十次会议速记录》，《政府公报》1912 年 8 月 21 日，附录。

⑨ 《参议院第五十二次会议速记录》，《政府公报》1912 年 8 月 26 日，附录。

制，于事实已总统制；于约法固主权在参议院，于事实则政府为所欲为。”[①] 二次革命前后，袁世凯更是借口革命党煽乱，软硬兼施，先是严令指出“本大总统一日在任，即有捍卫疆土保护人民之责，惟有除暴安良，执法不贷”[②]。“本大总统老矣，六十衰翁，复何所求，顾断不忍五千年神明古国，颠覆自我。但使一息尚存，亦不许谋覆国家之凶徒，得以自恣。”[③] 外又加温和安抚，“夫风水相搏，则波澜永不能平；磁铁相摩，则电火终于必发。懔佳兵不祥之戒，作横逆不校之观，冀彼隳突叫嚣者，内省良知，自崖而返，非懦夫也”[④]。从而赢得了民心，结果二次革命不但没有动摇袁世凯的统治地位，反而为袁世凯进一步加强中央集权制造了口实。袁氏还趁着胜利余威，组织御用党公民党，该党以“正式总统选举为本党政策之第一步”[⑤]，然后袁授意黎元洪领衔致电国会，决定先举总统，再定宪法。[⑥] 接着又借口国民党举兵革命，下令解散国民党，进一步加强了中央集权。[⑦] 当时袁世凯让张謇出任工商总长兼任农林总长，后来干脆合并二部为一，张任农商总长，就是最好的明证。

第三节　关键人物及其施政理念

关键人物主要指对民初实业发展产生过重要影响，或对当时的社会政治产生过重大影响者。通过研究相关关键人物及其施政理念，有利于我们把握民初中央实业管理机构的具体运作。

---

① 黄远庸：《远生遗著》第一卷，上海书店1990年版，第13页。

② 《临时大总统令》，《政府公报》1913年5月4日，命令。

③ 章伯锋、李宗一主编：《北洋军阀（1912—1928）》第二卷，武汉出版社1990年版，第1379—1381页。

④ 《临时大总统令》，《政府公报》1913年6月22日，命令。

⑤ 杨幼炯：《中国政党史》，上海商务印书馆1937年版，第75页。

⑥ 李守孔：《民初之国会》，台湾正中书店1977年版，第264页。

⑦ 胡象贤：《民初国会之渊源与演进及其失败原因的分析研究》，台湾学海出版社1984年版，第132页。

一　刘揆一及其施政理念

（一）刘揆一之前的工商总长

陈其美（1878—1916），字英士，浙江吴兴人，“日本速成警监学生，沪上独立，以督率优人克复制造局，功作沪军都督”①。近代资产阶级革命家。② 当然，陈其美之所以被袁世凯提为工商总长，并不是因为其在工商领域多有建树，而主要是由于其在辛亥革命和中华民国南京临时政府的筹建中出力较多，③ 当然亦有平衡南北之争之意。当时就有评论“往岁武汉大战，民军小挫，人心惶惶，大局动摇，能发扬民气，扩张国威，使拥载满室之北军心悸股慄，势屈言和者，固攻下南京之联军诸健儿也，……坐镇沪上联络苏浙军队，主张急攻南京，准备后方接应，则为沪军都督陈其美”④。孙中山亦认为陈其美“第一次革命，于沪上握东南之锁钥，其功最大”⑤。由此可见，时人较多看到的是陈其美在革命中的功绩，并未认识到其在当时的负面作用，特别是其与李烈钧的内斗，几乎影响上海地区局势的稳定。⑥ 所谓当局者迷，是斯意也。后来，陈其美在革命的道路上继续前进，先质疑唐绍仪辞职，⑦ 继而总结二次革命失败“非因人少，实以无团结力，各自为谋所致”⑧。后又积极支持孙中山成立中华革命

---

① 《新内阁人物小史》，《申报》1912 年 4 月 6 日，第二版。

② 参见民心社编《大革命家陈其美》，泰东书局 1916 年版。

③ 张学继：《论陈其美与中华民国南京临时政府的建立》，《杭州师范学院学报》2007 年第 4 期。莫永明：《陈其美传》，上海社会科学出版社 1985 年版，第 43—118 页。何仲箫：《陈英士先生纪念全集》，《近代中国史料丛刊第五十三辑》，台北文海出版社 1971 年版，第 95 页。

④ 《时评》，《评论》1913 年第 1 期，第 1 页。

⑤ 《致邓泽如函》（1915 年 10 月 3 日），《孙中山全集》第三卷，中华书局 1984 年版，第 195 页。

⑥ 参见《辛亥革命时期发生在上海的都督风波——李燮和与陈其美争都督辨》，饶怀民：《辛亥革命与清末民初社会》，中华书局 2006 年版，第 238—253 页。

⑦ 朱宗震、杨光辉：《民初政争与二次革命》上编，上海人民出版社 1983 年版，第 55 页。

⑧ 何仲箫：《陈英士先生纪念全集》上集，卷一，民国 19 年（1930）铅印版，第 50 页。

党，任总务部长，[①] 并继续参与反袁革命。[②] 他认为袁世凯不去，国家绝无宁日。[③] 1916 年 5 月 18 日下午，因遭到枪手射击，陈其美的头部连中数枪，倒在血泊之中，顿时殒命。

当然，袁世凯之所以选择陈其美任工商总长，除了其革命功绩和平衡南北之争外，也与陈其美在政治、经济、司法、实业等方面的影响分不开。在实业方面，陈其美也有过关注，他曾对都督府同仁说："国家之弱，弱于贫。贫与弱，固相因也。但欲求富，必先从实业上入手。经济充足，而后练兵、教育各问题皆可迎刃而解，国自富强矣。"[④] 不仅如此，他还身体力行，关心一些公司的发展，《申报》有云："精益眼镜公司诸君鉴：前奉来函欣慰，奚似当由黄君亲至贵公司察视，据称造镜一艺，近以美国为最精，从前沪上操此技者，只有高德一家，高君物故，其传几绝。幸诸君子学有心得，自较光、磨料、范金、配合无不优，为且各种光学，无不具赅，青胜于蓝，有目共赏，使我国实业家人人具此手眼，各专一艺，各擅一长，富强之基，拭目以待，弟职在考工谊，应提倡民生主义将大放光明，不独为五百年来□□历史，发其幽光，已也手此裁答，借伸衷怀。陈其美顿首。"[⑤] 就是明证。

在政治、经济、司法领域，陈其美制造了轰动民初政局的姚荣泽案和宋汉章案，并由此而引发了上至临时大总统——孙中山、袁世凯，中至伍廷芳、绍兴旅沪同乡会、司法界，下至普通百姓共同关注，围绕着革命与法律关系问题展开了大讨论。[⑥] 特别是与伍廷芳、

① 王云五主编，徐泳平撰：《民国陈英士先生其美年谱》，台湾商务印书馆 1980 年版，第 384 页。

② 参见刘晓泉《二次革命前后陈其美反袁斗争述论》，湖南师范大学 2003 年中国近现代史硕士论文。

③ 秦孝仪主编：《陈英士先生文集》，中国国民党中央委员会党史委员会 1977 年版，第 160 页。

④ 《陈其美传》，邹鲁：《中国国民党史稿》第六册，中华书局 1960 年版，第 1524 页。

⑤ 《工商总长陈致精益眼镜公司书》，《申报》1912 年 5 月 12 日，第七版。

⑥ 具体内容请参见邓学文《民国初年的法律与革命——以姚荣泽案和宋汉章案为例》，华南师范大学 2004 年中国近现代史专业硕士论文。

吴鼎昌等的争执，更是吸引民众眼球。当两案发生后，时任司法总长的伍廷芳给予了极大关注，提出陈其美之行动“应该受到临时约法的约束。”[①] 吴鼎昌也认为其派兵逮捕宋鲁是“藐视司法，侵犯权限。共和肇始，讵可滥用威权至于斯极，伏念保障人民之自由，维持司法之独立”。请陈释放宋鲁。[②] 陈其美对之却回应说“屡以三权分立为词”，“辄以民权两字作为口头禅”，实为“愚民”，“不知共和国体”[③]。总之，就当时的舆论而言，尽管陈其美振振有词，但人们对之无视法律的行为不敢苟同，这就给陈其美先前的革命形象带来很多负面影响。也许是感到这些问题使自己蒙羞，也许是恋栈沪军都督一职，所以尽管袁世凯多次催促其尽快北上组织工商部，陈其美始终并无去意，并上辞呈，“其美承大总统任命工商总长，因沪军事未能交卸，不克一日就职。其美才绌多病，学无专长，工商重任，本非所胜，已叠请开缺另简，未蒙俞允。再四思维，与其旷职误公愆丛集，何如让贤引退，陨越无虞。伏乞大总统眷念微忱，准予开去工商总长一缺，另简贤能，以襄政务，不胜企幸之至。”[④] 于是，1912 年 5 月 7 日袁世凯发布临时大总统令：“工商总长陈其美因事在沪，未到任以前任命王正廷署理工商总长。”[⑤]

王正廷（1882—1961），字儒堂，浙江奉化人，1899 年升入北洋大学正科，1905 年赴日留学，同年入同盟会；1907 年赴美留学，入密执安大学，次年转入耶鲁大学学习法律，1910 年毕业，1911 年回国。武昌起义后任湖北军政府外交副主任，曾作为民军代表伍廷芳的参赞参加南北议和。后作为浙江代表参加中华民国临时大总统的选举，任临时参议员。1912 年任唐绍仪内阁工商次长、署任总长。7 月

① 《咨陈其美文》（1912 年 3 月 29 日），《伍廷芳集》下册，中华书局 1993 年版，第 514—516 页。

② 《中国银行监督吴鼎昌来书》，《伍先生（秩庸）公牍》，《近代中国史料丛刊第六十六辑》，台北文海出版社 1971 年版，第 82—83 页。

③ 《沪军都督来书》，《伍先生（秩庸）公牍》，《近代中国史料丛刊第六十六辑》，台北文海出版社 1971 年版，第 106 页。

④ 《工商部总长陈其美呈请辞职》，《政府公报》1912 年 6 月 30 日，公文。

⑤ 《临时大总统令》，《政府公报》1912 年 5 月 8 日，命令。

内阁总辞职后回上海任中华基督教青年会总干事，并与张伯苓等发起组织中华全国体育协进会，长期任理事长，多次带队参加亚洲和世界运动会。1913 年当选为参议院议员、副议长、代理议长。1917 年拥护孙中山护法，任广州军政府外交总长、次长。1919 年 1 月作为南方军政府代表参加中国代表团出席巴黎和会，对当时争取我国主权的外交斗争起过一定作用，受到国内舆论界好评。1921 年任中国大学校长，一度任海牙国际仲裁法院仲裁员。此后还代理过北洋政府国务总长、财政总长。1928 年 6 月任南京国民政府外交部部长，1936—1938 年出任驻美大使。1961 年在香港病逝。[①] 由此可见，王正廷并非等闲之辈。

由于陈其美拒不赴任，袁世凯任命王正廷署任工商总长。王可谓不辱使命，除积极筹组工商部外，还提出一系列颇有建树的经济主张。他根据中国工商业历史上发展的脉络，提出当下亟待解决的问题，“第一在驱除工商之障碍”，并进一步指出“何谓驱除障碍，因从前中国工商，国家毫不思保护之方法，不独不思保护，而且还有种种之剥削，如厘卡之密布，杂税之重捐，皆足以阻滞工商之进步，妨碍工商之发达”。所以“民国成立，对于工商事业首应扫除障碍，以谋振兴。”除此之外，他还认为“第二则在保护现有之工商。何谓保护，现有之工商，盖政府虽极力提倡工商，而种种事业有政府所不能办到，而人民能办到者。如造全国度量衡一事，政府即不能自办，惟有令人民自办，而国家为之监督；又如丝绸颜色，政府势亦不能遍设染色场所于各处，但政府可派专门学问之人，留学外洋，学成归国，教人民以改良之方法，极力提倡，自然臻于完善之地步；次则订定商律、工律、矿律，有法律而后工商始有所遵守，其权利亦始能保护；又次则提倡资本，政府力或不足，国民亦可同时出资，中国之资不足，并可输入外资以济之；又次则养成专门人才，以增工商之智识”。并说：“本部办理伊始，于此途颇为注重，聘请顾问，大总统

① 参见朱汉国、杨群主编《中华民国史》第 7 册，四川人民出版社 2006 年版，第 17—23 页。刘国铭主编《中国国民党百年人物全书》上，北京团结出版社 2005 年版。完颜绍元《王正廷传》，河北人民出版社 1999 年版。

已有此命令，正廷现正在罗致。再如经济问题，亦工商之必要，然此必合财政、农林、工商、交通数部合谋而成，始有效果，非一部所能办到。再如一国之中，有进货无出货者，其国必穷，是外货输入本非政策，然只要中国货物能输出，则实业亦仍可发达，国家亦不至于穷困。是宜派有工商经验之人至各国考查，外人需用我国何种物件，即随时报告本国，工商极力制造，以广销路。”① 应该说，王正廷提出发展工商的思想以及解决工商业发展存在问题的办法都是切合实际的。

此外，王正廷还十分重视矿业的发展，曾与参事及各司长商议，整顿矿业。并“通饬各省矿政调查局，详细查报各处开矿情形，其应调查者系分五项：（1）为矿质及矿苗之优劣；（2）为地之面积；（3）为资本之数目；（4）为出矿之旺衰；（5）为开办之年限”②。通过对各矿开矿情况调查摸底，有利于工商部制定较为切合实际的矿业政策。他还主张鼓励出口，并说：“推广本国出口货，当以注意外人之嗜好，最关重要，且谓各省商民或商业公司有所企划，政府当竭力补助之。”③

总之，王正廷主持工商部期间为发展实业花费不少心思，下过很大功夫。但这样并不能阻挡舆论及议员对其的非议。当时《申报》有论：“参议院议员郑韦瞻等以大总统任命王正廷署工商总长一案，依据临时约法三十四、三十五两条及各部官制通则第十条，质问国务院云，国务院为一国政治方针所出之地，由各部首长组合而成，相维相系；其各部次长以下各员对于各本部主管事务虽负责任，与各国务员所负不同；约法上规定国务员须得参议院之同意，次长不与者，正以此也。前阅公报见大总统任命工商次长王正廷兼署工商总长，由总理署名，嗣后大总统命令关于工商事务者均由王正廷署名，其工商部各员亦由王正廷呈请任命，且至参议院陈述政见，王正廷亦列于国务

① 《参议院第五次会议速记录》（五月十三日上午开议），《政府公报》1912 年 5 月 16 日，第 16 号，附录。

② 《各部新猷种种》，《申报》1912 年 6 月 3 日，第三版。

③ 《国务员宣布政见》，《申报》1912 年 5 月 15 日，第二版。

员陈述政见之一。查国务院之制，所以明政治责任所在也，此次唐总理组织国务院，各部总长既得参议院之同意，王正廷为工商次长，亦经大总统任命，是王正廷之地位，确定为次长之地位，与总长地位判若天壤，此就政治论不可解者一也。前清政治无责任时代，各部侍郎可以兼署尚书，且有朝为侍郎，暮为尚书者。今既改建民国，国务员之组织及其责任既以约法明定，岂可任意破坏，致令国本动摇。盖谓王正廷为工商总长可以副署法律命令，可以呈请任用部员，可以到院陈述政见，而王正廷之为工商总长，并未提经参议院同意，则是违背约法第三十四条之规定，……此就法律论不可解者二也。”并指出“王正廷是事务官，不能兼代政务官”①。意在指王没有行使总长权力之资格，这使王正廷感到十分懊恼，因为名不正言不顺。不仅如此，当时舆论亦指责其年轻、管理无经验：“工商部自划分后，参事、秘书、司长任命者八人，其中二人为原在部之人，其余均来自南都，总长既未到任，次长（指王正廷）见人辄作演说词，司员唯唯不测其涯矣，部中诸务废弛杂乱，为各部之冠。盖王君正廷为初出学堂之书生，毫无行政经验，责令总持部务，其权力有所不能。此非菲薄王君也，盖实际为不可能之事。无论何国，从未有今日毕业于学堂，明日即任行政长官者，王君学生时代后，紧接行政生涯，无怪其格格不入也。近受参议院之诘责，益颓唐不问事，值此民国初建，工商为极要之部，任令奄奄无生气，岂国之福乎。”② 王之处境十分尴尬，不得已王向袁世凯提出辞呈：“窃正廷以樗栎之才，承大总统委任工商次长，自度才力菲薄，难膺重任。第念民国新造，天下士夫望治弥切，又以总长在沪，不能不暂时承乏，勉任其难。曾经电陈钧座，一俟部务粗就，即当解职，以避贤路。乃总长迟滞未至，而组织部务，委任部员又不遑暇。待大总统计出权宜，委署总长，正廷俯念时艰，大义所在，不敢谬持私见，冒昧受职。数旬以来，夙夜兢兢，时虞陨越，今幸部务粗定，可以重申前请，务乞大总统鉴其愚忱，准其开去署工

① 《署任官竟可不问约法乎》，《申报》1912 年 6 月 11 日，第二版。

② 《工商部颓唐之一斑》，《申报》1912 年 6 月 11 日，第二版。

商总长及次长之职，以践初志。俾可从国民之后，改良社会，辅助盛明，实为至愿，伏祈批示祗遵。”① 袁世凯以“毋萌退志，所请开去署工商总长及次长之处，碍难照准”，不同意其辞职。后来，由于辞意甚坚，而且是同盟会阁员要全体辞职时，袁世凯只得同意其辞职，但仍希望其“仍暂勿离署任，俟总长一缺简任得人再行接替，以期无误职事为要”②。由此可见，袁世凯对王正廷还是十分欣赏的。

（二）刘揆一及其施政理念

刘揆一（1878—1950），字霖生，早年就读于长沙岳麓书院，师从著名经学大师王闿运。1903 年，自费赴日留学，入宏文学院速成师范科学习，并参与声讨沙俄侵华罪行，组成“拒俄义勇队”，筹组华兴会，后策动长沙起事，由于事泄流亡日本。1907 年年初加入同盟会，并代理同盟会庶务职衔，主持总部工作长达四五年之久。武昌起义后与黄兴、宋教仁驰赴武汉，为稳定武汉战局、促成南京临时政府的建立作出了重要贡献。③

刘揆一被袁世凯任命为工商总长，有过不少的波折。唐绍仪辞职后，袁世凯本意是希望唐内阁各员暂仍其旧，他在与同盟会代表的谈话中有过流露。“如唐总理决计辞职，则第二次内阁，余以为国务员中可一切任用旧人，惟总理及一二国务员必不肯留者，略为更动可耳，”④ 对于同盟会所主张的政党内阁和超然内阁，他并不支持，而说：“惟诸君所说之超然内阁及政党内阁，余均不能赞成。以余之

---

① 《署工商总长王正廷呈请辞职》，《政府公报》1912 年 6 月 30 日，公文。

② 《批署工商总长王正廷再请开总长及次长之职呈》，《政府公报》1912 年 7 月 16 日，呈批。

③ 参见林增平《辛亥革命史研究备要》，湖南出版社 1991 年版，第 418—420。李静之《刘揆一》，《民国人物传》第 3 卷，中华书局 1982 年版，第 47—52 页。林增平、李文海编《清代人物传稿》下编，第 3 卷，辽宁人民出版社 1987 年版，第 162—170 页。饶怀民《刘揆一年表》，《刘揆一集》，湖南人民出版社 2008 年版，第 219—305 页。刘安萧《回忆我的父亲刘揆一》，《刘揆一集》，湖南人民出版社 2008 年版，第 272—280 页。

④ 《大总统与同盟会代表之谈话》，《政府公报》1912 年 6 月 22 日，附录。“北京电报”，《民立报》1912 年 6 月 23 日。亦见丁中江《北洋军阀史话》第一册，中国友谊出版公司 1992 年版，第 316—318 页。朱宗震、杨光辉《民初政争与二次革命》上编，上海人民出版社 1983 年版，第 48—52 页。

意，现在吾国情形，两种内阁均不适用。第一人才之缺乏，今如专取共和党或同盟会或超然无党之人组织内阁，无论何方面均不能得许多人才。故予之意见，非连（联）合数党及无党之人共得组织，则断不能成一美满之内阁”。[①] 因此，后来袁世凯不顾同盟会政党内阁之主张，遂向参议院提议提名陆征祥为内阁总理。并指出“陆君国外国内之声誉本甚美满……希望诸君同意。”当时投票结果是同意 47 票，不同意 10 票，陆征祥获得参议院通过。[②] 但是，随后在陆征祥内阁阁员的组成上，关于工商总长一职，起初并不是刘揆一。袁世凯先是提名胡瑛，可共和党声言反对，遂改为王人文，结果不获参议院通过，不得已又改蒋作宾，仍未获通过，最后再提刘揆一，终获通过。[③] 刘揆一当选工商总长，可谓一波三折。而更有甚者，其当选后，又遭到同盟会同仁的非议。

袁世凯与同盟会代表谈话后，反对政党内阁之意昭然若揭。同盟会也于 1912 年 6 月 28 日举行会议拿出对策，会上蔡元培提议：同盟会各国务员应全行退职，以示本会主张纯粹政党内阁之意见。刘揆一首表反对，以为本会在北京已属势力薄弱，若国务员退出，则将来内阁消息亦难闻问，前途殊多滞碍。宋教仁则再次申明自己的观点“此次国务院改组，本人向主张纯粹政党内阁；至他党组织，本会各员退出，本人早已发表；刻即他人不欲退出，本人一人亦决辞职；即本会同志必不赞成，则余即出党亦可，决不使自己主张之宗旨致相矛盾也。”显然也不同意刘揆一的主张。[④] 经过热烈的讨论，最后大家支持依宋之提议，决定同盟会会员加入内阁者，即开去党籍。[⑤] 因

① 《大总统与同盟会代表之谈话》，《政府公报》1912 年 6 月 22 日，附录。“北京电报”，《民立报》1912 年 6 月 23 日。亦见丁中江《北洋军阀史话》第一册，中国友谊出版公司 1992 年版，第 316—318 页。朱宗震、杨光辉《民初政争与二次革命》上编，上海人民出版社 1983 年版，第 48—52 页。

② 《参议院第二十七次会议速记录》，《政府公报》1912 年 7 月 9 日，附录。

③ 参见胡象贤《民初国会之渊源与演进及其失败原因的分析研究》，台湾学海出版社 1984 年版，第 105—107 页。

④ 吴相湘：《宋教仁传》，台湾传记文学出版社 1985 年版，第 175 页。

⑤ 《中央变局记》，《天铎报》1912 年 7 月 5 日。亦见同盟会本部宣布政见，《民立报》1912 年 7 月 3 日。

此，刘揆一十分孤立。

在民初政局不稳的情况下，同盟会此举显然是太过意气用事。中国经过长达两千多年的封建社会，向来缺乏民主基础，纯粹政党内阁，只能是一相情愿。袁世凯对之也一再解释“我国现今党派虽多，而于一党之中求其人才与国务员地位之相当者，一时恐难得其全数”。“吾国今日政党方在萌芽，纯粹政党内阁尚难完全成立，若再越数年，民国基础巩固，政党亦皆发达，人才辈出，届时余已退老山林，听诸君组织政党内阁可也。今日余之主义则实不能赞成诸君之说，余之主义在于得人，但问其才与不才，无论其党与不党。吾国今日国势之危急，举国所共知，而政党之幼稚，亦吾人所不能为讳，余之提此主义，亦属不得已之故。”① 这在民初确是实情，而并非袁世凯有意不实行政党内阁，因为实行起来难度太大。为此，袁世凯就奉劝同盟会诸君，“当放大眼光，从中国全局著眼，从世界大势著眼，断不可沾沾于一党之关系，亦不能硬以平和时代政党更代消长之成例，适用于今日危急存亡之中国，总须大家破除成见，协力同心，共同建设。为国务员者，以热心任事为主，须有自信力，万不可轻听局外之褒贬以为进退”②。总之，袁世凯对同盟会可谓做到动之以情，晓之以理，但同盟会就是不领情，不仅要原同盟会阁员一律辞职，而且不让其他会员参与至新内阁之中。处此境况之下，刘揆一可谓顶住重重压力，力排众议，勇于担当，敢于负责，最后毅然决然担任工商总长一职，并发布脱党启事：“此次置身国务员中，虽实行个人主张，亦以国势所趋，别有苦意。惟格于党议，只得自请脱党。”③ 在民初政局不稳的情况下，这样才是正确处理政党和国家关系的最佳选择，刘此举无疑是值得我们今天称道的。

刘揆一就任工商总长后，“对全国工商事业异常尽力”④，制定了

---

① 《大总统与同盟会代表之谈话》，《政府公报》1912 年 6 月 22 日，附录。

② 朱宗震、杨光辉：《民初政争与二次革命》上编，上海人民出版社 1983 年版，第 48—52 页。

③ 《刘揆一启事》，《亚细亚日报》1912 年 8 月 8 日。

④ 《工商部保商政策之实施》，《时报》1912 年 11 月 17 日，（三）。

一系列工商发展规划，关于此已有专文述及。① 本书仅把刘揆一的施政理念作为考察对象，因为这是指导工商活动的基础。关于刘揆一的工商思想，经过归纳，我们认为主要有以下几点。

第一，发展工商要集思广益。

刘揆一上任不久，就认识到："政体初更，百端待举，国犹是国，民力益穷，解比问头，更惟实业。然而，工作日精，人良我窳，商战弥亟，彼盛此衰，优劣竞争，胜负悬绝。进行须资群力，趋向贵有折衷，惟是地广人稀，难期一致，南北殊俗，水陆异宜。本部忝任中央，责在提倡，见闻有限，知虑难周。无研究机关则难图进取，非结合团体恐事鲜实功。海内工商业家，或学识闳深，研求有素；或资力雄厚，经验良多。利如何兴，弊如何革，制造如何改良，贸易如何推广，情意如何联络，障碍如何捐除，凡此诸端，皆资商榷。"② 这种要求全国工商界一致努力，发展工商的思想，在工商部召集临时工商会议的通告里，又进一步阐发。"顾默察吾国工商之大势，其所以失败者，在上则无完全之法律以为保障也，无专精之人才以为倡导也，交通之不尽便利也，税法之足生障碍也；在下则无巨大之资本以供企业也，无普通之智术以资营业也，无坚确之团体以谋共进也。坐此诸弊，致使吾天产之富、地脉之厚、人工之廉、占工商界上最优之数点胥归无效。而复日与欧美之经济家、技术家相遇，犹之驱乌合之市人以当桓文之节制，其不覆没者几何矣。本部有鉴于此，思矫其失，以编订法律、造就人才、辅助资本、启发智术、排除障碍为入手之方法，惟言之匪艰，行之维艰，非合全国之人，合力以谋不可。"③ 正是在这一思想的指导下，刘揆一不仅主张尽快召开全国性的工商会

---

① 参见虞和平《论刘揆一的工商活动》，《湖南师大学报》（哲学社会科学版）1985年第5期。饶怀民《论辛亥革命时期刘揆一的近代化思想——以工商总长任内的经济改革为中心》，《辛亥革命与清末民初社会》，中华书局2006年版，第216—238页。

② 《工商部致各省都督暨各国代表转领事及各商会、新加坡领事转南洋各商会电》，《政府公报》1912年9月6日，公电。

③ 《工商部召集临时工商会议通告》，《政府公报》1912年11月3日，通告。亦见工商部编《工商会议报告录》第一编，文牍，工商部1913年3月版，第1—3页。《最新行政文牍》第一册，商务印书馆（出版年不详），第74页。

议，并为此做了大量工作。先催促各省实业司、劝业道及工商矿业团体选举代表尅日到京。[①] 由于认识到此次会议“关系实业前途，至为重要，非得富于经验学识之人莅会讨论，不足以策进行而收效果”。还将一些热心实业、计划宏远者，特请到京莅会。如“张季直先生、周孝怀先生、聂其杰先生、周晋镳先生、刘锦藻先生、马君武先生、朱佩珍先生、周扶九先生、朱志尧先生。江苏都督转无锡华文川苏锡岱先生。江西都督转梅光远先生。浙江都督转吴锦堂先生。福建都督转高登鲤先生。长沙都督转龙研仙先生、朱鞠尊先生。”[②] 总之，民元工商会议的召开不仅集思广益，而且为政府与工商界的互动开了一个好头，正如朱英先生所评：“由民国政府工商部于民国元年11月1日至12月5日在北京发起召开的临时工商会议，是中华民国成立后工商界的一大盛事。在中国历史上，由政府出面邀请工商界代表共聚一堂，筹划振兴工商实业大计，确实是前所未有之举。”[③]

第二，选择基本产业。

选择基本产业的思想，就是抓大放小，即善于抓主要矛盾，抓关键。他说：“吾国地大物博，百业待兴，当政府初成，财源枯竭之际，并骛兼营，力实未逮。按英国尝以制铁及毛织、棉织物为产业中之基本，由政府极力提倡，大著成效，今拟仿用其法，取国内物产已有成绩及用途最广者，如丝如茶如磁皆常著名于世界，今虽中落，苟能实施新法，必为输出之大宗。他如煤铁业、纺织业、煤油业尤可以供国内之需要，杜外货之漏卮，拟即认此数者为吾国之基本产业，切实提倡，全力注之，数年之后，必收成效。”[④] 后来，他又进一步申明此种思想的重要性，“无论何国，皆当有重要之基本产业，政府与

① 《选举代表通电》，工商部编：《工商会议报告录》第一编，文牍，工商部1913年3月出版，第3页。《工商部致各省都督各埠领事电》，《政府公报》1912年10月9日，公电。《催举代表电》，工商部编：《工商会议报告录》第一编，文牍，工商部1913年3月出版，第10—11页。

② 饶怀民：《刘揆一集》，湖南人民出版社2008年版，第35页。

③ 朱英：《论民元临时工商会议》，《近代史研究》1998年第3期。

④ 《工商会议开会日刘总长演说词》，《工商会议报告录》第一编，开会及演说，工商部1913年3月出版，第1—4页。

人民互相提携，注全力以经营之，而后国内之富源乃可长保于不竭，如国之有长江大河，乡鄙村落，皆可分润其灌溉也。吾国输出品号以丝、茶为大宗，然一切任之天然，毫不加以人力，以致萎败低落，江河日下，是皆国家不知注重之过。至煤铁之产，为世界冠，今以汉冶萍一公司，且不能支持，行将破产，遑论将全国宝藏尽为发现，是以欲行保护政策，非先将基本产业择定无以为功。予去岁于工商会议宣言，即选择基本产业，以丝茶业、铁业、纺织业、石油业、陶瓷业为主。当注全力调查以上各业之赢绌消长，为之各定一进行之方针，以恢复盛况，开辟新利为究”[①]。当时，刘揆一积极维持汉冶萍公司，[②]即其选择基本产业思想的具体表现。应该说，刘揆一的这种思想就是“有所为有所不为”的思想，因为工商业的发展也要抓住关键行业和领域。这种思想在今天仍值得我们借鉴。

第三，保护工商。

刘揆一认为“夫国民经济之发达，一出于自然，一出于人为，而经济政策者，则必以人为之发达为目的，而行之以干涉政治者也”[③]。之所以采取保护工商的政策，他认为理由有三：“（1）中国旧治，尊士重农而贱工商。今欲以工商立国，则必于工商业加极端的保护，而后足以鼓励人民之企业心，以正社会上轻实利、好虚荣、昧进取、喜保守之趋向。（2）中国工商业，惟其不为主政者所重也，故一切听人民之自由，而放任至极，遂绝无团结力，无远大计划，涣散狭小，在内则进步极迟，在外则竞争必败。故欲振兴中国之工商，必去放任自由之弊，救之以保护干涉，而后产业界乃有团结、有计划，斯能整齐步武，内促本国之进化，外遏经济之侵略。（3）革新以后，民间企业热颇形膨胀，必及时指导监督，而后恐慌失败，祸可

---

① 饶怀民：《刘揆一集》，湖南人民出版社 2008 年版，第 68—69 页。

② 《工商部咨湖北都督请维持汉冶萍公司文》，《政府公报》，1912 年 7 月 18 日，公文。《工商总长刘揆一呈大总统缕陈汉冶萍公司多关国家实业拟毋庸饬盛宣怀赴鄂等情请批示遵行文并批》，《政府公报》1913 年 1 月 24 日，公文。亦可参见虞和平《论刘揆一的工商活动》，《湖南师大学报》（哲学社会科学版）1985 年第 5 期。

③ 刘揆一：《工商政策》，《湖南实业杂志》1913 年 2 月出版，第 9 期。

以免。且当此时教之组织，训之方法，厚其团结之力，或可有大营业出现，以与小营业互相维持提携，增进国富。”① 进而他还指出保护工商的范围：“保护政策，非可蒙少数专制之嫌也，立于二十世纪之国家，未有行政不谋统一，而能富且强者；未有不施行干涉政治，而行政能谋统一者。保护政策，固非纯于为干涉之治，而如废止内地之关税，取缔营业之资本，规定制造之程式，整齐工场之管理，检查货物之出入，皆以干涉而行保护之实。至于奖励补助，则亦如严师之诱掖，非放任为治之国所能有也。予平生渴慕自由，非不欲吾国民克自治自助，全体不受政府之裁制，以几于熙嗥文明之盛，而无如内察国情，外观世局，皆不能不行少数政治，使明达者立于指导监督之地位。如治丝然，去其乱者，毋使再棼；如治水然，决其淤者，毋使再塞，狱市不扰，无动为大，甚非所以生存竞争之道也。故予于保护政策，尤竞竞加之意焉。”②

关于具体的保护措施，刘揆一主张划定保育期间。他举例说：“查日本昔年矿业，民间多不肯用新法，日政府乃定十年期内，由政府新法采冶，及有赢利，仍归诸民。吾国工商矿业，多未振兴，而新式之经营，尤不发达，非于十年之内，以政府任其难，国民享其利，不足以唤起一般企业之观念。而养成新式企业之人才，今拟于简易之事业，以普及全国为要义，繁重之事业，则以政府经营为提倡，此本部从事保育之办法也。”③ 并制定相应的规划，如对新工业进行监督；对旧工业保护改良；对内地贸易保护扩充；对国外贸易保护推广，振兴矿业、培养工商人才等。④ 关于人才问题，他上任不久就于1912年9月先聘张謇为工商部顾问后，又加聘张弼士、张鸿南、朱开甲、聂其杰、李惟格等大实业家为顾问。⑤ 次年2月又聘请华侨商人谢牧

① 饶怀民：《刘揆一集》，湖南人民出版社2008年版，第65—67页。

② 刘揆一：《工商政策》，《湖南实业杂志》1913年2月出版，第9期。

③ 《工商会议开会日刘总长演说词》，《工商会议报告录》第一编，开会及演说，工商部1913年3月出版，第1—4页。

④ 刘揆一：《工商政策》，《湖南实业杂志》1913年2月出版，第9期。

⑤ 《京师近事》，《申报》1912年9月13日，第三版。亦见《政府公报》1912年9月7日，公电。

良、沈智夫为顾问。这些都为工商部的发展提供了充足的智力支持。

第四，解决资本问题。

资本短缺可谓民初工商业发展的重要瓶颈，为解决资本问题，刘揆一在“求己”① 的同时，也注意吸引外资。他曾说：“资本缺乏，实为吾国企业家最痛苦之事。虽以近日国民心理趋向实业，而宏大之规寂焉无闻，固由于程度尚低，亦由于财力有限，今拟于腹地则斟酌利用外资，于边地则实行门户开放，苟能事前预定计划，临时妥定条文，于领土主权不生妨害，即借资营业正自无妨，盖外资不善用之固足以召亡，善用之亦未尝不可以利国也。”② 由于部务经费奇缺，财政无力，为解决经费问题，铤而走险，不惜名誉，私自与英商签订借款合同，③ 结果遭到议员的弹劾。④

此外，刘揆一还主张工商立国。⑤ 为此，主张筹划其他有利于工商发展的辅助事项。“对于工业则设工业试验所，以资技术之考镜；设模范工场，以期制造之改良；普及手工业，以维贫民之生计；提倡工业工场，减少产之费用；裁撤内地厘金，以轻其运输之成本；补助输出品工场，以厚其经营之财力。对于商业则设工商访问局以资指导；设出口货检查局以验良窳；整顿商会、修订商法及各种单行法规，以除商业之障碍，而施实力之保护。对于矿业则编订矿法，实力维持；对于勘矿，则设地质调查所；对于采矿，则设矿山监督署；对于冶矿，则设中央制炼厂。他若兴业银行、劝业银行之组织，度量衡制度之划一，全国及地方博览会之筹画，领事及驻外商务员报告之改良，整理关税，修改商约，凡所以为调查研究、提倡保护之计者，思虑所及，不敢不勉。”⑥ 由此可见，刘揆一对发展工商的计划和设想之缜密。

总之，刘揆一任职工商总长期间，正是工商部的开拓和创新时

---

① 刘揆一：《工商政策》，《湖南实业杂志》1913 年 2 月出版，第 9 期。

② 饶怀民：《刘揆一集》，湖南人民出版社 2008 年版，第 35—37 页。

③ 《讨袁声中之违法借款》，《民立报》1913 年 7 月 23 日。

④ 《七月十六日众议院纪事》，《民立报》1913 年 7 月 25 日。

⑤ 刘揆一：《国本论》，《民主报》1913 年 4 月 17—29 日。

⑥ 《工商会议开会日刘总长演说词》，《工商会议报告录》第一编，开会及演说，工商部 1913 年 3 月出版，第 1—4 页。

期，为后来工商矿各业的发展起到了重要奠基作用。虞和平对刘揆一的施政活动给予了充分的肯定，他指出："刘揆一是袁世凯政府的第二任工商总长，任职一年（1912 年 8 月 2 日至 1913 年 7 月 18 日）做了许多开创性的工作，尤其在扶持中国民族资本主义方面，比张謇更为积极。因此，研究袁世凯政府的工商政策和民国经济史，不能不研究工商总长刘揆一的工商活动和作用。"① 的确如此，刘揆一在中国早期现代化的进程中，以及在促进中国早期现代化的进程中都应该占有重要的位置，他的工商思想仍有待我们进一步挖掘。

刘揆一辞职后，工商次长向瑞琨代理部务。② 向瑞琨，湖南长沙人，字淑予，早年赴日本明治大学工商科学习。毕业归国后任两江总督端方的商务文案。1910 年任南洋劝业博览会帮办。③ 清廷举行的游学生毕业考试中得 71 分，④ 赏给商科举人。⑤ 后授农工商部主事。在汉口曾编辑《复报》。辛亥革命后，在北京任《亚东新报》《东大陆报》主笔。1912 年任工商部次长、代理总长。1913 年 10 日去职。⑥ 曾为民主党成员。⑦

在工商次长任内，向瑞琨辅助工商总长刘揆一可谓不遗余力，二者相互配合，从而受到时人的称赞。当时《时报》即有评论说："工商部总次长刘向二君，任事以来，对全国工商事业异常尽力。"⑧

初任不久，因对部务发展存有的诸多掣肘感到不满，多有退意，遂上辞呈。刘揆一便向袁世凯呈请挽留，说："该次长整齐部务实不

① 虞和平：《论刘揆一的工商活动》，《湖南师大学报》（哲学社会科学版）1985 年第 5 期。

② 《临时大总统令》，《政府公报》1913 年 7 月 22 日，命令。

③ 《学部奏议覆江督电奏商科举人向瑞琨等俟劝业会竣补行廷试折》，《政治官报》（奏折类），宣统二年四月初九日，第 914 号，第 4 页。

④ 《学部官报》，宣统元年九月二十一日，第 104 期。

⑤ 刘真主编：《留学教育——中国留学教育史料》，国立编译馆 1980 年版，第 835 页。

⑥ 参见林开明、陈瑞芳、陈克、王会娟《北洋军阀史料徐世昌卷 9》，天津古籍出版社 1996 年版，第 121—122 页，另见《天津历史资料》1981 年第 11 期，第 36 页。

⑦ 《民主党成立会纪事》，《时报》1912 年 10 月 29 日，（五）。

⑧ 《工商部保商政策之实施》，《时报》1912 年 11 月 17 日，（三）。

多得，未便遽易生手。”① 因此袁世凯并未允许其辞职。后来他因病因时颇有感触，再次要求辞职。“窃瑞琨曩者以为国人昧于外势，专事内讧，无术使之，外竞适俄库事起，群情汹汹，佥以为国亡无日。瑞琨备员次长，虽无政治上之责任，然天下兴亡，匹夫有责，抚躬自省，内疚神明，因自呈不职，静待罢斥。亦欲藉以激励人心，以为外交后盾，乃蒙大总统矜其狂愚，不予去职。瑞琨虽愚，亦当仰体远谟，再图后效。惟念自幼读书，颇识大义，每见封疆日削，义愤填膺，屡谋改革，备历艰辛后，乃强自抑制。游学十载，神经因此衰弱。清季返国，见贤者去位，能者去职，遂专从事于社会事业。当其创办南洋劝业会及招请各国实业团伴游各省时，瑞琨心力交瘁，病濒于危者屡矣。去岁国体更新，亦常奔驰南北，以气候之异，宜致内病之滋甚。近因国事艰难，杞忧益切，旧疾继作，外感频增。一月以来未得时亲部务，旷废实多，日来艰于起坐，服药无效。据医者云，非静养不能图功。夫国步艰难，此时在职者自应益加惕励，倘托故辞职，徒洁己身，是谓矫情。然矫情乃瑞琨之所深耻也，但职在事务，因病旷职，旷而不辞，是谓不忠。又瑞琨之所深惧也。再四思维，惟有仍乞大总统俯允所请，准免本官，俾部务不至废弛，而瑞琨亦得稍事修养，再图报称，不胜惶恐待命之至。”② 看似简单的辞职书，其中蕴含着丰富的内涵。这当然也是向瑞琨的真情流露，由此我们不难看出其远大的抱负、志向、秉性；他的爱国、忠职，反对为官矫情，杞忧国事。这样的人才在民初自然不可多得，所以袁世凯仍以“部务需才，正资措理，该次长年力方裕，应即尅速调治，勉济时艰，所请之处，仍毋庸议”。而不准其辞职。

向瑞琨在任次长期间与刘揆一合作办了不少大事，如民元临时工商会议的召开、加强对矿业的监督、设立矿务监督署等。当时就有舆论说工商部“所定各种计划实冠十部”③，这并非虚妄之言。其在代

① 《临时大总统令》，《政府公报》1912 年 11 月 23 日，命令。

② 《工商次长向瑞琨呈大总统请准免本官文并批》，《政府公报》1913 年 1 月 5 日，公文。

③ 《工商部之近潮》，《时报》1913 年 3 月 15 日，(四)。

理工商总长时期，继续保持和稳定工商部的既定政策，并大力推进工商部各项事业的发展。

向瑞琨不仅辅助主持部务有力，还积极组织参与商会团体的活动。他曾极力倡导成立中央商学会，并任会长。后来又主张在中央商学会内附设通商条约研究会，关于缘由，他指出：“窃谓经济竞争之范围，已及夫国际；国际交涉之利钝，实根夫约章。溯自前清海通以还，外交一尚秘密，朝上昧于法理，人民局于眼光，权丧而不知争，利朘而不知较。因循苟且，垂数十年，以驯致国计之艰难如此，民生之凋敝如此，抚今思昔，良用痛心。本会有鉴于斯，爰就会中附设通商条约研究会，冀以研究之结果，为改良之预备。群思所萃，一得堪矜，或可以上供刍荛，用候采择。”[①] 对于如此有利于通商事务发展的组织，工商部自然赞同，准予立案。[②] 此外，工商次长向瑞琨还曾担任过上海总商会的副会长，为上海总商会的发展亦出力不少，上海总商会当时曾经常以此自炫。[③]

总之，工商次长向瑞琨也为民初工商业的发展做出了诸多贡献，因此理应受到研究者的重视，但可惜的是，至今我们仍然对之了解甚少。

二　陈振先及其施政理念

民初农林部成立后，陈振先被任命为农林次长，此时第一任农林部长是宋教仁，宋辞职后，先由陈振先代理部务，后被命为农林总长。[④] 因此，研究陈振先的施政理念，其曾经的搭档宋教仁是个回避不了的人物。

宋教仁（1882—1913），湖南桃源人，无论是在中国革命史、民

---

① 中国第二历史档案馆藏：《中央商学会为附设通商条约研究会呈请立案》，全宗号：1038；卷宗号：1417。

② 中国第二历史档案馆藏：《商业组织成立申请立案的文件》，全宗号：1038；卷宗号：1417。

③ 徐鼎新、钱小明：《上海总商会史（1902—1929）》，上海社会科学院出版社 1991 年版，第 196 页。

④ 《临时大总统令》，《政府公报》1912 年 7 月 27 日，命令。

主宪政历史上，还是在清末民初政局中都是非常关键的人物。其参加过同盟会，南京临时政府成立后任法制院院长。临时政府北迁，任唐绍仪内阁的农林总长。卸任后极力主张政党内阁，批评时政，引起某些人的不满，在上海火车站被人暗杀。其实，我们对宋教仁在政党政治方面的建树多有了解，相关的论文和专著也很多，① 但对其在农林总长任内有关农业发展的思想，不是被前者掩盖，就是一笔带过。如今很有进一步研究的必要。

固然，宋教仁志在掌握政权，施展其政治方面的才华，但就农林方面所论甚为精当。这在其《东南各省水患论》《救灾评议（一）》《救灾评议（二）》等文中可以找到依据，在这些论述中，其对水灾发生的原因有独到的认识，即"水源地山林之滥伐"；"水流地泄水，潴水场所淤塞"②；"沿江沿湖土地之开垦"；"河道之壅塞、疏导、决排、潴汇之法之不讲"；"堤防之不固"③。他还指出要解决以上这些问题，加强植树造林是措施之一。④

袁世凯之所以让宋教仁做农林总长，也许正是基于以上之了解。当时唐绍仪在参议院宣布完国务员名单后，复申明各员量材任用之原由。他是这样评价当时的农林部长的，"宋、陈二君虽于农林、工商，非其素习，然热心办事，均当今所难得"⑤。袁氏一句"热心办事"，意味深长。

宋教仁上任后，就开始筹组部务，在当时各部人事接收困难重重的风口，他首重人才。当时就有评论说："宋总长于接收事宜尚未议及，须待陈工商长来京，将分割事宜议妥，方有办法，闻已调

① ［美］普莱斯：《革命与宪法：宋教仁政治策略的发展》，《纪念辛亥革命七十周年学术讨论会论文集（下）》，中华书局 1983 年版。迟云飞：《宋教仁与中国民主宪政》，湖南师范大学出版社 2008 年版。［日］狭间直树：《从宋教仁看传统与近代》，［日］《东方学报》第 62 期，1990 年。［日］松本英纪：《中华民国临时约法的产生与宋教仁》，［日］《立命馆史学》第 2 号，1981 年版等。

② 陈旭麓：《宋教仁集》，中华书局 1981 年版，第 244 页。

③ 《救灾评议（二）》，《宋教仁集》，中华书局 1981 年版，第 335 页。

④ 《东南各省水患论》《救灾评议（一）》，《宋教仁集》，中华书局 1981 年版，第 244—246、334—335 页。

⑤ 《记参议院表决国务员》，《申报》1912 年 4 月 1 日，第二版。

取部中学生出身之履历，大概有注重学生之一面。”[①] 后来宋教仁也是如此做的。在其他中央各部为重组发愁时，宋教仁却在重组农林部一事上，风风火火，忙前忙后，显得精力极其充沛，毫无愁态。当时的一则评论颇能说明这一问题，“政府成立，国务各员皆索索无朝气，独农林总长宋教仁，夙夜匪懈，对于当尽之职务，莫不次第举行，其次长以下见总长如此勤劳，亦振刷精神，不敢稍为放弃”[②]。结果，在国务会议上，不论是否属于农林部部务所及，他都积极建言献策。有报道称：“连日国务院会议，各国务员列席者均不甚发言，惟唐总理及宋总长说话最多，人称为唐宋时代。”[③] 以后“唐宋时代”被广为流传，唐绍仪遇有重大事务，也往往听取宋教仁的意见。

宋教仁在任期间，为农林部的发展曾进行了诸多规划。他在参议院发表之政见，即其农林思想的浓缩，他说：“适顷唐总理演说之政见，其关于教育、实业、交通等者，为当取渐进主义，鄙人固同抱此见，且以关于农林政策，尤不得不然。语‘十年树木’，其明证也。故鄙人对于农林一项，拟以十年为期，定国家施政之大方针，并逐渐实行。夫吾国以农立国，农业之发达，颇有可观，然较之各文明国有不及者，国家关于农业之施政缺乏也。农业纯为生产事业之一，当以增加其生产力为要着。今后政府拟即以此为主义，而行种种之政策，并一以增加土地之生产力为主，而副以设备。关于农业之金融、教育等各种机关，为助长生产力，增加土地之生产力，其策有三：一曰垦土地，东西南北，土地荒废者不少，拟由政府定奖励保护之法，使人民开垦，其方针以注重农民自行经营而政府辅助之为主；一曰修林政，森林之利益，已无待赘言。东北边地，宜用消极的方法，中原腹地，宜用积极的方法，均拟以次设定各种制度法律，实行提倡，而尤注重于官有事业；一曰兴水利，中国水利不讲者已久，不但失灌溉之利，且为害滋甚，拟以新式之技术，兴修水利工事，先除害，而兴利

① 《新旧京官现形记》，《申报》1912 年 4 月 30 日，第三版。

② 《国务院之花花絮絮》，《申报》1912 年 6 月 15 日，第三版。

③ 《新政府组织种种》，《申报》1912 年 5 月 2 日，第二版。

继之。中国农民之缺点，以乏于经营农业之资力及知识为甚，故拟设立拓殖之金融机关，劝农之金融机关，以辅助农民之资力；设立学校及其他教育机关，为试验场等，以增长农民之知识。以上诸事业，按诸中国国力，颇有不能负担之势，然此皆为生产的事业，酌量输入外资，以为挹注，亦无不可。经营之法，不可不有次第，拟分数期，逐渐举行，第一期则行调查之事，第二期则定诸制度法律及诸行政机关，至于实施各事，在第三期以后矣。”① 关于宋教仁的政见，当时记者对之有过评价：“宋氏之言，虽老生常谈，不见精彩，然在官言官，固尚在范围中也，惜亦失于冗长，致踏琐屑、委靡之病甚矣，简单之不易也。”② 记者所评不无偏见，并非毫无道理，但也许是记者太深入了解当时的官场所致。今人看来，宋的言论有条有理，并无繁冗之处，其间所反映的农林思想昭然若揭。概括言之，主要有：（1）农林发展要取渐进主义；（2）农业施政要以增加生产力为要着，方法有三：①开垦荒地；②修林政；③兴水利；关于林政，宋教仁主张“将来森林办法，现已决议将全国分划大小森林数十区域，其划分区域之方法约分两种，①森林茂盛之地域；②将来可望发达森林之地域，此种农林区域全然脱离各行省区域，另行分划，按其大小先后情形设立大小农林局，以便着手进行。”“森林一项在各国均归国有，中国亦宜照办”③。（3）加强农业教育，普及农林知识；（4）设立劝农之金融机关；（5）设立农事试验场以示范。其实，这五点不仅在当时，即便在现在也不算过时。但遗憾的是，由于抱有极强烈的政党内阁思想，宋教仁未完他的计划就辞职了。接着时任农林次长的陈振先接替主持部务。

陈振先（1877—1938），广东新会人，字铎士，光绪三十三年（1907），毕业于美国加利福尼亚大学，归国后，授农科进士。在参

① 《参议院第五次会议速记录》，《政府公报》1912 年 5 月 16 日，附录。

② 《国务员与参议院》，《申报》1912 年 5 月 20 日，第二版。

③ 《农林部之大计划》，《盛京时报》1912 年 5 月 19 日，（四）。

加清廷举行的第三次游学生考试中获得第一名，成绩为 87.34 分，[①]宣统元年授翰林院编修，并被锡良看重，上书清廷把其调东三省办理农务。他说："农业为务本至计，东省土壤腴沃，旷地甚多，尤须提倡得人，以期开通农智，查有农科进士，新授翰林院编修陈振先，前在美国大学农科毕业，于农学确有心得。现经臣锡良电调来奉，相应仰恳天恩，俯准将该员陈振先调赴东省办理农务，俾资臂助，并请免于扣资，不停升传，以符定章。"[②] 后又颇得徐世昌赏识，把其"调充奉天农业试验场监督，兼领农业学校，官牧厂，森林局事。振先治事勤恳，谢绝官习，其治农业试验场，除京师外，成绩最优。考查宪政，特加四品衔"[③]。由此可见，陈振先并非一般旧官僚所能比，他具有新知识，有新头脑，任事勤恳敬业，一踏上仕途，就得到地方督抚的赏识和提拔。

民国成立，唐绍仪组阁，陈以粤人及留美学生身份，被任命为农林部次长。关于其被任命为次长的原因，有评论说："陈振先为农林次长已见前日命令，兹探悉陈振先前在美国公使馆为翻译生时，周自齐为代理参赞，见其中美文字俱佳，甚欣赏之，前清光绪之时招考留学生，陈因回国考试，取列最优，嗣往东三省，徐世昌、唐绍仪均极赏识。此次得农林次长乃唐绍仪所极力推举，陈君在东三省曾指陈森林办法，洋洋数千言，极为中肯，其得唐之力荐，袁总统之许可者，皆因注意关于森林之进行。"[④] 民国元年七月，陆征祥内阁成立时，陈继宋教仁出任农林总长，后留任于赵秉钧、熊希龄内阁。"然性坦直，不知情伪，治公牍，议政务，皆非所长，复以偕许士英冶游，为众论所讥，辞职。"[⑤] 后来在交通税专任教，陈以生平所学而于晚年致用为幸，慨然抛弃舒适的教授生活，并筹办金水农场。1938 年，

---

① 刘真主编：《留学教育——中国留学教育史料》，国立编译馆 1980 年版，第 810 页。

② 锡良：《锡良遗稿·奏稿》，中华书局 1959 年版，第 898 页。

③ 沃丘仲子：《徐世昌》，上海崇文书局 1918 年版，第 72—73 页。

④ 《陈振先得农林次长之原因》，《盛京时报》1912 年 5 月 24 日，(四)。

⑤ 沃丘仲子：《徐世昌》，上海崇文书局 1918 年版，第 72—73 页。

在与地方豪绅的争执之中，被焚致死。[①] 究其一生，陈振先是个脚踏实地的实干家，很少有妄谈、虚言。即使在当时消息灵通的各大报纸中，我们也没有找到其关于宏大农林计划的报道，身居农林部要职，任期一年有余，却没有留下些只言片语，不能不让人感叹。这相对于其前任宋教仁，可谓天壤之别。

陈振先在农林总长任内，大刀阔斧地推行改革，整理部务逐渐取得成效。深得民众认同，并受到袁世凯的赏识，一度还兼任教育总长一职。尽管时间不长，足见其能力和才华。尽管其不尚言谈，没有长篇大论的计划问世，但其施政也并非杂乱无章，而是井井有条，着着进步。根据其施政，我们认为关于陈振先的施政理念，主要有以下几点。

第一，完善农林组织机构。

陈振先认为农林组织机构的设置和完善，是农林部持续发展的重要保证。所以他上任之后，大力完善农林部的组织机构。如提出设置林务局、渔政厅、垦殖厅及垦殖总管。关于设置林务局的原因，他指出："查林政一项，昉自虞衡，所以充裕财源，保安国土，用意至深且远。降及近世，古制废弛，于是山林滥伐，水土不固，旱涝因此频仍，农田无所利赖。然中国天然林野，如东北，如奉吉，东南如闽桂，西南如滇黔，腹地如湘赣等处，所在多有，徒以林政不修，致令有森林而无林业。本部创设伊始，自宜全国统筹，顾幅员绵邈，鞭长莫及，非在林产各地设立林务专局，不足以促进性而收实效。"[②] 关于渔业，他认为："在前清时，典章未备，渔业行政，设而不彰，故沿海数千里之遥，以及大江大河贯通数省者，皆放弃天然水产，罔尽厥利。而海权之危，殆亦日甚一日，横揽洋流我是用急。兹当民国肇基，百废待举，本部为修饬渔政，保护海权起见，拟将沿海七省分为

① 蔡翔、孔一龙：《20世纪中国通鉴》第二卷，北京改革出版社1994年版，第433页。

② 《农林部致国务院请将林务局官制草案提出国务会议函》，《政府公报》1912年7月24日，公文。

数区，区设渔政厅一所，直接以经理渔务，间接以巩固海权。”① 所以要设置渔政厅。之所以要设垦殖厅及垦殖总管，是因为：“本部对于内外蒙事宜，颇思有所建议，现今蒙地荒寒，人口衰减，推原其故，实由垦政不兴，弃利于地。查内外蒙旗，除瀚海界外，仅多可耕之土，东三省、热河、察哈尔、绥远境内，垦务已著成效外，蒙科布多等处垦务甫有萌芽，是不得不特设拓殖机关，以资经营规划，责任专则事易举，名实副则职易行。本部对于内蒙拟多用民垦法，对于外蒙拟多用屯垦法，用民垦法，应设垦殖厅以执行之，用屯垦法，应设垦殖总管府以执行之。”②

第二，整顿官常、澄清吏治。

陈振先整顿完善和整顿官僚队伍的思想，是对农林部发展极其负责的思想。这主要体现在：对不符官制的官职设置进行裁撤，如取消编纂官职，当时有五人充任在案，分别为：谢恩隆、易次乾、钟赓言、王庆骥、王治焘。他主张仅留谢恩隆、易次乾、王治焘三人；③ 对整理部务有功的有关人员进行奖励，关于此事比较多的就是进行叙官等和提俸级；④ 对于在部做出较大成绩，颇有专长和能力的，进行提拔，他先后提拔了章祖纯、郑宪武等人；⑤ 对于有功于部务，想辞职的进行挽留，有困难的进行体恤。如请求袁世凯对农林次长梁赉奎的辞职，“恳再温谕慰留”⑥，对因历办实业积劳病故的参事魏震，请求袁世凯给予恤金；⑦ 对损害农林部形象的官员，进行严惩。如撤销

---

① 《农林部致国务院请将渔政厅官制草案提出国务会议函》，《政府公报》1912年7月24日，公文。

② 《农林部致国务院请将垦殖厅及垦殖总管府官制草案提出国务会议函》，《政府公报》1912年7月24日，公文。

③ 《农林部总长陈振先呈大总统照公布农林部官制取消编纂官职谢恩隆等三人留部另行委用请鉴核备案》，《政府公报》1912年8月8日，公文。

④ 参见《农林部令（农字第四十九号）》，《政府公报》1913年1月6日，命令。《农林部部令（二年农字第六十二号）》，《政府公报》1913年2月2日，命令等。

⑤ 《临时大总统令》，《政府公报》1912年11月23日，命令。

⑥ 《农林总长陈振先呈大总统据本部次长梁赉奎请转呈辞职等因恳再温谕慰留以资倚畀文》，《政府公报》1913年1月30日，公文。

⑦ 《农林总长陈振先呈大总统本部参事魏震历办实业积劳病故拟给一次恤金以示体恤文》，《政府公报》1913年1月14日，公文。

主事张传一驻吉林林务局委员差，并免去主事本官，因为其“报销浮滥，目无纲纪”[①]，免佥事秦嵩官的原因是其“巧于钻营”[②]，主事陆长俊、刘芬九因为“久旷职守”也被免职。[③] 对于部中存有的奔竞之风，陈振先更是严令指出：“当此民国初基，各官吏正宜砥砺廉隅，崇尚风节。”[④] 通过以上措施，大大净化了官僚队伍和官场风气，保证了农林部运作的高效廉洁。

第三，召开全国农会联合会，促进全国范围内农林交流。

陈振先之所以主张召开全国农会联合会，并不仅是步工商、司法、教育各部之后尘，而且是为了消除国内农事隔膜，促进交流，集思广益，共谋农林事业之发展。[⑤] 他说：“降及秦汉，以逮元明，农政不修，农学不讲，出作入息，听民自为。至于今而生齿日繁，地利未启，水旱洊至，年谷不登，抚西北之荒原，草莱依旧。念东南之灾疹饥馑频仍，纵有用一缓二之征，终无耕九余三之望，长此以往，国贫民困，尚堪设想乎？本部总揽全国农林，事有专司，责无旁贷。每念疆宇辽阔，则观察宜周，土俗纷歧，则谘询宜溥；旱涝异势，则补救之道宜筹；高下殊方，则种植之类宜讲。民间之利病宜如何体察而兴除，物产之盈虚宜如何斟酌而调剂。凡百举废，咸待研究。……内顾吾圉，隔膜转多。揆厥原因，一由于无交换智识之益而固陋自封；一由于无比较优劣之资而改良乏术。幽井父老或终身未睹粳稻之苗，闽广士夫或毕世不辨稷粱之种。粤西至清康熙末年方知种麦，津沽自左忠毅力垦，乃有沃田。偶尔风气之开，终为习俗所囿。”[⑥] 因此，陈振先主张特创设全国农会联合会，目的是“各显智能，共谋发展，

① 《农林部部令（农字第四十八号）》，《政府公报》1913 年 1 月 6 日，命令。

② 《临时大总统令》，《政府公报》1912 年 11 月 23 日，命令。

③ 《农林部部令第八十号》，《政府公报》1913 年 5 月 1 日，命令。

④ 《农林部部令第一号》，《政府公报》1912 年 11 月 22 日，命令。

⑤ 《农林部召集全国农会联合会通告》，《政府公报》1913 年 1 月 19 日，通告。陶昌善等编：《全国农会联合会第一次纪事》，《近代中国史料丛刊第八十七辑》，台北文海出版社 1973 年版，第 11—13 页。《院部布告》，《最新行政文牍》第一册，商务印书馆（出版年月不详），第 76—77 页。

⑥ 《院部布告》，《最新行政文牍》第一册，商务印书馆（出版年月不详），第 76—77 页。

庶几集思广益，洩天道地宝之奇，协力同心，穷海澨山陬之利，造五族之幸福，裕万禩之财源，图富图强”①。在全国农会联合会开幕时，陈振先进一步指出召开全国农会联合会，诸君“互相讨论，谋中国农业前途之发达，与各国并驾齐驱”。“必能为中国农业放一异彩”②。他还打算农会联合会循环易地召开，此确实是非常有创意之举。之所以如此做，他认为这有利于理论联系实际；有利于考究各省农业性质及农产物之真实情况；有利于各省农会及其他农业行政、农业教育界多数人互相认识；有利于实地观察各省政治商务、风俗、民情与其得失利病之所在。③

此外，陈振先还主张研究农业要有世界的眼光，虚心借鉴和接受先进的农事方法，以促进农业之进步。总之，陈振先在任农林部次长、总长任内，勤恳任事，真可称得上实干家。但是由于私生活问题，陈在民众心目中的形象大跌。

1913 年 1 月 8 日《亚细亚日报》首先揭载农林部长陈振先狎妓丑闻。④ 此消息一出，立即引起民众大哗。接着其他各大报纸争相转载，闹得沸沸扬扬。陈振先作为当事人先是矢口否认，继而延律师江天铎控告《亚细亚日报》的不实报道。亚细亚日报社也毫不示弱，延律师曹汝霖为辩护人，双方在法庭上争辩激烈，各执一词。但是后来舆论越来越站到亚细亚日报社的一边，初级审判厅也认为《亚细亚日报》此举并不违反报律，并判决代诉人江天铎“只能供本推事之讯问，不能自由发言”。结果，“江代诉人愤然曰：此等决定本代诉人不能承认，……遂声称必须抗诉”⑤。后来当再开次庭审理时，江天铎不再提抗诉之论；在第三次开庭审理的过程中，“江始无言”，

① 《农林部召集全国农会联合会通告》，《政府公报》1913 年 1 月 19 日，通告。

② 陶昌善等编：《全国农会联合会第一次纪事》，《近代中国史料丛刊第八十七辑》，台北文海出版社 1973 年版，第 11—13 页。

③ 《陈总长演说词》，《全国农会联合会第一次纪事》，《近代中国史料丛刊第八十七辑》，台北文海出版社 1973 年版，第 43—47 页。

④ 《亚细亚日报》1913 年 1 月 8 日。

⑤ 《风流案仍须抗告》，《申报》1913 年 2 月 21 日，第六版。

这可能与受到陈振先的指使有关，最后审判官宣布退庭而散。[①] 事情就这样不了了之。而此事的影响尚不至此止，人们对陈的监督也更加严密，结果发现陈振先并未谨慎遵守官常，引以为戒，避免此类事情再次发生，而是继续风流，不久再被爆料："近日总长见舆论渐息，逛兴复发"，再次与陈七奶奶联络，可谓死灰复燃。[②] 因此而再次被推上舆论的风口浪尖，不得已而辞职。而《民国汇报》认为关于陈振先的辞职也与农林部内部权力争斗有关，由于篇幅和主旨所关，在此不再详述。[③]

三　张謇及其施政理念

张謇（1852—1926），江苏南通人，近代实业家、政治家。字季直，号啬庵。十六岁中秀才。旋入庆军统领吴长庆幕，由于朝鲜发生"壬午兵变"，随庆军驻仁川。代吴草拟《条陈朝鲜事宜疏》等纪事和策论，受到翁同龢的赏识。1894 年中状元，授翰林院编修。甲午战起，上书弹劾李鸿章。列名强学会，主张以战求和。《马关条约》签订后弃官兴办实业和办学。1909 年任江苏谘议局议长，发起十六省谘议局代表赴京请愿，要求清廷速开国会，成立责任内阁。武昌起义后，清廷和南京临时政府争相拉拢他，任官实业，皆不就，反而劝清廷权贵奕劻等顺应时势，并向革命党施加压力，支持袁世凯统一南北。北京政府成立后，袁再次邀请张謇就任实业总长，张以"惟审察时局，尚未至可以效力之期"[④] 而推辞。但是他们之间的联系十分紧密，当时就一些社会问题，如严惩宗社党、加入党派问题、江皖灾事等，经常互相交换意见。[⑤] 袁世凯就任正式大总统后，中央集权进一步加强，其威信也蒸蒸日上，刘揆

① 《风流案第三次开庭状况》，《申报》1913 年 2 月 28 日，第三版。

② 《风流总长之孽海珠尘》，《申报》1913 年 3 月 1 日，第六版。

③ 《农林部之黑幕》，《民国汇报》第二期，1913 年 2 月 5 日出版，第 2 页。

④ 张謇：《复袁世凯函》，《张謇全集》第一卷，政治，江苏古籍出版社 1994 年版，第 218 页。

⑤ 参见张謇《张謇全集》第一卷，政治，江苏古籍出版社 1994 年版，第 217、218 页。《临时公报》1912 年 3 月 25 日，电报。

一辞职后，当袁再次邀请张謇担任工商部部长一职时，张欣然应允。陈振先辞职后，其又兼任农林部部长，这为后来二部合并农商部奠定了组织基础。

张謇出任工商、农林总长，既是袁世凯渴望已久的事情，又是袁世凯加强中央集权的重要表征，也是袁世凯极力渗透和控制实业的重要手段。张謇六十多岁高龄还愿意为袁世凯效劳，一方面固然是袁世凯的盛情邀请，不能再推辞，因为其先前已两次拒绝过袁世凯；另一方面，张謇也感到时机成熟，愿意加入被国内外看好的“第一流人才内阁”——熊希龄内阁中来，更重要的是，他想进一步发扬光大其人生价值的光辉。上任后，在向部员宣布农林工商政策时自勉道：“謇年逾六十，精神才力，渐不如前，惟此不自暇逸之心，数十年如一日，斯则与邦人君子共相策励者尔。”① 在国务会议上发表实业政见时，进一步阐明此意：“謇此次出就部任，大惧无以应现世之所需，餍国人之属望，夙夜惴惴，不能自已。盖际此时艰，不敢不出，勉尽国民一分子义务。然外观时事，内忖精力，此义务能尽到几分，能收几分之效，以报我国人期望之万一，则毫无把握。况謇以前初未尝投身政界，今猝然从诸君之后，与闻政事，正在试验时代，宁可自信，所可以告我国人者，惟矢此勤勤恳恳之心，与国务员诸君，交尽职责而已。”② 张孝若在为其父书的传记中也提到：“那时候我父亲出来担任农林工商部的意义，实在有他很深远伟大的希望。……很想把以前的各种压迫侵犯的枷锁，一扫而空。”③

因此，当熊希龄内阁倒台后，尽管汪大燮、梁启超随同熊一起辞职，张謇却流连不去。关于此事张謇有过记述：“熊希龄免官，孙宝

---

① 经世文社：《民国经世文编》（实业），文海出版社 1970 年版，第 455 页。江苏省商业厅、中国第二历史档案馆编：《中华民国商业档案资料汇编》第一卷，中国商业出版社 1991 年版，第 5 页。

② 沈家五：《张謇农商总长任期经济资料选编》，南京大学出版社 1987 年版，第 11 页。

③ 张孝若：《南通张季直先生传记》，中华书局 1931 年版，第 180 页。

琦代。杨士琦来，问阁员与总理同进退之说。余曰：始来以府院并有连电之约，就职之日，即当众宣言，余本无仕宦之志，此来不为总理，不为总统，为自己志愿。志愿为何？即欲本平昔所读之书，与向来究讨之事，试效于政事。志愿能达则留，不能达则即止，不因人也。”① 但时至1915年4月，待张謇逐渐发现欧战爆发，部务经费无着，政治上筹安会的出现，感到自己的抱负无法实现时，才决然辞职。② 上书袁世凯“而财政竭蹶，无可措手。就部撙节，所得无多，曾不足以展规划至小之一事。顾犹于国外作输入毋（应为‘母’——作者注）财之希冀，至欧战发生，并借贷之源而亦绝。虽中法第一劝业银行，粗已签字，而履行固无定期。是謇就职时之设计已穷，日在官署画诺纸尾，所从事者，薄书期会之无聊，府吏胥徒所可了。其于民国实业前途，茫无方向，伐檀素食，时切疚心，加以须发日白，筋力日衰。” “纵使当官，徒滋踧踖，安心无术，办事何方……区区之悃，所仰望于大总统者，用謇或可采之言，而不必荣以禄。伸謇强自成之志，而不必縻以官。”③ 恳请袁世凯同意其辞去农商总长本职，而力图摆脱与袁世凯政府之间的关系。

目前，关于张謇的研究很多，④ 在政治、经济、教育、思想文化

---

① 张謇：《啬翁自定年谱》，《张謇全集》第六卷，日记，江苏古籍出版社1994年版，第881页。

② 刘厚生：《张謇传记》，上海书店1985年版，第224页。

③ 《请解除农商总长职专任全国水利局总裁给大总统呈文》，《张謇农商总长任期经济资料选编》，南京大学出版社1987年版，第407—409页。

④ 值得一提的论著有：章开沅：《开拓者的足迹——张謇传稿》，中华书局1986年版。刘厚生：《张謇传记》，上海书店出版社1985年版。李时岳：《张謇和立宪派》，中华书局1962年版。章开沅、田彤：《张謇与近代社会》，华中师范大学出版社2001年版。瞿立鹤：《张謇的教育思想》，台湾学生书局1976年版。周见：《近代中日两国企业家比较研究——张謇与涩泽荣一》，中国社会科学出版社2004年版。王敦琴：《传统与前瞻——张謇经济思想研究》，人民出版社2005年版。虞和平：《张謇——中国早期现代化的前驱》，吉林文史出版社2004年版。论文有：朱英：《张謇与民初的〈商会法〉》，《近代史研究》1998年第1期。丛卫兵：《张謇的农业现代化思想与实践》，《学海》2006年第6期。朱英：《张謇的慈善公益思想与活动》，《江汉论坛》2000年第6期。谢俊美：《张謇与晚清社会变迁》，《南通大学学报》（社会科学版）2007年第1期。刘圣宜：《论张謇的“实业救国”》，《华南师范大学学报》（社会科学版）1986年第3期。章开沅：《张謇与中国近代化》，《华中师范大学学报》（哲学社会科学版）1987年第5期，等等。

等方面都有重要论著问世，张謇研究已经在一个很高的起点上，整体而言，如要进一步深入研究，不转换史学范式，不深度挖掘相关史料，几乎不可能。但是，时下研究张謇的资料有些过于单一，大都是张謇本人留下的，而同时代其他人留下的资料却不多，这也成了制约张謇研究的重要因素。相对而言，有关其在农商总长任内施政理念的探讨仍然显得薄弱,① 似有进一步挖掘的空间。

张謇就任后，深知农林工商发展所面临的困境和农林工商所处的地位、担负的责任。他说："农林工商部者，为人民生利供政府分利之地也。世不思治，治无可图，分立过当，生亦不及。何况民国肇建，内乱外寇，侵寻未已，借款重叠，债权四压。权政府度支之数，则用于军政消耗者，日若不给也，亦当筹用于生活者十之四、十之三。权人民漏卮之数，则增加熟货输出者，今兹未能也，当亟求低减输入者千之一、百之一。"② 又认识到"实业之命脉，无不系于政治"③。正是基于以上如此思考，张謇对症下药，提出了一些相应的施政理念，我们认为主要有以下几点。

第一，整顿官业，助长民业。

清末以来张謇都是以筹办实业著称，自然对实业界的弊端深有体会，感触良深。他本身是一个民营企业家，历经过清末实业发展之艰难，深尝过官业压制之苦楚。当然，他之所以一上台就整顿官业，不是想狭隘地实施报复，而是缘于当时的官业实在是问题重重。他指出："清季国力日孱，士夫竞言生利，而各省官营业，始纷纷出现。

---

① 有代表性的著述主要有：沈家五：《张謇任农商总长时筹设商埠和发展企业的开放措施》，严学熙主编：《论张謇》，江苏人民出版社 1993 年版，第 345—356 页。沈家五：《张謇任农商总长时的经济政策及其措施》，《中国近代史研究资料》第八辑，上海社会科学院出版社 1987 年版，第 71—87 页。虞和平：《张謇与民国初年的经济体制改革》，《社会科学家》2001 年第 1 期。苑书义：《农商总长张謇的开放主义》，《明月斋史学文选》，人民出版社 2009 年版，第 539—551 页。［日］野泽丰：《民国初年袁世凯政权的经济政策与张謇》，《社会科学战线》1984 年第 2 期。等等。

② 《宣布就部任时之政策》，《张謇全集》第一卷，江苏古籍出版社 1994 年版，第 275—277 页。

③ 赵靖、易梦虹：《中国近代经济思想资料选辑》下册，中华书局 1982 年版，第 358 页。

然排调恢张，员司充斥，视为大众分利之薮，全无专勤负责之人，卒之糜费不赀，考成不及，于财政上有徒然增豫计溢出之嫌，于实业上不能收商贾同等之利，名为提倡，实则沮之。”① 有鉴于此，他提出了“本部之官业，概行停罢，或予招商顶办”的思想。但并不是停罢或招商顶办所有的官业，而是“惟择一二大宗实业，如丝茶改良制造之类，为一私人或一公司所不能举办，而又确有关于社会农商业之进退者，酌量财力，规划经营，以引起人民之兴趣。余悉听之民办”②。应该说这是盘活当时官产官业的重要途径，只有把官业也同样放到市场中去经受考验，而不是靠特权和补助，才能搞活官业，才能进一步促进农商经济的发展。

关于民业的发展，张謇认为“舍助长外，别无他策”，具体而言，他说：“当此各业幼稚之时，舍助长外，别无他策。而行此主义，则仍不外余向所主张之提倡、保护、奖励、补助，以生其利，监督制限，以防其害而已。惟言提倡，则银行之设置，币制之改良，关税之协商，厘捐之裁减，无一不关财政，关税则并及外交，余如邮电航路之便利灌输，学校学会之研究学理，又关涉交通、教育。言保护则商法未经编订，裁判动反舆情，组织改良，事关司法；清匪既关内乱，防乱又关海陆两军，现象一有不安，保护即成虚语。至奖励、补助之关连财政，尤属显而易见。诸如此类，悉数难终。是提倡，保护、奖励、补助之实行，无一不赖各部维持之力。以现状论，补助已不能行，保护，奖励，或可得半。所能完全负责毅然独任者，提倡之外，惟在监督、制限之一方。是消极也，消极安望发舒？惟有一方消极，一方即于消极生积极。”③ “所谓于消极为积极者，农工商业为类至多。政府人民，财力均困，若事事并营，力分而益薄。且未习之事，创办之始，必磨折乃有经验。磨折之顷，必有耗损，一有耗损，

① 张謇研究中心等编：《张謇全集》第二卷，江苏古籍出版社 1994 年版，第 165 页。

② 沈家五：《张謇农商总长任期经济资料选编》，南京大学出版社 1987 年版，第 8—9 页。

③ 张謇研究中心等编：《张謇全集》第二卷，经济，江苏古籍出版社 1994 年版，第 166 页。

则必失社会投资之信用；此危道也。故与其分而致薄，无宁合而可厚。”[①] 后来，其在阐述有关发展实业政策时，关于发展民业的理念又进一步得到了发挥。

第二，发展实业，要“扶之植之防维之，又涵濡而发育之”。

张謇认为要发展实业，就必须“扶之植之防维之，又涵濡而发育之”[②]。这既是其助长民业政策的继续和发展，也是张謇施政理念的核心，又是其上任后，极力推行的基本农商政策。如何才能对实业“扶之植之防维之，又涵濡而发育之”，张謇有其独到见识。

首先，当乞灵于法律。

张謇认为发展实业就必须排除工商业之阻碍，维护正常的市场秩序。他说：“盖今日而言，振兴中国实业，不先排除障碍，几无方法之可言，如国家日日言保护工商，而商民终不肯信，一切营业不敢放手进行；又如藉破产为名，以为骗欸之计者，比比皆是，以致商民对于公司招股，极不信用。此所谓工商之障碍也。”那么怎么才能排除此种障碍呢？张謇以为“欲排除此种障碍，惟有速订商法，使奸商无可取巧”[③]。在他看来，之所以急于用法律的方式，促进工商之发展，是因为：“法律作用，以积极言，则有诱掖指导之功，以消极言，则有纠正制裁之力。二十年来，所见诸企业之失败，盖不可以卒数。推原其故，则由创立之始，以至于业务进行，在皆伏有致败之衅，则无法律之导之故也。将败之际，无法以纠正之，既败之后，又无法以制裁之。则一蹶而不可复起。或虽有法而不完不备，支配者及被支配者，皆等之于具文，前赴后继，累累相望，而实业于是大隳。此可悲之事，亦如謇所亲见，且累见不一，并尝身经其苦痛也。现在世界以大企业立国，而中国以公司法、破产法不备，故遂将此昙花一现之基础，至于今日，败坏不可收拾，斫丧人民之企业心、合群心，耗散最可宝贵之资本，不一而足。故无公司法，则无以集厚资，而巨

① 张謇：《张季子九录·政闻录》卷七，中华书局1931年版，第5页。

② 江苏省商业厅、中国第二历史档案馆编：《中华民国商业档案资料汇编》第一卷，中国商业出版社1991年版，第14页。

③ 《张季直对于本部之政见》，《申报》1913年10月23日，第三版。

业为之不举；无破产法，则无以维信用，而私权于以重丧。此尤其显著者。加以自今而后，经济潮流，横溢大地，中外合资营业之事，必日益增多，我无法律为之防，其危险将视无可得资的为尤甚。故农林工商部第一计划，即在立法。将来提出关于农工商法案，若耕地整理法，森林保护法、工场法，及商人通则及公司法、破产法，运输保险等规则，尚望两院平心审择，迅予通过，俾本部得所依据，用策进行。"① 所以，张謇上任之后，所要做的第一件事就是厘定商法，为此呈文袁世凯："本部职任在谋农工商业之发达，受任以来，困难万状，第一问题即在法律不备，非迅速编纂公布施行，俾官吏与人民均有所依据，则农工商政，待举百端，一切均无从措手。为此，夙夜图维，惟有将现在农工商各业，急需应用之各种法令，督饬司员迅速拟订，如法公布。即其中有关涉法典范围，向归法制局编纂，如待全部法典完成，非数年不能竣事。拟由本部择其尤要，如公司法、破产法等分别定成单行法令，作为现行条例，以应时势之要求。俟法制局全部法典告成之日，此项条例，即行废止。庶本部行政计划，目前即得所藉手，以策进行，此为事实上力求便利起见，用敢呈请大总统核夺。如蒙允即当督饬司员克日拟订。伏候批示祗遵。"② 向来注重实业发展的袁世凯自然支持，批示道："准如所拟办理。"③

其次，求助于金融。

实业发展为什么要求助于金融？张謇解释说："农工商业之能否发展，视乎资金之能否融通。近十年来商场之困顿，不可言喻，盖以国家金融基础不立，而民间钱庄票号等金融事业，索索无生气，重以倒闭频仍，信用坠地，于是一国现金，非游荡而无所于归，即窖藏而不敢或出。总之，金融家无吸收存款之机关，无以供市场之流转，遂

---

① 赵靖、易梦虹：《中国近代经济思想资料选辑》下册，中华书局 1982 年版，第 358—359 页。

② 《国务总理熊希龄农商总长张謇呈大总统拟分别暂订农工商各种单行法令作为现行条例请核夺批示祗遵文并批》，《政府公报》1913 年 11 月 16 日，公文。

③ 沈家五：《张謇农商总长任期经济资料选编》，南京大学出版社 1987 年版，第 14—15 页。

至利率腾贵，企业者望而束手，于是而欲求工商业之发展，虽有智者，无能为役。此亦謇所亲历，故知之甚深。窃以为为今之计，惟有确定中央银行，以为金融基础，又立地方银行以为之辅，励行银行条例，保持民业银行钱庄票号之信用；改定币制，增加通货，庶几有实业之可言。”① 张謇的分析可谓一针见血，有理有据。正是认识到金融对实业发展的重要性，他不仅会同时任财政总长的周自齐呈请袁世凯拟订劝业银行条例，还积极筹划利用外资振兴实业办法。② 关于拟订劝业银行条例的理由，他说：“窃我国地大物博，夙擅天府之称，惟农工各业，囿于小成，未能宏大规模，扩充营业，推原其故，由农林、垦牧、水利、工矿等项非有雄厚资金不足发展事业。而环顾国内，金融机关，既未偏设，农工借贷，尤苦无从，遂使地利未获尽辟，富源不克大兴，国计民生，胥受其困，亟宜特设银行，籍以劝导实业。自齐，张謇会同商议，酌采他国之良规，参以我国之习惯，讨论再三，力求妥善。谨拟订劝业银行条例，凡五十三条是否有当，理合将拟订劝业银行条例，缮具清折，呈请大总统鉴核批准施行。谨呈。”③ 袁世凯立即批准了这一要求。

再次，改良于税则。

张謇认为：“顾农林工商之盈虚消息，与租税制度常有密切之关系。今世界大通，国际贸易，日增月盛，则关税之影响于农林工商业者尤大。”④ 进而指出：“农工商之政策，惟借税法为操纵，或轻减以奖励之，或重征以抑制之，盖未有不顾农工商之痛苦，而纯然以收入之目的，为征税之标准，猥曰苟且以济国用者也。厘金与常关，皆为通过税，世界皆目之为恶税，徒以占岁入之巨额，忍不能舍，百里一税，二百里再税，道途梗阻，节节为厉，行之愈远，则商货成本愈

① 《农林工商部政见宣言书》，《盛京时报》1913 年 12 月 3 日，（一）。

② 赵靖、易梦虹：《中国近代经济思想资料选辑》下册，中华书局 1982 年版，第 361—364 页。

③ 《农商总长张謇、财政总长周自齐呈大总统会同拟订劝业银行条例缮折请鉴核批准施行文》，《政府公报》1914 年 5 月 16 日，公文。

④ 《国际公法学会讨论加税免厘之意见》，《张謇全集》第一卷，政治，江苏古籍出版社 1994 年版，第 275—277 页。

重，是禁制商货之流通，迫其近售，而罚其远行者也。商货运行则有罚，是乌可言商政？抑遏塞商货，以强取民财，又乌可言财政？至国际贸易，全视关税为之损益，各国通例，出口货多无税；吾国则不然，若丝若茶若棉，若其他土货有国际之竞争者，莫不有税，是抑制输出也。抑制输出，是为自敝政策，惟关税有条约之关系，尚待协商，若厘金、常关为内国之恶税，抱持不舍，则百业日以消沉，悠忽数年，而国民生计斫丧无余矣。"① 正因如此，所以要改良税则。关于改良的方法，他在国际公法学会上，讨论加税免厘问题时，曾明确指出："鄙人以为裁厘是国内政策，加税是国际政策，本不必混而为一。裁厘惟筹抵补之方，抵补有着，则裁之而已，不必以能否加税为进止也。惟国计困穷，已达极点，抵补之款，百计求之，终亦不能不出于加税。且即抵补有着，而加税问题，仍亟应提出。故裁厘加税，无论是一事，是二事，我国际法会正当依据学理，具一统系之计划，供当局者之参考。惟本会从国际方面设想，宜专就加税上研究，并宜就改正关税，以应国际法之原则上研究，就鄙见以为重要之点有三。"② 然后他就加税、从价税、出口税等三个方面提出具体意见，总结说："或先裁厘后加税，或裁厘加税同时并行，皆为改正关税议案上重要之问题。而按其实际，则后一事之所得，已足以抵补厘金，而前一事重课奢侈品之主义，果能贯彻，则增加更巨。为国家收入计，固当如是，即鄙人所主管之农林工商诸政，尤不可不如是。"③

最后，当致力于奖助。

由于张謇认识到："凡大企业，资金巨而得人难，实皆含有危险之性质，若航海远洋渔业等则尤甚。故各国皆有奖励补助之法，盖诱掖之，使之发展，即所以为国家扩生计，增国力者也。惟奖励补助，宜有制限。奖励须课其成效，补助则莫如保息。新设之公司，相其效用范围之大小，保其三厘或五厘之年息，假如新立公司，资本达千

① 《张总长又有实业政见发见》，《申报》1913 年 12 月 2 日，第六版。

② 《国际公法学会讨论加税免厘之意见》，《张謇全集》第一卷，江苏古籍出版社 1994 年版，第 275—277 页。

③ 同上。

万，则保息之资，平均仅四十万，倍之则八十万，以三年为限，即岁有增加，尽三年亦不过三百二十万，新旧递嬗，而一国之实业，于是勃兴矣。国家筹仅少之费，而民业有日兴之象，税源即活，则国用自充，其利至溥。"[①] 所以："深愿以此为积极进行之策，仍望两院对于预算案予以赞助，俾得所借手，用福国民。"[②] 进而会同财政部拟保息条例十八条呈袁世凯批准，[③] 然后向国务会议提议保息法案，指出："本部行政方针，奖励民营业一项，业经国务会议决定，应即筹施行之法。奖励之道，益有种种，应时势之要求而又为中央政府财力所能及者，莫如保息。保息之法，需费无多，而收效甚大。"[④] 为此，还进行第一次农商统计，"而定保育之策"[⑤]。

以上四端，他认为皆农工商行政范围中应行之事，其中"改良税别和实行奖励二端尚需与财政当局商妥方可着手"[⑥]。除此之外，他还认为，政治步入正轨，商事人才的培养等问题也都制约着实业的发展。[⑦] 只有以上问题逐个解决了，实业发展才大有希望。

第三，倡行"棉铁主义"。

张謇在任期间很重视棉铁的发展，主要是因为棉铁在当时都是输入品中的大宗，中国为此银元大量外流。他指出"查前清光、宣两朝各海关贸易进口货之多，估较价格，棉织物曾达二万万以外，次则钢铁，他货物无能及者"[⑧]。其实，这也是他一贯的政策，他曾在南

---

① 张謇研究中心等编：《张謇全集》第一卷，政治，江苏古籍出版社 1994 年版，第 271—275 页。

② 《张总长又有实业政见发见》，《申报》1913 年 12 月 2 日，第六版。

③ 张謇研究中心等编：《张謇全集》第二卷，经济，江苏古籍出版社 1994 年版，第 168—169 页。

④ 沈家五：《张謇农商总长任期经济资料选编》，南京大学出版社 1987 年版，第 17 页。

⑤ 《第一次农商统计序言》，《张謇农商总长任期经济资料选编》，南京大学出版社 1987 年版，第 23 页。

⑥ 《张季直对于本部之政见》，《申报》1913 年 10 月 23 日，第三版。

⑦ 《工商总长最近之政见》，《申报》1913 年 11 月 13 日，第六版。

⑧ 张謇：《张季子九录·政闻录》卷七，中华书局 1931 年版，第 5 页。

洋劝业会时就发表“中国现时实业须用棉铁政策”[①]，以“振兴棉业之纺织为内维，扩充矿业之煤铁为外境”[②]。但是并未被清政府采纳。就当时而言，中国的棉锭数与英、美、日差距很大，“英美各国无论矣（英 57731829 锭，南美 17864399 锭，北美 10435083 锭），近考之日本，土地面积少于我二十倍，人口少于我八倍，而纱锭至 1731500 余锭，而吾国合中外之厂，仅 81 万”[③]，照如此计算，张謇认为“设使全国上下一致进行，岁岁增加，以五年为一期，三五期后，增至三百万锭”，中国才有实业可言。[④] 再说，“查近十年中海关贸易册，棉输入额多至一万八千余万，此乃海关估价，核之市价，近且及倍。”正因如此，所以张謇十分强调发展棉业。时人评论说，张謇尤注重“棉花主义”，“其在通州办理纱厂时，丝料多取资于本地，棉花经营试验确有心得，甚欲以收利于一乡者，推行之全国，故近时对人时述植棉之利益。人或有疑其设施范围之狭者，实则民国困穷，资本难集，侈言工商徒劳无益，倒不如抱一浅近易行主义，切实做去，足以矫世俗之夸张也”[⑤]。的确如此，张謇当时提出在十年内应增加纱锭 160 万枚和织机 5 万台，因此相应还需增加棉田 5500 万亩。[⑥] 然而，在铁一项上，张謇认为“非用开放主义，无可措手”。尽管中国铁矿所藏丰富，但是开采技术落后，所需费用无着。所以张謇主张“但是条约正当，权限分明，既借以发展地质之蕴藏，又可以赡贫民之生活。其由钢铁而生之机械铁工厂，亦可听欧美人建设。于工业可省远

---

① 江苏省商业厅、中国第二历史档案馆编：《中华民国商业档案资料汇编》第一卷，中国商业出版社 1991 年版，第 4 页。

② 《张謇日记》，《张謇全集》，第六卷，日记，江苏古籍出版社 1994 年版，第 634 页。

③ 张謇研究中心等编：《张謇全集》第一卷，政治，江苏古籍出版社 1994 年版，第 276 页。

④ 张謇研究中心等编：《张謇全集》第二卷，经济，江苏古籍出版社 1994 年版，第 166 页。

⑤ 《各部最近之近况》，《申报》1913 年 10 月 25 日，第六版。

⑥ 《奖励扩充改良植棉地 5500 万亩理由书》，《张季子九录・政闻录》。转引自桑润生《中国近代农业经济史》，农业出版社 1986 年版，第 103 页。虞和平主编：《张謇——中国早期现代化的前驱》，吉林文史出版 2004 年版，第 36—37 页。

运之资，于工学尤得实习之地，计所获益，良非浅鲜”[①]。这样一来，由于“铁需用极大，而吾国铁产极富，以至富之矿产，应至大之需要，岁可得数千万，一出一入，相差之度，不可以道里计，赢数万万，与绌数万万，在国民生计上，当受何等影响，此不待智者而知也。欲赢此数万万，当用何法，则惟有并力注重输入额最高之物，为捍卫图存之计，若推广植棉地纺织厂是。又惟有开发极大之富源，以驰逐于世界之市场，若开放铁矿、扩张制铁厂是”[②]。这就是张謇所主张的“棉铁主义”，而且他认为此一种主义，“敢自信为适当”[③]，“可操经济世界之全权”[④]。

以上可知，张謇的施政理念切中时弊，都是基于中国国情考虑的真知灼见，如果按照张之计划，三五年后，中国的实业必见起色。其理念后来被史家誉为“实业救国思想”，但遗憾的是，由于受当时国内国际政治经济因素的影响，他的计划并未能照其所设想的那样得以施行。关于此，他在国务会议发表实业政见时就曾表露过隐忧，因为实业“至若何举办，则视乎人，视乎财，视乎国力”[⑤]。他曾将部务划分为三个时期：法律时期；技术时期；经济时期。[⑥] 因为他认为：“私计实业之事万端，我国民智待牖，必有法律而后有准绳，有技术而后有规画，有经济而后有设施。故拟首订法律，次事查勘，次设劝业银行。”[⑦] 而实际上张謇仅到其所言的第二个时期，就因为财政困难，无法施展而辞职。其在辞职书中明确提及：“法律则延揽通晓工

① 张謇研究中心等编：《张謇全集》第一卷，政治，江苏古籍出版社 1994 年版，第 277 页。

② 《农林工商部政见宣言书》，《盛京时报》1913 年 12 月 3 日，（一）。《实业政见宣言书》，《中华实业界》1914 年第 1 期。

③ 沈家五：《张謇农商总长任期经济资料选编》，南京大学出版社 1987 年版，第 14 页。

④ 《汉冶萍就职演说》，《张季子九录·政闻录》第 7 卷，中华书局 1931 年版，第 13 页。

⑤ 张謇：《实业政见宣言书》，《张季子九录·政闻录》第 7 卷，中华书局 1931 年版，第 1—3 页。

⑥ 《张总长最近之农商政策》，《申报》1914 年 7 月 30 日，第三版。

⑦ 《请解除农商总长职专任全国水利局总裁给大总统呈文》，《张謇农商总长任期经济资料选编》，南京大学出版社 1987 年版，第 407—409 页。

商法之人，编辑各条例，先后已成二十余种。进是须用农工商技术专家，即须经费，而财政竭蹶，无可措手，就部撙节，所得无多，曾不足以展规画至小之一事，顾犹于国外作输入母财之希冀。至欧战发生，并借贷之源而亦绝，虽中法第一劝业银行，粗已签字，而履行固无定期，是謇就职时之设计已穷，日在官署画诺纸尾，所从事者，簿书期会之无聊，府吏胥徒所可了，其于国民实业前途，茫无方向，伐檀素食……惟有恳察愚忱，许解部职。”[①] 这与其上任之初的雄心勃勃，形成鲜明对照。在民初转型时期的复杂社会里，我们不得不感叹：真是英雄气短啊！

四　周自齐及其施政理念

张謇辞职后，袁世凯特任周自齐署理农商总长。[②] 周自齐之所以被任为农商总长，一方面与张謇过从甚密，有关实业发展奖助方面的政策制定，其多参与其间，因此对农商部事务比较熟悉。另一方面因为周自齐在当时也是不可多得的人才，阅历丰厚。再说当时袁氏周围找也不到第二个声望、权势能与其匹敌者。此外，还有一层，那就是袁世凯想再次让周学熙主持财政部，不得不将周自齐调出财政部。

周自齐（1871—1923），字子廙，原籍山东单县，出生在广州，早年以副贡身份入北京同文馆学习。后赴美国留学，入哥伦比亚大学。1896 年伍廷芳出任驻美公使时，任公使馆书记官。后任驻纽约领事，驻古巴代办，驻旧金山总领事，驻美公使馆一等秘书、代办，游美学务处总办，综理庚款留学事宜。回国后，任清廷外务部左参议，右丞。清帝退位后，袁世凯委任其暂行管理度支部首领事务。[③] 不久改任山东都督兼署民政长。1913 年 8 月署任中国银行代总裁。[④]

① 赵靖、易梦虹：《中国近代经济思想资料选辑》下册，中华书局 1982 年版，第 364—365 页。

② 《大总统策令》，《政府公报》1915 年 3 月 6 日，命令。

③ 《临时大总统令》，《临时公报》1912 年 3 月 16 日，命令。

④ 《临时大总统令》，《政府公报》1913 年 8 月 22 日，命令。

9月任熊希龄内阁交通总长，12月兼代陆军总长。1914年2月任孙宝琦临时内阁财政总长，5月任徐世昌内阁财政总长兼盐务署督办。1915年4月改任农商部部长。支持袁世凯复辟帝制，任袁登基大典筹备处委员。1916年4月任税务处督办兼中国银行总裁，袁世凯死后，其被列为帝制祸首之一遭通缉，亡命日本。1918年获特赦。后又任币制总裁，并与梁士诒共同经营大生公司，1920年8月任靳云鹏内阁财政总长，1921年5月为华盛顿会议中国代表团顾问。1922年4月署理国务总理，不久由于黎元洪复职，而退出政界，赴美游历，考察电影工业。1923年10月病故。纵观周自齐的一生，在民初的农商总长中，其恐怕是权势最显赫的一个。

周自齐上任之后，不像其前几任总长，提出许多独到的实业政策。如果说有的话，那就是进一步推行渐进的实业政策，进一步细化农商政策，把先前适用于实业发展的政策措施落到实处。其实，我们也可以把周自齐的施政看作张謇政策的继续，因为张所提出的农商政策，有很多是由周自齐来完成的。

张謇所提实业发展要“致力于奖助”，“求助于金融”。周自齐在任期间制定了具体的奖进实业办法。当时就有报道称“农商总长周子仪氏近为奖进实业起见，刻已规定创办经营各种实业给予奖励奖章办法，咨行各省巡按使通饬所属一律施行”[①]。给奖之范围：(1)经营直接输出贸易货价年额在十万元以上，营业满三年以上者；(2)建设工厂，制造重要商品资本在五万元以上，营业三年以上者；(3)发明或改良各种便利实用之工艺品有一二特色者；(4)承垦大宗荒地依限或提前竣垦其亩数在三千亩以上者；(5)开采大宗矿产，纯用本国资本，每年矿税在二千元以上者；(6)从事渔业汽船在五十吨以上，帆船在三十吨以上营业满三年者；(7)捐款或募款设立实业学校场所者；(8)办理商会农会确有裨益满三年以上者，皆由各省巡按使咨陈本部核奖，以资鼓励。[②]在

① 《当局之实业政策》，《申报》1915年8月15日，第六版。

② 《农商部奖章规则》，《农商公报》第2卷第1期，总第13期，1915年8月15日，法规。《补登农商部奖章规则图式》，《政府公报》1915年7月21日，呈。

金融方面，因“以振兴实业非先设立金融机关，则无以资调剂而策进行”，周自齐积极主持筹设劝业银行。由于劝业银行性质以工商界之利益为前提，与普通银行专以营业为目的迥然不同，一切章程条例非另订不可，周自齐就饬参事等妥为拟稿。①

当时，周自齐所拟议的农政纲要，也是对张謇实业政策的进一步细化。我们从其内容中可见一斑。“其要纲之内容：一、移民开垦东北西北荒地，务使北部无旷土，南部无饥民；二、查明南部及中部各省之荒地，讲究利用厚生之方法；三、北部未垦荒地之须行正确测量，与开垦者以所有权；四、输入牛马猪羊良好种牡，以期渐次改良品种，以供农用或军用；五、广设农事试验场及测候所；六、输入棉花良种，以期增收；七、竭力振兴南部各省之制丝业及北部各省之蚕桑业；八、改良采茶及制茶法，以增输出；九、研究驱除害虫及其预防法；十、会同内务、交通两部广修河道，以兴水利。”② 为此，他积极筹办棉糖林牧等试验场，针对“各场职掌互异，办事应有准绳”，并制定棉业、林业、种畜试验场暂行规则。③

周自齐还主张设立劝业委员会，④ 但这一政策，没有实行多久，就因经费紧张而遭裁撤。⑤ 此外，他还积极改革权度，为此还专门成立权度委员会，以部员中之有此项学识经验者数人，为专任委员，并由京内部署各派一人为兼任委员约二十人，而以工商司司长陈介为委员长。⑥ 不仅如此，周自齐还主动与教育部合作筹划实业之振兴与人民实业知识之启发事宜。⑦ 主张筹办国货展览会，为鼓励各省出展物

① 《农商部劝业银行之动机》，《申报》1915 年 8 月 18 日，第六版。《劝业银行筹设之概请》，《申报》1915 年 8 月 8 日，第六版。

② 《农政要纲之内容》，《申报》1915 年 12 月 27 日，第六版。

③ 《农商部呈遵批提前开办棉糖林牧等试验场缕陈办理情形并将拟订规则各场地图请备案文并批》，《政府公报》1915 年 8 月 25 日，呈。

④ 《农商部将设劝业委员会》，《申报》1915 年 6 月 7 日，第六版。

⑤ 《令劝业委员会》，《政府公报》1916 年 9 月 3 日，命令。

⑥ 《中国权度改革谈》，《盛京时报》1915 年 5 月 12 日，（一）。《农商部权度检定所通告》，《政府公报》1915 年 8 月 22 日，通告。

⑦ 《筹划实业与调查田赋》，《申报》1915 年 10 月 20 日，第六版。

品，主张对各省所出展品免税厘。[①] 力图整顿矿业，调查全国产煤情况，向各省派矿务督办。[②] 并继续节减政费，裁减冗员、裁去不必要的机构。[③] 可以说，周自齐在任内为了实业发展不遗余力地实践推行，兢兢业业，有目共睹。

但是，在袁世凯帝制运动过程中，周自齐身任袁世凯登基大典筹备委员会委员，不少拍袁世凯的马屁，不属于农商部范围内的事务，只要有利于帝制运动的开展，他也揽，如代呈模范军人一书就是一例，因为上面有袁世凯的“宠锡鸿题”[④]。为了献媚于袁世凯，还专门饬农事试验场辟宽广地点为林艺，备袁世凯登极时现临躬耕。[⑤] 周自齐所任农商总长时期，正是国内国际政治出现重大异动的时期，国际上一战打得正凶，日本乘机侵略中国；国内袁世凯大搞洪宪帝制，乌烟瘴气，兵戈一时再起。所以这一时期的实业发展，深受当时政治因素的影响，取得的成绩是相当有限的。

如果把民初实业管理机构主持部务进行分期立论的话，我们可以将之分为三个主要时期，前期在刘揆一、陈振先的主持下，开拓创新，实业发展逐渐步入正轨；中期在张謇的主持下部务进一步拓展，实业发展达到高潮；后期在周自齐诚惶诚恐的主持下，实业发展逐渐走向停滞和萎缩。

第四节　经费

关于民初实业管理机构的经费由于资料有限，我们不能详尽地了

① 《农商部呈为国货展览会各省出品请予特免税厘以资鼓励仰祈钧鉴文》，《政府公报》1915 年 7 月 3 日，呈。《农商部咨热河、察哈尔、绥远、各省巡按使、京兆尹展览会各省出品奉准特免税厘咨转饬遵照并见复文》，《政府公报》1915 年 7 月 8 日，咨。

② 《农商部呈拟定派往各省矿务督办公文程式规则文并批》，《政府公报》1915 年 11 月 3 日，呈。《最近全国产煤之调查》，《盛京时报》1915 年 5 月 20 日，（三）。

③ 《财政农商两部新裁之机关》，《申报》1915 年 3 月 20 日，第六版。专电，《申报》1915 年 3 月 11 日，第二版。

④ 《农商部呈据情代呈模范军人一书文并批》，《政府公报》1915 年 11 月 5 日，呈。

⑤ 专电，《申报》1915 年 12 月 31 日，第二版。

解，只能就现有的相关资料粗略地管窥一二。因其是国家的行政机关，主要是靠财政拨款来维持部务运转，但也有一些零星的收入，不仅不稳定而且为数不多。总体而言，民初实业管理机构的经费很大程度上要受中央财政收入状况的制约。

关于当时财政状况，有人曾作过论述："民国元二年，军事繁兴，庶政停滞，国用固属混滥无辜；收入悉承清末之旧，亦无妥善税源。当时中央开支军政各费，全恃外债为挹注。迨三四年，大局粗定，乃责令各省指款报解；而关盐两税，亦因外债关系，收归中央管理，并藉发行内债，以资补苴，出入差足相抵。旋以袁氏称帝，大局瓦解，财政复陷困境。在此期间，中央虽未定一贯政策；但财权渐归中央。"[①] 我们认为这样的评价是合理的，民初实业管理机构的经费拨付和使用情况就是在这样的财政背景下发生的。具体而言，我们分年探讨之。

一 民国元年（1912）

1912年，中国社会发生巨大社会变迁，清朝土崩瓦解，中华民国成立。北京政府成立以后，财政一贫如洗，被讥称为"破落户"的财政，[②] 只能靠借债度日，时评说"舍借债二字，无以立国"[③]。有人说"元年春，政府草创，军书旁午，因事支款，案牍阙略，稽考为艰"[④]。的确如此。当时的财政具体情形是：南北统一后，内阁改组，各属人员，减给津贴；除外债本息外，按月应支政费，仅须三百余万元。部库直接收入，既属无多；各省协济之款，尤为仅见。而所恃为财源者，仅保商银行等数种小借款而已。入秋以后，中央行政经常费每月增至四百余万元；适垫款及克利斯浦镑款，先后成立，部库得资周转。惟久涸之余，不久辄尽。中央于年底应付之赔款，仍未

---

① 旧财政部财政年鉴编纂处编：《财政年鉴》（上册），商务印书馆1935年版，第1页。亦见江苏省中华民国工商税收史编写组、中国第二历史档案馆编《中华民国工商税收史料选编》，综合类，上册，南京大学出版社1996年版，第2—10页。

② 千家驹：《旧中国公债史资料》，财政经济出版社1955年版，第10页。

③ 《评论》，《申报》1912年4月2日，第1版。

④ 贾怀德：《民国财政简史》（上册），商务印书馆1947年版，第11页。

照偿；而各省应还之外债，逾期未偿者，为数尤多。[①] 本来宣统四年的实业经费预算如下：

表 3－16　宣统四年的实业经费预算　（单位：元）

科　目	前清宣统四年预算数
本部及直辖各处经费	1276660
京兆农商费	
直隶农商费	648898
奉天农商费	934133
吉林农商费	1050819
黑龙江农商费	328757
山东农商费	932604
河南农商费	536818
山西农商费	56393
江苏农商费	244440
安徽农商费	34194
江西农商费	98202
福建农商费	20832
浙江农商费	400600
广西农商费	489388
湖北农商费	41379
湖南农商费	276988
陕西农商费	90246
甘肃农商费	49601
新疆农商费	
四川农商费	79593
广东农商费	120674
云南农商费	128093
贵州农商费	32325
热河农商费	
察哈尔农商费	9777
川边农商费	32859
鄂尔泰农商费	1251
总计	7915524

① 贾怀德：《民国财政简史》（上册），商务印书馆 1947 年版，第 11 页。

从表 3－16 预算所反映的情况，我们不难看出，当时清政府对实业发展还是相当重视的。[①] 但是，清廷突然走到尽头，这些预算只能成为历史的陈迹。由于民初北京政府接收的是一个财政烂摊子，没有预算，所以不能详查农商部经费的究竟，但是我们通过查证，仅找到了一些相对具体的收支情况，如：农林部公布的农林部办理中华民国元年自五月一号起至三十一号止，收入支出清册。

收入项下：一收劝业场洋五百元

一收财政部洋一万一千元正

一收漏银一百六十九两正（由旧农工商部庶务司案卷内发现，以上共收洋一万一千五百元、银一百六十九两）

支出项下：第一项津贴：共支洋三千九百四十五元正

支承政厅二十一人全月津贴洋一千二百六十元正（各六十元）

支承政厅二人半月津贴洋六十元（各三十元）

支农务司十人全月津贴洋六百元正

支农务司六人半月津贴洋一百八十元正

支垦牧司八人全月津贴洋四百八十元正

支垦牧司二人半月津贴洋六十元正

支山林司八人全月津贴洋四百八十元正

支山林司三人半月津贴洋九十元正

支水产司五人全月津贴洋三百元正

支水产司三人半月津贴洋九十元正

支录事八人全月津贴洋二百四十元正（各三十元）

支录事七人半月津贴洋一百五元正（各十五元）

第二项本部用费：共支洋二千五百三十四元四角正

支阖署午膳晚点洋四百五十二元二角正

支添置器具洋三百二十七元五角正

① 贾士毅：《民国财政史》下册，上海商务印书馆 1917 年版，第 1002—1004 页。

支搭架凉棚五座洋六百十四元正

支修理房屋及糊裱房屋洋二百十六元

支修理器具洋七十七元正

支纸张笔墨刻板印泥墨盒墨汁粉牌洋一百九十九元正

支补给旧农工商部邮费洋六元六角二分正

支录事杂费洋十八元二角八分正

支赴颐和园运器具工力洋十一元四角正

支电话三座月费洋十六元正

支邮票、煤炭、蜡烛、短差及各杂用洋一百六十三元四角正

支派员赴奉提取案卷旅费洋七十七元正

支号房门役听差、马夫、厨丁等工食洋三百五十六元正

第三项间接费：共支洋二千五百元正

支农事试验场洋二千五百元正

以上三项共支洋八千九百七十九元四角正

实存项下：自五月一号起至三十一号止除支出外，应存洋二千五百二十六元六角，正银一百六十九两正。[①]

由此可见，农商部成立之前的农林部 1912 年 5 月，中央费这一块收支相抵还有一定的结余。

关于农林部所管农事试验场 7 月也有支出细目，[②] 在此不再叙录。但是，从这些琐碎的支出和敢于公开自己账目的表现，农林部所作已经十分难得。

二　民国二年（1913）

关于农林部、工商部的预算经费，目前有两个版本，一个是财政部档案，另一个是贾士毅的《民国财政史》，财政部档案当然真实可信；但是并不详细，贾氏之统计不无舛误，但是统计详细，也并非凭空捏造，所以具有一定的参考价值。

---

① 《农林部咨财政部五月份决算清册》，《政府公报》1912 年 6 月 8 日，通告。

② 《农林部所管农事试验场自七月初一起至三十一日止收支各款报销清册》，《政府公报》1912 年 9 月 23 日，通告。

根据1913年国家预算总册，[①] 我们来看一下农林、工商二部的经费情况：

表3－17　**农林、工商二部的经费**　（单位：元）

部别	费目	岁出经常费	岁出临时费	合计
农林部	本部及直辖各处经费	2101297	529690	2630987
	各省农林经费	335766	158286	494052
	合计	247063	687976	3125039
工商部	本部及直辖各处经费	3375136	643141	4018277
	各省工商经费	535554	263094	798648
	合计	3910690	906235	4816925

由表3－17我们可以得出如下结论。

第一，工商部的经费总额要高于农林部的经费总额，两者相较，工商部比农林部多1691886元，多54%，这可不是个小数目，可见当时国家很重视工商投入，对农林各业发展重视不足。

第二，实业经费占整个国家经费支出的比例仍然很小。当时整个国家的预算岁出经费为646358109元[②]，而整个实业经费不过7941964元，仅占1.23%。因此，尽管袁世凯北京政府标榜重视实业，但投入经费的相对不足，表明国家对实业的发展并非相当重视。

贾士毅《民国财政史》对当时实业经费的统计如下：[③]

---

① 中国第二历史档案馆编：《中华民国史档案资料汇编》第三辑，财政（一），江苏古籍出版社1991年版，第291—300页。

② 同上书，第300页。

③ 贾士毅：《民国财政史》下册，上海商务印书馆1917年版，第1002—1004页。

表 3－18　　**实业经费的统计**

科　　目	民国二年预算数
本部及直辖各处经费	4663628
京兆农商费	
直隶农商费	118858
奉天农商费	118094
吉林农商费	34323
黑龙江农商费	231140
山东农商费	43961
河南农商费	24015
山西农商费	231170
江苏农商费	
安徽农商费	46497
江西农商费	12804
福建农商费	
浙江农商费	874
广西农商费	
湖北农商费	116272
湖南农商费	
陕西农商费	49625
甘肃农商费	
新疆农商费	17532
四川农商费	61298
广东农商费	24745
云南农商费	93953
贵州农商费	24644
热河农商费	18945
察哈尔农商费	5382
川边农商费	69600
鄂尔泰农商费	35761
总计	6043121

而财政部当时预算农商行政经费是 7941964 元，贾士毅所统计的是 6043121 元，两者相差 1898843 元，应该说误差还是很大的。如以贾氏统计为参照，农商部中央经费占绝对优势，竟达 4663628 元，地

方经费仅1379493元，是地方经费的3倍还多。这说明经费投入是十分不均衡的。

三　民国三年（1914）

民国元年至二年六月，以百事扰攘，未实行正当的预算，七月以后，大乱粒平，中央就着手实行系统的财政政策，主张“公债费不能不量出以为入，行政费则不可不量入以为出”。在岁入方面力求实征实解，岁出方面则厉行节减政费。[①] 并且积极推行改正税制，整顿金融，改良国库。[②] 民国三年农商部的行政经费预算就是在这样的背景下出台的。

当年的财政预算是这样的：农商部所出经常门经费共2276537元。其中，本部经费600000元；直辖各机关经费587800元；附属各项经费80000元；筹备全国煤油矿事宜处经费36000元；全国水利局经费92826元；各省农商费88891元。当时没有临时支出的相关预算。[③]

当年核定数额具体如下表：[④]

表3－19　**1914年核定具体数额**　（单位：元）

<table>
<tr><th>项别</th><th>目　别</th><th>岁出经常费</th><th>岁出临时费</th></tr>
<tr><td>第一项农商部经费</td><td>第一目本部</td><td>60000</td><td></td></tr>
<tr><td rowspan="2">第二项全国水利局经费</td><td>第一目全国水利局</td><td>600000</td><td></td></tr>
<tr><td>第二目江淮水利测量局</td><td></td><td></td></tr>
<tr><td>第三项筹办全国煤油矿事宜处</td><td>第一目筹办全国煤油矿事宜处</td><td>36000</td><td></td></tr>
</table>

① 贾士毅：《民国财政史》下册，上海商务印书馆1917年版，第183页。

② 同上书，第185页。

③ 中国第二历史档案馆编：《中华民国史档案资料汇编》第三辑，财政（一），江苏古籍出版社1991年版，第308页。

④ 制表根据中国第二历史档案馆编：《中华民国史档案资料汇编》，第三辑，财政（一），江苏古籍出版社1991年版，第520—532页，第588—593页。

续表

项别	目　别	岁出经常费	岁出临时费
第四项直辖各机关经费	第一目林务处		
	第二目权度制造所	100000	
	第三目中央权度检定所		
	第四目农林传习所	14400	
	第五目劝业委员会	10000	
	第六目劝业场	8000	
	第七目工业试验所		
	第八目商品陈列所		
	第九目地质调查所	17000	
	第十目观测所	8400	
	第十一目中央农事试验场	38000	
	第十二目商标登录总分局	20000	
	第十三目第一棉业试验场		
	第十四目第二棉业试验场		
	第十五目第三棉业试验场		
	第十六目第一林业试验场	17000	
	第十七目第二林业试验场		
	第十八目第三林业试验场		
	第十九目第四林业试验场		
	第二十目第一种畜试验场	6000	
	第廿一目第二种畜试验场		
	第廿二目第三种畜试验场		
	第廿三目第一糖业试验场		
	第廿四目第二糖业试验场		
	第廿五目第三糖业试验场		
	第廿六目天津权度检定所		
	第廿七目上海权度检定所		
	第廿八目建筑汉口商场筹备处		
	第廿九目黑龙江梧桐河金矿试验场		
	第三十目安徽模范种茶场		
	小计	238800	

续表

项别	目　别	岁出经常费	岁出临时费
第五项各省实业经费	京兆实业费		
	直隶实业费	25000	
	奉天实业费	50116	
	吉林实业费	30000	
	黑龙江实业费	373567	
	山东实业费	11011	
	河南实业费	10719	
	山西实业费	4000	
	江苏实业费		
	安徽实业费	8754	
	江西实业费	12000	
	福建实业费		
	浙江实业费		
	湖北实业费		
	湖南实业费		
	陕西实业费		
	甘肃实业费	39670	
	新疆实业费	16000	
	四川实业费	151075	
	广东实业费		
	广西实业费		
	云南实业费	30476	
	贵州实业费		
	热河实业费		
	察哈尔实业费	5382	
	川边实业费	2360	1920
	小计	770130	
第六项附属各项经费	保息奖励农会经费		80000
共计		1704930	81920

表3－19是1914年农商部财政经费支出的核定表，以上数目也即实际支出数，实际上，当年农商部共支出经费1786850元，预算经费2276537元，比预算少支出489687元，减少了21.5%，减少的幅度很大。

通过分析表3－19，我们可以看出。

第一，农商部经费使用的理念上发生了很大的变化，各省实业经费首次超过中央部务经费，按实际支出来算，各省实业经费额为770130元，农商部的部务经费是600000元，超170130元，超28%。这是一个好现象，有利于经费使用效益的提高。从此也可以看出农商部逐渐重视地方实业的发展，加大了地方实业经费的投资力度，支持和扶植地方实业的发展。

第二，实业的支出经费比上年大大减少，以预算方案计算，1913年实业经费为7941964元，而1914年的实业经费却为2276537元，减少了5665427元，减少的额度几乎是1914年全年预算的2.5倍。之所以如此，是中央厉行节减政费的结果。当时中央的共识是："经营事业之费固宜多，而经营事业所设机关之费则宜少，前者生利，后者分利。分利之人过多，必致生利事业亦归失败。譬之商店股本不充，交易不广，制造之工场未设，而特创一庞大之事务所，雇用多数之事务员，给以厚资，不事其事，其不能久支也必矣。"因此当时正宜实行"扩充业务之费，节约机关之用，以谋实利而巩基址。"①

第三，实业支出经费所占国家总支出经费的比重不但没有增加，反而下降了，由原来的1.23%，降至0.6%。虽然这是发生在中央节减经费的大背景下，但如此少的实业经费怎么能促进实业经济的发展呢？怪不得刘揆一秘密私借外债，张謇不得不与财政总长关系走得很近，并拉拢其共同拟定相关实业政策。② 许多实业计划"旋因费绌"

① 贾士毅：《民国财政史》下册，上海商务印书馆1917年版，第1001—1002页。

② 《与财政部会拟保息条例给大总统呈文》，《张謇农商总长任期经济资料选编》，南京大学出版社1987年版，第16页。《农商总长张謇、财政总长周自齐呈大总统会同拟订劝业银行条例缮折请鉴核批准施行文》，《政府公报》1914年5月16日，公文。

根本无法施行。①

第四，与往年相比开始设立保息奖励经费 80000 元，这表明保息政策得到落实。当时农商部十分重视保护民族企业，对它们进行保息、奖励，并对农会进行扶持。张謇曾说“本部行政方针，奖励民营业一项，业经国务会议决定，应即筹施行之法。奖励之道，益有种种，应时势之要求而又为中央政府财力所能及者，莫如保息。保息之法，需费无多，而收效甚大”②。并制定保息奖励政策，③ 规定保息范围，甲类公司：棉丝业、毛织业、制铁业；乙类公司：制丝业、制茶业、制糖业。其中甲类公司按实收资本金额的六厘保息，乙类公司按实收资本金额的五厘保息。④ 由此可见，农商部的经费预算正是对其保息奖励政策的执行和贯彻。

四　民国四年（1915）

有关民国五年农商部的政费预算，目前所掌握的资料很少，所以对之了解甚少，这是非常遗憾的事情，本来也不应该再把其单列出来，但是为了突出此问题研究的不足，我们还是将其单独作为一个尚待解决的问题来述。

就掌握的资料看，我们并不能确切洞悉当年的农商政费的预算情况，但是我们仅能从现有的资料中作些推测。由于当年国家的整体岁出数额不多，所以农商部的政费也处于减少状态。1913—1916 年国家岁出岁入的概况列表如下：⑤

---

① 贾士毅：《民国财政史》下册，上海商务印书馆 1917 年版，第 1001 页。

② 沈家五：《张謇农商总长任期经济资料选编》，南京大学出版社 1987 年版，第 17 页。

③ 《农商总长张謇呈大总统报明筹借公司保息基金各办法请批示遵行文并批》，《政府公报》1914 年 3 月 26 日，公文。《农商总长张謇呈大总统筹备奖励基金应否由本部先行筹借抑或饬财政部列入预算不必另行筹借请察夺批示遵行文》，《政府公报》1914 年 3 月 26 日，公文。

④ 《公司保息条例》，《政府公报》1914 年 1 月 14 日，命令。

⑤ 《最近三十年的中国财政》，《东方杂志》第 31 卷第 1 号，第 110—111 页。

表 3－20　1913—1916 年国家岁出岁入概况　（单位：元）

年　度	岁　入	岁　出
民国二年	412666965	497872605
民国三年	254740533	229263375
民国四年	130678127	139036454
民国五年	315780447	315175188

从表 3－20 可知，相较而言，民国四年的国家政费支出处于最低的状态，那么农商部所分的经费是个什么状况，自不待言。经过翻阅大量的历史资料，仅找到农商部中央政费的预算情况，各省情况不详，当时《盛京时报》有载：民国四年农商部的中央政费，包括直辖机关在内，仅为 405336 元。[①] 而有关当年农商部的财政经费收支情况还有待进一步考证。

五　民国五年（1916）

民国五年，农商部的财政预算见下表[②]：

表 3－21　1916 年农商部的财政预算　（单位：元）

项别	费别	岁出经常费	岁出临时费	与三年比较		说明
				增	减	
农商部经费	本部经费	703340	148000	经常费 103340 临时费：148000		财政部批准预算数目，后农商部函请将林务、棉业等处所聘洋员留用，应加列薪水 25600 元，经国务会议议决，即由原列经费内匀支，不另增加

① 《四年下半年中央政费之查定》，《盛京时报》1916 年 5 月 26 日，（三）。

② 制表根据中国第二历史档案馆编：《中华民国史档案资料汇编》第三辑，财政（一），江苏古籍出版社 1991 年版，第 520—532 页，第 588—593 页。亦可参见《晨报》1917 年 2 月 22 日，第二版。

续表

项别	费别	岁出经常费	岁出临时费	与三年比较		说明
				增	减	
全国水利局经费	全国水利局经费	60000				
	江淮水利测量局经费	24000		2400		三年并无此预算，据全国水利局咨请列入预算，财政部复核照准
	查勘江苏运河旅费		4000	临时费：4000		
筹办全国煤油矿事宜处经费	筹办全国煤油矿事宜处经费	10080			25920	财政部复核仍照三年原案，并追加合并开列48000元，因为经费支出，注意收束，国务会议准支10080元
直辖各机关经费	林务处经费	12848		12848		查此费为三年所无，嗣经核准追加有案，1914年10月裁撤，兹据册开7月至10月开支如上数
	权度制造所经费	100000	28000	临时费：28000		
	中央权度检定所经费	24034	6860	24034 临时费：6860		此费三年无，财政部复核照准
	农林传习所经费	18000		3600		国务会议议决，核减6000元，复经农商部咨请将应减之数移入商标登录总分局项下并减，故仍列如上数
	劝业委员会经费	13644		3644		国务会议议决，核减8000元，复经农商部咨请将应减之数移入商标登录总分局项下并减，故仍列如上数
	劝业场经费	9512		1512		
	工业试验所经费	19006	20552	19006 临时费：20552		
	商品陈列所经费	19000		19000		
	地质调查所经费	68700		51700		

续表

项别	费别	岁出经常费	岁出临时费	与三年比较		说明
				增	减	
直辖各机关经费	观测所经费	10080		1680		
	中央农事试验场经费	72676	8600	34676 临时费：8600		兹据农商部预算册开92676元，经国务会议议决，核减20000元，故列上数
	商标登录总分局经费	26000	10000	6000 临时费：10000		据册开数为70000元，嗣经国务会议议决，核减30000元。复经该部咨请将国务会议议决核减之农林传习所经费6000元，劝业委员会经费8000元，一并移入此项内核减，又减去14000元，故列如上数
	第一棉业试验场经费	12980	9000	12980 临时费：9000		
	第二棉业试验场经费	12980		12980		
	第三棉业试验场经费	13460		13460		
	第一林业试验场经费	37134		20134		
	第二林业试验场经费	11872		11872		
	第三林业试验场经费	7337	19000	7337 临时费：19000		旧五年度核定11282元，兹据册开7337元，比旧五年尚属减少，财政部复核照列
	第四林业试验场经费	7337	19000	7337 临时费：19000		
	第一种畜试验场经费	9264	3875	3264 临时费：3875		

续表

项别	费别	岁出经常费	岁出临时费	与三年比较		说明
				增	减	
直辖各机关经费	第二种畜试验场经费	19564	11350	19564 临时费：11350		
	第三种畜试验场经费	17184	4750	17184 临时费：4750		
	第一糖业试验场经费	3595	10340	3595 临时费：10340		兹据册开列6595元，国务会议核减3000元，故列如上数
	第二糖业试验场经费	3595	10340	3595 临时费：10340		兹据册开列6595元，国务会议核减3000元，故列如上数
	第三糖业试验场经费	3595	10340	3595 临时费：10340		兹据册开列6595元，国务会议核减3000元，故列如上数
	天津权度检定所经费	6148	2500	6148 临时费：2500		兹据册开11148元，经国务会议核减5000元，故列如上数
	上海权度检定所经费	6148	2500	6148 临时费：2500		兹据册开11148元，经国务会议核减5000元，故列如上数
	建筑汉口商场筹备处经费	62120		62120		此费用为三年及旧五年度所无。兹据该部声请加入，财政部照列如上数
	黑龙江梧桐河金矿试验场经费	27776	5200	27776 临时费：5200		兹据册开37776元，经国务会议议决，核减10000元，故列如上数
	安徽模范种茶试验场经费	14300		14300		

续表

项别	费别	岁出 经常费	岁出 临时费	与三年比较		说明
				增	减	
第五项 各省实业 经费	京兆实业费	64276		64276		
	直隶实业费	27760		2760		
	奉天实业费	108016	250607	57900 临时费： 250607		
	吉林实业费	42280		12280		
	黑龙江实业费	502338	4262	128771 临时费： 4262		
	山东实业费	77119	8500	66108 临时费： 8500		
	河南实业费	21543		10824		
	山西实业费	16668		12688		
	江苏实业费	4440		4440		
	安徽实业费	26030		17276		
	江西实业费	26238		14238		
	福建实业费	17644		17644		
	浙江实业费	8360		8360		
	湖北实业费	7200		7200		
	湖南实业费	8780		8780		
	陕西实业费	15384		15384		
	甘肃实业费	77410		37740		
	新疆实业费	4440			11560	
	四川实业费	157875		6800		
	广东实业费	6360		6360		
	广西实业费	4440		4440		
	云南实业费	17848			12628	
	贵州实业费	4440		4440		
	热河实业费	9004		9004		
	察哈尔实业费	9228		3846		
	川边实业费	2360	1920			
附属 各项经费	保息奖励农会经费		80000			
	劝业银行资本		600000	临时费： 600000		
	合计	1267481	265289			
共计		2734790	1279496	1029860，临时费增：1197576		

由表 3-21 我们发现：

第一，农商部经费使用的灵活性更强，最明显的表现是临时经费支出的增加，1916 年临时支出预算额为 1279496 元，这比 1914 年 81920 元增加近 15 倍，如果仅从表面上看，增加的速度之快令人吃惊，但是由于 1914 年的临时支出基数较小，即便有这么多增加，可对于整个国家财政支出数额来说，仍然微不足道。当然，农商部临时费的增长是建立在政府财政状况好转的基础上的。民国四年，中央财政逐渐好转，“斯时内外政权，日臻统一，省吏于解款专款两项，类能按期照解，虽积威之下，间有立法过苛，致启商民横议；然中央财政，赖有是项入款，渐呈巩固之象矣”。到了民国五年，国库收入支出“就形式而言，以入抵出，稍有盈余；就实际言，岁入有八千余万元之虚数”，尽管如此，与民国元年、二年、三年借债度日相比，“稍形巩固”①。

第二，实业经费占全国经费的比例仍然很低，当时全国岁出经常临时支出共计：472838584 元，农商部所管经费共 4014286 元，仅占 0.85%。但与民国三年相比，经费预算额有所增加，比三年的实际支出多 2227436 元，多 125%。这表明实业经费在国家财政好转的条件下，稳步增长。地方实业经费的支出比例进一步扩大，由 1914 年的 772050 元，占当年总支出的 43%，增加到 1532763 元，占总支出的 38%，比重有所下降，这是因为经费支出逐渐倾向中央直辖机关和劝业银行上。仅劝业银行的资本金就支出 600000 元，占农商部总支出的 15%。之所以如此重视劝业银行，因为此举是实业扩大规模和劝导实业的重要保证，农林、垦牧、水利、工矿等项，非有雄厚资金，不足发展实业。② 这也是张謇实业政策——“求助于金融”的继续。

第三，保息政策继续实施，数额较上年仍保持不变，为 80000 元。

以上就是农商部经费的拨付和使用的粗略情况，由于民初财政的

---

① 贾怀德：《民国财政简史》（上册），商务印书馆 1947 年版，第 11—15 页。杨汝梅：《民国财政论》，商务印书馆 1927 年版，第 25—26 页。

② 《农商部劝业银行之动机》，《申报》1915 年 8 月 18 日，第六版。沈家五：《张謇农商总长任期经济资料选编》，南京大学出版社 1987 年版，第 283 页。

困难，尽管后来“出入相抵，尚有剩余”[①]，但是实业经费在全国的岁出比例一直很少，这也在一定程度上抑制了民初实业的发展。

最后有必要指出，农商部通过努力和对直辖机关的整合，到了民国三年，就开始创造效益，有了直接收入，1914 年农商部的直接收入为 72232 元，[②] 1916 年更是高达 120000 元，[③] 两者相比，增幅高达 66%。此外，农商部的经费拨付既非一下拨付完的，也不是按月拨付的，这要视外债的到期情况和财政部的收支状况而定。如：1913 年 7、8 月的大借款下支出农林、工商部经费见下表：[④]

表 3－22　1913 年 7、8 月的大借款下支出农林、工商部经费

7 月支出	8 月支出
7 月农林部本部经费：25000 元	6 月吉林林务局经费：2000 元
7 月农事试验场经费：4000 元	6 月哈尔滨农务分局经费：500 元
7 月农政专门学校经费：1000 元	6 月模范垦牧场经费：2500 元
7 月林艺试验场经费：2000 元	合计：5000 元
合计：32000 元	8 月农林部本部经费：25000 元
7 月工商部本部经费：26000 元	8 月农政专门学校经费：1000 元
7 月工艺传习所经费：2000 元	8 月吉林林务局经费：3000 元
7 月商品陈列所经费：1000 元	8 月哈尔滨林务局经费：500 元
7 月度量衡制造所经费：3000 元	8 月模范垦牧场经费：2500 元
合计：32000 元	合计：32000 元

以上可见，8 月才支出 6 月的相关经费，这并不是孤立的例子，当年 9 月大借款下，才拨付工商部 8 月的行政经费和农林部 8 月林艺

① 杨汝梅：《民国财政论》，商务印书馆 1927 年版，第 25—26 页。

② 《民国三年度预算总册》，《中华民国史档案资料汇编》第三辑，财政（一），江苏古籍出版社 1991 年版，第 303 页。

③ 《民国五年度国家预算总册》，《中华民国史档案资料汇编》，第三辑，财政（一），江苏古籍出版社 1991 年版，第 313 页。

④ 《审计处致财政部送还七八两月分大借款项下支出各款原册请查照办理函（附清册）》，《政府公报》1913 年 9 月 26 日，公文。

试验场经费、农事试验场经费。① 这种现象在整个民初社会相当普遍，不仅实业方面的经费如此，其他行政经费同样不能按期按时拨付。所以，农商部会经常出现亟须用款而款不到的窘况。

尽管如此，经费却是农商部得以运转的基本经济保证，如果没有这个保证，实业发展只能是空话，至于农商部是如何领导并促进民初农工商矿各业发展的，其效果如何，我们就不得不对农商部的具体运作和绩效一探究竟。

① 《审计处致财政部送还九月分大借款项下支出各款原册请查照办理函（附清册）》，《政府公报》1913 年 10 月 22 日，公文。

第 四 编

民初中央实业管理机构的职权运作及其绩效

民初实业管理机构内部组织结构和人事的完善，仅为其正常运转提供了充分条件，经费的拨付才使运转有了根本保证。但是对民初实业管理机构的研究仅有“硬件”部分（如行政组织、行政机构、人事构成）是远远不够的，又要研究其“软件”部分（如行政决策、行政沟通）；既要研究“静态”方面（如行政制度、行政法规），还要研究“动态”方面（如行政执行、行政行为）；除此之外还须考察其行政决策和行政执行的实际效果。基于这些考虑，我们就要认真考察民初中央实业管理机构的职权运作及其绩效。

第七章

运作方式

运作方式，是民初中央实业管理机构职权运作的具体表现形式，即采取何种途径来完成其职权。大而言之，主要有三种运作方式：行政方式、法律方式、协作方式。通过对不同运行方式的考察，有利于我们对民初中央实业管理机构职权运作范围与效率的把握。什么情况下，应该用什么样的方式，都有一定的明确规定，这样不仅不会出现混乱的局面，而且能提高工作效率。仅此而言，我们就能清楚地看到传统的农工商行政管理机构与民初中央实业管理机构已不能同日而语，传统的治事方式已逐渐被现代化的管理方式替代，民初中央实业管理机构正处于农工商行政管理机构由传统向现代转型的重要时期。

第一节　行政方式

行政方式，是民初中央实业管理机构运作的基本方式，其很多重要的职权就是通过这种方式来实现的，行政方式并不是单一的，其由六种不同的具体表现方式构成。行政方式主要通过公文书的形式来实现，为了避免公文书写来往之间的混乱现象，民初北京政府厘定了公文书的程式，由袁世凯发布大总统令公布之，并要求一律遵办。[①] 公文书程式令主要规定了不同行政方式的不同书写方法，这对统一各官

① 《临时大总统令》，《政府公报》1912 年 11 月 7 日，命令。

署之间的文书往来无疑起到重要的规范作用，但是此令的局限性在于还有很多具体的内容未能涉及，因此为了避免出现不必要的麻烦，国务院又呈袁世凯酌拟公文书程式变通办法，并得到大总统的批准。① 后来，国务院又进一步厘定了公文书用纸程式条例，对公文书的大小比例及书写格式作了详细的规定。② “其纸幅及格式之长短宽狭，凡京外大小官署，应一律适应，本院此次所定，以昭划一。”③ 总之，民初公文书就是在这些有关公文书命令和条例的指导下不断完善的。由此，现代的公文书制度也逐渐形成。

一 部令

部令是指民初中央实业管理机构发布的具有指挥性和强制性的公文，主要包括任免令、发布令（发布法规、规章、规定、办法等）、指示令（训令、指令、饬令）、嘉奖令和布告。下面我们具体看一下不同部令的表现形式和内容。

（一）任免令

任免令是有关民初中央实业管理机构内部官员的任命令，但是《公文书程式令》规定“特任官、简任官、荐任官之任免以大总统令公布之”。“上级官对下级官有所委差以委任令行之。”④ 由此可见，民初中央实业管理机构的部令主要发布有关委任官和本部办事员的任免令，实际上，除了总次长由大总统任命外，荐任官的任免令有很多也是以部令的形式发布的，从这一点可以看出，民初公文并非十分规范，但也许这是在农商部发布部令之前就已经得到袁世凯的认可的缘故。有关民初中央实业管理机构的任免令很多，我们仅取一二举例说明之。

---

① 《国务院呈大总统酌拟公文书程式令变通办法请批示遵行文并批》，《政府公报》1912 年 11 月 13 日，公文。

② 《国务院厘定公文书用纸程式条例》，《政府公报》1913 年 10 月 21 日，公文。

③ 中国第二历史档案馆：《民国时期文书工作和档案工作资料选编》，档案出版社 1987 年版，第 109—110 页。《国务院厘定公文书用纸程式条例》，《政府公报》1913 年 10 月 21 日，公文。

④ 《教令第一号：公文书程式令》，《政府公报》1912 年 11 月 7 日，命令。

农林部时期，农林部的委任令：

派楼祖迪、屠师韩、贝大钧、文俊勋、郑炳勋、王文海、蒋嘉钧、米蓉第、李元勋充机要科科员，聂熙、吴孟龙、李世汉充统计科科员；司徒衍、邵丰绅充会计科科员；沈竹孙、陈元颖、孙安仁充庶务科科员；陆长俊、邓礼寅、汪寿序、谌晔充农政科科员；田永正，邹学伊充树艺科科员；杨用桢、孟夔寅、杨煜奇充蚕丝科科员；张璧田、刘笏祥、詹维贤充水利科科员，张悳垚、钱敏充树艺科科员；郝凤丹、刘维藻充边荒科科员；高树藩充兽医科科员；邓以模、梅镇涵、刘文选充林政科科员；高殿元、周国瑞、廖秩达充经理科科员；严少陵、汤丙星充业务科科员；张传一、黄锡龄、余家镛充监查科科员；伍正名、郑崇庆、胡寄闻、孙纬充渔政科科员；徐国桢充河产科科员；刘芬、卢维钦充海产科科员；许之衡充编译处编纂员。此令。

谢恩隆现在出差，所有编译处农林公报处事宜派韩安暂行代理，此令。①

派本部参事杨荣鋕前赴广西与该省民政长会商筹防两粤水旱事宜。此令。②

以上仅是众多农林部委任令中的三则，看似枯燥乏味，其实，我们如果仔细研读，不难发现其中蕴含着很多信息。就以上三则部令，我们不仅可以洞察农林部的人事构成，看到农林部的分科情况，看到农林部设有农林公报处，而且可以看到农林部还有与地方协同防水旱灾害事宜。真可谓小命令中蕴含着丰富的内涵。

免职令，也叫处分令，是指“行政各官署对于特定人民就特定事项命其行为或不行为者，以处分令行之”③。关于免职的原因各有

① 《农林部部令二则》，《政府公报》1912 年 9 月 14 日，命令。

② 《农林部委任令第二十五号》，《政府公报》1913 年 6 月 3 日，命令。

③ 中国第二历史档案馆：《民国时期文书工作和档案工作资料选编》，档案出版社 1987 年版，第 109—110 页。

不同，有的是本人呈请辞职，农林部批准，有的是旷工，有的是报销浮滥，有的是造谣生事等，如：

主事屠师韩呈请辞职，应照准。此令。①

李裕增久未到部应免去主事本官。此令。②

陆长俊、刘芬久旷职守，应即免去主事本官。此令。③

主事张传一报销浮滥，目无纲纪，著撤去驻吉林林务局委员差并免去主事本官。此令。④

主事王勍造谣生事，意图煽惑，著免去主事本官。此令。⑤

工商部时期，工商部所发人事任免令，亦列举一二：

派王祖郃、单镇充总务厅文书科佥事，林大闾充编纂科佥事，屠振鹏充统计科佥事；常云衡、李汉丞充会计科佥事；吴在章、李倬充庶务科佥事；贺之才、诸翔充第四科佥事；关文彬、俞镕充商务司第一科佥事；王治昌、周典充第二科佥事；李澂充第三科佥事；夏循垲钱永铭充第四科佥事；郝树基、顾德鄰充矿务司第一科佥事；俞怀清、谢渊充第二科佥事。孙时勋、荣文、吴必昌、保厘东充文书科主事；刘异、周伯伊、张绍轩、张善宝、文俊充编纂科主事；齐鼎恒、朱超、江恒源、徐传笃充统计科主事；周鎏、黄入障、沈明粹充会计科主事；黄树人、淩烱、李得云、邱淮光充庶务科主事；邬肇元、曾淮、屈瑞銮、淩肇元充工务司第一科主事；李宣谏、石玉峰充第二科主事；李善富、唐晦昌充第三科主事；陶镕、张钺充第四科主事；李振铎、曹镇岳、彭重威、韩棠充商务司第一科主事；汪钟岳、杨曾询、刘先

① 《农林部部令第七十八号》《政府公报》1913年4月26日，命令。

② 《农林部部令第七十九号》，《政府公报》1913年4月27日，命令。

③ 《农林部部令第八十号》，《政府公报》1913年5月1日，命令。

④ 《农林部令农字第四十七号》，《政府公报》1913年1月6日，命令。

⑤ 《农林部令农字第四十八号》，《政府公报》1913年1月6日，命令。

覲、李耀邦充第二科主事；周震鳞、吴瑞、张泰充第三科主事；潘承业、尹稜、于长藻、沈尚涛充第四科主事；张谌、萧柱中充矿务司第一科主事；张培、何声枏充第二科主事。此令。

派施弼、陈传湖、郑礼明、徐家楣、充工务司技正，佘焕东、张轶欧、张景光、刘谦充矿务司技正，吴钟麟充总务厅技士，郑诚、卓宏谋、常怡、葛敬猷致礼、程良模充工务司技士。王锡宾、刘扬辑、李采九、骆达、许承襄、王传鎏充矿务司技士。此令。①

以上可知工商部的大致分科情况及佥事、主事、技正、技士的人员构成，通过对这些人事的背景、学历、年龄分析，有利于我们更进一步深入地探讨工商部的用人标准。

此外，工商部对由于经费困难，停办工商公报局事务，并以新立的总务厅编纂科执行该局原有事务时，也以命令的形式发布：

查工商公报局于六月初四日由前王署总长颁行部令，委任方皋充当局长，接收旧时工业试验所后面空房暂行开办，七月十三日该局长因病呈请辞职，当经前王署总长批准，同日委任林大闾接管，务于八月初一日新旧交接清楚，历经报部在案。其间庀缮房屋器具，购置东西书报，筹议章程体例，访求编辑材料诸费，经营业均就绪，惟俟印刷经费有著，即可择日出报。一以为本部公布之机关；一以启人民实业之知识。揆之设局办报之初意，原属导民兴业之要举，惟于部外特设机关，际此库帑奇绌之时，经费必形不继。现据各部官制通则，承政厅改为总务厅，本部拟就该厅添设编纂科，以为该局裁并地步，俾执行该局事务，仍将本部对于国内国外重要调查报告等件，仿照各国通例，或按期刊布，或特别印行，经费既可撙节，成例尤有可援。为此，仰该局长将局务即行停办，准备裁并，所有该局各项司员及仆役等，限

① 《工商部部令二则》，《政府公报》1912年9月22日，命令。

本月底一律解去职务，听候部令调遣，其原有房屋器具在局务未实行归并期前，仍由该局长酌留局员一人、仆役二人驻局暂行管理，以备总务厅编辑科成立后量移应用。此令。[①]

当时，工商部十分重视华侨的选举权利，为了把华侨选举事宜筹办妥当，还以部令的形式发布“派周家彦、朱庭祺、陈介、梅蔚南、王祖郜、关文彬、潘承业、卓宏谋筹办华侨选举事宜”[②]。

农林、工商二部合并后，1914 年 1 月 14 日，农商部也发布了一系列任免令，如：派胡宗瀛为东三省林务局主任；[③] 派佥事林祐光管理林艺试验场事务；[④] 派汪杨宝管理农事实验场事务；[⑤] 派徐球为意大利万国农会常驻员；[⑥] 等等。

1 月 16 日，又发布命令，公布

所有本部职员，除矿政局另行派定外，兹按照厅司分配如左：

总务厅：文书科，佥事：洪翼昇，罗蕆；主事：楼祖迪，孙时勋，田尚志，孙安仁，吴必昌。统计科，佥事：屠振鹏；主事：朱经，齐鼎恒，江恒源，程良楧。会计科，佥事：张焌；主事：刘德孙，司徒衍，吴啟贤，周张。庶务科，佥事：吴钟麟，吴在章；主事：徐传笃，沈竹孙，邱淮光。

农林司：第一科，佥事：黄艺锡，高文炳，徐球；主事：李恩庆，汪寿序，詹维贤，杨煜奇，孟夔宝；技士：黄立猷。第二科，佥事：韩安，胡宗瀛，魏宗莲，林祐光；主事：高殿元，严少陵，周国瑞，汤襄；技士：廖训桀，杨崑。第三科，佥事：张

① 《工商部部令》，《政府公报》1912 年 9 月 3 日，命令。
② 《工商部部令》，《政府公报》1913 年 1 月 6 日，命令。
③ 《农商部委任令第十七号》，《政府公报》1914 年 1 月 19 日，命令。
④ 《农商部委任令第十八号》，《政府公报》1914 年 1 月 19 日，命令。
⑤ 《农商部委任令第十九号》，《政府公报》1914 年 1 月 19 日，命令。
⑥ 《农商部委任令第二十号》，《政府公报》1914 年 1 月 19 日，命令。

> 明纶，齐鼎颐；主事：周藻祥，张乾翼，刘文选；技士：曾公智。第四科，技正：章祖纯，汪杨宝，谢恩隆，陆安，陈训昶；技士：唐有恒，唐荣喜，张辰，黄公迈，张仁任，佟藻宸，苏常锡；主事：杜慎媿，汤丙星。
>
> 工商司：第一科，佥事：关文彬，俞镕，文琦；主事：曹镇岳，彭重威，许之衡。第二科，佥事：廖世纶，王治昌，周典；主事：李宣谏，汪钟岳，刘异。第三科，佥事：陈承修，高近宸；主事：杨曾询，屈瑞鋆，邬肇元。第四科，佥事：李澂，邢端，夏循垲，林先民；主事：于长藻，张泰，屈蟠。第五科，技正：王季点，廖炎，施弼，郑礼明，陈传瑚；技士：张锳绪，徐家楣，郭宗瀚，常怡，葛敬猷。
>
> 渔牧司：第一科，佥事：郭凤鸣；主事：漆运钧，伍正名；技士：何恢禹，徐苇舠。第二科，佥事：张际春；主事：张惪垚，刘维藻，郑崇庆。第三科，技正：周维廉；技士：黄岐春，王文泰，李士襄，籍汉樑。①

不久，又令技正廖炎充度量衡制造所所长。② 后来，委任令改为饬，实质仍旧，如“为饬知事，兹派卓宏谋兼办农商公报编辑事宜，此饬。农商总长章宗祥。”③ 通过这些琐碎的命令，我们可以更加详细地窥知有关农商部组织机构、分科情况及相关人事安排。

由此可见，以上这些命令显然是对前文相关机构和人事描述的有益补充。因此，我们不难得出结论：农商部的人事任免令，不失为我们深入了解农商部的一个重要窗口。

（二）发布令

发布令主要发布除法律之外的法规、规则、暂行章程等内容。如：农林部发布《本部录事雇用服务及薪水暂行章程》，“兹制定本部录事，

① 《农商部委任令第二十三号》，《政府公报》1914 年 1 月 19 日，命令。

② 《农商部委任令第二十五号》，《政府公报》1914 年 1 月 19 日，命令。

③ 《农商部饬第四百九十二号》，《政府公报》1914 年 12 月 3 日，饬。

雇用服务及薪水暂行章程九条，特公布之，此令”[①]。具体内容为：

本部录事雇用服务及薪水暂行章程

第一条　本部录事按照官制通则作为雇用员之一种。

第二条　本部录事以考试法雇用之。其考试事项如下：一、国文；二、书法。

第三条　本部录事由主管上官考核其成绩，每月终编制考成表，送总务厅机要科汇呈总次长察核。录事之进退升降惩赏，由机要科科长承总次长之命执行之。

第四条　本部录事之考成以办事之勤惰文理书法之优劣为准。

第五条　本部录事受上官之指挥监督，从事于缮写等事务。

第六条　本部录事分二等四级，其薪水如左表：

	一等	二等
第一级	三十元	二十四元
第二级	二十八元	二十元

第七条　本部录事之等级由主管上官酌拟送总务厅机要科汇呈总次长核定之，但资格未及一年者不得升等，未及半年者不得升级。

第八条　一等最高级录事服务至三年以上，办事确有成绩者，得择尤委任为普通文官。

第九条本章程自公布日施行。[②]

农林部公布本部录事服务及薪水暂行章程之后，工商部也发令公布了本部录事服务规则十一条。还特别规定“录事关于抄写文件应严守秘密，不得泄露”[③]。对职员保守机密做了要求，符合现代政府管理职能的一般要求，当时工商部能做到这一步，已属不易。由此也可以看出，工商部已经开始向现代政府管理职能转型。

为了改良稻种，农林部发布命令征集稻种八条，关于其原因，其

① 《农林部部令》，《政府公报》1912 年 8 月 23 日，命令。
② 《本部录事雇用服务及薪水暂行章程》，《政府公报》1912 年 8 月 23 日，命令。
③ 《录事服务规则》，《政府公报》1912 年 9 月 10 日，命令。

指出："我国农业组织向为主谷，农业诚以食为民天，米为主品，稻能丰产，遍种全国。征考各县土产志多则二十余种，少亦五六种，故种类不免杂糅，品质自分优劣，输出东邦之米，每目曰南京米，视为恶劣之品，供下流社会所食，是农事窳陋，受人侮蔑，诚所难免。顾我国产米之乡，如浙江所产米谷品质佳良，尤以常熟嘉禾为最，亦久脍炙人口，特交通未便，农智锢蔽，交换种子之举知者盖鲜，即偶一为之，亦以未审交换方法，难见成效。本部有鉴于兹，欲征集全国各地方之稻种，先考究其理化学的性质，再相土宜，占气候，定佳种之推广方法，兹值早稻成熟，晚稻亦相继登场，为此，拟定左开征集稻种各条，希即转饬县知事及各农会遵照办理，毋失时期，是所至望。"①

征集稻种八条

一、每县所产稻种各采集一分寄送本部。

二、每一分采集二十根为度。

三、每一稻种应记明事项如左：（甲）名称（本地俗名），（乙）产地，（丙）分布之广狭（本地是否最普通种植者），（丁）收量（每亩收量约若干），（戊）熟期之早晚（早稻晚稻之别）。

四、采集之时，须择其发育中等粒实颖粟可为该种之代表者采集之。

五、采集之时根穗皆须完全洗净泥土。

六、采后曝干，用木匣或洋铁匣装入免有破坏折损之虞。

七、稻杆过长不易寄递者，可在中央部位双折之。

八、如有病虫害者加寄一分，须另装他匣。②

后来，农商部又以此种命令方式，公布了《农林部厅司分科暂行章程》，详细地规定了各厅司的分科情况及其所掌事务范围。③《农

① 《农林部部令》，《政府公报》1912 年 8 月 23 日，命令。

② 同上。

③ 《农林部厅司分科暂行章程》，《政府公报》1912 年 9 月 4 日，命令。

林部图书馆规则》，规定了借阅方法和相关规则。[①] 公布的《农商部旅费规则十条》，具体规定了旅费的种类和标准。[②] 而《农商部办事通则》，其内容分则为总纲、法令、文件权限及责任、部务会议、考勤、附则等，对农商部的办事规范厘定得十分详细。[③] 此后还发布了《林艺试验场办事细则》[④]《实业浅说编纂处规程》《实业浅说编辑简章》，其中《实业浅说编辑简章》指出实业浅说的内容包括："关于糖业事项；关于丝业事项；关于茶业事项；关于棉业事项；关于铁业事项；关于国货改良事项；关于洋货仿造事项，其他关于农工商矿并国际贸易上特种事项。实业浅说每月须发行一次，但总长认为必要时得临时增刊。"[⑤] 等等。通过农商部公布的这些发布令内容，我们可以较为详细地了解农商部的工作规范，办事细则，指导性文件，部务的重心等，这对准确把握民初农商部的运作及其成效，极为重要。

（三）指示令

农商部所发布的指示令包括训令、指令、饬或示，《公文书程式令》规定"上级官对于下级官有所指挥以训令行之，因其呈请而有所指挥者以指令行之"[⑥]。后来训令和指令一律改为饬或示。

关于训令，我们举例如下：

> 农林部训令第一号：令陕西教育司
>
> 案据农政讲习所函称：前准陕西选送学生杨作文、屈永谦等应考前来，已经录取在案。查本所定章膳宿费每名每学期应缴二十元，于开学前缴足，该生入所之始，声称家道清寒，无力缴费，已呈请本省拨款补助等语。因念该生等远道求学，暂令入学

① 《农林部图书馆规则》，《政府公报》1913 年 6 月 15 日，命令。

② 《农商部部令第十三号》，《政府公报》1914 年 1 月 30 日，命令。

③ 《农商部办事通则》，《政府公报》1914 年 2 月 9 日，命令。

④ 《农商部饬第三百二十三号》，《政府公报》1914 年 10 月 3 日，饬。《林艺试验场办事细则》，《政府公报》1914 年 10 月 3 日，饬。

⑤ 《农商部饬第五百三十六号》，《政府公报》1914 年 12 月 6 日，饬。

⑥ 中国第二历史档案馆：《民国时期文书工作和档案工作资料选编》，档案出版社 1987 年版，第 109—110 页。

肄业，乃至今已届两月尚未交费，应请催缴等情。据此合亟令行该教育司迅将该生膳宿等费按期汇寄，以重学款。此令。[①]

接着发布农林部训令第二号：令吉林提学使，同样指出吉林学生刘炎祚等四人也是未交款，应请催缴。[②]

以上可见，农林部训令并非仅仅发给所掌辖各机关和团体的，在学生欠交农政讲习所学费一事上，其还可以发布训令给地方教育行政主管部门，这也是《公文书程式令》中所没有规定的，而实际上这样的事务又不得不处理，怎么办？就要变通。

下面两则训令，一是农商部针对公文书书写不规范而发布的。明确指示京师总商会要统一公文格式，以防分歧而起争执。

农商部训令第十六号：令京师总商会：

案查本部接管案卷内近来各省农工商总分会，对于各地方官署往来公文参差不齐，以致各省行政公署及各会纷纷来部询问，甚或各会因此争执，援引从前旧例为词，办理殊非一律。查农工商总分各会俱为人民团体，彼此性质既属相同，公文程式不宜互异，自应重行订定简明办法，以免分歧。现经本部拟定，嗣后凡京外行政各级官厅对于农工商总分各会往来公文用令用批，农工商总分各会对于京外行政各级官厅一律用呈，至各省商会联合会事务所暨商会附设之商事公断处，以及外洋商会对于驻外公使领事，并内地行政各级官厅行文体例均照以上办理，其各会自相往来之文件，无论总分各会一概用函。所有前清光绪三十四年二月间前农工商部所定行文程式，及上年二月间前工商部所批吉林商务总会暂时行文办法，概行作废，除通咨外，合行令饬遵照。此令。[③]

另一则是农林部明令要求各省实业司、劝业道遵行直省农林统计

① 《农林部训令第一号：令陕西教育司》，《政府公报》1912 年 11 月 13 日，命令。
② 《农林部训令第二号：令吉林提学使》，《政府公报》1912 年 11 月 13 日，命令。
③ 《农商部训令第十六号：令京师总商会》，《政府公报》1914 年 1 月 18 日，命令。

报告书样式及暂行规则。内容如下：

> 农林部部令第四十六号：令各省实业司、劝业道准此：
>
> 本部编定直省农林统计报告书样式四十九种，直省编制农林统计报告书暂行规则十八条，暂行统计，应用度量衡及圜法之划一计算法暨直省农林统计报告书样式说明各一通，自中华民国二年二月二十一日起，施行有效，仰各省实业司劝业道查照办理，特公布之，此令。①

关于指令，是指对下属的呈请而有所指示而发布的命令。具有明确的目的所指。如：

> 农林部指令第九十四号：令义国农会常驻员徐球：
>
> 据称万国农会会长欲调查吾国贩卖蚕子之法律及规则，并出售之蚕子，是否用巴斯顿法检查等情。均悉。本部前派视察员黄公迈赴江浙等省视察蚕丝，据报称：浙江蚕户制种法，于养蚕收获时，择其向所深信之原种制之，无所谓检查；制种后虽有自行售卖者，然其数甚少，大都待至冬季盐浸霜压后，廉售于蚕种营业店或藏之来春，送至于专事蚕种营业之家，取其值以作自己养蚕资金。售种人则收集此等蚕种盖以图记，分送于各乡户，待各乡户蚕食毕，丝茧售出则收其值。蚕业学校则取民间种加以检查，其检查法分为二种：（1）机械检查（显微镜检查），（2）肉眼鉴定即检查蚕种之光泽，种粒之匀否等，以定其优劣，优者取之制种，以备来春实行饲育试验；劣者则烧弃之，并购取日法种试验而比较之，逐日加淘汰改良定为框制法，欲为民间模范。然一班乡人目为洋种不合饲育，购者颇少，间或有来购者，大半各处蚕校或有识者作为试验等语。本部查各地蚕户贩卖蚕种向系

① 《农林部部令第四十六号：令各省实业司、劝业道准此》，《政府公报》1913年4月25日，命令。

自由营业，从前既未定蚕种取缔法规，故无所谓法律，亦无所谓规则。至各省蚕业学校，蚕业讲习所、蚕种制造所等制造蚕种均系用巴斯顿法检查种，纸上加盖检查证据及无毒图章，分送各县散给民间或廉价出售，任人购买，此不过为蚕种提倡改良之先导，故亦无一定章程。惟四川近年蚕丝业甚为发达，已设有通省蚕病预防所，并订有蚕病预防方法及施行规则，然未能遍行各省。现在振兴蚕业为本部行政之一种方针，关于各种蚕业法规，如蚕种制造法、蚕种检查法及施行规则，蚕病预防法及施行规则等虽经本部拟定，尚未经国会通过，是否适用尚不可知，应俟国会议决公布后再行寄交该员转送可也。此令。[①]

这是一则应对万国农会会长调查我国贩卖蚕子之法律及规则，并出售之蚕子是否用巴斯顿法检查的指令，令意大利农会常驻员徐球，为了保证法律法规的真实有效性，应俟我国各种蚕业法规如蚕种制造法，蚕种检查法及施行规则，蚕病预防法及施行规则等国会通过后，再转送万国农会会长。

农商部指令第九十六号：令奉黑吉闽陕晋粤桂甘湘滇蜀黔新疆等省民政长：

查前农林部设立各省观测所，职在周知全国雨量、风向、温度升降、气压变迁，以定农事，改良灾害预防之标准。经前农林部指定分所地点，全国共计二十六处，派遣观测生前往筹办，嗣因各分所每月经费汇兑不便，曾咨行各省按月就近垫发，复据咨称无款筹拨，因即汇寄去年十月十一月两月经费，请就近发给等因。已经如数拨给饬领，并请由部按期汇还等情在案。查观测所必设之主旨，在测知气候，预防灾害，关系农业至为重要。惟分所地点距京辽远，平时监督，耳目既苦难周，汇兑往还，币制尤

① 《农林部指令第九十四号：令义国农会常驻员徐球》，《政府公报》1913 年 10 月 22 日，命令。

多歧异。现在基址甫经成立，允宜力筹久远，以策进行，综计每分所每月经费约需一百一十元，全年共计一千三百三十元，需费无多，裨益匪浅。本部现为筹划事务便利起见，此项经费按月由该省发给即由该省国家行政经费项下开支，并就近监督各观测生，认真观测，不得旷弃职守，贻误要公。至上年自几月至几月垫发款项共计多少元，仍由本部汇还以清用项，除指令各省遵照外，合亟令行该民政长遵照办理，并即呈覆。此令。①

这则指令目的是让奉、黑、吉、闽、陕、晋、粤、桂、甘、湘、滇、蜀、黔、新等省民政长，对本辖范围内的观测所经费由该省发给，即由该省国家行政经费项下开支，并就近监督各观测生，认真观测，不得旷弃职守。

（四）嘉奖令

嘉奖令主要是对各农工商矿各业，确有特殊贡献，如发明创造，技术专利等而给予的褒奖。农商部根据“刘祖荫等禀称，发明青灰两种染料，请咨部准予专卖等情……查所制青灰二种染料，经本部详细审查，灰色染料色泽鲜明，确合实用。青色染料尚多缺点，其制法及染法，均应再加研究，以臻完善。惟该商采取植物制造染料，苦心孤诣，深堪嘉许，灰色染料一种准按照暂行工艺品奖章给予专利五年，以示鼓励，兹填发奖励执照一纸”②。是为：

农商部奖励执照第二十七号：

前项工艺品经本部考验合格，依工艺品奖章第四条第一项特奖励之。③

① 《农商部指令第九十六号：令奉黑吉闽陕晋粤桂甘湘滇蜀黔新疆等省民政长》，《政府公报》1914 年 2 月 7 日，命令。

② 《农商部咨奉天巡按使刘祖荫所制灰色染料一种准予专利文》，《政府公报》1916 年 2 月 18 日，咨。

③ 《农商部奖励执照第二十七号》，《政府公报》1916 年 2 月 18 日，咨。

农商部又根据“商人陆星庄禀称仿造麻线球请准予专利免税，并将爱国三星商标立案等情，查所制麻线球经本部审查，该项麻线制法并无特创发明之点，惟所送各种成品尚属匀整坚忍充实用，按照暂行工艺品奖章准予褒状，以示鼓励，填发褒状一纸，仰具领爱国三星商标，暂准备案”①。褒状为：

农商部褒状第十八号：

> 前项工艺品经本部考验合格，依工艺品奖章第四条第二项特奖励之。②

（五）布告

《公文书程式令》指出“事实之宣示及就特定事项对于一般人民命其行为或不行为之文书以布告公布之”③。

对于浙江都督蒋尊簋咨送的邬友能，自是可用之才，但因为当时地质调查所尚未成立，所以只能暂时存记部中。为此工商部发布告说明：

> 准前浙江都督蒋咨送邬友能到部，查该员既系京师大学堂毕业，曾于开滦、冶萍等矿历经考验，山海关、居庸关等处调查地质，又曾充湖北矿总局化验员，自是可用之才，惟本部地质调查所，现在尚未成立，此项人员需用无多，应先予存记，容后再行调用。④

为了规范公文范式，农商部要求商民来呈一律遵照新定呈式缮写，以昭划一，否则，不予接收。但对于特殊情况，如确系不谙程式的，应由收发所让其照式另写一分，再行呈递。为此发布农商部布告第一号：

① 《农商部批第1060号》，《政府公报》1916年5月3日，批。
② 《农商部褒状第十八号》，《政府公报》1916年5月3日，批。
③ 《公文书程式令》，《政府公报》1912年11月7日，命令。
④ 《工商部布告》，《政府公报》1912年11月17日，命令。

查公文书程式，业于元年十一月六日奉大总统令公布，二年十月十六日，复经国务院厘定公文书用纸程式及条例通行查照遵行各在案，兹查来部具呈各商民仍未遵照实行，为此附粘程式并说明书各一纸布告商民等知悉，嗣后来部具呈，务须一律遵照新定呈式缮写，以昭划一，违式不收。如该具呈人委系不谙程式，应由收发所将本部刊印人民所用呈式发交，照式另缮，再行呈递可也。特此布告。①

张謇任职农商部期间，加大推行政务公开，也为了让人们掌握合法公司商号，以防上当受骗，对各类公司商号的注册进行明白布告，从 1914 年 3 月 1 日起，发布核准公司商号注册第一次布告。布告内容是关于公司的商号、营业、性质、资本额度、创办人或出资人、总分号所在地、设立及注册年月、注册号数等。② 这样做一方面是对注册公司的广告，另一方面有利于维持正常的市场秩序，落实责任。

二　咨

按照《公文书程式令》中的规定“参议院与大总统或国务员之往复文书以咨行之”③。其实，在实际的操作当中，不仅如上所规定的那样，农商部不仅与中央其他部之间的文书用咨的方式，与地方各省之间的文书也是以咨行之。其实，咨显然是同级别机构之间文书往来的一种方式。咨的内容是多种多样的，涉及农商部部务的方方面面。

与内部关于水利工程权限的划分上，当时的农林部曾多次咨内务部办理相关事务。其一为：

准贵部咨开，土木司案呈按照本部官制第八条第五项内开，关于河堤水港及其他水道工程事项，隶土木司职掌，应将关于河

① 《农商部布告第一号》，《政府公报》1914 年 1 月 24 日，命令。
② 《农商部布告第六号》，《政府公报》1914 年 3 月 8 日，命令。
③ 《公文书程式令》，《政府公报》1912 年 11 月 7 日，命令。

工事项档案卷宗划交本部办理等因到部。查水利与河工相为表里，二者事属相连，现本部官制第七条规定关于水利及耕地整理事项，兹准前因，亟应由两部派员会商划清权限，以求行政之便利，其所有关于河工档册均存本部，相应咨请贵部派员责临会商一切，并希先期知照，实纫公谊。此咨。①

正是因为当时在水利一项上，农林部和内务部土木司职权有重叠之处，职权不清不仅容易产生部务之间矛盾，而且容易造成两部之间相互扯皮，一旦遇到重大事故，会导致耽搁处理。所以农林部急切要求内务部派员会商一切。于是也就有了接下来的咨文：

为咨覆事，现准贵部咨开，前因河工水利划分权限问题，当经两部派员会商在案，兹据本部派出各员复称，凡直接运输航路及一切保安关系发生之治水工程，如黄河运河等工岁修抢修及江岸海塘堤防，疏浚海口等类，暨工程经费等事宜，归内务部主管。凡直接由农业上之水利关系发生之治水工程，如排水灌溉及勘定民埝民堰，并培护围基等类归农林部主管，凡两部皆有关系之治水工程，则视其主要事务属于某部者即归某部主管，而与他部会商办理。再四商榷，两部意见相同，并分别开具简明事项清单，呈请核定等语。查该员所陈各节尚属妥协，应即照议办理，以清权限而厉进行，相应开具清单咨行贵部查照办理，并希将现存贵部之关于河工等各项档册定期知照移交，以便派员接收等因，准此。查清单内开贵部直辖工程各条，本部极表同意，自应按照办理。惟原单所列本部主管事项下有与原议微有不符者，应请补入整理，海塘岸亩地址事宜一条及末加其他关于农业上水利工程事项一条，又会商贵部事项下导淮浚湖二条应各加工程二字，又滨河湖之滩地招垦或禁止耕种事项一条亦照会商原议归入

① 《农林部咨内务部请先期知照派员会商划分水利工程权限文》，《政府公报》1912年10月8日，公文。

> 本部主管项下，现准单开各节，相应另列清单咨覆贵部请烦查照办理，并希见覆，以便两部所有档卷有应彼此分别移交者，得以早日定期知照派员接收，实纫公谊。此咨。[①]

在与内务部厘清相关职掌后，农林部极力整修水利，以发展农业。整修水利工程，是一项财政开支浩大的项目，为了通盘筹划经费，农林部又咨直隶、山东、河南都督请饬属将各县岁征河银总额造册报部，以准确把握沿河各省岁征和岁支，以凭进一步规划。

> 案据农务司呈黄河之患，自古已然，于今为烈。比年沿河诸省叠被水灾，农田漂没，民不聊生，虽属天行之虐，要由人力之未尽也。前清时代，对于黄河工程，政府既无根本计划，官吏视河工为利薮，岁糜巨费，弊窦丛生，修筑浚渫在在敷衍，一遇雨潦，辄遭溃决，生民饥溺，惨何忍言！本部职掌水利，现正筹划一切，其经费一项尤须通盘筹算。查沿河各省每县岁征河银，或供岁修费，或为抢修费，厥数甚巨。据各种推算报告前，清光绪二十年至二十六年间，岁计河工费一百三十八万九千余两，二十六年至三十二年间，岁计九十四万余两。惟此系支出之数，难为收入之准，究竟各县岁征若干，各省岁支若干，沿河诸省统计河工费，岁支若干，非有详确统计，无凭规划，为此咨请贵都督饬属将各县岁征河银总额造册报部，以资筹划而谋进行是盼。此咨。[②]

在用人方面，由于工商部和农林部都是专门性很强的政府机构，需要的更多的是技术方面的人才，而不是行政管理方面的人才。但当时法政类的大学毕业生很多，为了安排他们就业，铨叙局多次往各部

---

① 《农林部与内务部划分河工水利》，《政府公报》1912年10月30日，公文。

② 《农林部咨直隶、山东、河南都督请饬属将各县岁征河银总额造册报部文》，《政府公报》912年9月9日，公文。

塞人，[①] 为此，工商部和农林部都感到无奈，叫苦不迭，不得不咨铨叙局，告知处理办法。

工商部的咨：

为咨复事，接准贵局咨送北京政法学校毕业生王春渲等名单到部，查该生等所习学科均系法政专门，按照本部职掌需用本不甚多，且现在财政支绌，于一切进行事件尚待次第规划，原有人员已敷分配，应由部暂行存记，以备将来遴用可也。此咨。[②]

农林部的咨：

为咨覆事，叠准贵局咨送北京法政学校政治正科毕业生苏毓椮等六名，又法政别科毕业生李肇统等二名名单到部，查该生等所习学科均系法政专门，本部以实业为主，于法政人员需用，本属无多，原调法政毕业人员，目下已敷分配且现在财政支绌，一切应办之事，尚待次第规划，此项人员目下由部暂行存记，俟将来需用时再行酌量选用可也。此咨。[③]

在民初泗水华侨被虐事件和商务随员问题上，工商部和外交部却不少打交道。在商务随员的选派问题上，工商部对外交部的咨：

为咨行事，案查六月十一日，本部接准国务院咨称准工商部提出，拟将驻外各使馆商务随员改由工商部呈请委派，归驻使管

① 《铨叙局咨外交内务财政司法教育农林工商交通部分送各学校毕业生请酌量录用文（附单）》，《政府公报》1912 年 9 月 7 日，公文。《铨叙局咨外交内务财政司法教育农林工商交通部蒙藏事务局分送各学校毕业生请酌量录用文》，《政府公报》1912 年 9 月 26 日，公文。

② 《工商部咨铨叙局准送到法政毕业生王春渲等名单应暂行存记以备将来遴用文》，《政府公报》1912 年 9 月 14 日，公文。

③ 《农林部咨铨叙局准咨送法政毕业生苏毓椮等由部暂行存记文》，《政府公报》1912 年 9 月 20 日，公文。

辖并正名为商务调查员议案一件，经于六月七日国务院会议决定此项商务随员应由工商部会同外交部遴员派往，名称仍旧，分咨查照办理等因在案。兹查驻俄使馆商务随员许同范已由贵部调部署理秘书之职，所有该员遗缺未便久悬，自应另行派员接任，其他驻外各使馆商务随员有无请假辞职等事，应请随时知照本部会商核办，相应咨行贵部查复，以凭会同办理可也。此咨。①

在商务随员的俸薪上，工商部又咨：

为咨复事，接准咨称现因使费支绌，各使馆缺额之员多均未补派，嗣后如与贵部会派商务随员时，亦应先将此项经费预行规定，方可实行。究竟各使商务随员之薪俸等应归入何部预算之内等因。查商务随员一缺专为调查所驻国商务情形而设，该员等对于本部既有极密切之关系，其俸薪等亦自应列入本部预算内，由本部筹给，即希将此项案卷档册一并移交本部，以便查核办理可也。此咨。②

此外，工商部就商标案件仍应暂归审判厅酌办问题上，咨江西都督，③ 对于修正商会法，分别咨各省巡按使、绥远都统、热河都统、察哈尔都统、京兆尹咨送修正商会法及施行细则请饬遵，④ 后又咨驻外公使知照。⑤ 还就轮船公司及船只注册事项与交通部划清权限，咨

① 《工商部咨外交部驻外各使馆商务随员应照国务院议决会同遴派并查驻俄许同范调部应另派员接任其他有无请假辞职等事请随时知照会商核办文》，《政府公报》1912 年 8 月 30 日，公文。

② 《工商部咨外交部各使馆商务随员俸薪应由本部筹给希将案卷等移交以便核办文》，《政府公报》1912 年 9 月 16 日，公文。

③ 《工商部咨江西都督请将公司暂行要则设法取消至商标案件仍应暂归审判厅酌办文》，《政府公报》1912 年 11 月 2 日，公文。

④ 《农商部咨各省巡按使、绥远都统、热河都统、察哈尔都统、京兆尹咨送修正商会法及施行细则请饬遵文》，《政府公报》1916 年 2 月 22 日，咨。

⑤ 《农商部咨驻外各公使印发修正商会法及施行细则转知遵照文》，《政府公报》1916 年 2 月 22 日，咨。

交通部：

为咨行事，查商轮公司及船只注册等事，工商、交通两部须划分权限。当经贵部龙参事建章、曹司长汝英来部会商，凡关于轮船公司注册等事，由工商部核准注册，惟须先咨交通部查核航路有无窒碍；关于船只注册等事由交通部核准注册，惟须先咨工商部查核公司曾否注册各等因。彼此商妥议决在案。兹据烟台商会转据华卫轮船公司呈请注册给照等情，请查明该公司航路有无窒碍；又据招商内河轮船公司呈请更换注册新照，并咨江浙两省保护等情。此项公司未经本部注册，应请查明原案见覆，以凭核办。相应咨行贵部查照可也，此咨。[1]

其实，咨文很大程度上就是要解决问题，因为咨文的内容一般来说都是有关存疑或需要双方协商处理的事项，因此，从咨文数量，我们就可以看到农商部对相关部务处理得如何，如果数量很多，则说明农商部有很多问题尚待处理，少则反映了农商部对部务处理得力。从民初袁世凯北京政府存在的时间段来考察，相较而言，农林、工商合并后的农商部咨文就明显减少，这也在一个侧面反映出民初农商部有一个不断发展的过程。

三　批

《公文书程式令》中规定“行政各官署对于人民之呈分别准驳之文书以批行之”[2]。批就是对商民或下级官署来呈的回复和处理，它是农商部处理日常部务的主要方式。从批示我们可以获知农商部部务涉及之驳杂，很多因素直接影响社会稳定，市场秩序经济发展，稍有处理不当就会引发矛盾争执甚至冲突。我们仅简单举数例说明之。

---

① 《工商部咨交通部据华卫轮船公司暨招商内河轮船公司呈请注册等情应依照前次议决划定权限请分别查明见覆以凭核办文》，《政府公报》1912 年 9 月 17 日，公文。

② 《公文书程式令》，《政府公报》1912 年 11 月 7 日，命令。

（一）批下属官员辞职

如针对科员文俊勛力陈病状恳请开去差缺的呈请，农林部批道："呈悉。该员力陈病状，恳请开去差缺等情。应即准如所请，安心调理可也。此批。"①

（二）批公司注册及申请专利问题

批公司注册问题又是在农商部批中，份额比重占据最大。如批商人麟珍等请设临时典当呈：

> 前据该商等呈称，创办临时典当，以苏民困一节，当经本部咨行内务部核办后，兹准覆称：据内外城巡警总厅申称，据市政维持会议决，临时典当原为维持市面而设，现在各当已陆续开市，若再开设临时典当诸多窒碍，请转咨等语。查本年三月孟学思等呈请设立临时公典，业经该厅以诸多窒碍，申请批驳在案，今该商等请设临时典当办法与临时公典，大略相同，碍难照准等因前来。合行批示遵照。此批。②

由于工商部认识到"再开设临时典当诸多窒碍"，显然没有批准麟珍等人所请。

再如批中华实业联合会会员高学颖组织文华丝呢公司请注册立案并予特许专利等呈：

> 据呈称，会员高学颖组织文华丝呢有限公司，模仿东西呢绒创制丝呢新品，用丝发两项为原料，以冀振兴国货，缮具清折，检同呢样呈请注册立案，并予特许专利等情。查我国固有织物于洋服不甚相宜，该会会员高学颖究心实业，改良土货，仿照毛呢式样织成丝呢，检阅所呈呢样，意匠新颖，制作精妙，殊堪嘉尚，自应准予立案。惟注册一项，应饬该公司遵照部订注册章

① 《农林部批科员文俊勛力陈病状恳请开去差缺呈》，《政府公报》1912 年 11 月 5 日，呈批。

② 《工商部批商人麟珍等请设临时典当呈》，《政府公报》1912 年 9 月 20 日，呈批。

程，另案呈候核办，至所请专利一节，查核该呢样祗属丝棉交织，究与发明创制者有别，应俟本部新订奖励工艺品章程公布后，再行核办，仰即转饬遵照。此批。①

由此可见，尽管高学颖组织文华丝呢公司改良土货功不可没，但工商部依然没有直接批准其注册，这说明，当时工商部对公司注册的要求是十分严格的，而严格的准入机制，不仅有利于公司自身的良性发展，也有利于促进整体实业的进步。

（三）批其他杂项

批其他杂项，如关于治水问题，农林部批湖南土木工程局易荣膺呈：

八月十八日准国务院片交奉大总统发下湖南呈称，易荣膺呈称履勘荆江实情并拟治水管见等因，应由本部查核办理，原件地图附送到部。本部查荆江水患近年为烈，诚以江湖非复旧观，人民狃于近利，因淤成田，与水利争地，以致汪洋浩瀚，奔腾澎湃，无复宣泄之处，遂成泛滥之灾。前准湘皖各电悯干戈之余生，遭洪水之浩劫，翘首东南，良深悱恻。本部统筹全局，规划久远，务为因势利导之资，而收一劳永逸之效，业经派员前往受灾各省详细勘测，俟呈报到部即行酌核办理。查阅该员原呈履勘情形，极为详明，治水条件亦有见地，所陈治标本两法，从根本上着手，尤为正办，仰候本部专员到湘后，就近接洽可也。②

关于八旗生计问题，工商部批八旗生计讨论会恒钧等呈：

呈悉。八旗生计在前清中叶已成政治上之极大问题后，屡议变更，卒未见之实施，以初制之不当，失生活之自由，以竞争之无方，致演进之迟滞。民国肇造，对内允当谋生活之平等，对外

① 《工商部批中华实业联合会会员高学颖组织文华丝呢公司请注册立案并予特许专利等呈》，《政府公报》1912 年 9 月 20 日，呈批。

② 《农林部批湖南土木工程局易荣膺呈》《政府公报》1912 年 9 月 9 日，呈批。

尤当谋生计之竞争，况优待条件已载有明文，则政府提倡益责无旁贷。本部检查旧卷，正筹着手之方，兹阅来呈，适得辅车之助，简章固称妥协，计划当更周详，所请立案一层应即照准。①

关于地方农会之间的龃龉，农林部批湖南桃源县农务分会控告马犹龙等呈：

呈悉，该员等呈控马犹龙等种种劣迹各端，事关词讼，应迳赴司法官署呈诉；又农会原为图谋农事之改良，发达而设，非互相争利之地，现本部拟订农会暂行规程业已公布，仰即遵照改组毋再相，以重公益。②

关于一些公司内部纠葛，工商部批北京玻璃公司股东吴海等请暂准保释蒋唐祐呈：

据呈已悉。该股东等以蒋唐祐经手事多，请暂予保释，以便清理急债，所呈各节尚属实在情形，应准转咨司法部查核照办。但此案轇轕数年，兼有牵涉外交之处，推原祸始皆蒋唐祐一人为之历阶。本部为维持该公司起见，不得不从严核办，以期早日了结。今该股东等愿担负责任，将蒋唐祐保释，以为清理债务之计，应即责成该股东等督同蒋唐祐限一月内清厘，随时呈报本部。并将此案详细情形登报声明，以备查核。此批。右批玻璃公司股东朱翼成、吴海、贾孟文、吴希阍，郭幹青、吴星夫、吴新开、李秋农、吴少屿准此。③

---

① 《工商部批八旗生计讨论会恒钧等呈》，《政府公报》1912年9月9日，呈批。

② 《农林部批湖南桃源县农务分会控告马犹龙等呈》，《政府公报》1912年10月4日，呈批。

③ 《工商部批北京玻璃公司股东吴海等请暂准保释蒋唐祐》，《政府公报》1912年9月14日，呈批。

通过对农商部批的整体考察，我们不难发现，前期农商部批一直保持很多的数量，也说明农工商矿各业的发展保持了一个强劲的势头，但是到了后期，特别是周自齐在任期间，其批公文的数量急剧减少，这也表明农商部所做的实事逐渐在减少。再通览民初社会变迁的历程，当时正是政治渐渐走向极端的时期，一切事情几乎围绕着政治复辟转。其实，农商部批的数量前后之不同，正是对这个时期社会发展的最好注脚。

四　呈

按照《公文书程式令》所指，呈之公文主要是指："一、人民对于大总统及行政各官署之陈请；二、官署或官吏对于大总统之陈请或报告；三、下级官署对于上级官署或官吏对于长官之陈请或报告。"而农商部之呈是指第二种而言，主要是对大总统之陈情或报告，目的或是呈请批准，或是告知所办事项之内容。呈文之内容涵盖较多，我们仅举几例。

有关呈请大总统批准的内容，有的是通过大总统令公布的，如：

> 工商总长刘揆一呈请任命沈祚延为佥事，应照准。此令。①
>
> 农林总长陈振先呈称佥事秦嵩巧于钻营，请免本官等语。应照准。此令。②

之所以要免秦嵩之官，原因是时任农林部佥事统计科科长秦嵩没有按照正常的官阶晋升程序，私自呈请大总统跑官要官。他大言不惭地说："其时参事出有一缺，论资格则当以嵩荐任，乃魏震力争此席，遂以属魏，一时南来同志大为不平，疑长官有重北轻南之意。经嵩力为解释，现魏已因病出缺，在嵩恬淡为怀，固早忘情进取，而资劳所在，亦难过事默缄。今国础未安，所恃以激励群才者，首在严明赏罚，我大总统求才若渴，不忍一夫失所矧在有所表现之士耶，往者

① 《临时大总统令》，《政府公报》1911 年 11 月 11 日，命令。

② 《临时大总统令》，《政府公报》1912 年 11 月 23 日，命令。

交通、财政各部位置不公，风潮屡起。嵩虽不才，素以公德为重，不敢蹈竞争之习，第共和时代，用人宜秉大公，若夤缘得志者皆翘首上腾，而恬退自甘者反藏身微秩，此与前清亡国弊政何异，为此仰恳大总统面谕国务总理转商陈总长秉公荐任，俾免向隅而彰公道，无任屏营待命之至。"① 结果，大总统把此事交由农林部部长处置，陈振先十分惭愧和恼怒，于是下令免秦嵩之官。

有的是作为公文在《政府公报》上登载：

如：农商部呈查明五原县董事王同春被控各节，语多诬捏，恳请批准销案，并将构陷之西盟水利局员撤差示儆，缮具查覆原折乞大总统核示：

> 农商部经过调查五原县董事王同春被控各节，语多诬捏，实由于西盟水利局委员王金樑徒因垦务争执，彼此互生意见，竟欲置之死地，以快其私。查核两次密陈，罗织之语甚多，显系有心诬陷。现王同春被控各款既均查无实据，该委员亦自有应得之处分，应由该署都统将西盟水利局委员王金樑撤差示儆，另派妥员接办，以安边氓而肃官纪。王同春久居后套，于该处农田水利经验必多，应如何饬令效力国家以殖边荒而兴地利，应由部随时咨询通盘规划。②

袁世凯批示道："既据查明王同春被控各节多无确据，应准销案。西盟水利局员王金樑能否胜任，即由该部转行绥远都统随时察看办理。清折存。此批。"③

农商部呈组织本部普通文官甄别委员会并拟具执行细则请核示文：

---

① 《农林部佥事统计科科长秦嵩呈大总统文附名条》，《政府公报》1912 年 11 月 16 日，公文。

② 《农商部呈查明五原县董事王同春被控各节语多诬捏恳请批准销案并将拘陷之西盟水利局员撤差示儆缮具查覆原折乞核示文并批令》，《政府公报》1914 年 12 月 5 日，呈。

③ 同上。

为组织本部普通文官甄别委员会，并拟具执行细则，仰祈鉴核事，窃查上年一月九日奉大总统令，发布文官甄别法草案第十三条内载甄别委员会分为二种，一高等文官甄别委员会，一普通文官甄别委员会等语。本部荐任各官业经先后由高等文官甄别委员会甄别完竣，所有委任各员自应依照文官甄别法草案，由本部组织甄别委员会制定本部次长为会长，并以有甄别委员资格之参事、司长、佥事等为会员，即日成立，依法办理。谨拟具农商部普通文官甄别委员会执行细则十二条，呈候钧鉴，如蒙俯允，即由本部按照施行。所有组织本部普通文官甄别委员会，并拟具执行细则缘由，理合缮折具呈，谨乞大总统训示。①

袁世凯批："令准如所拟办理，清折存。此批。"

按照上述呈请之内容，农商部后来又派参事刘馥、夏循垲，司长张轶欧、陈介、田步蟾，佥事黄艺锡、洪翼昇、屠振鹏、顾德邻、李澂、韩安、郭凤鸣充本部普通文官甄别委员会委员。② 楼祖迪为普通文官甄别委员会事务员，③ 吴必昌、朱经充普通文官甄别委员会速记员。④ 进一步完善农商部普通文官甄别委员会人事构成。

工商部筹备巴拿马赛会事宜上大总统的呈，既有报告又有陈请，报告的是对巴拿马赛会的筹划情况以及分期分阶段要完成的计划，陈请的是保证筹备经费一百九十余万元不要再减少，任命陈琪为赴美赛会监督兼充筹备巴拿马赛会事务局局长，以专责成而资擘划。呈文是为：

为呈请事，查西历一千九百十五年即中华民国四年正月为美国巴拿马运河开通之期，于时开办纪念万国博览大会。中国于元年三月接到美政府通告，已逾一年，此事为世界所注目，关系至

① 《农商部呈组织本部普通文官甄别委员会并拟具执行细则请核示文并批令》，《政府公报》1914 年 12 月 16 日，呈。

② 《农商部饬第五百六十九号》，《政府公报》1914 年 12 月 16 日，饬。

③ 《农商部饬第五百七十号》，《政府公报》1914 年 12 月 16 日，饬。

④ 《农商部饬第五百七十一号》，《政府公报》1914 年 12 月 16 日，饬。

重。吾国于此次赛会之关系，以云对内则海外贸易吾国亟应提倡，兵燹凋残，工商首宜奖进。国风趋于政热，非实业以转移，民志惑于党事非经济无以调合；以云对外则承认最先可藉以酬盛谊，东西两大可藉以笃邦交，况且择地在先，美曾示礼赴赛之举，万难缺陋。前以经费无著，因循阅岁，无术进行。以吾国幅员之广，物产之丰，交通之不便，机关之不完，筹备最先，犹恐落后，况已落后，更难迁延。兹拟即行设立筹备巴拿马赛会事务局，自本年六月为始，急起直追，分期筹备，附呈清单，伏祈鉴核。筹备之先，首宜决定者一曰经费；二曰人才。查本部对于此次赛会曾提出一百九十万零二千七百四十元之预算，实因借债，为国万分从减，兹闻财政部再减去九十万元，实不敷用。以日本国度之小，交通之便，物产较我少，赴赛较我近，此次赛会预算且六百万元，我仅拟其三分之一，已属相形见绌，莫可如何。赛会之先，全国之调查，出品之征集，各省各埠机关之设立，展览会之预备，赴赛之时，运费之浩繁，商人之补助，以及外洋陈列馆之建筑人员赴赛会之需用，事关国体，万难苟简。即使国家财政如何支绌，对内所需，不妨力从简约，对外之事，岂宜故示寒酸，使此事而不可办，无妨一钱不名，苟非万国竞争亦可敷衍塞责，无如俭而无礼欲罢不能，与其贻笑将来，何如稍宽预算，应请财政部对于此项预算仍如本部一百九十余万之原案，不可丝毫核减，以免竭蹶。并请即日如数划拨到部，以便进行。此决定经费之事也。至于赴赛人才，尤宜慎选，必具以下数种之资格者，方能胜任：一通外国语言；二有赛会经验；三曾游历欧美；四与外商接洽；五有交际才能；六识外交关系。稍近滥竽，必滋笑柄，或且偾事，贻误大局。查有陈琪，才识宏通，历游欧美，前充南洋劝业会总办，规模闳阔，卓著成效，中外观仰，众誉翕然。且美商观光团来华赴会，曾与该员有两国商业联合之协商，其人实具有以上种种必要之资格，拟恳大总统即予任命陈琪为赴美赛会监督，兼充筹备巴拿马赛会事务局局长，以专责成而资擘划，此选择人才之事也。至筹备之程序方法及种种详细规则，容俟筹备事务局成立后，陆续拟定由部核办，是否有当，伏乞大总统批示祇遵，此呈。附：巴拿马赛会分期筹备清单（自二年六月为始）：

二年六月：事务局成立，职员之选定，编订办事章程；

七月：编订中国赴赛出品分类，出品细则，出品人须知，出品改良办法，出品说明书式；

八月：编订各省出品协会章程，各省协赞会章程，各省会各大埠出品展览会办法，各市场物产会办法；

九月：通咨各省民政长饬属筹备物产，通告各农工商会教育会自治会及赛会有关各团体联合征集物品，研究整理出品方法；

十月：编订调查条件，调查委员会章程，开调查委员研究会，编填报告，印刷各文件章程；

十一月：各省调查员出发，劝导各地方商民出品，组织各省筹备机关；

十二月至三年二月：调查各省天然品工艺品，筹办特别出品，制造各种模型，编辑各种图表，设美术研究会，陈列装饰研究会；

二月至四月：各市物产会成立，各省协赞会陆续成立，组织分科审查会、品评会，联合农工商教育各会开竞进会，讲演会；

四月至七月：组织赴美观光团，中国赴赛建筑专馆图式审议会，派员赴美建筑中华馆，驻美事务局成立；

七月至九月：各省各埠出品展览会成立，工商讲评会，出品审查会，研究包装方法，联络交通机关，妥筹运输办法；

十月至一月止：转运各省出品如期到会赴赛并于开会前陈列齐全。①

从这个呈文中，我们不难看出，为了彰显国威，促进东西之间的交流与合作，工商部为筹备巴拿马赛会可谓尽力尽责，克复重重困难。由于财力严重不足，力求节减；选拔人才，深孚众望；而且制订

① 《工商部呈大总统筹备巴拿马赛会事宜请批示祇遵文（附单）》，《政府公报》1913年6月1日，公文。

出完善合理可行的计划方案。

为了顺应袁世凯的称帝活动，呈到了1916年1月6日，开始明确改为奏，又倒退到晚清时代，这一形式的改变也昭示着社会政治走向的改变。民初以来形成的现代公文书制度，遭遇了重大挫折。

五　公函（电）

按先前袁世凯所发布的公文书程式令，公函是指“行政各官署无隶属关系者之往复文书”[1]。对于中央实业管理机构来说，主要是指其与中央其他部以及与各省都督民政之间的来往公文。

（一）与中央其他部之间

如工商部致内务部关于人力车经理公司改名问题，工商部认为不如仍用前名北京抚雅人力车保险公司，因为现名北京抚雅人力车经理公司，把原来的“保险”替代为“经理”有诸多窒碍。[2] 再如后来农商部致内务部函，关于京师电车国家办理问题，函曰：

> 迳启者：接准函称，京师电车既关都会交通，又关地方公益，归由地方自办，恐无此项巨款，而另行招商，又恐辗转需时，拟迳由国家办理，函请查照等因。正拟核复，适据承办京师电车代表陈璇枢呈称，恳再展期，另筹招股办法，请予批示等情到部。查该承办人前以股款轇轕，迄未开工，此次又请展期，假令准如所请，恐亦徒延时日。此项电车关系都会交通，势难再事缓办。兹准函称迳由国家办理，自是根本解决方法，本部亦深赞同，惟事关地方行政，仍应由贵部主持，相应函请迅核见复，以凭批示承办人等可也。此致。[3]

---

① 《教令第一号：公文书程式令》，《政府公报》1912年11月7日，命令。

② 《工商部致内务部查北京抚雅人力车经理公司不如仍用前名以昭核实请查核迅复函》，《政府公报》1913年10月13日，公文。

③ 《农商部致内务部准函称京师电车由国家办理本部亦深赞同惟事关地方行政应仍由贵部迅核见复以凭批示该承办人等函》，《政府公报》1914年3月8日，公文。《农商部致内务部请将北京电车公司办法决定见复函》，《政府公报》1914年3月8日，公文。

（二）与地方各省之间

如关于在北京召开全国农会联合会问题，农林部致各省都督民政长电：

各省都督民政长鉴：全国农会联合会应由各省省农会改组成立，方可召集。本部另订联合会章程七条即日公布，准于明年二月一日在北京开会，务希迅饬实业司、劝业道遵照办理，以免延误，其办理情形仍希随时电复。农林部。①

以上皆是互不隶属关系者之间的公文往来，但也有例外，如工商部与国务院之间就有隶属关系，但是在实际的政治实践中，工商部与国务院之间的公文来往，有时也以函称之。如：

工商部致国务院请将各种选举法规发交转寄函：

迳启者：查据参议院议员选举法，华侨选举会由本总长监督组织，兹拟依法知照华侨各商会，所有贵院印行各种选举法规，务请发交五十部到部，以凭转寄，实纫公谊，此上国务院。②

公函不具有强制性，大多是商量和请求，以上分别是工商部向内务部征求意见，向国务院请求索要各种选举法规。农林部致各省都督民政长希望其饬各属实业司、劝业道准备全国农会联合会事宜。以下农林部致工商部的函却带有建议性质。

农林部致工商部函：

敬启者，昨接驻义代表吴宗濂来函，内称义国米郎附近之哥麻胡滨有学堂一所，内分染织提花三科，每科定期三年卒业，所招学生自十四岁起，须已在高等中学毕业兼习化学、算学、机械学、美

① 《农林部致各省都督民政长电》，《政府公报》1912 年 11 月 9 日，公电。

② 《工商部致国务院请将各种选举法规发交转寄函》，《政府公报》1912 年 9 月 20 日，公文。

术学者，其规模完备，教法精详，为他国冠。此后如有派生来义之举，可令分习三科，收效至速，是又于蚕桑得丝之外，所宜推广及之者等语。查制丝染织有辅车相依之关系，若不改良染织，纵有最精良之生丝，亦难收美满之效果。且服制已定，服料均用国货，故宜急求改良制丝染织，藉以抵制外货。制丝改良责任在本部，而染织提花系属工科专门，应由贵部提倡，嗣后贵部如有派生肄习染织，提花学科者，请与吴代表接洽，是所至祷，此请台安。①

其实，通过中央实业管理机构与其他职能部门的公函，我们不难看出其职能所及，十分广泛。对本部直接专管的内容自然责无旁贷，但对一些交叉或需要配合的事项，还要与中央其他部和各省都督民政长协作处理。

六　通告

除了以上《公文书程式令》中规定的公文外，民初中央实业管理机构还通过发布通告的方式，介绍有关实业管理部门的一些具体相关事务。

如农林部发布农事试验场入场游览免收票费日期通告：

奉农林部令开：国庆日为民国立国纪念，凡我国民莫不欢欣鼓舞，同伸庆祝，公有游玩之所，宜听人任便游览，以示大同、愉快。兹定于九日起十一日止三日之内，凡入农事试验场游览者一律免收券费等因。特此通告。②

通告部印启用日期，“为通告事准国务院颁到农商部印一颗，兹于二月一日启用，除将农林、工商两部旧印送院销毁外，特此通告”③。

---

① 《农林部致工商部函》，《政府公报》1912 年 10 月 17 日，公文。

② 《农林部农事试验场入场游览免收票费日期通告》，《政府公报》1912 年 10 月 10 日，通告。

③ 《农商部通告》，《政府公报》1914 年 2 月 4 日，通告。

此外，农商部的财政收支状况也以通告的形式公之于众，见下表：

表 4－1 **农商部民国二年十二月收支对照表**① （单位：元）

收 入	科 目	支 出
	收入之部	
28974	1. 财政部发放现金	
20340	2. 财政部发放库券	
386.479	3. 农事试验场解缴	
2789.4	4. 南苑田租解缴	
807.06	5. 农林公报解缴	
77.34	6. 临时各项收入	
	支出之部	
	经常门	
	1. 上月计算不敷	35901.3455
	2. 农林本部决算数	47611.02
	3. 农事试验场经费	3500
	4. 农政专门学校经费	800
	5. 林艺试验场经费	400
	6. 吉林林务局经费	1000
	7. 哈埠林务局经费	500
	8. 各机关定期库券	370
	临时门	
	1. 农林部本部决算数	595.8
	本月支出合计	90678.1655
37303.8865	本月计算不敷	
备考	1. 表内计算不敷 37303.8865 A. 欠中国银行 30766.451 B. 欠交通银行 7592.254 C. 欠应支俸给 620.000 三项合计 38978.705 2. 移交农商部现金 1674.8185 （1＋2）＝（A＋B＋C）	

① 《农商部民国二年十二月分收支对照表》，《政府公报》1914 年 1 月 12 日，通告。关于财务，农商部的其他通告，《农林部咨财政部五月份决算清册》，《政府公报》1912 年 6 月 8 日，通告。《农林部所管农事试验场自七月初一起至三十一日止收支各款报销清册》，《政府公报》1912 年 9 月 23 日，通告等。

第二节 法律方式

民初农商部职权运作的法律方式，是中国实业管理机构向近代转型的重要标志，也是由传统的人治社会向现代法治社会转型的重要体现。它不仅对民初实业发展产生重要影响，而且对后来中国实业发展具有重大的指导和借鉴意义。法律的运作方式，既是民初中央实业管理机构区别于以往农商管理机构的显著标志，又是相较于以往农商管理机构进步的重要表征。尽管法律方式大而言之仍属行政方式之范畴，但为了突出民初农商部在立法方面的贡献，强调民初农商部施政方式的现代转型，我们对之进行单列论述。

一 基本法律、法规的厘定

清末商部、农工商部已经开始对农工商矿方面的立法有所注重，先后制定了三部商律和若干单行经济法规，但是清政府还未来得及真正实施这些法规便被辛亥革命推翻了。为了给资本主义工商业的发展提供更好的社会环境和可靠的法律保障，继之成立的南京临时政府亦颁布了一些鼓励发展近代实业的法令条例。针对各埠公司呈请保护、注册、立案、给示等事纷至沓来，而当时又没有可资遵守的应对之策，便制定了《商业注册章程》，准许各公司、商店、牙帖等自由注册。[①] 地方政府也颁布了维护地方商业发展的法令，武昌起义后的第二天，湖北军政府就发布公告："虐待商人者，斩。扰乱商务者，斩。关闭店铺者，斩。繁荣商业者，奖。"[②] 虽然南京临时政府存在的时间十分短暂，但其发展实业的政策法令，为民初经济的恢复和发展提供了重要准备。

由于民国初建，旧的价值体系被打破，农工商矿方面迫切需要制

---

① 《大总统咨参议院提议实业部呈送商业注册章程文》，《临时政府公报》1912 年 3 月 5 日，第 29 号。

② 《汉口中西日报》1911 年 10 月 12 日，转引自《国外中国近代史研究》第 2 辑，第 166 页。

定出新的法律法规体系，以维护农工商矿各业发展的正常秩序，保证农工商矿各业按照法定的轨道运转。袁世凯北京政府对实业发展非常重视，一方面极力维持社会秩序，[①] 另一方面敦促农林部和工商部迅速制定商律。他说："民国成立，宜以实业为先务，故分设农林、工商两部，以尽协助、提倡二义。凡学校生徒，尤宜趋重实业，以培国本。吾国实业尚在幼稚时代，质言之，中华实农国也。垦荒、森林、畜牧、渔业、茶桑，富藏于地，类多未辟之菁华。愿我国民，无从空中讨生活，须从脚底下著想。即从矿产言之，急须更改矿章，务从便民，力主宽大，以利通行。且商律与度量权衡，亦应迅速妥订实行。"[②] 并因此还告诫国民："现在国体确定，组织新邦，百务所先，莫急于培元气、兴实业。东南各省自上年重罹水患，又迫军兴，农商之业损失已多，困苦流离，言之泪下。现届春令耕作，既贵得时，丝茶又将上市，而警耗时告，人心未安。设误农工，荒商市，则收获无望，阛阓大伤。富者化为穷民，贫者流为饿殍，民不聊生，何以为国，此本大总统所最痛心者也。应责成各省都督，劝谕农民及时耕种，严饬兵警镇慑地方，保护市面，使农勤于野，商悦于途，庶秋稔可期，商市渐复，民皆有以赡其生而殖其产，以克迓幸福于无既，凡有军民地方之责者，其共体此意焉。"[③] 对于前清法律要求"凡关于保护兴业各法令，业经前清规定者，但于民国国体毫无抵触，应即遵照，前此布令，概行适用，次第施行。"希望："各省民政长有提倡工商之责，须知营业自由，载在国宪，尤应尊重。务望督饬所属，切实振兴，以裕国计，举凡路矿、林垦、桑蚕、畜牧以及工艺场厂，一切商办公司，其现办者，务须加意保护，即已停办，及有应办而未办者亦应设法维持，善为倡导，一面由农林、工商两部，迅将各种应行修订法律分别拟议草案，提交国会公决施行。"[④] 正是在袁世凯的大

① 关于袁世凯维护社会秩序的命令参见当时的《临时公报》1912 年 2—4 月和《政府公报》1912 年 5 月至 1914 年 1 月。

② 陆纯：《袁大总统书牍汇编》，上海广益书局 1914 年版，文辞，第 1—4 页。

③ 《临时大总统令》，《临时公报》1912 年 4 月 17 日，命令。

④ 《临时大总统令》，《政府公报》1913 年 7 月 14 日，命令。

力倡导下，一系列的法律法规得以迅速及时地制定出来。

此外，各总长在任期间，也为商事立法做出了不少贡献，支持依法行政。张謇曾说：晚清二十年来中国实业之所以步履维艰，究其原因是“无法律之导之故也”，因而他上任之初就力谋法令的完备，明示其施政之宗旨“农林、工商部第一计划，即在立法”①。民众舆论亦呼吁政府当局制定保护工商业的法律。鉴于“没有保护的法律，商业腐败一日不如一日”②。有识之士就指出“我们今日要商务发达，学人家的新法，先要把我们旧来的商业上许多障碍除去了，由国家制定一种商法，敦商人遵守”③。

正是在这样的背景下，民国政府迁都北京后，新成立的各实业管理机构扬弃了以往的有关农工商矿诸法律，为了适应新的经济社会发展的需要，制定出一系列较为完善的法律法规。这些政策法令、法规，按时间顺序排列见下表：

表 4－2　1912—1916 年农商部制定的主要经济法律和规则

颁布时间	名　称	门　类
1912 年 9 月 24 日	农会暂行规程	农业
1912 年 9 月 24 日	农会规程施行细则	农业
1912 年 9 月	农林政要	农业
1912 年 12 月 11 日	东三省国有森林发放暂行规则	农业
1912 年 12 月	暂行工艺品奖励章程	商业
1913 年 5 月 31 日	工商部公司注册暂行章程	商业
1914 年 1 月 13 日	公司条例	商业
1914 年 1 月 13 日	公司保息条例	商业
1914 年 3 月 2 日	商人通例	商业
1914 年 3 月 3 日	国有荒地承垦条例	农业

① 沈家五：《张謇农商总长任期经济资料选编》，南京大学出版社 1987 年版，第 12 页。

② 《无商法之弊害》，《中华全国商会联合会会报》第 1 年第 1 号。

③ 《法学通论》，《中华全国商会联合会会报》第 1 年第 1 号。

续表

颁布时间	名 称	门 类
1914 年 3 月 4 日	制盐特许条例	工矿业
1914 年 3 月 11 日	矿业条例	工矿业
1914 年 3 月 31 日	矿业条例施行细则	工矿业
1914 年 3 月 31 日	权度条例	商业
1914 年 4 月 11 日	植棉制糖牧羊奖励条例	农业
1914 年 4 月 17 日	劝业银行则例	商业
1914 年 4 月 28 日	公海渔业奖励条例	农业
1914 年 4 月 28 日	渔轮护洋缉盗奖励条例	农业
1914 年 5 月 3 日	矿业注册条例	工矿业
1914 年 5 月 6 日	矿业注册条例施行细则	工矿业
1914 年 6 月 24 日	典当业条例	商业
1914 年 6 月 30 日	造林奖励条例	农业
1914 年 7 月 16 日	国有荒地承垦条例施行细则	农业
1914 年 7 月 16 日	植棉制糖牧羊奖励条例施行细则	农业
1914 年 7 月 19 日	公司注册规则	商业
1914 年 7 月 19 日	商人通例施行细则	商业
1914 年 7 月 19 日	商业注册规则	商业
1914 年 8 月 8 日	东三省国有林发放规则	农业
1914 年 8 月 17 日	公司注册规则施行细则	商业
1914 年 8 月 27 日	商业注册规则施行细则	商业
1914 年 9 月 1 日	狩猎法	农业
1914 年 9 月 13 日	商会法	商业
1914 年 9 月 21 日	修正公司条例	商业
1914 年 11 月 3 日	森林法	农业
1914 年 11 月 6 日	边荒承垦条例	农业
1914 年 11 月 11 日	修正国有荒地承垦条例	农业
1914 年 11 月 27 日	商会法施行细则	商业
1914 年 12 月 29 日	证券交易所法	商业
1915 年 1 月 6 日	权度法	商业
1915 年 1 月 6 日	权度营业特许法	商业

续表

颁布时间	名　称	门　类
1915 年 2 月 15 日	权度法施行细则	商业
1915 年 2 月 15 日	官用权度器具颁发条例	商业
1915 年 5 月 24 日	审查矿商资格规则	矿业
1915 年 6 月 4 日	调查矿产规则	矿业
1915 年 6 月 30 日	森林法施行细则	农业
1915 年 6 月 30 日	造林奖励条例	农业
1915 年 7 月 2 日	农商部奖章规则	综合
1915 年 7 月 11 日	小矿业暂行条例	工矿业
1915 年 8 月 22 日	种畜试验场暂行规则	农业
1915 年 11 月 18 日	禁止私放蒙荒通则	农业
1915 年 11 月 18 日	垦辟蒙荒奖励办法	农业

资料来源：《政府公报》《农商公报》《东方杂志》、第二历史档案馆藏《农商部档案》等。

以上所列仅是农商部制定或参与制定的 51 项主要经济法令、规则，并非其制定法令的全部。从类别上看，农业 21 项，商业 21 项，工矿业 8 项，综合 1 项。从时间上看，1912 年 5 项，1913 年 1 项，1914 年 32 项，1915 年 13 项。可见 1914 年是农商部制定经济法规和政策的高峰期，而这一现象与政局有着直接关系。有学者指出："1912 年、1913 年北京政府政潮不断，1914 年最为稳定，1915 年 8 月以后袁世凯开始变更国体的活动，已经无心注意发展经济了。"① 分析得十分恰当。

不仅如此，农商部还制定了一系列切实可行的行政法规，如《工商部暂行办事通则》,②《农林部部暂行办事通则》,③《农林部收发所暂行办事章程》,④《农林部电报处暂行办事章程》,⑤《农林部各

---

① 张华腾：《封建买办政权还是资产阶级政府——1912—1915 年北京政府性质新议》，《史学月刊》2008 年第 2 期。

② 《工商部暂行办事通则》，《政府公报》1912 年 6 月 21 日，第 52 号，通告。

③ 《农林部训令》，《政府公报》1912 年 6 月 29 日，命令。

④ 同上。

⑤ 同上。

厅司服务通则》,[①]《东三省林务局暂行规程》,[②]《农商部办事通则》,[③]《林艺试验场办事细则》,[④]《实业浅说编纂处规程》《实业浅说编辑简章》[⑤]等。这些办事规则对农商部提高办事效率，依法行政，向现代民主型、服务型政府转变提供了重要的保障。

二　重要的经济法律、法规概述

前文已述，法律的运作方式表明农商部施政理念发生了很大的转变。然而这种转变是如何具体的体现出来的呢？是怎样适应农工商矿各业发展的需要的？我们有必要对一些基本的和重要的经济法律、法规进行简要的概述。

（一）有关农业的法律

民初农商部对农业的发展十分重视，在其制定或参与制定的法律、法规中，有关农业方面的数量较多，所占比重也很大，较为重要的有以下几种。

（1）《农会暂行规程》

《农会暂行规程》是当时农林部规范农会管理的重要文件，共36条。其主要规定了农会的宗旨是“以图农事之改良发达为主旨”；农会主要分为：全国联合农会、省农会、府县农会、市乡农会；各种农会均为法人；农会会员的资格；会议召集、各级农会的组织运行状况；农会经费筹措情况；农会解散时账目的清理问题等内容。[⑥]与清末农会章程相比，《农会暂行规程》中的有关规定具有明显的进步性：首先，统一以农会替代以前所使用的“农务会”或“农学会”，这就统一了各地农会组织的名称；其次，将农会组织分为全国农会联合会、省农会、府县农会、市乡农会四个层次，

---

① 《农林部各厅司服务通则》,《政府公报》1912年12月13日，命令。

② 《东三省林务局暂行规程》,《政府公报》1913年12月13日，命令。

③ 《农商部办事通则》《政府公报》1914年2月9日，命令。

④ 《农商部饬第三百二十三号》,《政府公报》1914年10月3日，饬。《林艺试验场办事细则》,《政府公报》1914年10月3日，饬。

⑤ 《农商部饬第五百三十六号》,《政府公报》1914年12月6日，饬。

⑥ 《农会暂行规程》,《政府公报》1912年9月26日，命令。

与晚清农学会相比，组织更为健全，初步建立了从中央到地方的农会组织体系；再次，对会员资格的限制，体现了对农业科学知识的强调和重视；最后，强调了各级农会的职能。一方面其应加强对该区域农业科学知识的传播，另一方面其应该加强政府与民间的联系，发挥政府与民间的桥梁作用。但是，由于农商部把原本属于民间社团的农会几乎等同于主管官署的下属机构，这样就难免造成农会独立性不强的缺陷。[①] 为了进一步完善农会章程，农商部又颁布了《农会规程施行细则》九条。[②]

（2）《东三省国有森林发放暂行规则》和《东三省国有林发放规则》

《东三省国有森林发放暂行规则》共 20 条，主要规定了东三省国有森林发放的范围、承领者的资格、承领的程序以及执照的发放情况等内容。由于其中“尚多疏略”[③]，农商部对其进行了修正，并公布了修正后的《东三省国有林发放规则》18 条，除对《东三省国有森林发放暂行规则》进一步完善外，增补了相关内容，如“承领人领取部照时，应缴纳照费五十元”“承领人提出承领书时，应缴纳勘测费”“部照有效期以二十年为限，但每年须验照一次，纳费十元”。“承领森林，每次不得过二百方里”，并允许承领森林转让，也规定承领者伐木的地点、界限、采伐时保留母树等条款。[④] 由于当时政府无力开采东北森林，地方政府却趁机对采伐者收取名目繁多的勘测费、领照费、验照费、保证金、山份、木植票费、木税等税款，结果森林遭到滥伐。因此在此背景下，《东三省国有森林发放暂行规则》和《东三省国有林发放规则》通过将东北国有森林发放给商人采伐，有利于阻止东北森林的滥伐，扭转地方官署敛取税款的混乱局面，使东三省森林得到合理有效的开发。

---

① 朱英：《转型时期的社会与国家——以近代中国商会为主体的历史透视》，华中师范大学出版社 1997 年版，第 542 页。

② 《农会规程施行细则》，《政府公报》1912 年 9 月 26 日，命令。

③ 《农商部示》，《政府公报》1914 年 8 月 11 日，示。

④ 《东三省国有林发放规则》，《政府公报》1914 年 8 月 11 日，示。

（3）《国有荒地承垦条例》

《国有荒地承垦条例》是一部招垦国有荒地的法令。它共计 29 条，分为 4 章，另加罚则和附则。第一章总纲，共 4 条。规定了国有荒地的范围，无论个人或法人都有承垦权，但必须具有中华民国国籍。第二章承垦，共 2 条。主要规定了承垦国有荒地的程序，指出呈请书必须具有以下内容：承垦者的姓名、年龄、籍贯、住所，承垦地形图、面积、界址、种类、土质、水利、用途以及经费。第三章保证金及竣垦年限，共 10 条。明确规定承垦人缴纳保证金之后，才发给承垦证书。承垦地的竣垦年限因草原地、树林地、斥卤地的种类不同而不同。承垦人有行政诉讼的权力。第四章评价及所有权，共 7 条。对承垦地之地价评级和优减于竣垦年限内提前竣垦者。罚则是对私垦荒地者和呈报应升科之亩数不实者进行处罚。[①]《国有荒地承垦条例》的颁布有利于加快国有荒地的承垦速度，增加国家的财政收入，促进社会经济快速发展。后来农商部又进一步颁布《国有荒地承垦条例实施细则》，[②] 这就使国有荒地承垦程序的可操作性大为增强。

（4）《森林法》

《森林法》是有关国有、公有及私有森林之经营管理的法律。共计 32 条，分为六章。第一章总纲，共 5 条。内容包括本法的适用范围，国有林除由农商部直接管理外，可以委托地方官署管理。公有或私有森林，当农商部认为于经营国有林有重大关系者，可以相当价值将其收归国有。第二章保安林，共 6 条。规定了保安林的范围，指出保安林可以委托地方官经理，非经该管地方官准许，不得樵采，并禁止引火入林。第三章奖励，共 5 条。对于个人或团体愿意承领官荒山地造林者，无偿给予之，且其面积不超过一百方里，但要缴纳一定的保证金，并对造林有成绩者，进行奖励。第四章监督，共 3 条。主要规定了该管地方官的责任。第五章罚则，共 10 条。明确了森林盗窃的定义，对于森林盗窃者按情节施以不同的处罚；知为盗窃森林之赃

① 《国有荒地承垦条例》，《政府公报》1914 年 3 月 4 日，命令。

② 《国有荒地承垦条例实施细则》，《政府公报》1914 年 8 月 19 日，命令。

物，而受赠、搬运、寄藏、故买或为牙者一并治罪；放火烧毁他人或自己森林者依刑律处断；未经同意于他人森林内放牧，损坏、移转他人森林标识或设备者，损坏他人苗木者也要治罪。第六章附则。① 后来为了细化《森林法》，增强可操作性，农商部又颁布了《森林法施行细则》27条。②《森林法》及《森林法施行细则》公布后，农商部就有关森林事项，可以做到有法可依。

民初农商部对农业发展的重视主要体现在两个方面，一是荒地的承垦，二是完善林政。而以上的诸种法令不仅是其农业施政理念的体现，更是把其施政理念规范化的过程，对荒地的开垦和林政建设具有积极的意义。

（二）有关商业的法律

（1）《公司条例》

《公司条例》是在前清农工商部采取各商会所编成之《商法调查案》，复加修订定为《商律草案》的基础上，将《公司律》之一部改作而成。这在袁世凯所发布的大总统令中有明确的体现："兹据国务总理熊希龄、农商总长张謇呈称：前清农工商部采取各商会所编成之商法调查案，复加修订为商律草案，较之前清通行之商律，增多二百余条，颇为完备。今拟将公司律之一部，改称公司条例，作为现行条例之一，凡二百五十一条，请先行颁布等语。查公司条例系目前切要之需，应即颁布，其施行细则及商人通例等案，即由农商部赶速拟订，呈请颁布，所有前清旧商律，即于新条例施行之日废止。"③

实际上，《公司条例》就是一部针对规范公司管理的基本法律。《公司条例》共有251条，分为6章，另加附则。④ 第一章总纲，共八条，主要规定公司的定义、公司的种类、公司法人资格、公司注册等方面的问题。第二章无限公司，共71条，分为6节，对该种公司的责任形式、设立、公司内部之关系、公司对外之关系、股东之退股、公

① 《森林法》，《政府公报》1914年11月4日，命令。

② 中国第二历史档案馆藏：《农商部档案》，全宗号1038，档号1454。

③ 《大总统令》，《政府公报》1914年1月14日，命令。

④ 《公司条例》，《政府公报》1914年1月14日，命令。

司之解散、清算等进行了详细的规定。第三章两合公司，共计17条。主要就两合公司的特殊方面进行了规定，即两合公司在特定条件下可以转化为无限公司。第四章股份有限公司，分10节：设立、股份、股东会、董事、监察人、公司之计算、公司债、变更章程、解散、清算。主要就股份有限公司的设立、股份、股份公司组织机构（股东会、董事、监察人）、公司之计算（公司财务会计制度）公司债、变更章程以及解散与清算等进行了详细的规定。该部分占条例全文总数的近50%，是《公司条例》的重点部分。第五章股份两合公司，共18条。主要就两合公司的特殊方面进行了规定。第六章罚则，共两条。主要内容为关于公司执行业务之股东、发起人、董事、监察人及清算人违反《公司条例》的有关规定时的行政责任。最后是附则2条。

通过以上所述《公司条例》的主要内容和结构，我们可以清楚地看到其比晚清农工商部所定的《公司律》大为改善，主要体现在以下四点。

第一，内容较为全面。清末《公司律》仅有131条，而《公司条例》则多达251条。《公司律》对“合资”“合资有限”“股份”三类公司除了定义和极少的说明外，没有定出较为全面的条款。

表4－3　　《公司条例》与《公司律》内容之比较

公司律			公司条例		
节次	标题	条款数	章次	标题	条款数
第一节	公司分类及创办呈报法	32	第一章	总纲	8
第二节	股份	12	第二章	无限公司	71
第三节	股东权利各事宜	17	第三章	两合公司	17
第四节	董事	17	第四章	股份有限公司	133
第五节	查账人	6	第五章	股份两合公司	18
第六节	董事会议	13	第六章	罚则	2
第七节	众股东会议	9	附则		2
第八节	账目	6			
第九节	更改公司章程	7			
第十节	停闭	12			

第二，首先，《公司条例》对公司的法人地位作了明确的规定，“凡公司均认为法人”。这不仅对于公司法本身内容完善具有重要的意义，对于公司法人地位的确立也具有举足轻重的作用。其次，《公司条例》对公司类型和名称的界定有了较大的变动。《公司条例》规定公司类型分别为“无限公司”“两合公司”“股份有限公司”以及“股份两合公司”，并且将每一类型公司都列成单独的专章。可以看出，与前《公司律》相比，《公司条例》规定的每一种公司名称，都明确地注明了它们的“无限”或者“有限”性质。这样一来就使公司概念的界定更加明确，并修正了《公司律》的法理缺陷。有人曾对此给予了很高的评价：“北洋政府出台的《公司条例》，首次确立了公司的法人属性，深化了对公司概念的界定，提升了该项立法的法学价值，增强了现实规范与指导作用，标志着中国公司理论的发展和公司立法的进步。”①

第三，《公司条例》在保护公司股东权益的同时，也加强了政府对公司的监督和调控能力。时人指出“旧公司律仅在保护，而于监督一面，非所注意者。”公司条例“监护并重，既设为种种规定，以保护公司及股东之利益，复以国家之权力监督干涉之”②。有关政府的监督和调控体现在两个方面，一是所有公司必须注册，二是关于股银最少限度的规定，即“股份公司之资本，应分为各股，每股银数，应一律平均，至少以五十元为限，但一次全缴者，不妨以二十元为一股”③。法学家姚成翰认为此举有利于保护贫民、祛除杂项、股东不致放弃权利。④

第四，从《公司条例》起，近代中国的公司法开始出现了有关“官利”内容的条款。时人认为官利是“维持资本原则之一变例”，

---

① 李玉：《北洋政府时期企业制度结构史论》，社会科学文献出版社 2007 年版，第 131 页。

② 姚成翰：《公司条例释义》，商务印书馆 1914 年版，第 10 页。

③ 《公司条例》，《政府公报》1914 年 1 月 14 日，命令。

④ 姚成翰：《公司条例释义》，商务印书馆 1914 年版，第 138—139 页。

有利于实业发展。[①] 朱荫贵先生认为"'官利'在股份有限公司的法规中出现，使得官利具备了一定法律的依据，给官利制度的存在和延续提供了相应的法律保障"[②]。张忠民亦认为："'官利'是近代中国公司资本筹集中一个甚具中国特色的问题，《公司条例》将此写进公司法，使官利制度具备了可靠的法律依据，为'官利'的存在和延续起到了一种法律上的保证作用。"[③] 江眺则进一步指出《公司条例》"不仅是从法律上确认'官利'制度，更重要的是通过借鉴国外关于建设利息的做法来将'官利'纳入规范的轨迹"[④]。总之，官利问题的提出表明了农商部更为理性的立法理念。

《公司条例》的颁行，从最一般的意义上而言，对于推动公司制度的发展无疑具有积极的作用。据农商部自称："自《公司条例》颁布一年以来，新公司之遵章组织，旧公司之依照改组，来部禀请者不下数百起。"[⑤] 但是，由于《公司条例》是农商部"为急需应用起见"，并未经过严格的立法程序。[⑥] 所以其局限性显而易见，后来农商部又对之进一步修订。1914 年 9 月 21 日，袁世凯发布修正《公司条例》令，对条文中 12 处明显的错误进行校正。[⑦]

《公司条例》是关于公司设立、运作的最基本的法律，但它的有效实施还需要与之相配套的其他法规的颁行。对此张謇有比较深刻的认识："公司条例为诸条例之根本，各条例则为公司条例之辅助。"[⑧] 为此，农商部又相继颁布了《公司保息条例》《商人通例》《公司条

---

① 李炘：《商法概论》，北平朝阳大学出版部 1928 年版，第 149—151 页。姚成翰：《公司条例释义》，商务印书馆 1914 年版，第 192—194 页。

② 朱荫贵：《改革与变革：近代中国企业"官利"制》，《近代史研究》2001 年第 4 期。

③ 张忠民：《艰难的变迁——近代中国公司制度研究》，上海社会科学院出版社 2002 年版，第 74—75 页。

④ 江眺：《公司法：政府权力与商人利益的博弈——以〈公司律〉和〈公司条例〉为中心》，中国政法大学出版社 2006 年版，第 110 页。

⑤ 政事，《农商公报》第 18 期（1916 年 1 月），第 7 页。

⑥ 谢振民编著：《中华民国立法史》，中国政法大学出版社 2000 年版，第 806 页。

⑦ 《修正公司条例各条》，《政府公报》1914 年 9 月 22 日，命令。

⑧ 《农商部张总长致商会联合会函》，《申报》1914 年 4 月 4 日，第十七版。

例施行细则》《公司注册规则》《商人通例施行细则》《商业注册规则》《公司注册规则施行细则》《商业注册规则施行细则》等法规。

(2)《公司条例施行细则》，共18条，对《公司条例》的有关内容作了更为详细的补充。尤其是对《公司条例》施行前依照旧律成立的公司，如何适用新《公司条例》的问题进行了详细的规定。[①]

(3)《公司保息条例》，共18条，其宗旨在第一条中明确指出："政府为发达实业起见，拔存公债票二千万作为保息基金，每年以其利息借助第二条列举之公司为对于公司之股本而保其息。"其将公司分为两种，甲种为棉织业、毛织业、制铁业，乙种为制丝业、制茶业、制粮业。甲种公司资本在七十万元以上者按实资本金额六厘保息，乙种公司资本在二十万以上者按实收资本金额之五厘保息。公司保息期间自公司开机制造之日起继续三年为保息期间，被保息公司自领到第一次保息金后第六年起每年按照所领保息金总额二十四分之一摊还。[②] 但是由于当时政府的财政状况十分乏力，无法使这种具有良好愿望的保息政策得到有效的施行。

(4)《商人通例》是对商人规范管理的一部法令。共7章，73条。其主要内容为：第一章商人，规定商人为商业之主体之人。第二章商人能力，凡有独立订立契约负担义务之能力者，均得为商人。第三章商业注册，规定应注册之事项由该商人各就其营业所所在地该管官厅呈报注册。第四章商号，商人得以其姓名或其他字样为商号。第五章商业账簿，规定商人应备置账簿，将日常交易及关于财产出入之各种事项，逐一明晰记载。第六章商业使用人及商业学徒，凡从属于商业主人以助其营业者，谓之商业使用人，分为经理人、伙友、劳务者三种，第七章代理商，凡非商业使用人而常时为某商人代理或介绍其营业范围内之商行为者，称为代理商。[③]《商人通例》和《公司条例》一样都是农商部的颁布施行的基础性法律。

(5)《公司注册规则》共有7条，该规则详细规定了公司注册的

---

① 《公司条例施行细则》，《政府公报》1914年7月20日，命令。

② 《公司保息条例》，《政府公报》1914年1月14日，命令。

③ 《商人通例》，《政府公报》1914年3月3日，命令。

程序、该管官厅以及注册费标准。[①] 与《工商部公司注册暂行章程》[②] 相比进一步降低了注册费用。我们可以列表比较之：

表 4－4　　《工商部公司注册暂行章程》规定的注册费

申请注册公司资本额	应缴注册费	申请注册公司资本额	应缴注册费
5 万元以内	50 元	50 万元以内	200 元
10 万元以内	100 元	100 万元以内	250 元
20 万元以内	150 元	100 万元以上	300 元

表 4－5　　《公司注册规则》规定的公司注册费

资本额	无限公司及两合公司注册费	股份有限公司及股份两合公司注册费
0.5 万元以下	5 元	10 元
1 万元以下	10 元	15 元
3 万元以下	15 元	20 元
5 万元以下	20 元	25 元
10 万元以下	25 元	30 元
30 万元以下	30 元	50 元
100 万元以下	50 元	100 元
100 万元以上	100 元	200 元

总之，通过《公司条例》《商人通例》以及与之相配套的《公司保息条例》《公司条例施行细则》《公司注册规则》《商人通例施行细则》《商业注册规则》《公司注册规则施行细则》《商业注册规则施行细则》等法规的颁布，农商部形成了比较完善的针对公司和商人管理的商事制度。

① 《公司注册规则》，《政府公报》1914 年 7 月 20 日，命令。

② 《工商部公司注册暂行章程》，《政府公报》1913 年 6 月 6 日，公文。

（三）有关工矿业的法律

（1）《矿业条例》

辛亥革命后，北洋政府初期仍采用1908年颁布的《大清矿务章程》处理矿务，1913年，工商部开始议决修订新的矿章，在工商总长刘揆一的主持下，由余焕东、张轶欧、张景光等人负责起草工作，1914年纂成，于1914年3月11日，以大总统教令第三十六号公布，谓《矿业条例》，[①] 其条文程式，多仿照日本矿业法。[②]

《矿业条例》共一百一十一条，内分九章，另加附则。其主要内容为：第一章总纲，共11条。其中指出“探矿采矿及其附属事业为矿业”，“探矿权和采矿权为矿业权”；明确了与中国人合股取得矿业权的外国人所占股份不得超过全股数的一半。并将矿质分为三类，其中第一类为重要矿质；划清矿权与地权，矿权之取得，以呈请先后为准。第二章矿区，共7条，内容涵盖矿区的定义、不得作为矿区的地域，矿区的面积以方里及亩数计算，以六十方丈为一亩，五百四十亩为一方里。第三章矿业权，共32条。规定矿业权不得分割，不经过注册的矿业权不生效力；凡欲探矿者必须具呈文，并附图说，呈由该管矿务监督署长核准，探矿权以两年为限期，探矿区之增减、合并、分割及其他变更事项，必须到署注册，经农商总长核准后方生效力。第四章用地，共20条。主要规定了矿业呈请人及矿业权者在他人土地内测量和检查时应注意的事项和责任。第五章矿工，共7条。规定了“从事矿业劳动者为矿工”，矿工的待遇发放规则和抚恤，限制使用女工和童工。第六章矿税，共5条。矿税主要有矿区税和矿产税，并具体规定了矿税的税额情况。第七章矿业警察，共4条，主要规定了矿业工程有危害公益时，农商总长或矿务监督署长应责令矿业权者预防或暂停施工。第八章裁决诉愿及诉讼，共6条。主要规定了矿业权者的权利，即对相关裁决不服时，有诉愿和诉讼的权利。第九章罚

---

① 《大总统令》，《政府公报》1914年3月12日，命令。《全国矿业要览》，全国矿冶地质联合展览会编印，1936年版，第294页。

② 中国近代煤炭史编写组：《中国近代煤炭史》，煤炭工业出版社1990年版，第239页。

则，共 12 条，主要规定了矿业处罚的范围和方法。附则规定了凡从前业经领照之矿，须依本条例重新呈请注册。应该说，《矿业条例》要比《大清矿务章程》完善得多，但是《矿业条例》颁布后，却引起了很大的风波，先是西方列强的抵制，比如日俄，这使农商部不得不与之进行交涉。[①] 张晋藩却毫不留情地指出："《矿业条例》规定'中国人或依中国法律成立的法人，凡欲采矿者应呈文并附图说，呈由该管矿业监督署长呈请农商总长核准，即可取得采矿权。'这就是说外国人与中国人有同样的采矿权利。这实际上是直接保证帝国主义可以对我国的矿藏进行任意的掠夺。这样公开出卖国家主权的立法，在世界上是罕见的。"[②] 这种评判未免有失公允。当然，《矿业条例》的不足之处显而易见，当时舆论就指出："前此北京政府所颁，未尽妥善，施行迄今时感困难。"[③] "因矿业条例不良而产生之纠纷，亦复不少。"[④] 尽管如此，但其在民初矿业发展方面所发挥的积极作用是不容忽视的。

（2）《矿业条例施行细则》

《矿业条例》颁布后，农商部又颁布了《矿业条例施行细则》，[⑤] 进一步补充了前者之不足。《矿业条例施行细则》共八十六条，主要内容有：对矿务的一切呈文、图表等相关问题进行更为详细的规定。对中国人民与外国人民合股办矿进一步明确相关内容，如规定合办的矿业公司之代表人必须由中国人充任，公司重要职员中外各派一人；所用工人概用中国人。关于矿业之呈请需缴纳相应的费用；关于矿业施工计划书必须包含矿床、采矿及开坑、选矿、提炼之事项；细化矿工服务规则等。

---

① 《农商部为外商对我国矿业条例疑虑之处请交涉员详细解释以免误会而重条例咨》，《中华民国史档案资料汇编》第三辑，工矿业，江苏古籍出版社 1991 年版，第 118 页。

② 张晋藩：《中国法制史纲》，中国政法大学出版社 1986 年版，第 289 页。

③ 《呈农矿部为遵令拟送修改矿业条例意见书祈鉴核文》，《农矿公报》1928 年第 4 期。

④ 颜放人：《关于修改矿业条例之刍议》，《矿业周报》1928 年第 1 期。

⑤ 《矿业条例施行细则》，《中华民国史档案资料汇编》第三辑，农商（一），江苏古籍出版社 1991 年版，第 53—70 页。

（3）《矿业注册条例》

《矿业注册条例》是民初北京政府有关矿业注册的法令。其共计49条，包含3章，另加附则。第一章总纲，共十条。规定矿业注册由该管矿务监督署长行之，矿业注册的主要事项有矿业权之设立、变更、转移、消灭及限制，当矿业权作抵押时，其抵押权之设立、消灭及限制；矿业注册要缴纳相应的费用。第二章注册程序，共32条，分4节。第一节通则，主要规定了呈请注册者注册时呈文内容格式，特别情况下，呈请注册要附有矿业执照或证明事实之文据；第二节关于矿业权注册之程序，第三节关于抵押权注册之程序，第四节关于注销注册之程序。第三章异议，共5条，规定“凡以关于注册之处分为不当者，得于处分三十日以内，拟具异议呈文”。附则规定本条例施行前，各地方官办、商办或中外合办矿业，必须在本条例施行后六个月内重新注册。①

《矿业注册条例》颁布后，农商部又颁布《矿业注册条例施行细则》30条，② 作为补充。

综上法令，《矿业条例》与《矿业条例施行细则》内容表现出轻地主之权、重矿商利益与优先权的倾向，有助于解除封建土地所有制对矿业发展的阻力；《矿业注册条例》与《矿业注册条例施行细则》使矿业注册程序简单明了，降低了注册费用，有效地维护了矿业注册者的合法权益。农商部颁行这些法令的宗旨就是鼓励商民投资矿业。

（四）有关权度的法律

（1）《权度条例》

《权度条例》是中国历史上第一次采用国际通用度量衡而制定的权度法令，在当时及其以后都产生了非同小可的影响。其共计有24条，主要内容是：第一，权度以万国公会所制定新尺、新斤原器为标准。第二，权度采用中国旧制和万国公制两种方式并行。中国旧制统一为：长度以营造尺一尺为单位，重量以库平一两为单位，都以十进

① 《矿业注册条例》，《政府公报》1914年5月4日，命令。

② 《矿业注册条例施行细则》，《政府公报》1914年5月7日，命令。

制；万国公制以长度以 1 新尺为单位，重量以 1 新斤为单位，且具体规定了权度的名称。第三，规定中国旧制与万国公制之间的换算：1 新尺 =3. 125 尺，即 1 尺 =0. 32 新尺；1 新亩 =0. 1627604 亩，即 1 亩 =6. 144 新亩；1 新升 =0. 9657461 升，即 1 升 =1. 0354688 新升；1 新斤 =1. 6755583 斤，即 1 斤 =0. 596816 新斤。第四，规定权度原器由农商部保管。另按原器制造副原器两份，一份存农商部，专供制造各种标器，分发各地方供检查、制造使用；另一份存教育部。并设立权度检定所及权度制造所，负责全国权度管理；全国公私用之权度器具，非依法令检定后附有印证者，不得使用。凡输入之权度，须经制造地国家检定并附有印证；凡制造、修理、贩卖权度器具者，须呈由该管官署转呈农商总长核准。①

（2）《权度法施行细则》

《权度条例》公布后，在当时全国上下引起了不小的反响，为慎重起见，农商部后来制定了《权度法施行细则》61 条，其主要内容为：第一，规定了权度器具的种类、物质、式样以及所用之材料。第二，细化了量器和度器的厚度和张力。第三，木制量器口边附以金属，玻璃、窑瓷量器应用耐热之物质制之。第四，衡器之刃与刃的接触部分，应以钢铁、玻璃、玉石为材料制之，并对衡器之感量标准以及实验衡器的方法，天平、台秤、杆秤的指针或其杆末端升降问题，杆秤秤纽的质地和数量、秤锤的质地和重量进行了明确规定。第五，规定权度的具体检验程序等。②

民初度量衡种类繁多，各地各不相同，在没有一个统一标准法度的情况下，改革度量衡，并与世界接轨，不是一件容易的事情。当时农商部为此大伤脑筋，张謇说："农商部成立以来，赴外调查专员陆续回国，复经謇督饬各员反覆讨论，佥以兹事体大，不厌求详，外之须明世界日新之学说，内之须审本国习惯之民情，不顺民情则农田市物价格之争必扰及相安之生计，不参学说则地球经线准据之用无以希

① 《权度条例》，《政府公报》1914 年 4 月 1 日，命令。

② 《权度法施行细则》，《中华民国史档案资料汇编》第三辑，农商（一），江苏古籍出版社 1991 年版，第 73—88 页。

进化之大同。”[①] 在农商部反复酝酿之后终于颁布了《权度条例》和《权度法施行细则》，它们的颁行，对于统一全国度量衡，维护正常的商业秩序起到了非常重要的作用；主动与国际接轨，也有利于中国对外贸易的发展。

总之，以上各业法律的制定和完善，为农商部依法施政、规范管理提供了重要依据，也为将农工商矿各业纳入法制的轨道创造了重要条件，同时促进了民初中央实业管理机构向现代转型的进程。

第三节　协作方式

民初中央实业管理机构在对农工商矿各业的管理和发展方面，由于职权的交叉，单独行动又很难奏效，不得不与其他职能部门联合施政。我们将这种职权运作方式叫作协作方式。这些职能部门主要是中央其他各部、国务院或各省都督、民政长。

关于协作方式，我们举例说明之。

如与外交部一起发布训令，分别裁撤驻法、俄、和、比商务委员吴匡时、郝树基、贺之才、汪钟岳职务。[②] 与外交部一起交涉荷兰设苛律对待华侨事件等。[③]

农商部还与国务总理共同处理相关事务，如在庞青城事件上，农商总长张謇就与国务总理熊希龄一起呈书袁世凯，请求袁援照赦令将被收家产准予发还：

> 为会呈事，据浙商庞啟寿、庞贻曾、庞式鋆、庞元济等呈称，窃湖州商人庞青城，世居南浔，于啟寿等分属宗族，于元济谊切同怀。青城幼年秉性忠厚，读书未成，经商沪上，择交不

① 《农商总长张謇、国务总理熊希龄呈大总统报明拟定度量衡制度大纲请鉴核示遵文并批》，《政府公报》1914年2月7日，公文。

② 《农商部、外交部训令第九号至十二号》，《政府公报》1914年1月15日，命令。

③ 《工商部批三宝垄华商总会正总理林克念等称荷设苛律对待华侨恳转咨外交部向荷磋商删改》，《政府公报》1912年10月15日，呈批。

慎，往往为人播弄。会遭光复，赞助革命不遗余力，移挪借贷以外，曾将上海住宅，押银助饷，迹其毁家抒难，原系翊赞共和。逮去年叛党构乱，青城不知远嫌避匿局外，肆意遂有投资煽动之谣蜚语牵连，致遭拖累，竟于民国二年十月十四日经吴兴县陈知事，奉浙江都督令青城名下家产暂行收管，俟其悔罪自首，再行分别办理等因。当由陈知事会同省委将青城产业一律收管在案。伏念青城叨庇先荫，薄有资财，应如何循分择交，熟权利害，不意长而愚騃，缺乏知识，致蹈亡徒之愆。然略迹原心，究系被人愚弄，与甘心附乱者不同。伏读十年十月十六日大总统令，此次逆党谋乱，业经通令严缉究办，惟各处附逆之徒，或以无识盲从，或因胁迫勉附，心迹尚可曲原，罪刑宜从宽典。著各省都督民政长分别查明，除乱首及甘心附乱者，严行拿办外，其余悔罪输诚并涉及内乱嫌疑者酌予宽免等因。仰见大总统恺悌慈祥，咸予自新之至意，钦感莫名。查青城被嫌获咎，虽在大总统令以前，而其被人愚弄实与无识盲从一项正复相类，揆之令甲，似在哀矜宽免之列。现青城自知悔恨，畏罪远飏，茕茕弱小，孤苦无依，内则啼饥号寒，外则餐风宿露，人生之苦，宜莫逾于此矣。啟寿等上念祖宗一本之谊，下悯青城悔过之诚，查其家产簿据始知，比年以来，营业屡经失败，逋负累累，已无余资，加以光复时，慨输巨款，债如山积，更难措手。现届阴历年关，为商家旧例结账之期，所有移挪之款，抵押之款纷纷索偿，急于星火，数巨时迫，应付已穷，若不将产业设法变价，决无清偿之望。南方经济恐慌已达极点，停搁不理便足摇动市面，兵燹之余，何以堪此！青城已经自误，何再波及全局，夙仰钧部恤商保民，无微弗至，是以合词谨代输诚，沥恳伏乞援照大总统赦令，恩施逾格，准咨国务院电请浙江都督将暂收青城产业悉数发还，交由同族等设法变价，藉偿夙逋。倘荷俞允发还，非特青城及同族等感激涕零，即于沪市情形亦不无裨益等情。据此查此次南方乱事，富商之隶名国民党而甘心从逆者，本属寥寥。既据该族人等佥称庞青城无识盲从，其被收之产，多已抵押，实于残年商市有关，而庞启寿、庞元济均系向来著名安分富商，苟非确有把握，当亦不敢冒昧陈请，可否准予发还之处，希龄等未敢擅夺，理合据情转呈鉴核示遵，谨呈。

袁世凯对此批示道："批据呈已悉，查此次东南乱事，附逆之徒盲从胁迫者，本居多数，本大总统前颁教令，固本于哀矜勿喜之诚，亦以示祓濯自新之路，既据该总理等据情恳请，著由国务院电饬浙江都督转饬该县查明案情，将所收庞青城产业一律发还，交由庞启寿等变卖偿欠。惟庞青城回籍后，应责令该族人等严加管束，切实教训，勉趋正轨，毋再以身试法，该族人等固应同负此责也。"①

在拟定矿务监督署官制后，请袁世凯公布施行时，农商总长张謇再次与国务总理联合呈书袁世凯明确利害关系：

为呈请事，窃维实业行政，矿务特重，非有完全之法令，则实业无资以保障，非有监督之机关，则法令无由以行使。查矿业条例由謇督率部员拟就草案，提出国务会议，一俟议妥，再当会同希龄呈请钧核公布。现拟具矿务监督署官制，拟于中央矿政局外，酌设矿务监督署于外省，谨将设立各项理由为我大总统陈之：一为行政关系。各省矿务现隶实业司，然实业司范围太广，未暇兼筹，权限不专，事难独断。故凡案件依据地方官文告转达中央部中，亦以鞭长莫及，遇有疑难轇轕，不能直接履勘，往复行查，时日迁延，坐视弊窦之丛生，安望矿业之发达。若就外省设立专署，则案牍处理不至稽延，而实地调查亦易周密。前清末叶，矿务发达，省分多设有矿政调查局，盖亦鉴于劝业道之管理不善，因而行之者。此就行政言，不能不设专署者一也。一为技术关系。凡矿苗之探采，矿区之纠正，矿床之查勘，矿质之化验，均须专门之士极力经营，始臻完善。况我国矿商多无学术，

① 《农商总长张謇、国务总理熊希龄呈大总统据浙商庞启寿等呈称庞青城当去年叛党构乱被嫌获咎实系无识盲徒可否援照赦令将被收家产准予发还请鉴核示遵文并批》，《政府公报》1914 年 2 月 6 日，公文。

懵然从事，屡遭失败，尤宜设立专署，以时派员督查，于未开之矿为之测勘计划，于已开之矿为之指点工程，庶几振兴提倡不至浪费资财。此就技术言，不能不设专署者二也。一为治安关系。矿山警察本为防卫灾厄，保护治安而设，而此项职务亦非普通警察所能胜任，如鉴井辟隧、排水通风等项，或因矿商图利，罔顾灾及职工，或因施工未慎，辄至贻害居民。加以矿业日兴，工程益大，煤毒熏灼，洑流奔涌，灾变层出，是所必至，是宜由矿署组织专门警队从事巡查，庶先事有所预防，而临时亦知补救。此就治安言，不能不设专署者三也。一为财政关系。矿税为国库正宗收入，日本矿税岁逾千万，我国税率较重，地域尤大，而每年征收乃不过百万，究其原因，虽由矿业之未兴，抑实征收之不确。盖奸商射利，诈伪成风，对于矿区，每以广为狭，对于矿产或以多报少，若有专署，以严为督查，则矿商不敢欺玩而国课即可增加。此就财政言，不能不设专署者四也。据上数端详为推究，则矿务机关之设置，乃矿产发达之枢机。今日救亡之要策，对于消费政务，固当量为缩减，对于生产事业，似宜积极进行。矿务专署虽属行政机关，而间接收效实具生产机能，希龄等统筹全局，固不敢徒事铺张，增国民负担之累，亦不愿因噎废食，忘国家远大之图。谨先就二十二行省分划若干区，第一区监督署附于农商部，除设署长一员以专责成外，余由部员兼任。其余集合数省共置一署，于力图扩展之中，仍寓撙节经费之意，该官制及划分区域说明书，于本月十六日由国务会议议决，谨缮具该官制清折，恭呈钧鉴，并附呈划分区域说明书，敬备查阅，是否有当，伏乞鉴核公布施行。谨呈。①

后来张謇又与国务总理熊希龄一起呈袁世凯拟定度量衡制度。②

① 《国务总理熊希龄、农商总长张謇呈大总统拟定矿务监督署官制缮具清折并附划分区域说明书呈备查阅请鉴核公布施行文》，《政府公报》1914年2月7日，公文。

② 《国务总理熊希龄、农商总长张謇呈大总统报明拟定度量衡制度大纲请鉴核示遵文并批》，《政府公报》1914年2月7日，公文。

此外，农商部还分别与财政部合作拟定《保息条例》、[①]《劝业银行条例》,[②] 与内务部、财政部、交通部联合上书请示袁世凯招商投标承运米石办法。[③] 在利用炸药开采矿业时，又不得不与陆军部洽商。[④] 如此等等。

① 沈家五:《张謇农商总长任期经济资料选编》，南京大学出版社 1987 年版，第 16、19—20 页。

② 《农商总长张謇、财政总长周自齐呈大总统会同拟订劝业银行条例缮折请鉴核批准施行文并批》,《政府公报》1914 年 5 月 16 日，公文。

③ 《农商总长张謇、内务总长朱启钤、财政总长周自齐、交通总长梁敦彦呈遵议招商投标承运米石办法请训示遵行文》,《政府公报》1914 年 7 月 4 日，呈。

④ 中国第二历史档案馆藏:《农商部档案》，全宗号：1038，卷宗号：2630。

第八章

运作过程

民初中央实业管理机构的运作过程主要是指其具体的施政过程，它包括农商工矿各业政策的制定和具体执行。它是一项系统的工程，牵涉的问题很广，不仅需要其领导者高瞻远瞩，需要中央、省、县各职能部门的合作，更需要从事实业者之力行。运作过程既是民初中央实业管理机构职权的具体体现，也是评价其在民初经济发展中所起作用的重要砝码。因此，研究民初中央实业管理机构运作过程意义重大。目前，史学界有关这一领域的研究相对而言比较多，大凡中国近代通史、有关北洋政府的论著无不涉及，由于受阶级和时代的限制，对之贬多褒少，政治感情色彩浓厚，带有强烈的阶级斗争史观气息。但也有不乏实事求是、客观的研究。无论如何，既往的研究都为我们今天重新审视这一问题提供了有益的借鉴，本书也充分吸收以往研究的诸多成果，在此不再一一注明。

第一节　制定实业政策

为了发展实业，民初中央实业管理机构制定了一系列的实业政策。这些实业政策既是其运作的具体表现，又是运作施行的重要依据和内容。有关北洋政府实业政策问题，已有专论。[①] 但因关注侧重点

① 参见张学继《袁世凯政府振兴实业的措施》，《历史档案》1990 年第 4 期。徐建生《论民国初年经济政策的扶植与奖励》，《近代史研究》1999 年第 1 期，徐建生《民国时期经济政策的沿袭与变异》，福建人民出版社 2006 年版。郭剑林《北洋军阀简史》（下册），天津古籍出版社 2000 年版。葛健《北京政府工商业政策研究》，2007 年山东师范大学中国近现代史硕士论文等。

不同，大多论述略显笼统，且乏系统，有鉴于此，我们认为仍有必要做进一步阐述。

一　农业方面

民国肇造，万象更新，民初农林部成立之后，对于农政之设施，尤具热忱。当时农林部制定了有很多文字表述大同小异的政策，但我们认为最具有代表性的是《农林政要》，农林部曾告令天下："本部农林行政条绪纷繁，必于缓急先后之间，斟酌得宜，挈其纲要，方能足以利设施而期实效。兹厘定农林政要，发交各厅司为筹划进行之标准，仰即按照所列各条分别筹办。是所至望，此令。"① 有关《农林政要》的内容包括：

《农政纲要》30条：（1）移民东北、西北，垦辟官荒，使北部无旷土，南部无饥民。（2）南部及中部各省，查明荒废地亩，设法利用之。（3）北部未辟之荒地，急速从事测量，略仿古代井田制度及美洲田舍，授与规制，划定纵横经界，将田地分为一定面积之丁方，凡人民领垦荒地，即以此项丁方面积授与之，以后无论或租或佃或典或卖，永远不得分裂此项法定之面积，或变更此项法定之经界，庶此后田赋易于经理，吏胥无由弊混。（4）输入大帮纯种牛马猪羊，在北边荒地放牧，一面繁殖佳种，一面改良土种，以滋生多数之良种，用军用马匹振兴乳肉、织造等事业。（5）设编译处广译美德法英日意等国最新农学书籍、报告，以利用先进国十年所得之农学知识。（6）国中酌设农事试验场，实力研究改良农事、增进生产之种种方法。（7）国中多设测候所，测验各属温度、雨量、风速、气压及河水涨落等端，以为研究改良农事及防治水患之根据。（8）输入棉花佳种，改良种棉方法。（9）改良南省缫丝方法，提倡北方蚕桑事业，实行官府检查蚕种、蚕丝办法，改良养蚕方法，设立蚕桑供求调剂机关，研究外国销场情形。（10）研究改良采茶、制茶方法，以求合于外国销场之好尚。（11）测勘全国之土质大略及其他气候雨水

① 《农林部训令》，《政府公报》1912年9月30日，命令。

情形，以为改良之张本。(12) 研究中国害虫种类及驱除方法，输入外国益虫。(13) 会同内务、交通等部筹办疏浚河道，救治水患，派治水工程师测验河道，研究治水问题。雨水少之地方及高燥地方，筹划蓄水通渠凿井等工事，以资灌溉；低洼地方，提倡疏泄；盐卤地方，设法改良。提倡修治农道。(14) 会商工商部查勘本国磷石矿产，提倡制造肥料。(15) 输入改良果种、谷种，增进产量品质。(16) 输入本国未有之有用植物，推广已有者之用途。(17) 整顿地方农会，以谋农业机关之完备。(18) 组织全国农会联合会，分年在各省省会轮流开会，以期融洽省见，交换农智。(19) 设立灵敏之农产统计调查机关，颁发简明之农产调查表格，将各属每年各种禾稼、耕种亩数、生长情形、收获量数、粮食价格等端，随时详确查悉，通告全国，庶国中粮食大宗供求易于相剂，物价趋于均平，饥荒易于补救。(20) 会商工商部划一度量衡制度，意图农业比较改良之便利。(21) 设立农业、林业、蚕桑、畜牧、渔业、垦务、农政、林政、兽医、虫害等简单讲习所，注重实地练习，以养成多数适于实用之人才。(22) 普授拼音简字，多出白话农报、画报以开濬乡农村媪之智识。(23) 设立巡行宣讲机关，开农业展览会，农产陈赛会，农产展览船，农产展览车等以开农民之智识，促农业之进步。(24) 开垦植博览会提倡国民移垦。(25) 提倡改良农村农舍，增进农民生活程度。(26) 会商财政部设立长期抵押农业银行，以轻利贷之农民藉资周转，设立蓄积银行为农民金融蓄积汇兑机关。(27) 倡设粮食囤积运售机关。(28) 倡设农业保险机关。(29) 订渔猎法令，限制非法捕鱼禁止非时狩猎。(30) 江河湖沼由官放养鱼苗。①

《林政纲要》十一条：(1) 无主山林定为国有，由本部经营。(2) 定国有山林令，限制滥伐私伐及其他有碍林政行为。(3) 设山林警察实行上项禁令。(4) 奖助民地造林，实行保护政策。(5) 荒山附近多设林木苗圃，实行造林工程。(6) 有山林省分设立林官及林政机关，提倡经管造林、保林等政务。(7) 现在及将来已长成之

① 《农政纲要》，《政府公报》1912 年 9 月 30 日，命令。

林，按分年轮伐法，陆续伐售，以裕国家财政，减轻人民负担。(8)国有山林之经营，其收入支出归入国有山林特别会计，惟开办后二十年之内，所有进项均留作推广造林事业之用。(9)整顿林木搬运方法，多设制材机厂。(10)设立林艺试验场，林产试验室，研究林木种类、造林方法、林产利用、木材保存等端。(11)招林业实习生以造成适于林业实用之人才。①

从以上这些政策内容，我们不难发现《农林政要》考虑之周全，应该说这是民初中央实业管理机构前期比较有代表性的政策。农林部的初衷固然是齐头并进，希望各业都要发展，而实际上这却加大了地方执行的难度，在民初政局不稳，财政支绌的情况下，必须抓大放小，“眉毛胡子一把抓”是不可取的。有人对之评价说：“试观上述之农政纲要，虽其原则与方法，错综互见，是其所短。”的确如此。结果是“设立者固未设立也，提倡者固未提倡也，研究改良调查整顿固未尽研究改良调查之能事也”②。

后来，农商部进一步有针对性地制定了较为明确和切合实际的政策，重心在于鼓励垦荒和科学种田，为此颁布《国有垦荒承垦条例》，下令设立观测所。“查前农林部设立各省观测所，职在周知，全国雨量、风向、温度升降、气压变迁，以定农事，改良灾害预防之标准。经前农林部指定分所地点，全国共计二十六处，派遣观测生前往筹办，嗣因各分所每月经费汇兑不便，曾咨行各省按月就近垫发，复据咨称无款筹拨，因即汇寄去年十月十一月两月经费，请就近发给等因。已经如数拨给饬领，并请由部按期汇还等情在案。查观测所必设之主旨，在测知气候，预防灾害，关系农业至为重要，惟分所地点距京辽远，平时监督，耳目既苦难周，汇兑往还，币制尤多歧异。现在基址甫经成立，允宜力筹久远，以策进行，综计每分所每月经费约需一百一十元，全年共计一千三百三十元，需费无多，裨益匪浅。本部现为筹划事务便利起见，此项经费按月由该省发给，即由该省国家

① 《农林要政》，《政府公报》1912年9月30日，命令。

② 唐启宇：《农政学》，中国农政学社1931年版，第366页。

行政经费项下开支，并就近监督各观测生，认真观测，不得旷弃职守，贻误要公。至上年自几月至几月垫发款项共计多少元，仍由本部汇还，以清用项，除指令各省遵照外，合亟令行该民政长遵照办理，并即呈覆。此令。"① 又征集农业改良办法；② 规划全国山林，提倡植树造林；大力发展植棉、制糖、牧羊、造林、捕鱼等农副业生产；③筹划整治全国水利事业，第一任农林总长宋教仁曾指出："一日兴水利，中国水利不讲者已久，不但失灌溉之利，且为害滋甚，拟以新式之技术，兴修水利工事，先除害，而兴利继之。"④ 张謇在任农商总长期间，更是十分重视发展规划水利，在北平导淮局的基础上改设全国水利局，并建立各省水利委员会，其职责为"规划全省水利工程"⑤。以上可见，民初农业政策比晚清时期更加缜密，更加适应社会经济发展的需要，这些政策的制定与施行，亦快速地促进了民初农业的发展。

此外，农商部还主张创办全国农业模范试验场，关于农业方面试验场的设置，当时农林部的打算就十分周全："本部自成立以来，亟欲于京师首善之区，筹办中央农林分科试验场，以为全国农林模范，惟值财政支绌之际，购置大宗地亩，经费固属难筹。且既为开通全国农智起见，必须密迩国门，方足便各省人士之参观，而树全国农事之标准。查有正阳门外，天坛、先农坛、安定门外地坛，向为前清郊祀祈谷亲蚕之所，民国初建，此项典礼应否继续举行，尚未确定。惟顾名思义，该坛设立之本旨均与本部农林行政相关。在前清仅隆明烟报飨之文，在民国宜行教民稼穑之实，是宜于上三处分别设立农艺、林艺、畜牧试验场各一所，合之旧有西直门外之农事试验场，须重行组

① 《农商部指令第九十六号：令奉黑吉闽陕晋粤桂甘湘滇蜀黔新疆等省民政长》，《政府公报》1914年2月7日，命令。

② 参见周景濂《中国设立观测所之始末》，《地学杂志》1914年第11期。

③ 参见沈家五《张謇农商总长任期经济资料选编》，南京大学出版社1987年版，第333—354页。

④ 陈旭麓主编：《宋教仁集》下册，中华书局1981年版，第395页。

⑤ 中国第二历史档案馆编：《中华民国史档案资料汇编》第三辑，农商（一），江苏古籍出版社1991年版，第127页。

织改为蚕桑园艺、鱼艺试验场，及张家口外旧有官荒，拟设一垦牧试验场，共成场所七处，则组织可期完备，实验可期精密。俾知民国更始，首以重农务本为前提，庶全国大势所趋，胥归重于本计，且该处迭经本部派员踏勘天坛，于林艺试验场最为相宜，先农坛于畜牧试验场最为相宜，地坛于农艺试验场最为相宜，一转移间即化无用为有用，既于财政上可资撙节，并于首都内先树风声。在该坛所余空旷之地，已敷试验场之用，其原有殿庑坛场，本部更当就近竭力保护，随时修缮，以美旧观而存国粹。至将来郊祀祈谷亲蚕诸典礼，倘民国定议续行时，仍可在该处举行，实属两不相悖。况该处为国都之公有地，实应设法利用，以筹全国公众利益，若仅供一日祭祀之用，长令其终岁荒芜，亦非民国时代事求实际之道，何如于其中设立试验场，任人参观，更允协民为邦本，食为民天之义，而本部开宗明始之办法即寓其中。以上所拟各节实属农林要务，如荷钧院赞同，除关于典礼事宜仍咨商该管衙门办理外，所有试验等事头绪繁多，亟宜由本部及时赶速布置，以期早日观成。”① 模范试验场的设置，对带动整个民初农业发展所起的作用是不容忽视的。

二　工商业方面

甲午战争之后，中国商业的发展出现了新的历史条件。由于西方列强对华商品输出的加强和国内工商业城镇规模的扩大、城镇人口的不断增加，极大地刺激和加速了商业的发展。在一个时期内，一些地区的商品种类增多，商品流通量扩大，呈现出商品旺销、商业交易繁忙的景象。② 如河南全省在 1902 年京汉路通车前，输往汉口的农产品，每年不过 100 万元，而 1907 年京汉路通车后增至 3200 万元，1910 年更是高达 4700 万元之巨额。③ 直隶高邑，自京汉路通车以来，

---

① 《农林部咨国务院拟在天坛等处分设农林畜牧试验场文》，《政府公报》1912 年 7 月 5 日，公文。

② 刘克祥、陈争平：《中国近代经济史简编》，浙江人民出版社 1999 年版，第 324—325 页。

③ 《改良中国农工业问题》，《申报》1915 年 6 月 21 日，第三版。

"商贾云集，行旅熙攘，肩摩毂击，常络绎于途"[①]。河北馆陶，"迨清季交通便利，轮轨四达，舶来之品日新月异而岁不同，一般习尚亦因以转移"[②]。山西新绛，"迩来西风东渐，生活程度日益增高，向来单纯之农业，端不足应今日繁重之需求，于是工商兴焉"[③]。清末商部、农工商部成立之后，为振兴工商业的发展，制定了一系列政策措施：制定商律，《商人通例》九条，《公司律》一百三十一条，《公司注册章程》二十八条，《破产律》六十九条；制定各种奖励工商发展的章程；制定有关商业和出口贸易的规章制度等，清政府的这些主张和措施，与历代的"重农抑商"相比，无疑是一大进步。它肯定了工商业在国民经济中的重要位置，提高了工商业者的社会地位，对促进工商业的发展起到了一定的推动作用。[④] 民初工商部和以后成立的农商部在清末商业发展的基础上，进一步制定了更加切实可行的商业政策。

首先，建立完善基本的商业经济秩序。

这主要体现在：第一，规范工商业经济实体的运营，把公司分为无限公司、两合公司、股份有限公司、股份无限公司四种类型，规定了各种类型公司的组织原则与统一的管理规则，并统一规范了公司开办的注册登记制度。第二，初步建立企业法人制度，《公司条例》规定只有"以商行为为业而设立之团体"才能称为公司。[⑤]《商人通例》则界定了商人的法律地位，即"商业之主体之人"，包括买卖、赁贷、制造、水电、出版、印刷、银行、信托、保险、运输、代理等行业的业主。[⑥] 企业法人制度的确立，从制度上保障了企业和企业法人的合法权益，使企业的经营自主权得到了充分保证，鼓励并推动了

① 上海书店出版社编：《中国地方志集成》之《民国高邑县志》，上海书店出版社2006年版，卷5，风土，第3页。

② 丁世恭修：《民国续修馆陶县志》，政冶志，实业，南开大学图书馆藏，1936年铅印本，第54页。

③ 凤凰出版社编：《民国新绛县志》，凤凰出版社2005年版，卷3，第1页。

④ 王相钦：《中国近代商业史稿》，中国商业出版社1990年版，第218—221页。

⑤ 《公司条例》，《政府公报》1914年1月14日，命令。

⑥ 《商人通例》，《政府公报》1914年3月3日，命令。

实业的兴办与发展。第三，鼓励企业自由竞争，反对和防止企业进行不正当竞争，且对个体发明实行专利保护。这不仅有利于形成正常的资本主义经济发展秩序，而且对于激励工商业者投资经营，注重发明创造，促进工商业经济发展起到了重要的推动作用。第四，规范统一度量衡制度，破除了商品流通的障碍，有利于建立统一稳定的市场秩序。

其次，减免税厘，实行保息。

清末新政期间，在经济改革方面留下很多后遗症，一个最为明显的表现就是关卡林立，税厘沉重，商业发展受到很大的阻碍。农商部为了改变这一不合理的现象，促进民族企业的发展，制定了一系列的裁厘减税政策。如减免土布厘税，① 减茶叶税，② 减免七种自制工业品税厘等。③ 当时农商部就批准："江苏全省凡省县市乡公款开办之各工场厂，所出各色仿造洋货布匹，在省内运销概免完税，运至省外，纳经过第一关卡值百抽五正税一道……其余关卡验照放行，不再重征。"④ 据统计，1915—1916 年，以机器仿制洋货物品而享受减免税厘的企业有：各华商机器面粉厂和棉纺织厂、广东德利锑矿公司，广东江门制纸公司、上海宝源造纸厂、上海美华利时钟厂、上海泰丰罐头公司、官办汉口造纸厂、官办教育品制造所、官办东三省呼兰制糖厂等。⑤ 由于认识到"公司组织往往以资本薄弱，开办为难"，"工厂资本较巨，非民力所能开办"⑥。农商部制定和颁行了《公司保息

---

① 《请免土布税厘给大总统呈文》，《张謇农商总长任期经济资料选编》，南京大学出版社 1987 年版，第 174—175 页。

② 《请减茶叶税率与制定茶叶检查条例给大总统呈文》，《张謇农商总长任期经济资料选编》，南京大学出版社 1987 年版，第 175—176 页。

③ 《农商部咨各省巡按使、京兆尹、各都统税务处呈请将自制工品七宗分别减免关税奉令照准希转饬各商会遵照文》，《政府公报》1915 年 3 月 4 日，咨。《自制工品减免关税》，《法政杂志》第五卷第四号，1915 年 4 月 10 日出版。

④ 《江苏省之织布事业》，《农商公报》第 9 期，近闻，第 1 页。

⑤ 依据《农商公报》第 10 期、第 20 期，《中华全国商会联合会会报》第三年第 1 期，《中华新报》1915 年 12 月 8 日等记述而得出的结论，由于资料范围有限，所以统计数据与实际数据难免有出入。

⑥ 《本部呈大总统遵批参议院整饬国货建议案办法文》，《农商公报》第一卷第 6 册。

条例》，分别对棉织业、毛织业、制铁业、制丝业、制茶业、制糖业等六类公司进行保息，但由于资本金的缺乏，保息政策并未很好地得以贯彻实行，有人认为：固然单靠一个保息条例并不能从根本上改变近代中国工业资本薄弱的局面，但无息的保息金以及宽松的摊还条件毕竟使投资者看到了政府提倡与奖励工业的决心，从而大大增强了投资实业的信心，保息政策的这种隐性价值对于工业发展无疑具有更重要与更深远的意义。① 我们认为这种评价是合理的。

再次，设立商品陈列所，劝业委员会。

关于商品陈列所的作用，有人曾这样论述道："虽然物竞天择，最适者存，不适者废，商家虽具有助进农工业发展之大愿，苟生产物不能乘时演进，商业且因之不振焉。商家之命脉既在商品，然则对于商品之如何因时以改善，如何推陈而出新，比较之，研究之，以促农产工艺之进步，实为商业家应尽之天职，而商品陈列所实为一切出产品改良策进之动机。"② 此可谓一语中的。为了劝导发展工商业，民初农商部在清末劝工陈列所的基础上成立了商品陈列所，并向各省征集商品，请"各省都督转饬实业司或劝业道，将该属近三四年工艺出品调查选集陆续送部发交陈列所陈列，……陈列所之所设，原所以提倡实业，各种物品自应随时更换，庶物品之同出一省者，可因参互比较，以验其进步之迟速；物品之分出各省者，得以彼此相形，可考其制造之优劣。既供参考，藉可广告其裨益。工商界前途实非浅鲜"③。后来，农商部为了广泛征集全国商品，颁布了《商品陈列所征品规则》进一步规定了陈列商品的种类。④ 在农商部的主持下，商品陈列所取得了非凡的成绩。据北京政府统计局统计，1915 年 8 月，

① 徐建生：《论民国初年经济政策的扶植与奖励倾向》，《近代史研究》1999 年第 1 期。

② 《商品陈列所序》，穆藕初：《藕初文录》上卷，商务印书馆 1926 年版，第 204 页。

③ 《工商部咨各省都督、民政长请转饬征集物品送部交商品陈列所陈列文（附征集物品概要表四种）》，《政府公报》1913 年 1 月 5 日，咨。

④ 《农商部呈拟具商品陈列所征品规则缮折请鉴核文并批令（附清折）》，《政府公报》，1915 年 3 月 31 日，呈。

商品陈列所共有陈列品20037件，其中寄赠品16491件，寄陈品3366件，购陈品180件。[①] 关于参观人数见下表：

表4－6　　1912—1915年商品陈列所参观人数

年　月	国人	外国人	合计
元年五月开办起	52311	281	52592
二年	48574	280	48854
三年	49657	365	50022
四年	27894	218	28112
说明：四年八月以后，因就该所开办国货展览会并收束整理暂行中止			

资料来源：《统计局编行政统计汇报·农商类》，《政府公报》1917年9月13日，附录。

周自齐出任农商总长之后，鉴于“自中外通商以来，我国实业日形退败，固由提倡之未力，亦因研究之乏人。……推原其故，皆由工商知识未能完全，或故步自封，或贸然从事，而专门之士往往用非所学，绝少发明，资本与人才不相应，政府与社会不相谋，此商权所以长操于外人，而工业仍处于幼稚，富源坐弃，言之可慨”。遂呈请设立劝业委员会，以“谋全国实业之发展”[②]。并把商品陈列所、工商访问所作为附设机构。这些劝业机构的设置，对全国实业的发展起到了一定的示范和指导作用。

最后，注重国货，组织国货展览会。

北京政府成立后，实业救国的呼声越来越高，农商部顺应了工商界的吁求，大力提倡国货，保护民族工商业。在民国服制通过后，工商部就令服制均用本国材料以重国货。“为通令事照得民国服制，经参议院议决于本年十月初三日奉大总统令公布，业经刊登政府公报通

① 《商品陈列所》，《政府公报》1917年9月13日，附录。

② 《农商部为设立劝业委员会拟订章程呈暨大总统批令（附清折）》，《政府公报》1915年6月10日，呈。另见中国第二历史档案馆编《中华民国史档案资料汇编》第三辑，工矿业，江苏古籍出版社1991年版，第24—25页。

告在案，查此次所定服制，均用本国材料以重国货。凡现今各省所出之丝织品及棉织麻织毛织各品，当不乏可用者，本部有维持国货振兴商业之责，亟应实力设法以图挽回利权。为此通行各该总会就近转知各分会，通知丝织、棉织、麻织及毛织各业商家，将各项已制成之货料与新定服制适用者，迅将标本各一分，注明各商业行号住址，汇齐寄送本部以备参考，藉广销行。此令。”①

一战爆发后，农商部更是抓住有利时机，向袁世凯提出“现值外货来源不继之日，正国货畅销有望之机”②，请求批准举办全国国货展览会，希望以此为契机促进民族工商业的发展，这得到袁世凯的大力支持。为了办好全国国货展览会，农商部制订了完备的计划，成立国货展览会事务所，对参展商品实行免税，对参展人员实行交通费打折的优惠。③ 在农商部的积极努力下，1915 年 10 月 1 日至 10 月 20 日国货展览会在北京隆重举行，共有 18 省 2 个特别行政区参展，与会商品共计 10 万件，以北京和江浙地区商品数量为最多。展览会会场分为一、二两馆，第一馆为楼房两层，面积达 474 方丈，主要陈列金银品、景泰蓝、珐琅、丝织品、矿产化学制造药品等；第二馆占地面积 62 方丈，主要陈设权度教育仪器、文具、印刷品及机械制品。另外在会场外还设了临时军警督察处、临时请愿巡警驻扎处、临时违警裁判所、消防队值宿所、音乐亭、讲演堂、纪念品售卖处、国货萃卖场以及饮食店、茶社等辅助场所。展览会举办期间参观人数很多，据农商部统计每日不少于 1 万人，除各省押运参展商品的工作人员以及出品人代表外，各地商会以及公私团体大多派代表前来参观考察，

---

① 《工商部部令》，《政府公报》1912 年 10 月 25 日，命令。

② 《农商部呈限期征集商品开设国货展览会请示遵文并批令》，《政府公报》1915 年 6 月 21 日，呈。

③ 《农商部咨热河、察哈尔都统、绥远、各省巡按使、京兆尹各省出品奉准特免税厘通咨转饬遵照并见复文》，《政府公报》，1915 年 7 月 8 日，咨。《农商部呈国货展览会各省送品会竣出售请免补纳税厘以示鼓励文并批令》，《政府公报》，1915 年 9 月 13 日，呈。《农商部咨直隶、奉天、江苏、湖南、福建、河南、吉林、浙江、山西、安徽、山东、黑龙江、湖北、广东、江西巡按使准交通部核复参观展览会人员车船减价办法咨请查照文》，《政府公报》，1915 年 9 月 11 日，咨。

其中上海国货展览会还专门组织了参观团。[①] 由此可见，这是一场规模巨大的盛会，当时的《益世报》对这次国货展览会进行了详细报道："开会前一日，场中内容外观支配皆十分精密，门前高搭彩棚，悬挂五色国旗。会内有第一、第二等陈列馆，又有飞艇陈列及军乐，……兴高采烈中默喻振兴实业之意，当日内务朱总长、农商周总长皆躬亲到场检点一周，均极口赞欢不绝。"[②]

不仅如此，农商部还号召各地定期举办国货展览会，天津响应农商部的号召，在北马路设国货售品总所，召开了国货维持会，"北马路售品总所总理宋君则久为提倡国货推广销路起见，拟于八月初一日起在本所内开国货维持会至九月初一日止，各项国货均已备齐，任人参观，并邀集津埠富有工商知识者逐日演说，备有音乐以助雅兴"[③]。各地国货展览会的举办，增强了人们爱用国货的意识，有利于促进和保护民族资本主义企业的发展，也有利于抵制西方资本主义的经济侵略。

此外，农商部还鼓励华侨归国投资兴办实业，利用外资发展实业。[④]

三　矿业方面

辛亥革命以后，全国上下掀起了振兴实业的热潮。人们逐渐认识到，在诸实业中，"最属紧要者，则为矿业"[⑤]。认为"夫振兴工艺，推重采矿冶金之术，实为福国之本基"[⑥]。"增进富源，养资挹注者，尤非从矿业入手不可。"[⑦] 当时张轶欧亦指出"历代政府皆知矿为大

① 《农商部呈恭报国货展览会办理情形并附呈会场陈设图片请鉴文并批令》，《政府公报》1915年11月18日，呈。

② 天津《益世报》1915年10月2日，第三版。

③ 天津《益世报》1915年8月20日，第六版。

④ 《关于利用外资振兴实业办法给大总统呈文》，《张謇农商总长任期经济资料选编》，南京大学出版社1987年版，第140—142页。

⑤ 《工商部调查矿业之通告》，《中华实业杂志》第五年第五期，1914年5月1日出版。

⑥ 《生计》1913年第9期。

⑦ 《矿业杂志》第2卷第5期，转引自李洪超《张謇与民国初年的矿业政策》，《聊城大学学报》（哲学社会科学版）2002年第4期。

利所在，而始终未知处理之方”[①]。为了适应这一形势，促进民初矿业的发展，农商部制定了一系列矿业政策。

第一，完善矿业法规。

民国初建，工商部仍沿用光绪三十三年（1907）所颁布的《大清矿务章程》，但在实际操作中多有掣肘，为了规范对矿业的管理，维护矿主的合法权益，中央实业管理机构十分重视对矿业基本法规的厘定。刘揆一指出：“欲振矿业，在人民则矿学为急务，在政府则矿法为要图，矿法编订之初，亟宜审慎，务使矿商易于遵循，矿业绝无危险，方为妥帖。前清矿务章程，限制过严，征税过重，既失提倡保护之意，又缺实行监督之方，无怪乎窒碍难行，效果甚微也。”[②] 于是在此背景下，刘揆一起草《修订矿法意见书》，其主要以“矿权国有，确立矿界，便利用地，减轻矿税，注意矿警，保护矿工，吸收外资，筹设专署”等项为目的，[③] 后来在此基础上制定出《矿业条例》《矿业条例》与《大清矿务章程》相比具有明显的进步性，这主要体现在以下五个方面：（1）完全划清重要矿质种类，以及地权与矿权之关系。除关于使用地之规定外，并不认地主对于矿业有何等权力。矿权的取得以呈请优先为根本标准，矿质探采权之呈请并无取得地主认许之必要。（2）减轻矿税。矿区税方面，稀有矿由每亩每年 0.42 元减至 0.3 元，一般矿由 0.28—0.15 元减至 0.15 元；矿产税方面（按产值抽税），贵重矿由 10% 减至 1.5%，一般矿由 5%—3% 减至 1%，而且取消了前清矿章每年提取公司余利十分之五归政府与地面业主均分的规定；对探矿区每亩每年只征收地租五分，免征其他税项。[④]（3）注重矿权，限制外股。中外合办者外股不超过十分之五，且以华商为代表。（4）强调

① 张轶欧：《修订矿法意见书》，《现代应用文选》，上海北新书局 1934 年版，第 276 页。

② 《专件》，《湖南实业杂志》第十期，1913 年 3 月出版，第 79—82 页。

③ 刘揆一：《修订矿法意见书》，《刘揆一集》，湖南人民出版社 2008 年版，第 89—95 页。

④ 全国矿冶地质联合展览会编印：《全国矿业要览》，全国矿冶地质联合展览会及国立北洋工学院刊 1936 年版，第 291—294 页；另见《大清矿务章程》，《东方杂志》第 4 卷第 6 号。

了矿业的裁决诉愿及诉讼。(5)注意保护矿工。[①] 以后又陆续颁布了《矿业条例施行细则》《矿业注册条例》《矿业注册条例施行细则》《审查矿商资格规则》《调查矿产规则》《小矿业暂行条例》[②] 等矿法，这些矿业法规总体上较晚清时期周密，法理进一步完善，社会的指导性进一步加强，对整个民初矿业的发展起到了重要的指导作用。

第二，完善矿务行政管理机构，设立矿务监督署。

民国成立之后，中央由工商部矿务司总理全国矿业事务，工商、农林两部合并后，又设矿政局作为矿业的中央管理机关。地方上，各省劝业道大都改为实业司，然其内部之组织，不外援照旧例，分设农工商矿各科。一省矿务，即归矿务科主持办理，科长科员尽用矿学专门人才，而人数无多，势必不敷调遣。当时各省实业司既不直接属部管辖，又不仅隶于工商一部，则其办事之勤惰，知识之有无，用人之当否，皆难切实查核，因此“行政之窒碍既多，矿务之整理无术”[③]。在这种情况下，“欲求矿务之发达，不啻缘木求鱼矣”[④]。

时任工商总长的刘揆一深刻地认识到这种症结所在，于是提出设立矿务监督署的计划，“以为分掌矿务之机关”[⑤]，改变矿务行政机关不统一之弊病。而真正将这一计划付诸实践的是张謇，他认为“实业行政，矿务特重，非有完全之法令则实业无资以保障，非有监督之机关则法令无由以行使。”因此，他在上袁世凯的呈文中从四个方面详细地阐述了不得不设矿务监督署的缘由：一是行政原因。“各省矿务现隶实业司，然实业司范围太广，未暇兼筹，权限不专，事难独断，故凡案件依据地方官文告转达中央，部中亦以鞭长莫及，遇有疑

---

① 参见张铁欧《修订矿法意见书》，《现代应用文选》，上海北新书局 1934 年版，第 272—308 页。《袁世凯关于公布矿业条例令》，《中华民国史档案资料汇编》，第三辑，工矿业，江苏古籍出版社 1991 年版，第 40—53 页。

② 以上分别参见《中国实业杂志》1914 年第五期，《中国实业杂志》1914 年第六期。

③ 《专件》，《湖南实业杂志》第十期，1913 年 3 月出版，第 79—82 页。

④ 刘揆一：《修订矿法意见书》，《法政杂志》第 3 卷第 3 号，1913 年 9 月 10 日出版。

⑤ 刘揆一：《修订矿法意见书》，《刘揆一集》，湖南人民出版社 2008 年版，第 95 页。

难纠葛，不能直接履勘，往复行查，时日迁延，坐视弊窦之丛生，安望矿业之发达？若就外省设立专署，则案牍处理不致稽延，而实地调查亦易周密。”二是技术原因，“凡矿苗之探采，矿区之纠正，矿床之查勘，矿质之化验，均须专门之士极力经营，始臻完善。况我国矿商多无学术，懵然从事，屡遭失败，尤宜设立专署，以时派员督查，于未开之矿为之测勘计划，于已开之矿为之指点工程。庶几振兴提倡，不致浪费资财。”三是治安原因，“矿山警察本为防卫灾厄、保护治安而设，而此项职务亦非普通警察所能胜任，如凿井、开隧、排水、通风等项，或因矿商图利罔愿灾及职工，或因施工未慎辄致贻害居民；加以矿业日兴、工程益大，煤毒熏灼，伏流奔涌，灾变层出，势所必至；是宜由矿署组织专门警队，从事巡查，庶先事有所预防而临时亦知补救。”四是财政原因，“矿税为国库正宗收入，日本矿税岁逾千万，我国税率较重、地域尤大，而每年征收乃不过百万，究其原因虽由矿业之未兴，亦实征收之不确，盖奸商射利，诈伪成风。对于矿区每以广为狭，对于矿产或以多报少，若有专署以严为督查，则矿商不敢欺玩而国课即可增加。”正因为以上四点，所以，“矿务机关之设置，乃矿产发达之枢机，近日救亡之要策”①。袁世凯面对如此情词恳切的建议，立即批准了张謇的请求，并于 1914 年 2 月 1 日，公布《矿务监督署官制》十四条。② 10 月 22 日颁布《修正矿务监督署分区规则》。③

矿务监督署的设立对于规范矿务管理、促进矿业发展所发挥的作用十分明显，“办理虽甫数月，所有清理积牍、推行新律，以及一切调查规划之事，渐有端倪。各省办矿商人，亦复秉承指导，渐次就范。……溯自设署以后，各省人民对于矿务事业颇为踊跃，纷纷禀请

① 《国务总理熊希龄、农商总长张謇呈大总统拟定矿务监督署官制缮具清摺并附划分区域说明书呈备查阅请鉴核公布施行文并批》，《政府公报》1914 年 2 月 7 日，公文。

② 《大总统教令十七号》，《政府公报》1914 年 2 月 2 日，命令。

③ 《北洋政府农商部颁布修正矿务监督署分区规则》，《中华民国档案资料汇编》，第三辑，工矿业，江苏古籍出版社 1991 年版，第 83—84 页。

勘采”[①]。但由于当时中央财政困难，矿务监督署设立不久，各区矿务监督署因“经费支绌，日加裁汰，分科办事已属不敷，出外勘查更难分布”，农商部不得不将之撤销，改由各省财政厅兼理矿务，“所有矿务行政即由各省财政厅长兼管禀承本部办理。”[②] 但因各省财政厅“责无专归，事反紊乱”[③]，办事效率极为低下，因而有人指出“当此整顿实业之秋，非恢复旧制不足以见成效也”[④]。但终未能付诸实现。由此可见，在民初政局动荡、财政窘迫的情形下，良好的政策很难达到预期的效果。

第三，实行开放的政策，利用外资振兴矿业。

中华民国的成立，大大增强了中华民族的自尊心，人们维护国家主权的要求十分强烈。在矿业方面，就表现为维护矿权，反对矿权外溢。因此，当农商部利用外资开矿的政策一出，就遭到各方的反对。当时张振勋就向农商部密陈：“今愿维持东亚局面，非中国自图富强不可。然致富之道，其大要在兴矿产。中国矿产之盛甲于五洲，固不待言。但有一极须注意者，则授矿权于外人，实为最大不利。查借款办矿，原皆恃外资输入，以振兴国内实业，其事至顺。无如始谋不慎，往往大政倒持，又或因办事责任不明，始犹具主客情形，继或受攘夺。实祸此无他，皆授权于人之所致也。一着失败，全体随之，良可寒心。”[⑤] 这种担忧不无必要，但是，当时中国开发矿产资源面临两大难题，一缺乏资金，二缺乏人才，而要改变这种困境，通过利用外资和技术帮助，与外人合办矿业公司无疑是一条捷径。张謇指出“中国各矿最宜令中外商人集资合办，……中国之矿务人才尚须待诸

---

① 《维持矿务监督署经费呈》，《张謇全集》第二卷，经济，江苏古籍出版社 1994 年版，第 266—268 页。

② 《农商部呈请裁撤各区矿务监督署矿务即由各省财政厅长兼管文并批令》，《政府公报》1915 年 3 月 16 日，呈。

③ 《梁宗鼎陈矿务改良意见书》，《中华民国档案资料汇编》第三辑，工矿业，江苏古籍出版社 1991 年版，第 134 页。

④ 同上。

⑤ 《张振勋密呈矿权不可假手外人说帖》，《中华民国档案资料汇编》第三辑，工矿业，江苏古籍出版社 1991 年版，第 122 页。

数年之后。故目前最宜采中西合办之制”①。其实，他的这种利用外资开矿的思想早在其上任之初就有表露，他说：“至于铁矿需本尤重，非用开放主义，无可措手，但使条约正当，权限分明，既藉以发展地质之蕴藏，又可以膳贫民之生活。”② 何乐而不为呢？熊希龄也认为普通之矿业“最易开放”。③ 当然开放矿权，是有条件限制的，即“凡与中华民国有约之外国人民，得与中华民国人民合股，取得矿业权，但须遵守本条例（指《矿业条例》）及其他关系诸法律”。“外国人民所占股份，不得逾全股份十分之五。”④ 正是在农商部有限制地吸引外资开办矿业政策的导向下，一方面减轻了国内舆论压力，另一方面极大地激发了中外合资开矿的热情。时人有言：“我国政府为利用外资开发地方起见，特开放矿山，使外商得以全资本额之半与本国商民合办，意甚美也。自矿业条例颁行以后，中外合资请办矿山者络绎不绝。”⑤

此外，农商部还注意收罗矿业人才，在充分利用本国人才资源的同时，还积极引进外国人才，先后聘用了梭尔格、安特森、新常富、丁格兰等，他们在农商部服务期间，尽职尽责，出谋划策，为民初矿业的发展做出不少贡献。⑥

四　对外贸易和交流方面

为了扩大对外贸易，促进中国商品出口，扭转贸易逆差，加强国际交流，民初农商部也制定了一系列的政策，其主要有以下三方面。

第一，裁厘加税，鼓励出口。

张謇认识到“今世界大通，国际贸易，日增月盛，则关税之影

---

① 《振兴实业之计划》，《实业丛报》第 16 期。

② 江苏省商业厅、中国第二历史档案馆编：《中华民国商业档案资料汇编（1912—1928）》第一卷，中国商业出版社 1991 年版，第 4 页。

③ “中国大事记”，《东方杂志》第 10 卷第 8 号。

④ 《矿业条例》，《农商公报》第一卷第一册，第 1 期，1914 年 8 月 15 日出版。

⑤ 《文牍》，《农商公报》第二卷第一册，第 13 期，1915 年 8 月 15 日出版。

⑥ 中国第二历史档案馆藏：《农商部档案》，全宗号：1038，案卷号：2169、2194—2197。

响于农林工商业者尤大。”其在国际公法会议上，指出：“或先裁厘后加税，或裁厘加税同时并行，皆为改正关税议案上重要之问题。而按其实际，则后一事之所得，已足以抵补厘金，而前一事重课奢侈品之主义，果能贯彻，则增加更巨。为国家收入计，固当如是，即鄙人所主管之农林工商诸政，尤不可不如是。”① 后来其在向袁世凯的呈文中再次提及：“查吾国内地交通梗阻，运输机关向不完备，固为阻障国货发达之一大原因，而尤以厘税之阻碍为尤甚。洋货进口税值百抽五，加子门税值百抽二五，便可通行全国。其仿造洋货，除用机器制造者，准援洋货进口例完税外，至于完全土货，则厘金常关节节为厉，运销愈远，征纳愈多。故以最廉之人工，最多之原料，最轻之成本，而合运费与税厘计之，终不能与外货争衡。是减收运费，酌免税厘，诚为当务之急。惟是此项问题固为营商业者之唯一希望。”② 于是，为了解决上述税厘问题，农商部联合财政部、税务处决定：“凡不藉汽力，专恃人工之棉织土布，无论是何种花色种类，所有常关、海关、厘金、落地捐、崇文门等各项税厘，一律免除。”③ 1915 年 2 月，农商部又对出口的草帽辫和地席两种商品“减半征收税银”，对“通花边抽、通花绸中抽、通花夏布、发织髻网、蜜汁果品”五种商品，“无论远销何处，所有出口及复进口各税，一律暂行免征，……以轻负担，而广行销”④。农商部此举的目的十分明显，就是抵制洋货输入和鼓励出口。

第二，改良商品以利出口。

商品的质量好坏直接关乎出口能否顺利进行，民初各农商总长对

---

① 《国际公法学会讨论加税免厘之意见》，《张謇全集》第一卷，政治，江苏古籍出版社 1994 年版，第 283—285 页。

② 《关于整饬国货办法给大总统呈文》，《张謇农商总长任期经济资料选编》，南京大学出版社 1987 年版，第 275—276 页。《遵拟整饬国货建议案办法呈》，《张謇全集》第二卷，经济，江苏古籍出版社 1994 年版，第 333—336 页。

③ 张謇：《张季子九录 · 政闻录》第 9 卷，中华书局 1931 年版，第 19 页。

④ 《农商部咨各省巡按使、京兆尹、各都统税务处呈请将自制工品七宗分别减免关税奉令照准希转饬各商会遵照文》，《政府公报》1915 年 3 月 4 日，咨。江苏省商业厅、中国第二历史档案馆编《中华民国商业档案资料汇编（1912—1928）》第一卷，中国商业出版社 1991 年版，第 798 页。

出口商品的质量要求很严格，为了推动国内商品的出口，农商部制定了一系列办法。其中比较重要的就是调查各国商情，了解各国对中国商品的喜好，改良商品的质量。工商次长王正廷就任后就指出“推广本国出口货，当以注意外人之嗜好，最关重要，且谓各省商民或商业公司有所企划，政府当竭力补助之”[①]。在茶叶出口一项上，农商部还注意吸取以往茶叶出口失败的教训，就是因为制茶着色，为此，农林部致江浙闽粤赣皖鄂湘实业司，要求整顿茶务：“查茶叶为我国出口大宗，亟宜整顿。去秋运茶至美，以制茶著色不允进口，致原茶运回，亏本无算。盖以食品掺入杂质，美已设禁，例在必行，万无通融之望。现值采茶制造时期，仰即切谕商会、茶务公所、制茶各厂，于制茶方法加意改良，切勿掺入杂质或颜色质，致蹈去年覆辙，是为至要。”[②] 针对驻日公使呈报西京、神户、大阪等处商务情形，称“西京则绸缎、洋布之厂大小林立，率皆销华之品。”又鉴于“我江浙丝绸向来衣被全国，近以染织不甚改良，时下新式光亮之衣，大率皆外货矣。”农商部认为“非改良染织，不足以与竞争。”因此，督饬江浙各商会改良丝绸染织业。[③]

第三，鼓励进口替代。

为了抵御外国商品的倾销，农商部主张进口替代。1914 年 12 月 5 日，农商部通饬各省云：“自欧战以来，出口滞呆，入口锐减，亟应提倡国货制造，凡出口足抵外货者优给奖励。”[④] 认识到“国内已成之工厂如呢、革、纸、糖、玻璃、瓷器、罐头等品，非无略具规模，足裨实用者，而或以出货无多，不敢望市场之独占；或以成本较重，不能为价格之竞争。凡兹事实上之失败，固由受外货之压迫使然。”于是，农商部决定“本部以为凡日用品向由外国供给，而为本

① 《国务员宣布政见》，《申报》1912 年 5 月 15 日，第二版。

② 《农林部致江浙闽粤赣皖鄂湘实业司整顿茶务电》，《政府公报》1912 年 5 月 27 日，公电。

③ 中国第二历史档案馆编：《中华民国档案资料汇编》第三辑，工矿业，江苏古籍出版社 1991 年版，第 194 页。

④ 《提倡国货之通饬》，《申报》1914 年 12 月 5 日，第十版。

国所能仿制者，此类工厂尤应特别保护”①。并切实地对进口替代工业进行奖励和扶植，这对抵御西方资本主义的商品输出起到了很大的抵制作用。有人说：“进口替代是像中国这样落后的发展中国家在实现工业化进程中的一个比较明智的选择，通过产品的进口替代，不仅可以减少同类外货的进口，而且可以改进本国企业的生产技术，从而增加本国产品的供给，以满足国内商品的需求。”② 此话十分中肯。

此外，为推动国内商品走出国门，占领世界市场，宣扬国力，农商部还鼓励中国企业积极参与国际交流与合作，特别是参与国际商品博览会。为了指导参与国际赛会，工商部公布了《外国博览会中国出品通行简章》，其中对参赛筹备程序、商品出口规则及注意事项都作了明确规定。③

五 实行奖励制度

实行奖励的政策，也是民初农商部发展实业所采取的重要举措之一，历任总长都十分重视。张謇认为“人民生产力薄弱，非奖励无以诱起其殖利之心”④。通过奖励措施，一方面可以鼓励人们发明创造，另一方面还可以促使有志者投资企业或扩大企业规模，增强企业的竞争力，民初农商部主要奖励措施如下。

第一，奖励发明创造。

民初工商部成立之后，认识到“民国新立，实业待兴，非实行保护政策，无以收提倡之功，非订立特许专法，无以为保护之具”⑤。工商部遂制订《暂行工艺品奖励章程》十六条，规定对发明或改良的制造者予以专利奖励。章程规定：“凡关于工艺上之物品及方法，

---

① 《遵拟整饬国货建议案办法呈》，《张謇全集》第二卷，经济，江苏古籍出版社1994年版，第333—336页。

② 陈晋文：《对外贸易与中国现代化》，知识产权出版社2010年版，第69—70页。

③ 《外国博览会中国出品通行简章》，《政府公报》1913年3月18日，命令。

④ 张謇：《张季子九录·实业录》，第5卷，中华书局1931年版，第12页。另见《政府公报分类汇编·矿政》，第32册。

⑤ 《工商部咨法制局权订奖励工艺品暂行章程希查照修正转请国务院呈由大总统交院议决文》，《政府公报》1912年6月16日，公文。

首先发明或改良者得呈请专利，其年限定为三年、五年两种。”“在专利年限以内，如有他人私自仿造，妨害专利权时，享有专利权者得呈请禁止。”① 这项政策得到持续的贯彻执行，据统计，从1913年5月至1916年3月，农商部办理的专利即达34件。② 专利制度的建立，有利于鼓励人们发明创造，促进工商业的进步。

第二，奖励垦荒、植棉、制糖、牧羊、造林、捕鱼等各农副业。

鼓励和奖励垦荒，是民初农商部在农业发展上的一大凸显政策。其先后制定《国有荒地承垦条例》《国有荒地承垦条例实施细则》《边荒承垦条例》，其中规定“凡江海山林新涨及废旧无主未经开垦之荒地，直隶、东北、川滇等各省边荒地，除政府有特别使用外，均准人民承垦，并优惠地价，若提前竣垦者再减收地价，以资鼓励，藉图农业之发达”③。认识到“农产品为各种制造品之原料，不有以增殖之，则工商业之发展，永无可望”④。农商部决定奖励植棉、制糖、牧羊各业。农商总长张謇在向国务会议的提案中，具体指出：植棉方面，“凡集合公司，垦辟荒地，植棉至一万亩以上者，奖一千元；五万亩以上者，奖六千元；十万亩以上者奖一万二千元；二十万亩以上者，奖三万元。凡个人改良棉产十亩以上者，每亩奖二元。农会农校及私人或公共团体改良五十亩以上者，每亩奖一元五角。公司改良百亩以上者，奖一元”。制糖方面，“凡扩充甜菜及改良蔗种者，一百亩以上，奖二十元。三百亩以上，奖六十元。一千亩以上，奖二百元。一千五百亩以上，奖四百元。二千亩以上，奖五百元，三千亩以上，奖八百元，五千亩以上，奖一千五百元，一万亩以上，奖三千元”。牧羊方面，“凡牧场能改良美利奴羊三百头以上者，奖一百元。

① 北洋政府农商部参事厅编：《农商法规·工商》，北京和济印书局1925年版，第1—2页。《工商部暂行工艺品奖章》，《政府公报》1912年12月12日，命令。另见《工商部暂行工艺品奖章》，《民立报》1913年1月16日。

② 阮湘等编：《第一回中国年鉴》，商务印书馆1924年版，第1421—1422页。

③ 参见商务印书馆编译所编《中国民国法令大全》，农商，商务印书馆1920年版，第110—115页。

④ 《奖励植棉制糖牧羊提案》，《张謇农商总长任期经济资料选编》，南京大学出版社1987年版，第356页。

六百头以上者，奖二百元。一千头以上者，奖三百元。一千五百头以上者，奖四百元。二千头以上者，奖五百元”[①]。后来，张謇在此基础上拟定《植棉制糖牧羊奖励条例》八条，进一步明确奖励办法：“凡扩充植棉者，每亩奖银二角；凡改良植棉者，每亩奖银三角，蔗田每亩补助蔗苗银三角，肥料银六角，甜菜田每亩补助甜菜种银一角，肥料银三角；牧场改良羊种者，每百头奖银三十元。”[②] 并通过大总统教令公布施行之。[③] 造林方面，农商部制定颁行了《造林奖励条例》十一条，规定：造林面积达二百亩以上，成活满五年以上者，核给四等奖章。造林面积达四百亩以上者，成活满五年以上者，核给三等奖章；造林面积达七百亩以上者，成活满五年以上者，核给二等奖章；造林面积达一千亩以上者，成活满五年以上者，核给一等奖章；造林面积达三千亩以上者，成活满五年以上者，由农商部呈请大总统特别给奖。[④] 公海渔业奖励方面，规定：汽船总吨数在五十吨以上者，每吨奖励十元。帆船总吨数在三十吨以上者，每吨奖六元。以上渔船之渔猎长一人十元，渔猎员每人六元。[⑤] 以上奖励，有利于平衡和促进农林牧副渔各业之发展。

第三，颁布施行《农商部奖章规则》。

1915 年 7 月农商部颁布施行《农商部奖章规则》，规定凡创办各种企业或办理社会必需之补助事业，卓有成效者，分别视情况给予奖章。其主要奖励的范围是：（1）建设工厂，制造重要商品资本在五万元以上，营业三年以上者；（2）经营直接输出贸易货价年额在十万元以上，营业满三年以上者；（3）发明或改良各种便利实用之工艺品有一二特色者；（4）承垦大宗荒地依限或提前竣垦其亩数在三千亩以上者；（5）开采大宗矿产，纯用本国资本，每年矿税在两千

① 《奖励植棉制糖牧羊提案》，《张謇农商总长任期经济资料选编》，南京大学出版社 1987 年版，第 357—359 页。

② 《植棉制糖牧羊奖励条例》，《政府公报》1914 年 4 月 12 日，命令。

③ 《大总统教令第四十九号》，《政府公报》1914 年 4 月 12 日，命令。

④ 《造林奖励条例》，《政府公报》1915 年 7 月 1 日，命令。

⑤ 《公海渔业奖励条例》，《政府公报》1914 年 4 月 29 日，命令。

元以上者；（6）从事渔业汽船在五十吨以上，帆船在三十吨以上营业满三年者；（7）捐款一千元以上或募款五千元以上，设立商品、农产、水产等陈列所，农事、林艺、畜牧等试验场，实业补习学校，或其他与此相类之事业，经营时间满一年者；（8）办理商会农会确有裨益满三年以上者，皆由各省巡按使咨陈本部核奖，以资鼓励。[①]由此可见，《农商部奖章规则》奖励的对象主要是中小商人，其目的在于通过奖励的方式鼓励资本家积极从事经营活动。这个奖章规则的颁布，对于改变社会风气，扫除数千年来贱商的陋习，起到了十分重要的积极作用。

第二节　对农工商矿各业的管理

对农工商矿各业的管理，是农商部行政职能的重要体现，其管理水平的高低，直接影响农工商矿各业的正常有序发展。那么农商部是如何对农工商矿各业实行管理的呢？有什么样的具体措施？这便是接下来我们要探讨的内容。但由于对农工商矿各业的管理，涉及内容十分广泛，我们能力所及，很难达到周全，仅撮其大要概述之。

一　对林业和荒地的管理

在农业方面，对全国林业和荒地的管理是民初北京政府农业工作的重中之重。农林部成立后为加强对全国的林业和荒地管理，先是咨行各省都督民政长，热河、察哈尔都统，顺天府尹："为通行事，查开垦荒地、振兴林业二事，为国计民生之莫大利源，即为本部首应筹划之政策。各省荒山荒地、海滩湖淤以及旧有林木，亟应切实保护，勿任私垦盗伐，以重本计。本部现正厘订垦地法、山林法，一俟订就，再行公布，遵照法定规条办理。"再是要求各地相应通行饬属遵

① 《农商部奖章规则》，《东方杂志》第12卷第9号；《农商部奖章规则》，《农商公报》第2卷第1期，总第13期，1915年8月15日，法规。《补登农商部奖章规则图式》，《政府公报》1915年7月21日，呈。《农商部奖章规则》，《中国实业杂志》第六年第十一期，1915年11月1日出版。

行办理。[①]

在林业方面，农林部曾要求各地禁止任意私垦盗伐。而为了切实贯彻落实，先后咨请各省都督、清陵护东陵衙门、马兰镇总兵、守护西陵衙门、泰宁镇总兵等保护各地林业。农林部在对他们的咨文中明确指出："查开垦荒地、振兴林业二事，为国计民生之莫大利源，即为本部首应筹划之政策。直隶东三省幅员辽阔，荒山荒地以及旧有林木，并天然森林，不可缕计，即前清东西各陵陵寝左近一带，其荒芜地亩与种植树株区域，亦甚广阔，均应切实保护，勿任私垦盗伐，以重本计。"[②] "查前清东西陵左近毗连一带地方辽阔，荒山荒地以及种植树株区域极广，亟应切实保护，勿任私垦盗伐，本部现正厘定垦地法、山林法，一俟订就，再行公布，一体遵照法定规条办理，相应咨行贵衙门查照，严饬所属认真谕禁可也。"[③] 对无主山林农林部明令一律均属国产，不得私自砍伐，并咨各省都督令各地方官暂行保管国有山林："林业盛衰关于国家隆替，本部成立伊始，业经咨行贵都督饬属保护在案，兹已明定林政方针，凡无主山林概归国有，其管理机关行将次第设立。惟未设之前，应由各地方官暂行保管，以重国产而维林政。各省天然森林所在多有，前此无人过问，致有任意私自砍伐者，亟宜严行禁止，其已经到官呈准领地采伐之各公司、局、所，暂准照旧办理。总之，无主山林均属国产，将来政府经营能得若干收入即可减国民若干负担，不得以全国民之利益，付与少数国民，自兹以后倘有到官呈请领地采伐者亦不得照准。"[④] 后来农林部进一步认识到林业"自宜全国统筹，顾幅员绵邈，鞭长莫及，非在林产各地设

① 《农林部咨行保护各省荒地山林文》，《政府公报》1912 年 5 月 13 日，通告。

② 《农林部咨行保护直隶东三省及各陵荒地林木文》，《政府公报》1912 年 5 月 13 日，咨文。

③ 《农林部咨行保护东西陵左近荒地树株文》，《政府公报》1912 年 5 月 13 日，咨文。

④ 《农林部总长咨各省都督明定林政方针令各地方官暂行保管国有山林文》，《政府公报》1912 年 5 月 31 日，公文。

立林务专局，不足以促进行而收实效”[①]。并“派山林司司长胡宗瀛前往吉省筹设林务局，以为整顿入手地步”[②]。于是又有东三省林务局之设，并制定《东三省林务局暂行章程》《东三省林务局分科规则》等规范性文件，加强对林业之管理。

在全国荒地的管理方面，农林部十分注意与内务部划清各省官有土地之禁地和公地的范围，为此咨内务部“案查各省荒地所在多有，现在中国户口日繁，农产食品渐有供不及求之虑。本部建设伊始，自以垦荒移植为入手办法，所有前清官有土地或寝陵地方，可分禁地与国家公有地二种。其国家公地中，有宜为普通公地者，应归贵部管理；有宜于放垦者，有宜于造林者，统应归农林部管理。”[③] 农林部与内务部前后多次协调沟通，相互派出代表划定划清管辖范围。明定责任之后，农林部把属于自己管辖范围之内的荒地实行招垦，并对垦荒有成绩者进行奖励，收到了良好的效果，促进了民初农业的进步。

二　对农工商矿公司注册的管理

对农工商矿各类公司注册及其章程的管理，是民初北京政府实业各部日常部务工作的大宗，也是促进各类公司健康发展的重要保证。

在公司注册方面，除依法执行《公司注册规则》《商业注册规则》《公司注册规则施行细则》《商业注册规则施行细则》《矿业注册条例》《矿业注册条例施行细则》等对各类公司依法注册外，还认真对公司的真实性合法性进行核准，并对不符合规则的公司不予注册。关于核准方面，如工商部曾对组织开滦矿务总局一事进行核准，其在咨覆直隶都督时说：“为咨覆事，接准咨，开滦矿务公司呈称与

① 《农林部致国务院请将林务局官制草案提出国务会议函》《政府公报》1912 年 7 月 24 日，公文。

② 《农林部咨吉林都督本部现派山林司司长胡宗瀛前往该省筹设林务局请饬属随时接洽文》，《政府公报》1912 年 11 月 9 日，公文。

③ 《农林总长咨商内务部各省官有土地划分禁地公地分别管理办法文》，《政府公报》1912 年 6 月 3 日，公文。

开平公司协商联合组织开滦矿务总局，由彼此代表签订正式合同，并增订附则八条，咨请备案。又准咨开，开滦矿务局总督办咨称，开滦联合营业议结主权问题，当经督同卢前学司磋商办理，更详核开平历年案据，准情酌理拟具条件七款，照会开平公司，遵照承认。该代表提出要求二事：一系建平等金矿将来添招洋股时，应请先仅开滦总局附股。二沽塘公司地亩，如招商承办时，亦请先仅该总局承领等因，咨请查照立案各等因。查开滦两公司联合组织，所订合同草案业经本部核准咨覆在案。兹准咨送正式合同及附则等件，本部详核，尚属妥协，自应照咨备案，至关于主权事项关系重要，应由袁督办主持磋商，议结所拟七款及该公司代表洋员那森所要求二款，大致与中国主权无碍，自应准其立案。"①

关于不符合注册要求的公司，则不予注册。如：农林部对北洋法政毕业生张家口厅劝学总董张秉鉴组织公司事不予批准："案准察哈尔都统咨称，据北洋法政毕业生张家口厅劝学总董张秉鉴禀称，组织公司，买荒放垦，请鉴查立案等情前来。查察防所属各蒙荒地，各有主管，并非无主荒地，将来放垦时，亦必须详细查明与公家牧场及各蒙游牧地方，均无窒碍，与各该蒙议妥，始能开放无虞，除批禀件均悉。查凡请开蒙荒，历系先在本衙门呈明，请开何旗、何群、何段空闲草荒，由本衙门札饬该蒙古主管查明，请开地段是否空闲，草荒有碍游牧与否，呈覆到日，核其情形，果与蒙古游牧确无窒碍，始令开垦，请领部照。押荒升科，概无径向蒙民买荒之案。而补龙丸乃察属地面，亦非张家口厅辖境。矧其地现有军台、大马群两处争界纠葛，尚未查清。其正白旗既有闲荒，际此笼络蒙古时会，亦暂不放垦；至如太仆寺之地，早已改隶陆军部，现正整顿马政，曷能开放官荒。所有该董组织买荒放垦公司，禀请立案之处，应勿庸议。"② 工商部批裕民渔业公司王治香等请立案呈，也不允准，"该公司未将股分与合资公司性质分别明晰"，"核与定章未符，所请注册给照之处，俟章

① 《工商部咨覆直隶都督开滦联合正式合同等件暨袁督办所拟七款洋员要求二款大致无碍主权均应准其立案文》，《政府公报》1912 年 6 月 18 日，公文。

② 《农林部部令》，《政府公报》1912 年 6 月 15 日，命令。

程改订报部后再行核夺。”[①] 当然，以上仅是冰山一角，由于民初兴办实业的热潮，诸如此类的事情很多，对公司核准注册与否，是当时民初北京政府实业管理专部负责的大宗政务。

民初北京政府还对各类公司章程进行管理，以符合民主共和国体和法律。对有关公司简章提出修正的史实很多，我们仅举例一二说明之。如：工商部批同益米谷股分公司发起人汤政襄等呈时就指出“呈件均悉。所呈修正简章尚有未尽妥协之处，如第三项北京设立总公司，于立案后各省陆续设立分公司一节，虽系遵批修改，但添一后字即与饬改本意不符，应将此字删去；又第七项本公司以流通接济民食为急务，一俟奉准之日，先行开办，随办随招股份，以免延旷，及至定额过半后再开股东会等语。查公司律第十八条、二十条规定公司招股已齐，创办人应即定期招集各股东会议，即由众股东公举一二人作为查察人，如股东查明公司无他项弊窦，应于十五日内呈报注册开办各等语。现该公司不俟股本招足，即拟开办，核与定章不合，且与股分公司性质不符，应即照章改订。又简章内发起人列有朱闰生名字而呈报式内则称朱孝威，是否一人，抑系他人，应补叙明晰。股票为股本之证据，关系甚大，照章应将式样呈核。总之，股分公司须股本招齐，一切法定手续完备后，本部方能核准，注册给照之处，未便即准。至拟设分公司各处，应由该公司自行呈请立案报部可也。”[②]

还有些是公司注册后，章程不明确，工商部要求其妥拟章程后再到部核准注册。京师运米公司就是一例，当时工商部、财政部要求其妥拟章程再到部核准注册事项：“为咨覆事，六月八日接准咨开通济运米公司发起人杨士驄、汪瑞闿等以京师仓场旧制专仰给予南漕，民国新建，漕运行将改折，来源既少，缺实堪虞。拟集资三百万元创设运米公司，所有京师需用大宗米粮，拟均由该公司承办，事关商务，

① 《工商部批裕民渔业公司王治香等请立案呈》，《政府公报》1912 年 10 月 7 日，呈批。

② 《工商部批同益米谷股分公司发起人汤政襄等呈》，《政府公报》1912 年 9 月 12 日，呈批。

应否准其立案，咨行本部查照办理等因。查京师食米本多仰给于南漕，今漕运停止，则维持民食全赖商运，该发起人等洞烛机先，集合钜资创设运米公司，实为当务之急，自应准其立案。惟谓京师需用大宗粮米均由该公司承办，不知贸易系属自由竞争，乃能平价。若允一公司承办，必不免有垄断居奇之弊，应令该发起人等即行妥拟公司章程，径来本部核准注册。”①

关于注册费问题，农商部严禁地方官员在法定注册费之外勒索商民，在注册时间上，也有严格的规定。为保证各地遵照执行，农商部专门下文，通令各地执行。“案查公司条例，公司注册规则，业于民国三年奉大总统教令颁布施行。按公司注册规则第一、二条规定，公司禀请注册应禀由县知事，于五日内详转核办。又第三条规定，公司禀请注册应依公司种类，并资本或股本之总额，照所定数目缴纳册费。县知事署注册所需办公费，即由应缴册费内扣留五元以资应用，当经本部于该条例等施行时，通咨转饬遵照在案。工商行政以迅速简易为主，注册事项依该规则之规定，禀由县知事详转核办者，意在使商人就地禀请，不致有烦难之虑。复恐县知事因事延搁或置不理，故特明定日期，限于五日内必须详转，用意甚为周备。地方官吏苟能一意遵行，遇事维持，应无隔阂之弊。至注册费一项，照该规则第三条所定数目衡诸旧章，均形减少。其县知事署办公费项，并已准在该项册费内扣留。诚以现在工商各业甚形凋敝，自宜曲意保护，以恤商艰。惟条例颁行伊始，商民或未得真情，难免地方不肖官吏在商人禀请注册时，以注册事项无关轻重，故意耽延，不遵照法定日期详转，或在投禀领照时于法定应缴册费之外，另加勒索情事。似此行之不善，保商者适以为高，商人何辜遭此抑勒。应请一面严饬各属，嗣后遇有商人禀请注册，务宜遵照法定日期详转，一面由贵公署通示各属商民，凡地方官吏关于注册事项，有在法定应缴册费以外勒索分文者，准由被勒索人向上级该管地方官厅或本部禀诉，一经查实，尽法

① 《工商部咨覆财政部京师创设运米公司应令妥拟章程呈部核准注册文》，《政府公报》1912 年 6 月 18 日，公文。

惩办，藉警官邪，而维商政。”[1] 这不仅有利于遏制地方乱收费，还能维护商人、企业的合法权益不受侵害。这是民初北京政府实业部门切实履行恤商惠工政策的表现，对民初商业的恢复发展起到了良好的刺激作用。

三　对农工商矿各业公私团体的管理

民国建立，封建君主专制制度的推翻，极大地鼓舞了民众投资兴办实业的热潮，各种实业报刊和实业团体如雨后春笋般兴办起来。他们之中不乏遵纪守法、为发展实业献才献力者，但也有对中华民国临时约法规定的自由平等理解偏差而导致私权扩充者，亦有阳居振兴实业之名，阴启攘夺利权之渐者。加强对这些公私团体的管理，不仅是维护正常商业秩序的需要，也是促进民初实业发展的当务之急。

在农工商矿各业私立团体管理方面，为了促进它们健康有序发展，民初北京政府实业部一方面对其符合立案条件的准予立案。如针对中央学会在学会内附设通商条约研究会，工商部认为此举“冀以群思之所得，为政府采择之资，补助赞襄，裨益匪浅……所拟章程，详密完善，自应照准立案”[2]；另一方面对有问题的公私团体进行整顿或不予立案。农林部曾下令成立农业私立团体，务必遵纪守法，“民国初建，首宜力图本计，利用厚生。本部设立以来，于农林、垦牧、渔业各要政，主张积极进行，惟职权各有攸归，机关必由法定。近来各省组织各种公团学会或企事业之发展，或为技术之研求，本部极为嘉许。然结会虽可自由，而范围不容稍越，若阳居振兴实业之名，阴启攘夺利权之渐，甚或藉端敛费，干预行政司法之权，其为弊害，伊于胡底。即如南京留守日前来电所称，渔业统一党，竟有招集匪类，购置军械等事，种种不法，骚然堪虞。用特明白告诫，嗣后各

---

① 《农商部关于商人注册事项务遵法定期限详报并严禁法定注册费外勒索商民咨稿》，《中华民国档案资料汇编》，第三辑，工矿业，江苏古籍出版社1991年版，第119—120页。

② 中国第二历史档案馆藏：《农商部档案》，全宗号：1038，卷宗号：1417。

地所设农林垦牧渔业等项之私立团体，务必顺从公众之意见，确守法律之范围，勿尚虚声，勿事强迫”①。此外，农林部还对所有呈请立案的公私团体及其章程进行严格审查，并对涉嫌章程不清、违法等事者，给予严肃处理。在处理全皖渔业公会一事上就是明证：“据陶镕等所称方濂发起全皖渔业公会，曾是为渔民公益起见，当然为公益团体，与行政机关截然两途，所订简章权限欠清楚，其中诸多窒碍。如第十六条该会既非立于官厅对等地位，凡有所表示只应有请愿或诉愿之权，何得遽有直接监督之权。第十七条申理冤抑以侵犯司法官权限，易起干涉讼事之端。第十九条清查户口，第二十二条巡查水面，皆为内务行政，为地方行政官厅应有之责。第二十八条注册事项，亦属行政有直接于本部者，有直接于工商部者，亦非该会之所得干预也。第三十条三、四项，所定之渔户旗牌费、注册费，其性质近于租税，然无论为税为费，皆只应由国家官厅或自治团体征收。且此种公会之设，原为维持渔村起见，自应以地方渔业区域，以经营渔业之人为组织之主体，不必牵动全省名义或涉及非经营渔业之人。现本部正在核定渔业法规及渔业公会法规。方濂等如果向系捕鱼为业，应候本部渔业法规及渔业公会法规颁布后，再行按照组织呈请核夺，又凡法人刊用图记皆须呈准立案后方可盖用，今任意雕刻且用关防之名，殊属不合，著即销毁。此批。简章发还。”② 由此可见，民初北京政府农林部对各类私立相关实业团体机构审查相当严格，绝对不允许打着发展实业的旗号，肆意妄为。

工商部对要求立案的私立团体也进行严格审查，对章程不符合条件者，劝其修改，它在批东方救世军欧阳弁元约章中指出：“约章暨图均悉。该约章内所载关于工商业进行各节，纲举目张，当系为注重实业，热诚救世起见，深堪嘉尚。以后果能按照原定约章，分别难易，逐渐推行，所筹办事项，如隶属本部权限范围以内，当即量予维持，以求实效。惟查该约第十二章单独进行，第十六章内载有，凡土

① 《农林部部令》，《政府公报》1912 年 6 月 16 日，命令。

② 《农林部批陶镕等呈称方濂发起全皖渔业公会呈》，《政府公报》1912 年 6 月 17 日，呈批。

木工作各工厂工人，各种车夫、脚力一切行为均由本会主持评议保护，又联合进行。第二项内载有，凡各工师匠人之艺术德行、待遇工资及对于国家权利义务，均由本会主持评议保护，凡以前所开之工厂入会听便，以后所开之工厂均须入本会各等语。夫劳动者之对于雇主待遇、工资、车价、脚力一切行为及工师匠人之艺术德行、待遇、工资皆工厂内部。与个人权利义务之关系，自有法律为之保护，其对于国家权利义务，乃法治国行政上之大计划，又必有法律为之确定。该会只有评议之可言，无主持之必要；又后开工厂均须入会一节，际此民国发轫伊始，入会信仰应听人民之自由，无论先后，所开工厂均无强制入会之理由。以上各节应即酌加修改，以归完善，再行送部查核可也。"① 工商部此举正是对私立团体不遵约守法的当头棒喝，有效地维护了商业秩序。

但有些问题处理起来就很棘手，不是简单的批准或不准就能了结。工商部在中华民国工党立案问题上，就颇费几番周折。先是内务部奉大总统令工党发起人张树田等为组织工党恳请批准立案及简章批交到工商部，当时工商部"以该党诸多不合，未予照准。"然后其代表李为坊再次呈请大总统："提倡工党，维持现状政策"，袁世凯再发交工商部处理，工商部认为其"前次所发诸疑问，如发起诸人向操何项营业，曾在何项工厂，具有何项技能，拟组何业工党等项，仍未详细声明，实属无凭"。因此再次拒绝批准，并咨行国务院查照办理。②

农商部对农工商矿各业公立团体管理方面，主要体现为对各级农会和商会的管理。对农会的管理主要体现在以下几个方面。

第一，健全各级农会组织。在农会章程未订定以前，仍以晚清《农会简明章程》为指导性文件，③ 且下令宣示各省："本部创设伊始，农会章程正在重订，所有各省农务总分会，或由公众选举，或由

① 《工商部批东方救世军欧阳弁元约章》，《政府公报》1912 年 6 月 7 日，呈批。

② 《工商部咨国务院遵核工党呈请立案仍难照准请查照文》，《政府公报》1912 年 10 月 7 日，公文。

③ 《奏定农会简明章程二十条》，《商务官报》第 25 期，1907 年 10 月 31 日。

期满继任，应发之委任状、钤记等件，统俟章程规定后一律颁给，仰即传知各该会遵照可也，此令。”[①]《农会暂行规程》颁布后，要求各地遵守：“农会为振兴农业最要机关，若不急速设立，何以谋农业之进步。本部创设伊始曾经通电各省速即筹办在案，惟是各省农会有创设多年者，有继续办理者，规程既多分歧，办法亦难一律，以致各省农会无所适从，殊失提倡农业之本意，且本部拟订农会法令，不日提交参议院，议决公布尚需时日，兹特定农会暂行规程三十六条，农会规程施行细则九条，收支预算表及调查规程五条，随文寄去，为此，通令各省实业司、劝业道转饬农会暂照此项规程办理，庶免分歧而归一律，仰即知照。此令。”[②] 其中明确规定各级农会之名称：全国联合农会、省农会、府县农会、市乡农会，并以此为指导，要求各地建立健全农会组织。[③]

第二，处理各地农会问题。民初实业管理各部对各地农会问题的处理主要体现在以下三点：一是处理各地扰乱农会事件和农会内部之争执，处理山西农会案就是例证，当时山西农会内部暗潮汹涌，据报先是“山西农务总会会员苑有梅等暗行选举，朦胧报部”，再是田汝弼、张孔怀等扰乱农会。因此，农林部令山西劝业道迅即查明事实真相，并报部核办。[④] 二是处理各地农会章程中不合理的规定，如农林部在复广东都督妥订农会章程时说道：“广东实业司拟订本省农会章程，呈请察核备案等因。查阅该司所拟章程大致尚称妥备，惟其中有不宜于农会者不少，如第三十一条农会代农民伸诉冤抑，是直以公益团体侵害检察官之权者，是此种条文，尚须斟酌。现在本部关于农会法令颁布后，再行遵照妥定会章，呈核相应咨复贵都督查照转知该司饬遵可也。”[⑤] 三是处理打着农会旗号的非农会组织，如批安徽太平

① 《农林部命令》，《政府公报》1912 年 5 月 27 日，命令。

② 《农林部训令》，《政府公报》1912 年 9 月 26 日，命令。

③ 《农会暂行规程》，《政府公报》1912 年 9 月 26 日，命令。

④ 《农林部部令》，《政府公报》1912 年 10 月 27 日，命令。《农林部批山西农务总会申称田汝弼等扰乱农会情形呈》，《政府公报》1912 年 10 月 27 日，呈批。

⑤ 《农林部兹复广东都督妥订农会章程》，《政府公报》1912 年 6 月 1 日，公文。

府万春圩农业公会呈时严厉指出："该公会系联合各公司组成，类于总公司性质，办法全与农务总分会不同，未可援引部电所开，率请仿照办理。"[①] 民初农商部对商会的管理主要依据《商会简明章程》《商会法》《商会法施行细则》《修正商会法》《修正商会法施行细则》等法令，在此不再展开述论。

四　对商务纠纷的处理

为了维护正常的商业秩序，保护企业投资环境，保障投资人的合法权益，民初北京政府还对商务纠纷、扰乱商务等事件进行严肃处理。起初，工商部与司法部合作，共同商讨商事公断处的权限，司法部主张商事公断处断后如有一方不服仍应受法庭审判，"准工商部商字第四百零七号咨开等因，查商事诉讼按照从前施行之法院编制法，系属普通审判，由民事法庭审理。现在改正法案，仍照此规定，并无特别组织。将来商事发达，诉讼繁多，如有必要情形，自应另设商事法庭，以期便利，此事似非所急，无庸预为筹办；至商事公断处为仲裁、裁判，其性质与国家法院迥不相同，该商会等如为调处商人争讼起见，自可准其援案设立，惟此等公断处必须两造合意，受其公断，不得稍有强迫，其断后如有一造不服，仍应受该管法庭正式审判，如此办理，似属两有裨益"[②]。这得到工商部的认可。但后来随着商务的不断发展以及商务纠纷的不断出现，工商部及后来的农商部认为不专门订章无以适应形势发展的需要，于是，农商部又与司法部联合制定《商事公断处章程》《商事公断处章程实施细则》，以此为商务纠纷处理的评判机关。

工商部在民初处理了很多典型的案件，如严惩北京玻璃公司蒋唐祐，以维护国家权利案。为此工商部还专门发布部令："北京玻璃公司承办人蒋唐祐与日商菊池季吉私订合同，丧失主权一案，业经本部

① 《农林部批安徽太平府万春圩农业公会呈》，《政府公报》1912 年 6 月 26 日，呈批。

② 《司法部咨工商部商事公断处准援案设立如有一造不服仍应受法庭审判文》，《政府公报》1912 年 7 月 10 日，公文。

咨行司法部及地方检察厅严拿惩办在案。兹准直隶都督来电，蒋唐祐在天津租界拿获押送来京，已交地方检察厅收管，其应如何，按照刑律商律惩办之处，自应俟审判厅讯断。惟本部对于此事之办法，不能不再为该公司剀切一言，本部之所以惩办蒋唐祐者，因其在前清时代侵蚀股本，滥用公司公款，亏欠华洋各款至三十余万之多，经前农工商部奏交前法部惩办，犹不自知悛改。此次复敢与日商私订合同，以二万金之借款，竟将公司十余万股本，数十万财产听日商于期满不还之后，自行处分，将中国主权公司利权全行丧失，实属违悖法律，破坏公司，非按法惩办，不足以儆奸欺。故本部之惩办蒋唐祐，全为维持该公司起见。惟以该公司现在失败情形，揆诸现行适用前清之公司律两相比照，则对于该公司除照公司律第一百二十条，股本亏蚀及半，作为停闭；及第一百二十一、二十二两条，公司停闭时以董事充清理人，如董事不胜任，由众股东会议公举，如众股东不克公举，呈请商部派人清理之条，速行举员清理。议定停闭外，别无办法。对于该公司所欠华洋各债，除照公司律第二十九条股份有限公司，如有亏蚀倒闭、欠账等情，查无隐匿银两、讹骗诸弊只可将其股份银两缴足，该公司产业变售还偿，不得另向股东追补之条。将公司产业变售，按照华洋各欠摊还外，别无办法。现在民国全凭法治，事事当以法律为衡断，不能仍如以前之颟顸了结，为此令行该股东等遵照商律，迅速开全体股东大会，召集京外股东议决停闭清理之法，或另有办法一并呈部核夺，限文到三日内将广告登载北京最通行之日报三种，并将遵办情形及报纸一并于五日内呈送到部，勿违切切。”① 此外，还处理了重庆商务总会代巴县商人呈请处理聚兴美、裕泰元倒骗巨款案，山东黄县商人秦德亮呈请查处逄连吉等合谋霸产案，直隶昌黎商人万青绶、鲁正勋呈清查张绅等承保合谋倾东灭伙案，烟台中国茧绸社与美国纽约提礮特加里公司的绸货纠纷案等。对各地的扰商事件，农商部也积极争取各省都督配合处理。通过对商务纠纷的处理，不仅提高了农商部的声誉，提升了农商部在商民中的形象，维护了正

① 《工商部部令》，《政府公报》1912 年 7 月 15 日，命令。

当商人、企业的合法权益，而且维护了正常的商业竞争秩序，一定程度上还挽回了部分涉外利权。

五　对各省利用外资兴办实业的管理

辛亥革命之后，随着北京政府对实业兴办的鼓励和重视，国内掀起了实业救国的热潮，为了弥补兴办实业所需国内资金的不足，地方政府和企业开始主动引进外资，但由于起初政策不尽完善，尽管农商部提倡利用外资兴办实业，但还是对此颇有担忧，深虞流弊。特别是各省吸引外资兴办实业的过程中，出现不少异动倾向，甚至与农商部政策背道而驰。当时就有安徽铜官山抵借日款兴矿事件，由于舆论反对，工商部的严查，不得不搁置，但是不久又死灰复燃。[①] 为了规范各省吸引外资兴办实业，农商部先后与外交部、财政部协商，制定妥拟办法，订定限制章程，以防权益外泄，其主要内容为：（1）各省兴办实业，如必须引入外资时，各该省民政长应预先详细报告农商部必要上之实在情形，如系借款兴办，须将借债后措办实业之计划，预先陈请农商部批准施行，否则概作无效。（2）兴办实业，借入外债，以足敷兴办事项用途为度，借债机关，须先将预算策划之实况呈报农商部，以便核办。（3）凡实业借款不准移作行政经费及变更兴办实业之事项。（4）吸引外资或借债兴办实业计划报部许可始准后，与外商接洽磋商已经就绪，应将所签之合同草案呈请农商部，将合同草案批准；草合同未准前，吸引外资及借债机关，不得正式擅签。[②] 这一政策的制定，对规范各地利用外资兴办实业起到了非常重要的作用。

由上观之，民国成立后北京政府的实业管理政策与措施适应了经济社会发展的需要，也较多地考虑和保护了资本所有者及从业者的利益诉求，有利于在规范化管理下的现代市场经济秩序的形成，有力地促进了民初经济社会的发展，促使一战期间形成的中国资本主义发展

① 《工商部致安徽都督电》，《政府公报》1912 年 6 月 16 日，公电。

② 《农商部制限实业上之外债》，《盛京时报》1914 年 1 月 16 日，（三）。

黄金时期的到来。尽管在政策落实方面尚有这样或那样的不足，但其在实业发展方面的诸多政策与措施，还是有很多值得今天借鉴的地方。

第三节　对农工商矿各业的调查研究和改良

民初中央实业管理机构为了及时掌握农工商矿各业的实际发展状况，比较仔细地开展了对农工商矿各业的情况调查。通过调查，不仅能够了解各地实业发展的趋向，能够以此为依据制定出较为合理、较为切实可行的政策，而且可以有效地协调各地实业发展的不平衡性，达到资源优化配置。为了促进农工商矿各业的发展，中央实业管理机构积极采取相应的措施对其进行改良，通过局部改良和示范，并将之推向全国，进一步加快了农工商矿各业的发展速度。

一　关于调查研究方面

（一）农业

农林部非常重视对农林渔牧各业的调查，调查不但能及时掌握农业发展状况的第一手资料，而且可以通过对其研究，作出相关决策，有时这些调查还能成为对相关各业进行立法的基础，由此可见，调查的意义重大。

农林部成立之初，就令各省实业司劝业道将农务垦务等确实调查报部："本部现筹划进行事宜，须得确实情形，方有凭藉，昨电已饬就地妥筹改良扩充办法，呈报核办，并希一面将关于该省之农务垦务，山林、渔业、畜牧各项情形从速调查，造列表册呈报本部是为至要。"① 并提出调查要件八则：（1）调查各省农林学堂情形；（2）调查全国水利事宜；（3）整理农业金融问题；（4）调查各项小学是否兼授农业大要课程；（5）渔业之统查；（6）区别各省林业为国有民

① 《农林部饬各省实业司劝业道将农务垦务等确实情形调查报部电》，《政府公报》1912 年 5 月 17 日，公电。

有之表告；（7）调查试验场之是否完美；（8）派员调查东三省林业及关于林业交涉之事项。[①]

在对各省荒地上，农林部注意进行摸底调查，要求各省都督民政长饬属按照编定表格填注调查荒地并汇送至部，还依此制定承垦荒地法。农林部在咨文中说："自来富国之道，端资实业。中国幅员广阔，尤重农功。近年户口日繁，农产食品实有供不及求之虑，而起视周原荒芜不治者，所在多有。本部统辖全国农林要政，自以垦荒为入手办法，凡边腹各省之大段片荒及零畸散荒，或隶国产或系民业，极之山坡水涘碱甸沙冈，一经垦治，立成美利。惟是位置、面积、气候、土宜，非实地调查，详立表说，无以资筹划而策进行。兹编定表式一纸，应请饬属按照表格逐细填注，如能将荒区形势分绘详图，尤臻完备。本部现正拟订承垦荒地法，一俟公布，即见实行，相应咨行贵都督民政长查照，转行该管司道迅饬各县遵照办理，汇齐送部可也。"[②] 各地次序展开对荒地的调查，为民初北京政府及时掌握各地荒地情况，进一步作出招荒开垦的决策创造了条件。

在林业上，农林部由于认识到："查各省官山林木向无管理机关，一任民间自由采伐，毫无限制，以致童山濯濯，水旱频闻，长此不加整顿，为祸伊于胡底。其边远之地，甚有土豪奸民，勾串外人，暗中盗卖，侵夺国权，厥害尤甚。"[③] 为了准确掌握各地山林现状，避免流弊，农商部及时派专员调查各地林业状况。[④] 当时曾专门派谢恩隆至江西庐山调查，他写出《调查庐山林产情形并种茶计划报告》。[⑤] 为农商部提供了大量第一手资料。

在渔业上，由于"中国渔业向不统一淆杂零乱，尤鲜纪纲，既

---

① 《实业界之曙光》，《农友会报》（浙江）1913年第3期，第112—113页。

② 《农林部咨各省都督民政长请饬属调查荒地按照编定表格填注汇送文》，《政府公报》1912年9月22日，公文。

③ 《农林部咨吉林都督本部现派山林司司长胡宗瀛前往该省筹设林务局请饬属随时接洽文》，《政府公报》1912年11月9日，公文。

④ 《农林部规定六大计划》，《申报》1912年11月17日，第三版。

⑤ 《谢恩隆关于调查庐山林产情形并种茶计划报告》，《中华民国档案资料汇编》第三辑，农商一，江苏古籍出版社1991年版，第448页。

乏可考之书，更无可遵之法”。农林部创设伊始，特立水产专司，整饬渔政，俾有专责，“然事属开创，亟应先行实地调查，博采习惯，以为进行之基础。”于是农林部咨各省都督民政长各将军都统办事长官饬属调查该管境内水产情形，并“兹定水产调查录一编，明定图式说，希即饬属遵照调查，分别填写，于文到之日起算限，二个月以内呈报省汇案送部，俾得凭借为振兴渔政之初基。一面仍派专员实地调查，俟归报之日，乃就其所报告者，融会贯通，参观互证，以为渔业上立法，行政之渊源，庶几见闻真确，措施无背驰之嫌，渔业有统一之望，于海权、民命、生产、赋税有攸关赖焉。除分咨外相应咨行贵都督民政长、将军都统办事长官查照，分别饬遵可也”[①]。不仅如此，由于“近拟编订渔业法典及斟酌渔业上监督保护之方，然非洞悉沿海沿江各省渔业情形，以上政策亦无从着手”。因此，农林部还要求各地将该省历年关系渔业案件饬属汇抄全档送部。[②]

后来，农林部又编定各种农林报告书式样，令各省实业司劝业道遵行统计。“本部编定直省农林统计报告书样式四十九种，直省编制农林统计报告书暂行规则十八条暂行统计，应用度量衡及圜法之划一计算法，暨直省农林统计报告书样式说明各一通，自中华民国二年二月二十一日起，施行有效，仰各省实业司劝业道查照办理，特公布之，此令。”[③] 这无疑为进一步弄清农林牧副渔等各业发展的实际情况创造了良好条件。

农商部还对调查得力之实业司、劝业道进行嘉奖。如对甘肃劝业道造送的农林渔牧表册就十分欣赏，并对之批示道：“呈及表册均悉。该省僻处西陲，民贫地瘠，垦荒畜牧，实为要图，祇以经济支绌，筹办维艰，坐弃地利，殊为可惜。该道筹划经营，热心任事，所

---

① 《农林部咨各省都督民政长各将军都统办事长官饬属调查该管境内水产情形限期报部文》，《农商公报》1912 年 9 月 25 日，公文。

② 《农林部咨吉林、奉天、黑龙江、江苏、山东、广东、福建都督请将该省历年关系渔业案件饬属汇抄全档送部文》，《政府公报》1912 年 10 月 7 日，公文。

③ 《农林部部令第四十六号：令各省实业司、劝业道准此》，《政府公报》1913 年 4 月 25 日，命令。

呈农林渔牧表册条理井然，深堪嘉尚，仍希切实进行，随时呈报，俾农林事业日臻发达，本部有厚望焉，表册存部备查。”[①] 对山西劝业道王大贞派员调查农林也给予鼓励，“该道于晋省农林渔牧各项要政，根据学理，支配事实，筹划至为精详，至派员分赴各属调查一节，尤征切实。该道久历是邦，研究有素，驾轻就熟，收效自宏，良深欣慰。尚望遵章赓续进行，力图改良，随时呈报，毋稍疏懈，务使野无旷土，国无游氓，裕国计而厚民生。本部有厚望焉”[②]。

农商部对西方先进的农林生产技术十分渴求，不仅延揽人才赴国外学习，还积极调查义国、法国蚕丝、蚕树、丝样，作为借鉴之资。[③]

（二）工商矿业

民初工商部成立之后，也十分重视对工商矿业的调查。因为：“国基甫定，伤痍未复，养气培元，端资实业。顾实业以工商为前提，而工商以统计为急务，中国统计之法……日久相沿，假手书役、府吏、胥隶，短于学识，薄书期会，习为故常，徒循报政之虚文，致失统计之实际。兴言及此，良用扼腕。近数年来，吾国统计思想益觉骎骎发达，政体由专制而变共和，朝野上下咸以周知国力为至要，而于工商一端关系尤钜，苟非编订表式，切实举行，斯上无以知立法之效果，即下无以资改善之取材，实业前途又将焉赖。查日本明治维新至今，每岁农商务省所刊农商务统计表已达二十七次之数，考之欧美各国亦何不独然。”[④] 正是鉴于这样的事实，加之工商矿业所需调查统计的种类繁多，工商部不得不花费很大力气，对相关工商矿业的每一项都制定详细表式，以便利各省对工商矿业的统计。表式制定完成后，就下令督促各省实业司、劝业道遵行：“本部编定工商统计表式

① 《农林部批甘肃劝业道造送农林渔牧表册呈》，《政府公报》1912 年 8 月 3 日，呈批。

② 《农林部批山西劝业道王大贞派员调查农林筹拟振兴办法谨请鉴核呈》，《政府公报》1912 年 8 月 3 日，呈批。

③ 中国第二历史档案馆藏：《农商部档案》，全宗号：1038，案卷号：2170—2174。

④ 《工商部部令》，《政府公报》1912 年 11 月 4 日，命令。

六十一种，自中华民国元年十二月初一日起施行有效，仰各省实业司、劝业道查照办理。特公布之。”① 并希望各省实业司劝业道遵照表式分别饬属逐细填报，勿吝金钱，勿稽时日，勿蹈前清旧习，勿扰闾阎治安。②

为了把对工商矿业的统计持续推行，工商部还制定了《工商统计调查报告通则》。其中明确规定：“工商统计每年举行调查及报告一次，各省实业司于新历十二月朔日起印就部定票表簿三种，用纸颁行直辖该管州县，由州县长官及劝业课人员遵照表式及章程分别办理工商矿调查事务。”“报告日期悉依各表所载，不得逾限，其省表至迟不得过翌年五月三十一日，但距离国都较远或交通不便之省分得展限一月。”同时规定被调查者必须配合工商行政部门的调查：“凡工商矿业主接收调查票时，所有应行报告实况，随时遵即填写，不得稽延。”“各户填写调查票时应以中国笔墨填写，不得用铅笔及洋墨水。”③ 后来制定了《工厂统计调查章程》④《市镇乡工产物调查章程》⑤《各州县工产物统计表报告章程》⑥《各省工产物统计表报告章程》⑦ 等文件指导规范各地调查统计。

为了彰显对调查的重视，农商部除了身体力行调查各省矿业外，⑧ 还提倡把各省调查结果公布登报，以供工商界研究，为此还主张专门成立工商公报局。他在对各省都督的咨文中说：“本部成立后，曾经通过各省饬属调查各项实业情形，随时报告等因在案。现在筹设工商公报局一所，委方皋为局长，以期脉络联贯，消息灵通，刻正着手经营，将此开办，相应咨行贵都督，希即查照。前电转饬实业

① 《工商部部令》，《政府公报》1912 年 11 月 10 日，命令。

② 《工商部部令》，《政府公报》1912 年 11 月 4 日，命令。

③ 《工商统计调查报告通则》，《政府公报》1912 年 11 月 10 日，命令。

④ 《工厂统计调查章程》，《政府公报》1912 年 11 月 10 日，命令。

⑤ 《市镇乡工产物调查章程》，《政府公报》1912 年 11 月 10 日，命令，以及《政府公报》1912 年 11 月 11 日，命令。

⑥ 《各州县工产物统计表报告章程》，《政府公报》1912 年 11 月 11 日，命令。

⑦ 《各省工产物统计表报告章程》，《政府公报》1912 年 11 月 13 日，命令。

⑧ 农商部先后派员对全国各省区矿产进行摸底，见中国第二历史档案馆藏：《农商部档案》，全宗号：1038，卷宗号：2081、2294、2296 等。

司长或劝业道，派员调查各该区域内，最近之各项实业详细情形，并将本省前经注册之工厂矿局及具有营业性质，不论独立合资，既经注册之一切商号最近详细情形迅即查明，饬令报告转报本部，以凭刊登公报，嗣后实业司关于调查报告各项文牍，亦可直接寄送公报局刊布，俾工商界得以研究，于实业进行良有裨益。”①

特别是在矿业方面，为了适应舆论开展地质调查的要求，② 工商部在 1913 年 4 月《试办地质调查说明书》明确提出要对全国范围内开展地质调查进行规划，“今若以十五年为期，首三年为试办期，第三年后逐次增加调查员若干人，地质之外同时从事于地图之测量，至十五年可望普及全国。夫如是则调查有详略，着手有次第，虽不能为最后之报告，而实可为他日详细调查之根据，而为实业发达之先声。”并就试办期内所应筹划之事分言之如下：一设地质研究所，二设地质调查团。③ 在《地质研究所章程》中规定“地质研究所专以就造地质调查员为宗旨。”④ 在这一思想的指导下，先后对湖南、东三省等地展开调查。⑤ 1916 年 2 月，农商部又组织成立了地质调查局，专管地质矿产调查事务。⑥ 由此可见，民初农商部为开展对全国范围内的地质调查做了重要的准备工作，为将来对全国矿区进行系统的调查奠定了基础。

除此之外，工商部还注意调查国外有关工商矿业情况，在致电驻外代表函中明确指示：搜集各国工商矿行政各项章程图表，将驻在地

---

① 《工商部咨各省都督饬查各项实业及注册各商号等最近详细情形报部登报以广研究文》，《政府公报》1912 年 6 月 17 日，第 48 号，公文。

② 章鸿钊早在北京政府成立前后，就连续发表《世界各国的地质调查事业》《中国地质调查私议》等文章，痛陈中国开展地质调查的重要性及实施计划。参见章鸿钊《世界各国的地质调查事业》，《地学杂志》1910 年第 3、4 期，《中国地质调查私议》，《地学杂志》1912 年第 3、4 期。

③ 《工商部试办地质调查说明书》，《政府公报》1913 年 4 月 17 日，通告。

④ 《地质研究所章程》，《政府公报》1913 年 4 月 17 日，通告。

⑤ 《东三省矿产调查》，《申报》1913 年 9 月 2 日，第一版。《湖南全省矿产调查录》，《申报》1913 年 7 月 16 日，第十版、第十一版。

⑥ 《农商部奏报地质调查局成立日期及筹办情形折》，《政府公报》1916 年 2 月 11 日，奏折。

最近各项商务及一切工业矿产情形详细调查，从速报部。① 还咨驻英、法、德、美、日、俄外交代表转知所属各领事商务随员要其详细报告各国商情。② 中国驻各地领事馆也积极配合农商部的调查政策，响应农商部的发展工商的要求，驻长崎领事、神户领事馆，驻朝鲜总领事，驻菲律宾总领事，驻德公使馆，驻法商务委员，驻爪哇领事，驻纽丝伦领事，驻檀香山领事，驻古巴领事馆，驻墨西哥领事馆，驻澳洲总领事等不时呈送商务报告。③ 农商部并对调查结果或登报广告，或编印公报，④ 或直接令各商会“转发各商查阅，以资考镜”⑤。

二 关于改良方面

农商部为改变中国农工商矿各业落后的现状，可谓绞尽脑汁，除实行鼓励、奖助、立法等办法外，还注意对它们进行改良。

就当时而言，农业改良十分必要，因为“农家所用之种子，既无特地之栽培，又无适宜之交换，将来所得结果，难保无谬种遗传，及收获后又不十分调剂，使土砂于谷粒分开，以致品种劣而价值少，此又为小农之不利，当改良者也”⑥。在农业方面的改良，主要是设立农事试验场，引进有关农业的西方优良品种，推广国内优良品种。农林部曾在咨各省都督请查报所属农事试验场情形文说：“窃维国内农务之振兴，端赖各农事试验场于该省农产品质实力研究改良，参以学理，详加试验，并将一切成绩遍示农民，方足以促农业之进步而增

① 《工商部致驻外各代表搜集各国工商矿行政各项章程图表及调查最近情形详细报部等函》,《政府公报》1912 年 6 月 16 日，公文

② 《工商部咨驻英法德美日本俄外交代表转知所属各领事商务随员详细报告各国商情文》,《政府公报》1912 年 8 月 30 日，公文

③ 中国第二历史档案馆藏：《农商部档案》，全宗号：1038，卷宗号：1673—1696、1072—1075。

④ 农商部对我国染料进出口贸易情形，中国与澳大利亚、檀香山进出口贸易情况，朝鲜仁川经商情形资料，我国侨民在仰光经商情形等分别编印公报，以资参考。见中国第二历史档案馆藏《农商部档案》，全宗号：1038，卷宗号：2116—2119。

⑤ 《农商部饬第 518 号》,《政府公报》1915 年 7 月 2 日，饬。

⑥ 中国第二历史档案馆藏：《农商部档案》，全宗号：1038，卷宗号：2037。

农民之智识。”[①] 在这一思想的指导下，农商部陆续开办的各种试验场，其主要任务就是从事作物品种改良及推广，即使用多个品种“各用同一之栽培法及管理法，以规成绩之优劣，其优良品种即拟推广种植，并将所余种子分给农民试种，品种不良者遂行淘汰。”[②] 为了加强模范垦牧场的示范作用，农商部还主动购买西方先进的耕作机器。它曾购到美国最新垦地机器四百六十余具，并将以分配与该部新设之张家口外模范垦牧场及各处农场之用。[③]

为了改良稻种，农林部发布命令征集稻种。关于原因，指出：“我国农业组织向为主穀，农业诚以食为民天，米为主品，稻能丰产，遍种全国。征考各县土产志多则二十余种，少亦五六种，故种类不免杂糅，品质自分优劣。输出东邦之米，每目曰南京米，视为恶劣之品，供下流社会所食，是农事窳陋，受人侮蔑，诚所难免。顾我国产米之乡，如浙江所产米谷品质佳良，尤以常熟嘉禾为最，亦久脍炙人口。特交通未便，农智锢蔽，交换种子之举知者盖鲜，即偶一为之，亦以未审交换方法，难见成效。本部有鉴于兹，欲征集全国各地方之稻种，先考究其理化学的性质，再相土宜，占气候，定佳种之推广方法。兹值早稻成熟，晚稻亦相继登场，为此，拟定左开征集稻种各条（略），希即转饬县知事及各农会遵照办理，毋失时期，是所至望。”[④]

在棉种上，以试验引种陆地棉为其主要任务。当时曾引进美国棉种，并在主要试验场进行试验，试验的项目为“品种试验”“肥料试验”和“距离试验”，同时试验需要记载以下条目：试验目的、品种及目数、工作事项、发育时期、生长状况、收获比较、品质比较，以便更好地研究其特性。[⑤] 然后把实验所得的良种推广全国耕种。有时

---

① 《农林部咨各省都督请查报所属农事试验场情形文》，《政府公报》1912 年 10 月 24 日，公文。

② 中国第二历史档案馆藏：《农商部档案》，全宗号：1038，卷宗号：1881。

③ 专电，《申报》1913 年 7 月 2 日，第二版。《农林部购到美国大宗农具》，《盛京时报》1913 年 7 月 3 日。

④ 《农林部部令》，《政府公报》1912 年 8 月 23 日，命令。

⑤ 中国第二历史档案馆藏：《农商部档案》，全宗号：1038，卷宗号：1881。

还“就近召集农会会员或其他农业团体及附近农民到场参观实地情形，有各该场场员详为讲演，俾知美棉之品质佳良”①。然后，推荐农民种植美国棉种。

在病虫害的调查和防治方面，由于“我国于病虫害一事，向少研究。霉菌检查及植物组织解剖等事，既非预习于平时，自难收效于顷刻”。于是，农商部便“于本部直辖农事试验场，特设病虫害科，采用欧美成法，实地研究，办理以来，粗有成绩。顾兹事体大，尤须全国一致进行，办理始能有效”②。鉴于“我国以农立国，农作丰歉，系民休戚。比年各省灾提流行，收成奇绌。综核被灾状况，水旱虽居多数，原因厥非一端，或病菌流传，或害虫肆虐，肇端纤微，种祸洪大。临时不图匡救，为患甚于旱潦。在昔科学未明，往往骤遇天灾，诿为大数，徒事祈禳，何补凶荒。偶有乡曲老农，略谙土法，器具既因陋就简，驱除即功少费多，一任毒种蔓延，广传遐迩，农产损失，岁计万千。本部征集见闻，良用怒叹。……邦本实基于民生，兴利先资祛弊”③。就令各省民政长征集各地植物病害标本和害虫，对之进行研究，以求防治之法。为此，1914 年 3 月农商部制定了《征集植物病害规则》12 条，对每种病害植物的地势（高山、河岸、平原卑湿等类）、受害的程度、受害植物的名称、病名、病原，其他有助病害的诱因、病害的特征、发病的时期、预防以及治疗的方法等都作了较为详细的规定。《寄送植物病害标本规则》共 4 条，对被害植物标本的采集、检查、包装及邮寄作了完备的规定。《征集植物害虫规则》共 4 条对植物虫害的发生时期经过习性、培养虫害的天然敌益虫益鸟的方法作了规定。④ 通过对病虫害的调查和防治，无疑有利于提高农产品之产量。

---

① 《农商部训令第 26 号：令第一二三棉业试验场》，《政府公报》1916 年 9 月 8 日，命令。

② 中国第二历史档案馆藏：《中华民国档案资料汇编》第三辑，农商一，江苏古籍出版社 1991 年版，第 121—122 页。

③ 《农商部训令（第一百七十九号）：令各省民政长》，《政府公报》1914 年 3 月 27 日，命令。

④ 《农商部部令》，《政府公报》1914 年 3 月 27 日，命令。

农商部不仅重视农业之改良，对工矿业的改良也一样如火如荼地开展。对工矿业改良的重中之重，就是改良工矿业的落后装备，采用西方先进的生产机器和生产技术，并取得了一定的效果。据统计，1912 年全国使用原动力（蒸汽机或电机）的工厂仅有 363 家，不用原动力之工厂数则高达 20386 家。通过改良，到 1916 年全国使用原动力的工厂增至 506 家，不用原动力之工厂数则减至 16518 家。① 此外，为了有助于改良工矿业，工商部不仅设立工业试验所，以资技术之考镜，设模范工场，以期制造之改良，而且选派工务司与矿务司技术人员组织成立了化验处，专门管理工业和矿业中的化验事务，并以此指导工业企业进行技术改良与革新。②

第四节　组织召开两次重要的全国性实业会议

为了促进实业的发展，加强各省区域之间的交流，民初农商部曾组织召开两次重要的实业会议：一是民元临时工商会议，二是全国农会联合会。有关这两次重要的实业会议，已有学者对之进行关注，特别是对两次会议的主要概况都作过相当深入的探讨。③ 有鉴于此，我们对之不再展开论述，仅作简要概述。

---

① 农商部总务厅统计科编撰：《中华民国元年第一次农商统计表》，1914 年刊行，工业，第 1 页。《工厂累年比较表》，阮湘编：《中国年鉴》（第一回），商务印书馆 1924 年版，第 1430 页。

② 《工商部化验处简章》，《政府公报》1913 年 9 月 21 日，公文。

③ 相关研究请参见朱英《论民元临时工商会议》，《近代史研究》1998 年第 3 期。朱英《辛亥革命与近代中国社会变迁》，华中师范大学出版社 2001 年版，第 204—225 页。朱英、石柏林《近代中国经济政策演变史稿》，湖北人民出版社 1998 年版，第 208—239 页。徐建生《民国时期两次全国工商会议与经济政策》，《中国经济史研究》2002 年第 1 期。徐建生《民国时期经济政策的沿袭与变异（1912—1937）》，福建人民出版社 2006 年版，第 56—63 页。徐建生、徐卫国《清末民初经济政策研究》，广西师范大学出版社 2001 年版，第 122—128 页等。李永芳《清末民国时期农会组织研究》，四川大学 2007 年专门史博士论文，第 81—97 页。

一　对召开两次实业会议的准备

工商部为召集临时工商会议做了精心的准备，不仅做了大量的前期工作，当认识到时机成熟后，就开始筹备各地选举代表事宜。1912年9月初，其在致各省都督暨各国代表转领事及各商会、新加坡领事转南洋各商会电中指出："特开工商会议于京师，定于本年十月十五日开会，十一月十五日闭会，每省由实业司或劝业道遴派代表一人，地方工矿业团体公举二人至四人，海外华侨每一商会公举一二人来京赴会。慎选才能按期齐集，庶几从长弃短，归于一途，周益集思通于全国，知识以交换而愈进，利益以讨论而周知，贸业由是振兴，商务因之发达，国家前途有厚望焉，详细规则容即续寄，先布缘起，希各知照。"① 接着又制定了《临时工商会章程》九条，《临时工商会议议事规则》四十三条，作为会议的指导性文件。② 但是，由于时间仓促，各方选举代表尚费时日，截至已定开会日期，入京者寥寥，不得已工商部再次通电各省都督："因各省代表举而未到者尚多，特展至十一月一日开会。务望转饬该管官厅团体知照，迅促代表如期到会，勿再延误为要。"③ 为了收到实效，工商部进一步催促各地"勿惮劳烦，勿惜小费，会期迫切，务祈督促办理"④。结果，截至11月1日，"各省代表到会者异常踊跃，人数已达一百二十名"。而各省尚有陆续报举者，限于会场不能容纳，工商部又不得不于开会之日登报宣布截止，"勿再推举代表，免劳往返"⑤。

清末农林、工商并不分立，统属于商部或农工商部。民初政府北迁后，由于各项工作头绪繁杂，为了减少部务交接的困难，农林、工

① 《工商部致各省都督暨各国代表转领事及各商会、新加坡领事转南洋各商会电》，《政府公报》1912年9月6日，公电。

② 《临时工商会议章程》，《临时工商会议议事规则》，上海市档案馆藏：档号：S37—1—57。

③ 《工商部致各省都督电》，《政府公报》1912年10月19日，公电。

④ 《工商部致各省都督各埠领事电》，《政府公报》1912年10月19日，公电。

⑤ 《截止各省埠推举代表电》，工商部编：《工商会议报告录》第一编，文牍，工商部1913年3月版，第11—12页。

商暂时分立二部。工商部已经召开全国工商会议，而且在如火如荼地开会，这多少给农林部一些刺激。为此，农林部也在积极酝酿召开全国农会联合会，先是于 1912 年 11 月 4 日向各省发布开会日期："各省都督民政长鉴：全国农会联合会，应由各省省农会改组成立，方可召集，本部另订联合会章程七条即日公布，准于明年二月一日在北京开会，务希迅饬实业司、劝业道遵照办理，以免延误，其办理情形仍希随时电复。"① 于 5 日，公布了《全国农会联合会章程》七条。②随后又公布了《全国农会联合会会议规则》四十条，具体指导全国农会联合会的筹备和召开。为了督促各地代表准时到京赴会，农林部催电各省实业司、劝业道："现距会期渐近，各省农会应迅速组织，方能选举代表来京开会……务于正月十五日以前将姓名电达本部，限于二十五日以前一律到京，希即转饬遵办。"③ 由于《全国农会联合会章程》没有明确内外蒙古、西藏、青海、阿拉善地区选派代表问题，在全国蒙藏事务局的要求下，农林部还进一步增修了章程，准以上各该盟长及该办事长官选派代表一人。④ 为了把全国农会联合会举办成功，1913 年 1 月 6 日，农林部委派农务司司长陶昌善等 30 余人组成筹委会，开始筹备全国农会联合会开会事宜。10 日，筹办会员会议决定分为五股筹办会议事项，即文牍股、审查股、庶务股、会计股、招待股，并议定会场职员 15 人。⑤ 经过筹委会 20 多天的努力，1913 年 2 月 1 日，全国农会联合会终于准时在北京隆重召开。

二　召开两次实业会议的缘由和宗旨

工商部之所以积极筹划召开临时工商会议，其缘由在其《工商部召集临时工商会议通告》就明确有所指。我们分述如下。

---

① 《农林部致各省都督民政长电》，《政府公报》1912 年 11 月 9 日，公电。

② 《全国农会联合会章程》，《政府公报》1912 年 11 月 7 日，命令。

③ 《农林部致滇蜀甘桂黔陕新粤闽实业司劝业道电》，《政府公报》1913 年 1 月 7 日，公电。

④ 《农林部指令：第十七号》，《政府公报》1913 年 1 月 7 日，命令。

⑤ 《委派筹办员一览表》，陶昌善等编：《全国农会联合会第一次纪事》，农林公报临时增刊 1913 年 5 月版，第 21—29 页。

根本原因是："顾默察吾国工商之大势，其所以失败者，在上则无完全之法律以为保障也，无专精之人才以为倡导也，交通之不尽便利也，税法之足生障碍也；在下则无巨大之资本以供企业也，无普通之智术以资营业也，无坚确之团体以谋共进也。坐此诸弊，致使吾天产之富、地脉之厚、人工之廉、占工商界上最优之数点胥归无效。而复日与欧美之经济家、技术家相遇，犹之驱乌合之市人以当桓文之节制，其不覆没者几何矣。"工商部有鉴于此，"思矫其失，以编订法律、造就人才、辅助资本、启发智术、排除障碍为入手之方法，惟言之匪艰，行之维艰，非合全国之人合力以谋不可"①。

其次是仿教育部、司法部成例，且为了通政府与商民之气谊。"今教育部、司法部已均召集临时会议，本年美国巴斯敦省更有万国工商总会之举，万国且然，况一国乎，本部拟仿此意召集全国富于工商学识经验之人，开临时工商会议于京师，聚而各贡所知，各呈所能，甲省可以稔乙省之情形，政府可以通商民之气谊。"②

再是认识到工商发展必须靠群策群力。"政体初更，百端待举，国犹是国，民力益穷，解此问题，厥为实业。然而工作日精，人良我窳，商战弥亟，彼胜此衰，优劣竞争，胜负悬绝，进行须资群力。"再说"无研究机关则难图进取，非结合团体恐事鲜实功，海内工商业家或学识闳深研求有素，或资历雄厚，经验良多，利如何兴，弊如何革，制造如何改良，贸易如何推周，情意如何联络，障碍如何捐除，凡此诸端，皆资商榷"③。基于以上原因，工商部才积极筹备召开全国工商会议。

工商部召开实业会议的根本目的主要是促进实业的进一步发展，直接目的则是"谋工商矿业改良发达，亟欲征集全国实业家及专门学者之意见，讨论方法，以备采择"④。农林部召开全国农会联合会的宗

① 《工商部召集临时工商会议通告》，《政府公报》1912年11月3日，通告。

② 同上。

③ 《工商部致各省都督暨各国代表转领事及各商会、新加坡领事转南洋各商会电》，《政府公报》1912年9月6日，公电。

④ 《临时工商会议章程》，上海市档案馆藏：档号：S37—1—57。

旨是“以谋全国农业改良发达，令各省农界代表周知全国农业情形，交换各地农业知识”①。就当时而言，全国农会联合会的召开也十分必要，农林部在其《农林部召集全国农会联合会通告》就指出：“降及秦汉，以逮元明，农政不修，农学不讲，出作入息，听民自为。至于今而生齿日繁，地利未启，水旱洊至。年谷不登，抚西北之荒原，草莱依旧。念东南之灾疹饥馑频仍，纵有用一缓二之征，终无耕九余三之望，长此以往，国贫民困，尚堪设想乎？本部总揽全国农林，事有专司，责无旁贷。每念疆宇辽阔，则观察宜周，土俗纷歧，则咨询宜溥；旱涝异势，则补救之道宜筹；高下殊方，则种植之类宜讲。民间之利病宜如何体察而兴除，物产之盈虚宜如何斟酌而调剂，凡百举废咸待研究。……内顾吾圉，隔膜转多。揆厥原因，一由于无交换智识之益而固陋自封；一由于无比较优劣之资而改良乏术。幽井父老或终身未睹粳稻之苗，闽广士夫或毕世不辨稷粱之种。粤西至清康熙末年方知种麦，津沽自左忠毅力垦，乃有沃田，偶尔风气之开，终为习俗所囿。”② 因此，农林部特召开全国农会联合会，目的是：“各显智能，共谋发展，庶几集思广益，洩天道地宝之奇，协力同心，穷海滨山陬之利，造五族之幸福，裕万祼之财源，图富图强。”③

三　两次实业会议的作用、影响及意义

民元临时工商会议闭会之后，人们回顾反思，一致觉得这是一次成功的会议，一次意义重大的会议。梁启超曾说这是“中国第一次由人民举代表组成之工商会议”④。此为“数千年来未有之盛举”⑤。

---

① 《全国农会联合会章程》，陶昌善等编：《全国农会联合会第一次纪事》，《农林公报》增刊1913年5月版，第7页。

② 《院部布告》，《最新行政文牍》第一册，商务印书馆（出版年月不详），第76—77页。

③ 《农林部召集全国农会联合会通告》，《政府公报》1913年1月19日，通告。

④ 《梁启超君演说》，工商部编：《工商会议报告录》第一编，开会式及演说，工商部1913年3月版，第14页。

⑤ 《议员谭奎翰演说》，工商部编：《工商会议报告录》第一编，开会式及演说，工商部1913年3月版，第33页。

首先，它加强了工商界内部之交流和沟通。议员胡骏业就说："此次本会议决之议案非常之多，而效果亦非常之大。从前工商两界常有互相冲突之事，且商人与商人、工人与工人，亦有冲突。此次工商大会，工与商联为一气，将来无论何事，均可互相提携，互相补助，无论如何难办之事，均可办到。"①

其次，它促进了政府与工商界的联系。"中国数千年来工商二界向系自行营业，与国家毫不相关，是以数千年来之工商界与政府之行政长官从无联络者。现在政体改革，工商部成立，蒙工商总长召集全国之工商界开工商大会，此数千年来未有之盛举，将来造福于工商界者，实非浅鲜。而工商界即于今日作为更新之纪元。"②

最后，它是官民上下一心，共谋实业发展的重要契机。"工商两界开此大会，实为政府人民最亲密之交际，亦为政府与人民最有价值之研究。此种交际，此种研究，实为从前专制国家数千年来所未有。"③ 其给予民众很大的希望和鼓舞，人们越发相信"工商部与民兴利，上下一心之诚意"④。更深刻体会到："现为民国政府，与人民不设阶级，不分畛域，正宜乘此时机，上下一心，互相联络，共谋福利。不宜旁观，不宜推诿。"⑤

工商会议本来计划只召开一个月，后来由于与会者兴致盎然，又延长五日。尽管如此，闭会时参会人员似乎仍意犹未尽，"久聚忽离，令人怅怅然。"⑥ 这一方面说明民众召开全国工商会议的愿望太

---

① 《议员胡骏业演说》，工商部编：《工商会议报告录》第一编，开会式及演说，工商部 1913 年 3 月版，第 36—37 页。

② 《议员谭奎翰演说》，工商部编：《工商会议报告录》第一编，开会式及演说，工商部 1913 年 3 月版，第 33 页。

③ 《赵总理代表王善荃君演说》工商部编：《工商会议报告录》第一编，开会式及演说，工商部 1913 年 3 月版，第 24 页。

④ 《工商会议闭会日刘总长演说词》，工商部编：《工商会议报告录》第一编，开会式及演说，工商部 1913 年 3 月版，第 29 页。

⑤ 《议员严智怡演说》，工商部编：《工商会议报告录》第一编，开会式及演说，工商部 1913 年 3 月版，第 39—40 页。

⑥ 《议员权量演说》，《工商会议报告录》第一编，开会式及演说，工商部 1913 年 3 月版，第 37 页。

强烈了，另一方面也说明了此次工商会议的召开太及时了。但是，在工商会议审议的73件议案中，参考案16件，否决案9件，未决案17件议，决案仅31件，还未占到一半。这表明当时的工商界与政府之间，在振兴实业方面既有趋同与合作，又存在矛盾和分歧。

全国农会联合会的召开，也具有十分重要的历史意义。首先，增进了各省之间关于农业情形的相互了解和农业知识的广泛交流，会议所讨论通过的各种议案，为国家制定农业政策、发展农业生产提供了重要依据。其次，促进了农林部与各地农会之间的沟通，加强了他们之间的联系。再次，这次会议收获很大，在这次会议上，共计提交议案49件。经过代表们的充分酝酿和热烈讨论，通过提案44件，其中由农林部提议通过案16件，由会员提议通过案28件，另有农林部提议未决案5件。最后，会议所倡导的易地循环开会、主办省与客省分别备列及携带该处农产物之精华“用资印证”、开会与实地参观相结合等会议模式，极富创见性，在今天看来也具有可资借鉴之处。但是，这次会议所起的历史作用毕竟是有限的，会上所通过并呈交的各种议案，以及要求成立中央农会等建议等，并未完全被农林部采纳和实施，所希望以后每年“择地点开联合会一次”的设想不仅未能成行，且该组织在此会之后再无见有甚举措，并逐渐自行销声匿迹了。①

总之，两次实业会议的召开，表明了民初农商部施政理念的重大转变，是对传统治事方式的重大变革。官本位思想逐渐为民主治事方式取代，开始注意和注重与民众之间的互动，并放下行政上一味加强管理和处罚的架子，倾向与商民沟通。与清末商部、农工商部相比，这无疑是一大进步。

第五节 积极参与国际交流

民初农商部在大力推动中国商品出口贸易的同时，也积极参与国

---

① 参见李永芳《清末民国时期农会组织研究》，四川大学2007年专门史博士论文，第81—97页。

际交流。其最为明显的表现就是：（1）积极参与国际实业组织和会议活动；（2）积极筹办和参与国际博览会。

一　积极参与国际实业组织和会议活动

为了扩大对外交流，拓宽国际视野，农林部鉴于与意大利万国农会交际日繁，为了减少不必要的周折，主动在万国农会专设常派员徐球。它在咨驻意大利代表文中明确表露了这一思想："案查本部与意大利万国农会交际日繁，非有专门人员常川驻义接洽一切，难收交换知识之实效。查有留学法国农科毕业生徐球，在法有年，熟悉农务，堪以派充万国农会常驻员，以便随时讨论，报告一切。并令就近考查义、法两国农务，随时报部以备参考。即由本部每月酌给津贴四百佛朗，以资办公。其驻义通译官兼常驻员赵贻畴一员，著毋庸兼充，俾专责成。除咨行外交部备案外，相应咨行贵代表查照，一俟该员到义后，妥为照料，接洽一切。并希照会万国农会可也。再万国农会名称以前译称万国农院。此次特该译今名，合并声明。"① 徐球也不辱使命，参与国际农业调查，带回先进农事信息，为加强农林部与万国农会的交流作出了很大贡献。②

对于一些国际性的实业会议，民初农商部也积极参与。如加拿大万国旱地耕种会，农林部不仅派本部技正美国康奈尔大学农科硕士谢恩隆代表参加，③ 还征集旱地农产品在万国旱地耕种会上陈列。它在咨奉天都督请征集旱地农产品以备送往加拿大万国旱地耕种会陈列文中说："准外交部函送英属加拿大万国农业公会总董伯恩君来函，以本年十月二十一日在加拿大举行开会，请征集旱地农产品送往陈列等语。并请帖一分到部。查民国初立，对于列邦宜表示我国于民生建设问题最为注意，今万国旱地耕种会，蒐集各国雨水缺少地方所出产品，互

---

① 《农林部咨驻义代表万国农会常驻员专派法国农科毕业生徐球充任希即照会该会以便接洽文》，《政府公报》1912 年 6 月 12 日，公文。

② 《农林部指令第九十四号：令义国农会常驻员徐球》，《政府公报》1913 年 10 月 22 日，命令。

③ 《农林部部令四则》，《政府公报》1912 年 9 月 11 日，命令。

相比较以供研究。我国西北东北一带如新疆、甘肃、奉天、吉林、黑龙江、直隶等省雨水每形缺乏，亟应由中央选派代表带同旱地物产前往观光，庶于旱地种植方法，多所参考。为此咨请贵都督于奉天农事试验场及洮南辽源等处所出农产品，按照另表所开选择精良汇送到部。现距开会之期，仅五十天，并希从速征集，于两星期内送部以凭带往，除委派代表届期赴会外，相应咨请贵都督查照办理。"①

二　积极筹办和参与国际博览会

为了宣扬国力，让更多国家的人了解中国及中国的商品，农商部非常重视组织商人参加国际性的商品博览会和展览会，为此，还专门制定了《外国博览会中国出品通行简章》二十条，其对参赛筹备程序、商品出口规则及注意事项都作了明确规定。② 目前，人们对农商部参加美国巴拿马赛会的关注较多，研究也较有深度，③ 我们在此不再赘述。但对其他几次赛会不是语焉不详，就是一笔带过，甚为遗憾，为补既往研究之不足，我们对之作一简单介绍。

（一）俄国阿穆尔赛会

关于俄国召开阿穆尔赛会的动机和时间，浙江《农友会报》是这样报道的，"俄人经营边务已历多年，而对于沿边物产，尤为注意，刻拟于本年七月在伯利成开阿穆尔赛会，凡边境之天然物产及便民工业咸令陈列会中，以备考核，借以励本国之人民而促实业之进步。"④ 俄国准备1913年7月召开阿穆尔赛会，当1912年9月30日，驻海参崴总领事将阿

---

① 《农林部咨奉天都督请征集旱地农产品以备送往加拿大万国旱地耕种会陈列文》，《政府公报》1912年9月2日公文。

② 《外国博览会中国出品通行简章》，《政府公报》1913年3月18日，命令。

③ 相关研究请参见梁碧莹《民初中国实业界赴美的一次经济活动——中国与巴拿马太平洋万国博览会》，《近代史研究》1998年第1期；马敏《有关中国与巴拿马太平洋万国博览会的几点补充》，《近代史研究》1999年第4期；谢辉《陈琪与近代中国博览会事业》，浙江大学2005年中国近现代史博士论文，第94—116页等。相关研究资料：陈琪编《中国参与巴拿马太平洋博览会纪实》1916年12月，浙江大学历史系资料室藏；严智怡编《巴拿马赛会直隶观会丛编》上下编，1921年版，中国国家图书馆古籍室普通古籍阅览室藏等。

④ 《俄人之注重实业》，《农友会报》1913年第3期，第114页。

穆尔赛会总局之函报、问答暨检察运货各单译定成本呈送到工商部后，工商部就令各省实业司、劝业道、各省商务总会、外洋商总会准备参会。[①] 1913年3月，随着会期的临近，工商部又催促各省迅予筹备，[②] 并告知前往赛会应遵循手续八条，指出各项手续“限于阳历四月二十日以前呈送到部，以便寄由海参崴总领事馆交会”[③]。总之，国内各项准备着着进行，有条不紊，但是，最后由于俄国突然不允许中国商人免起居留票，这与其先前以“赴会经理各员持有俄国领事签字证明，前往伯利与赛之中国护照，即行免起居留票”相抵触，并取消以前中俄议定的展场六十俄方丈。这种临时决定顿时让工商部措手不及，经工商部和驻海参崴总领事陆是元的一再交涉仍然无果的情况下，工商部决定取消参加阿穆尔赛会，并通咨各省民政长：“其有业经筹备出品者，暂行存储，留作来年运往巴拿马赴赛之用可也，并希饬遵。”[④]

（二）日本大正博览会

日本的大正博览会，本来其展品区域只限于日本全国，但会内特设外国馆一所，“冀广集诸外国之物品，以资参考而通贸易。”1913年6月7日，日本大正博览会会长宗像政把此事函告中国驻日本马代表：日本准备于1914年3月20日在东京开设大正博览会，“甚愿贵国出产品，同时陈列，函请转告各工商家届时多携出品。”工商部于9月24日获其消息，10月就令告驻外各总领事：“查该博览会规模宏大，预备有年，……令发该总领事仰即转饬各华商总会，劝谕各工商家迅筹出品与会，并参照本部规定外国博览会中国出品通行简章办理。”[⑤] 然后把《日本东京大正博览会规则》八十条译送各省，希望各省民政长转饬劝谕各工商家迅速筹备。[⑥] 为了准时参加，工商部多

---

① 《工商部部令》，《政府公报》1912年9月30日，命令。

② 《工商部训令》，《政府公报》1913年3月18日，命令。

③ 《工商部训令第四十九号》，《政府公报》1913年4月5日，命令。

④ 《工商部通咨各省民政长阿穆尔赛会因不允免居留票已取消定地请查照转行文》，《政府公报》1913年6月21日，公文。

⑤ 《工商部训令：令驻外各总领事》，《政府公报》1913年11月3日，命令。

⑥ 《工商部咨各省民政长译送日本大正博览会规则请即转饬劝谕各工商家迅筹出品与会文（附规则）》，《政府公报》1913年11月3日，公文。

次催促各埠总领事和各省实业家“若不切实进行，迅速征集（参会物品），定难如期与会”①。为了保证参与日本大正博览会圆满成功，工商部还以本部佥事胡宗瀛为中国赴会事务长全权办理赛会一切事务，并加派技正汪杨宝、主事屈蟠前往襄理。

日本举办大正博览会的目的有二：一是为庆祝纪念大正新皇即位；二是谋日本实业之发达。此会设于东京上野公园，计设陈列馆十九个，分别是：教育、学艺、农业、工业、矿业、林业、水产、美术、染织、机械、动力、运输、经济、卫生、外国馆。附设日华贸易品参考馆、通俗卫生馆、体育馆、演艺馆。会场所陈列各物中，机械馆、动力馆中的工业器械及电力动机，是日本历次博览会所没有的。当时我国在该馆内租地八十五坪，并出展物产八千余件，其种类有：陶瓷、美术工艺品、丝织物、棉毛织物、皮毛制作、玻璃制品、饮食品、学生成绩品、古今书画。其中大宗出品为苏杭染织品，江西景德镇、江苏宜兴、山东博山之陶瓷器，直隶、河南、山东、甘肃之毛毡，湖北织布局之棉麻织物。其中，美术一门，尤为日本人所称许，手工艺美术则如北京之雕漆器、景泰蓝，天津之象牙雕刻及银制器皿；书画美术则如江西李瑞清之隶书，上海吴昌硕之书画，桐城吴芝瑛之小楷暨小万柳堂廉泉氏所藏唐、宋、元、明、书画珍品。在这八千余件出品中，出品人一百二十余名，共得纪念奖章七十余人。②

（三）南洋爪哇三宝垅赛会

1914 年 8 月，荷兰政府准备在荷属地爪哇三宝垅举行实业赛会。1913 年 6 月，南洋爪哇三宝垅华商总会在对工商部的呈文中，向工商部告知此事，并作了相当之筹划，以待工商部的批准。三宝垅华商总会说：“本会董事等以此事素乏经验，苦无把握，且未奉部令不敢造次，惟查该会会期在我中华民国三年八月，现计为时不远，所有一切进行事宜合亟陆续筹办，以免费时失事之咎，税地一节，因该会

① 《工商部部令》，《政府公报》1913 年 12 月 26 日，命令。

② 《日本大正博览会之纪事及其批评》，《中华实业界》第 6 号，1914 年 6 月 10 日。《农商部呈报办理日本大正博览会中国赴会情形并附出品目录等件请钧鉴文并批令》，《政府公报》1915 年 1 月 8 日，呈。

（指三宝垅赛会）之敦促再三，尤为迫不及待。遂即集会计议，佥谓我国地大物博，自民国纪元前十年之期间内对于国外赛会之举，征出产品也已迭次增加，光复而后应时势之必要，力图振作，其必厉行农矿工商等事业同时发达，……则此次出品之多，必有非前清时代可比，非特税稍宽之地址建造合宜之场面，势不足以壮观瞻而敷陈列，爰公决预税该地址二千方米突，专为华品赴赛之用，并援照钧部颁定外国博览会中国出品通行简章第五条办法，拟就本商会设事务所一处，酌订章程，筹集股本作为此项税地建筑布置等费即请钧部核准，转呈大总统简任本事务所监督员前来监理一切，以资表率而便进行……拟就事务所简章一册附呈察核，所有不合之处，统祈详加厘改。”[①] 其实，早在华商总会上呈之前，爪哇总领事就已经上呈工商部了，但是由于“未准外交部来文，该总会呈送会章亦未递到，无凭核办”[②]。7 月 20 日，外交部正式向工商部递交了函准信，于是工商部急忙筹划，一面将该会章程登载《政府公报》，一面通咨各省民政长查照转饬各商务总会遵照征集物品以备赴赛。[③] 并批准了南洋爪哇三宝垅华商总会的筹划：“呈送简章大致尚属妥洽”。接着华商总会就负责具体筹划此事。

为了明确责任，完善筹备商会事务所的组织，华商总会在 10 月 5 日投票公举董事六十人，选林克念为正所长、马厥猷为副所长，名誉事务所长仍以商会名誉会长黄仲涵充任，余如基金监审计员、调查员及各科干事复各公推合格，并分职任事，专以责成。[④] 在筹备的过程中，由于经费困难，南洋华商总会希望工商部拨款资助：“惟是经费不赀，按集十万股款尚未招认满数……窃以各国对于此次赴赛之设

① 《南洋爪哇三宝垅华商总会呈工商部文》，《中华全国商会联合会会报》1914 年第 10 期，文牍，第 14 页。

② 《南洋爪哇三宝垅华商总会呈复工商部文》（1913 年 9 月 22 日），《中华全国商会联合会会报》1914 年第 10 期，文牍，第 16 页。

③ 《工商部通咨各省民政长爪哇三宝垅举行赛会请饬商务总会征集物品以备赴赛并希见复文（附章程）》，《政府公报》1913 年 8 月 24 日，公文。

④ 《南洋爪哇三宝垅华商总会呈工商部文》（1913 年 10 月 22 日），《中华全国商会联合会会报》1914 年第 10 期，文牍，第 17 页。

施，官商合力维持，俱极尊崇体制，如蒙援照各国先例，酌给官股若干，以资提倡。”[①] 但是，由于当时国家上下都在推行减政，工商部对之所请无能为力，批示道“所请拨助官股一节，现在财政困难达于极点，全恃外债为生活，故特厉行减政，碍难提议及此。”在征集全国商品上，华商总会请求筹备巴拿马赛会事务局兼行征集一事，工商部也未予批准，只是“分函上海总商会等处代行征集”[②]。由此可见，工商部对南洋赛会的重视程度远不及巴拿马赛会。尽管如此，在南洋华商总会的努力下，中国在此次赛会上还是取得了非凡的成绩，一大批中国商品受到关注并获奖。如项松茂的中药五洲产品就荣获奖状。[③]

此外，农商部还参加了1914年12月的菲律宾嘉年华会，[④] 由会长伍廷芳、副会长王文典带队，在当时也获得了良好的声誉。[⑤] 其中，川沙县的花边编制在此次会上获得最优等奖凭。[⑥]

总之，农商部通过组织参加这些博览会，不仅有利于改变中国积贫积弱的“东亚病夫”的国际形象，而且有利于提高中国商品的国际市场知名度，树立中国品牌。通过国际交流，也使中国商人更加清楚国外先进的营销理念和科学技术，更加清楚中外之间的差距，从而激发其深深的民族爱国意识。

---

① 《南洋爪哇三宝垅华商总会呈工商部文》（1913年11月3日），《中华全国商会联合会会报》1914年第10期，文牍，第18页。

② 《南洋爪哇三宝垅华商总会呈复工商部文》（1913年12月30日），《中华全国商会联合会会报》1914年第10期，文牍，第19页。

③ 参见马学新等主编《近代中国实业巨子》，上海社会科学院出版社1995年版，第157页。

④ 《农商部咨京兆尹暨直隶、河南、山东、江苏、浙江、安徽、江西、湖南、湖北、广东、福建各巡按使明正菲列滨嘉年华会请转饬所属商会征品运沪径交沪代表运赴会场文》，《政府公报》1914年12月28日，咨。

⑤ 黄逸峰、姜铎：《旧中国民族资产阶级》，江苏古籍出版社1990年版，第227页。

⑥ 方鸿铠、陆炳麟修，黄炎培纂：《民国川沙县志》，工业，卷5，上海国光书局1937年版，第26页。

第九章

绩　　效

民初农商部为推动经济社会发展，先后制定了一系列发展实业的政策，即为西方经济学家所言之“制度安排”①。其注重农政、林政、垦荒、造林、改良农业；放宽民间设厂的限制，鼓励私人资本主义的发展；为维护商人和企业的合法地位进行立法，并对之或奖进或资助；一定程度上引进外资发展国内实业等。并竭尽所能地推行实施，为了最大限度地实现经济效益，又设置了一系列相应的行政管理机构或监督或催促。总之，为发展经济尽心尽责。那么，农商部实业政策实践效果具体如何？在促进民初实业发展方面有哪些具体表现？这是不容忽视的问题。当然，这种绩效如何准确地给予评估，并非一件容易的事情，兼之史料的匮乏和舛误，更是难上加难。本书无意于精确，精确当然是我们应该追求的，由于能力所囿，只能去而求其次，现仅就掌握的资料略述一二，不当之处，敬请指正。

第一节　民初中央实业管理机构与农业的发展

为促进农业的发展，农商部进行了诸多谋划，并逐见成效。关于

---

① 参见［美］诺思《经济史中的结构与变迁》，上海三联书店1991年版；诺思《制度、制度变迁与经济绩效》，上海三联书店1994年版；科斯等《财产权利与制度变迁》，上海三联书店1991年版等。新制度经济学认为：制度对经济增长和经济发展有十分重要的作用，且内在制度通常比外在制度更为稳定。一项好的或有效的制度安排，可以降低人们行为的交易费用，有利于产生最大化的效率。正是由于民初农商部制定了一系列符合社会生产发展的经济制度，民初农工商矿各业都有较为快速的发展。

此，我们仅从以下几个指标进行衡量。

一　垦殖事业获得成效

清代，由于关外是其祖先的发祥地，严禁关内人们至关外移民垦荒。民国建立伊始，这种束缚越来越小，不少人自发出关垦殖和经商，其中向东北转移者，为“闯关东”，向内蒙古转移者，为“走西口”。鉴于实情，为了对之加强管理，农林部还专门设立农垦司，在各地设立垦务局，“垦务局为直接监察垦务之机关，江苏、绥远、察哈尔、黑龙江等省区，至民国四年止，计设八所”。民国五年至七年又在吉林、湖南、热河分别设立一所。① 以鼓励积极从事垦殖者。其在《农林部一年以来要政纪略》中提到：“本部以统一全国垦务定为政策，极宜从边省冲要地方入手，元年十一月特派秘书陈启辉、垦牧司长田步蟾、司员王绍曾前往东北三省会商奉天都督，以旧有东三省屯垦局改为东三省垦务总厅。议商两月，奉天都督已令屯垦局予备移交，并订有接交改组日期。嗣以财政困难未遽接办，吉林都督又以东三省垦务总机关主张设在长春，于吉黑大段荒地，易于兼顾。现在筹垦办法确已拟定，一俟款项稍裕立即进行。”② 接着，农商部便颁布了《国有垦荒条例》《国有垦荒条例实施细则》及《边荒承垦条例》，这便有力地激发了内地人民到边疆垦荒的积极性，也掀起了大批农民移居边疆的热潮。当时的移民情况，由于统计的角度和渠道不同，出现了较大的差距。日人近滕康男在《满洲经济的封建性研究》一文中对1912—1916年东北移民的统计数字见下表：

表4－7　　1912—1916年东北移民情况③

年份	1912	1913	1914	1915	1916
人数	5000人	10000人	10000人	15000人	30000人

① 中国第二历史档案馆：《中华民国史档案资料汇编》，农商一，第三辑，江苏古籍出版社1991年版，第550页。

② 转引自刘继光《中国历代屯垦经济研究》，团结出版社1991年版，第351页。

③ ［日］近滕康男：《满洲经济的封建性研究》，《中国经济》第2卷第11期，1934年11月。

《满洲年鉴》却给出了不同的答案，它对1912—1917年移入东北的移民人数统计见下表：

表4－8 1912—1917年东北移民情况①

年份	1912	1913	1914	1915	1916	1917
入境人数（千）	10	13	9	13	24	31
指数	100.0	130.0	90.0	130.0	240.0	310.0

以上观之，无论哪种统计，尽管其数字有出入，但是都说明东北移民的数量呈不断的增长趋势，在这些移民潮中，数山东和河北的规模最大。② 总之，民国元年以来，由于农商部的大力倡导，从关内到东北领垦的络绎不绝，甚至东北本地富户也积聚资本北赴购地垦荒。大面积的荒地被开垦，使东北的农业在这一时期得到了很大的发展。③

与此同时，西北边荒也得到了有效的开垦，1913年北京政府在西北设立热河（治承德县）、察哈尔（治张家口）、绥远（治归绥县）等4个特别区域，鼓励内地移民向西北迁移；为此还制定奖励办法，1915年11月18日，农商部与蒙藏院拟具《垦辟蒙荒奖励办法七条》，规定：（1）凡蒙旗自愿将各自的旗地报垦，或按照规章划留领照的土地自行垦种成熟以及领垦蒙古荒地的本国人民，酌予奖励。（2）将本旗土地报经国家放垦，面积在1000方以上的人，给予勋章；5000方以上的人，给予翊卫处各职衔；10000方以上的人，晋给爵衔。（3）把照章划留领照的土地自行开垦，垦竣5000方以上的人，给予勋章，10000方以上的人，给予翊卫处各职衔。④ 当时吸引

① 引自马平安《近代东北移民研究》，齐鲁书社2009年版，第47页。

② 章有义编：《中国近代农业史资料》第2辑，生活·读书·新知三联书店1957年版，第638页。

③ 刘继光：《中国历代屯垦经济研究》，团结出版社1991年版，第352页。

④ 章有义编：《中国近代农业史资料》第2辑，生活·读书·新知三联书店1957年版，第654—655页。

了众多山西、河北人民移居河套地区，开发蒙疆，不仅加速了蒙古、新疆的现代化进程，而且一定程度上抵御了外来经济侵略，特别是俄国对新疆的经济渗透。①

农商部鼓励垦荒的另一个结果就是促进了农业生产技术的提高，当时新出现很多垦殖公司，它们采用先进的农业生产机械，不仅加快了垦荒的速度，更是提高了农业劳动生产率。关于垦荒的实际成效，我们用当时农商部的第五次农商统计数据来说明：浙江省，1914 年全省官有荒地和民有荒地，共 15056909 亩，到了 1916 年仅有 1712480 亩，已垦了近 90%；湖南省，1914 年全省共有荒地 4978582 亩，至 1916 年仅有 236839 亩，仅剩不足 5%。当然就全国而言，有些省份由于新发现很多荒地，荒地面积有所增加，如 1914 年全国荒地是 358235887 亩，1915 年却增至 404389948 亩，至 1916 年全国仍有荒地 388645355 亩待垦。②

本来，农商部的初衷是提倡和鼓励有识之士垦殖边疆，以促进农业的整体发展，但是，由于垦殖政策尚不完善，在边疆荒地承垦的过程中，也出现了一些腐败现象："向来办垦员司因以为利，凡遇放荒之时，大段荒地多由政界人员辗转请托，拣肥认领，或将荒地划留，勒措不放，虚悬垦户之名，藉以转售渔利。真正农民以土地为生命，倘无特别势力向垦员疏通，则荒地不能到手。所留瘠地遂致无人过问。"③ 这也导致了一些非生产性的垦务组织出现，在当时被称作"荒把头"或"荒揽头"。他们往往由官僚、豪绅、巨贾或地方垦务机关组成，规模较大，承揽大面积官荒，转手出卖，或由公司稍事整理以提高地价，边垦边卖。有的卖地后即解散，纯属土地买卖性质。这类公司以蒙古、东北的官地放垦区为多。④ 这种现象无形中又阻碍

---

① 季啸风、沈友益主编：《中华民国史史料外编》第二册，广西师范大学出版社 1996 年版，第 555 页。

② 农商部总务厅统计科：《中华民国五年第五次农商统计表》，中华书局 1919 年版，第 89 页。

③ 刘继光：《中国历代屯垦经济研究》，团结出版社 1991 年版，第 358 页。

④ 许涤新、吴承明主编：《中国资本主义发展史》第 3 卷，社会科学文献出版社 2007 年版，第 260 页。

了边疆荒地的有效开垦。

二　新建和重组一批农事试验场，优良品种得到进一步推广

为了促进农业发展，加快农业改良的进程，农商部决定设立一系列农业改良机构，它包括农业传习所和模范试验场。而纵观民初，农商部并未食言，这些农业试验场陆续得以建立，并发挥了农业改良排头兵的作用。通过对农牧产品的试种、试养，培育了很多优良品种，并开展农作物展览会，取得了很大的成绩。我们有必要对农商部设立的农业改良机构及其成绩作一简单介绍。

（一）中央农事试验场

农事试验场，创设于清光绪三十二年，迄民国四年历时十载，民国五年二月改称中央农事试验场。内置树艺科，主要进行种类比较，选种，浸种，人工交配，自然交配，稻热病预防，稻螟病防除，肥料用量等试验；园艺科，主要对蔬菜、果木、花卉进行试验，蚕丝科主要是对蚕室蚕具消毒、浙江乡间土蚕种类、春夏秋蚕各种制种进行试验。化验科主要是对土壤、肥料、农产进行检定和分析。虫害科主要是对各种病虫害进行预防和驱除试验。① 后经农商部订定中央及地方农事试验场联合办法，修改各项规则，试办模范农场，附设农事访问处，并与农林传习所联合开第三次农产品评会暨成绩展览会。总之，中央农事试验场成绩颇为显著。②

（二）农林传习所

农商部农林传习所设于民国四年七月十三日。其主要传习的事项包括：农事巡回讲演、模范耕作、答问农事疑难、推广农民学校、发给及代购佳良种子、联合农民组织村农会、开设农产品评会、开设农

---

① 农商部总务厅统计科：《中华民国五年第五次农商统计表》，中华书局 1919 年版，第 593 页。

② 中国第二历史档案馆编：《中华民国档案资料汇编》第三辑，农商一，江苏古籍出版社 1991 年版，第 544—545 页。农事试验场编：《农商部农事试验场成绩报告》（第二期），1914 年铅印本。农事试验场编：《农商部中央农事试验场第三期成绩报告》，1914 年铅印本。

民大会、农事调查、农具改良、编订农民须知、编辑病虫害防治浅说及物种植法、代办京兆各县农事巡回讲演、代办京兆各县模范农作场事宜，代办京兆各县官督民办农作场事宜等。① 嗣于四年十一月，于京郊开办冬期农民学校四处；五年改组长期农民学校，开农民大会，试办委托模范耕作，代办京兆各属冬期农事巡回讲演事宜。其在开民智方面，成绩显著，特别是其举办的巡回讲演，对引导农民改良农业生产工具，使用先进农业技术，普及农业科技知识，启迪农民的智慧等，都发挥了重要作用。②

（三）棉业试验场三处

农商部第一棉业试验场，于民国四年三月设于直隶正定县南门外之木厂村，计地二百八十一亩，佥事高文炳充场长。五年春办公屋宇建筑落成。十二月便开棉作展览会及品评会。第二棉业试验场，于民国四年春设于江苏南通县琅山前之马场圩，占地二百九十九亩，委派佥事徐珠为场长。③ 五年四月，浚沟、填土、筑路、分区诸工作完全告竣，遂专事植棉试验，历种中、美各棉，并订定附近学校轮派学生实习章程，以传习植棉技术，从事于棉作之推广改良。第三棉业试验场于民国四年二十八日设于湖北武昌武胜门外之二郎庙前，占地三百六十二亩。开办后分区试种中、美各棉，并选留佳种分给民间，推广种植。五年订定处务细则、会计办事细则、产品出售规则、棉作展览会及棉产品评会章程，四月建筑办公屋宇落成，规模具备。是年十二月。开第一次棉作展览会并棉产品评会。有人评论说："农商部既设第一、第二、第三棉业试验场于正定、南通、武昌等处，开办以后，颇著成效。"④ 这一点不错。

（四）林业试验场两处

农商部把京师前已设有的林艺试验场，改名为第一林业试验

① 农商部总务厅统计科：《中华民国五年第五次农商统计表》，中华书局1919年版，第599页。

② 中国第二历史档案馆编：《中华民国档案资料汇编》第三辑，农商一，江苏古籍出版社1991年版，第545页。

③ 同上书，第528页。

④ 同上书，第546页。

场，分总场和分场，面积分别为399亩、46亩。主要进行播种试验、移栽试验、插条试验、造林试验。[①] 民国四年二月在山东长清县五峰山及崮山镇开办第二林业试验场，其中五峰山2670亩，崮山镇35亩。农商部在向袁世凯报告棉糖林牧试验场筹办情况时说："本年四月（1915）间，就京师林场拨交洋槐二十万株，并于崮山一带分划区域，设立苗圃，派技正陈训昶为场长，驻场办事。……以后逐渐扩充。"[②] 其主要目的是进行浸水试验、施肥试验、覆土试验、季节试验、床替试验、分根试验、播种试验、高低床试验。[③]

（五）种畜试验场三处

第一种畜试验场于民国二年四月创设于察哈尔东牛群界哈达呼图克，全场土地面积276顷，主要用来改良毛用美利奴羊，繁殖种用美利奴羊，繁殖本国绵羊良种，繁殖猪种，改良中国猪种。[④] 后来农商部又新设两处种畜试验场，一处在京师附近之西山，另一处在安徽凤阳县石门山。西山一场设在净宜园附属之来远斋，派技正周维廉为场长，该场地面除荒山外，可耕之地约二百亩，一律垦种，沟渠道路并事修理，各项器具择要购置。农商部派员前往澳洲购买美利诺羊，该场分饲二百只，种牛十只，并添购中国牛羊。应需牧舍，房屋建筑，一一修建。该场的目的是改良牛种、羊种、猪种、马种、鸡种，试验种畜交配、牧草改良、牛乳制造、羊毛改良、牲畜卫生、种畜检查、兽疫预防、兽病诊治、附产物利用等。[⑤] 凤阳一场，共650顷，派佥事张际春为场长，并就该场平坦之地，已垦三百余亩，种植牧草及饲料用之作物，分饲澳洲新购之美利诺羊三百只，并添购了中国绵羊，按期交配，实行改良繁殖，所有高冈坦坡，次第招工垦种，兼事造

---

① 农商部总务厅统计科：《中华民国五年第五次农商统计表》，中华书局1919年版，第600页。

② 中国第二历史档案馆编：《中华民国档案资料汇编》第三辑，农商一，江苏古籍出版社1991年版，第528—529页。

③ 农商部总务厅统计科：《中华民国五年第五次农商统计表》，中华书局1919年版，第601页。

④ 同上书，第604页。

⑤ 同上书，第605页。

林，为养场之计。这布置规划可谓十分周到，既改良了种畜，又可以养场。该场的主要目的是试验哈犁佛牛纯种交配、哈犁佛牛与本国牛交配、美利奴羊纯种交配、美利奴羊与本国羊交配，本国绵羊、山羊、猪、鸡之试验，牧草、谷物饲料之试验。①

（六）茶叶试验场

农商部于民国四年十月十日设安徽模范种茶场于安徽祁门县之平里，后为改良种制，分区推行至江西，始改定为茶叶试验场。场地面积一百三十一亩，另有苗圃地二十三亩。试验分种类、栽培、修剪、肥料、采制五项。种类试验以祁门种为主要，以皖省各县与赣、鄂、湘、浙、闽等省及日本种为参考。栽培试验分平地、低山、高山三处点种、轮播、条播、移栽四类，复析为粒数、本数、深浅、距离、时期、耕耘及苗芽发育诸试验。修剪分平地、低山、圆形、山形、南倾诸试验。肥料分高低、平、斜三要素试验。采制分新旧法采晾，机器碾揉、人工搓揉，发酵、烘焙、筛分、扬拣及装璜诸试验。民国五年，改分试验区划，高山茶二十一区，低山茶六十九区，平地茶十八区。对推广茶叶种植起到了非常重要的作用，正是在其的倡导下，“各省、县向不产茶之区，亦将逐渐传播兴辟茶利矣”②。

这些农业试验场的设立标志着我国农业技术由单靠经验积累逐步向实验研究转轨，它们对于我国现代农业科研体系的逐步建成做了重要的准备，并在培育良种、改良农具、改进生产技术方面取得了一定的成果。此外，为了服务农业，民国二年八月，农商部还筹设观测所于中央农事试验场内，内分三科：观测科、预保科、编辑科。后来并在各省的地方试验场内附设，试办天气预报。③

① 农商部总务厅统计科：《中华民国五年第五次农商统计表》，中华书局 1919 年版，第 606 页。

② 中国第二历史档案馆编：《中华民国档案资料汇编》第三辑，农商一，江苏古籍出版社 1991 年版，第 547—548 页。

③ 农商部总务厅统计科：《中华民国五年第五次农商统计表》，中华书局 1919 年版，第 594 页。

对于以上农业改良机构，由于感到“各场职掌互异，办事应有准绳。”农商部又制定了棉林牧各场暂行规则。[①] 为了及时了解各试验场的具体情况，时任农商总长的周自齐还主持制定了农商部直辖试验场查察规则，他在饬知各试验场场长时说：“本部前于京外各处，节经相度地点次第设置农事、林业、棉业、种畜等试验场，以资模范，概已经营就绪，自应力策进行，期收成效。惟各场散在各处，耳目容有未周，自非随时考查，不足以资整饬，兹特订定本部直辖各试验场查察规则九条，并派王树善为各试验场查察员。饬令按照规则随时详查报部。”[②]

三 各种农作物种植面积和产量都有所提高

在民初农商部的直接领导下，各省的农作物种植面积稳中有升，农田在整个种植面积中的比重也是逐年上升的，1914 年占 88.33%，1915 年升至 91.48%，1916 年达到 91.97%，这说明民初民众在政府的导向下也逐渐重视耕作。具体见下表：[③]

表 4－9 1914—1916 年农家户数及田圃面积累年比较 （单位：亩）

年份	农家户数[④]	农田	园圃	总计	各占百分比（%）	
					田	圃
1914	59402315	1394146418	184201507	1578347925	88.33	11.67
1915	46776256	1319515191	122818497	1442333688	91.48	8.52
1916	49028864	1353977260	118216584	1472193844	91.97	8.03

不仅如此，全国的桑田面积也不断增加，1914 年全国桑田 4290535 亩，1915 年增至 5393543 亩，1916 年更是升至 11875300 亩，

① 《农商部呈遵批提前开办棉糖林畜等试验场缕陈办理情形并将拟订规则各场地图请备案文并批令》，《政府公报》1915 年 8 月 25 日，呈。

② 《农商部饬第七三一号》，《政府公报》1915 年 7 月 20 日，饬。

③ 资料来源：农商部总务厅统计科：《中华民国五年第五次农商统计表》，中华书局 1919 年版，第 3 页。

④ 本表所称农家凡专营耕作及兼营耕作之户均属之。据农商部总务厅统计科《中华民国三年第三次农商统计表》，中华书局 1916 年版，第 1 页。

是1914年面积的两倍还多。相对而言，全国茶田的面积有所减少，但产量、质量并未降低。[①]

其次，各种农作物也得以广泛种植，主要粮食作物总产量和亩产量也有所提高，其中稻米1914年的总产量为2138483039石，每亩产3.692石，1915年总产量为2091955667石，亩产竟达5158石。麦1914年总产352968217石，亩产为0.942石。1915年总产344993041石头，亩产也升至0.954石。大豆1914年每亩0.717石，1915年，每亩0.720石，1916年0.534石。[②] 由此可见，主要粮食作物稳中有升，有必要说明，但是由于受政治因素的影响，一些经济指标至1916年开始呈下降趋势。

此外，其他食用农产物如黍、玉蜀黍、高粱、落花生、马铃薯、甘蔗、果品，特用农产物大麻、苧麻、亚麻、木类、果实类等的产量也都有逐年不同程度的增长。

四 主要经济作物种植进一步推广

由于晚清政府之不提倡，中国在产棉、制糖等方面十分落后，每年都需大量的棉织物、洋糖输入国内。当时农商部十分感慨："今吾国输入品之最巨者，莫如棉织物，以市价估计，十年内最高之额，达二万四千万担。"[③] "洋糖入口，岁值几三千万两，漏卮之巨，深堪浩叹。"[④] 有鉴于此，农商部于1914年痛下决心，大力发展植棉、制糖和牧羊各业，为此还制定奖励措施，并决定在以下暂定区域内发展以上各业："植棉区域：直隶、山东、江苏、浙江、安徽、江西、湖南、湖北、山西、河南、陕西等省。植蔗区域：广东、广西、福建、江西、四川、云南、贵州等省。甜菜试种区域：奉天、吉林、黑龙江、直隶、

① 农商部总务厅统计科：《中华民国五年第五次农商统计表》，中华书局1919年版，第63页。

② 同上书，第44—50页。

③ 沈家五：《张謇农商总长任期经济资料选编》，南京大学出版社1987年版，第357页。

④ 《农林部训令第八十三号令江西民政长》，《政府公报》1914年2月16日，命令。

山西等省。”① 对“扩充棉产，奖重大户，改良棉产，奖重小户。”对增殖糖原料和改良羊种者也一并给奖。希望通过以上奖励措施，达到“行之期年，闻风而起者必多，第二年后或且三倍”的效果。这样一来，“三年为期，国家所费，不及百万，而农产品之增加，并且精美。在国民经济上增益之度，必数十倍，即国税收入增益之度，亦必数倍。”② 当时袁世凯十分欣赏农商部之决策，并批准施行。政策实施后，效果十分明显，商民纷纷响应，棉、蔗、甜菜得以广泛种植，一定程度上也抵制了外来棉糖商品的输入。特别是一战期间，中国的棉糖各业发展十分迅猛，不仅进口数量大为减少，而且出口量进一步扩大。如棉花，1914 年出口 659704 担，金额达 18509324 元，1915 年出口 725955 担，金额达 20550744 担，1916 年出口 851103 担，金额更是高达 25636610 元，这还不包括碎棉花出口。③ 当然，这种政策对后来也影响深远。拿植棉来说，20 世纪 20 年代，“长江一带、汉水流域，以及各铁路道线附近之地、滨海淤泥积涨之土，植棉之地，年有扩张。北迄燕、齐、豫面竭乎满洲、内蒙，西届秦、晋、蜀面宣乎甘肃、新疆，多见产出；即原来产棉之区最著者如江、浙、闽、广等省，近亦扩充棉区，几乎全国均从事植棉矣。”④

五　农业商品化程度进一步提高

民初农业商品化程度的提高主要表现在两个方面：一是农产品国内流通的范围扩大；二是农产品对外出口增加。关于农产品国内流通的范围扩大问题，最明显的现象就是，一些地区的农产品不仅为满足自己的需要而生产，而且为了销售。以江苏地区为例，当时句容县、溧水县、高淳县、江浦县、吴县、灌云县等所产的稻或麦，大量销往

---

① 沈家五：《张謇农商总长任期经济资料选编》，南京大学出版社 1987 年版，第 364 页。

② 同上书，第 358 页。

③ 当时碎棉花的出口数额也在不断的增加，至 1916 年出口额达 804011 元。参见农商部总务厅统计科《中华民国五年第五次农商统计表》，中华书局 1919 年版，第 62 页。

④ 章有义编：《中国近代农业史资料》第 2 辑，生活·读书·新知三联书店 1957 年版，第 196 页。

南京、苏州、杭州、上海、安徽、浙江、山东、直隶等地。[①] 这些地区所生产的瓜果蔬菜也销往山东、河南、上海、无锡等地。一些牲畜猪、马、牛、驴、骡也销往外地。[②] 一些县生产的丝织品远销日本、欧美各国。[③] 总之，农产品流通范围的扩大有利于激发农民生产的积极性，从而活跃地方经济。对外出口上，民初农商部吸取以往中国商品出口遇阻的教训，一面改良商品的质量，如采取措施严查棉花掺假，改良制茶方法等，一面降低出口商品的税率。经过努力，农产品出口逐渐好转。蚕丝输出方面：民国元年出口额 140253567 元，民国二年为 157278216 元，民国三年为 119342507 元，民国四年为 151201075 元，民国五年为 166326546 元，这是民初五年中出口额最多的一年。[④] 茶叶输出方面：民国元年出口 1481699 担，金额 50666278 元；二年出口 1442109 担，金额 50905155；三年出口 1495798 担，金额 54685595 元；四年出口 1782353 担，金额 83293777 元；五年出口 1542633 担，金额 65340628 元。其中 1915 年出口量最大。[⑤] 麻类输出方面：1912 年输出总额 5113221 元，1913 年为 6044818 元，1914 年为 4354854 元，1915 年为 5810147 元，1916 年高达 9937227 元。[⑥] 药材输出方面：1912 年输出总额为 4078233 元，1913 年为 5126961 元，1914 年为 4008512 元，1915 年为 4764366 元，1916 年为 4801644 元，即便 1913 年以后虽有回落，1914 年以后仍呈上升趋势。[⑦] 以上农产物之所以逐年有扩大的趋势，农商部的努力不容忽视。

---

① 中国第二历史档案馆：《中华民国史档案资料汇编》，农商一，第三辑，江苏古籍出版社 1991 年版，第 265—268 页。

② 同上书，第 295—309 页。

③ 《江苏省各县丝业表》，《中华民国史档案资料汇编》，农商一，第三辑，江苏古籍出版社 1991 年版，第 294—295 页之间附页。

④ 农商部总务厅统计科：《中华民国五年第五次农商统计表》，中华书局 1919 年版，第 82—83 页。

⑤ 同上书，第 86 页。

⑥ 同上书，第 62 页。

⑦ 农商部总务厅统计科：《中华民国五年第五次农商统计表》，中华书局 1919 年版，第 62 页。

农商部还进一步完善各地农会组织，初步建立起中央、省、府县、市乡四级农会组织，为创建现代化的农会组织体系做了重要准备，它对当时及以后农业的发展和加强政府与农民之间的互动创造了有利条件。其次，农业学堂的数量进一步增加，培养了一大批农业科技人才，他们投身农业，为农业的改良和发展做出了很大的贡献。

第二节　农商部与民初工商矿业的发展

相较而言，农商部对工商矿各业的立法和奖助政策要远多于农业，这表明了农商部对工商矿各业发展的重视，而这些立法和政策实施的效果如何，我们条分缕析之。

一　工商业方面

由于长期受自给自足自然经济的影响，中国的工业基础十分脆弱。尽管洋务运动期间官方兴建了一批军事工业和民用工业，甲午战后，因清政府放宽民间设厂的限制和实施新政，中国的民族资本主义工业也有了一定程度的发展，但整体与国外相比，远远落后。民初政府和农商部也深刻地认识到这一点，为此，不惜重金奖助、保护民族资本主义的发展，并收到了一定的成效，这主要表现在以下三方面。

第一，工厂的技术装备得到了改善。如工厂使用的蒸汽动力，1912 年为 2 万多马力，到了 1913 年就翻一番达到 4.3 万多马力，以后仍逐年递增，1914 年为 5.5 万马力，1915 年为 5.3 万马力，1916 年更是高达 8.8 万马力；工厂使用的电力，也保持了强劲的增长势头，1912 年仅为 2853 马力，1913 年就增长到 20198 马力，是 1912 年的近四倍，1914 年略有回落，仍为 12153 马力，1915 年又增至 16105 马力，1916 年为 17269 马力。不仅如此，工厂职工人数也保持一定的规模，每年为 60 万人左右。①

① 农商部总务厅统计科：《中华民国五年第五次农商统计表》，中华书局 1919 年版，第 211 页。

第二，轻工业发展迅速。拿织染工厂说，1912 年全国共有 4150 个，到了 1915 年增加到 5376 个，增加了 1217 个，增加了近 27%。其中，缫丝业 1912 年工厂数是 316 个，到了 1913 年却达到 1117 个，是 1912 年的三倍还多。制棉业民国元年工厂数为 115 个，1913 年竟增至 974 个，增速之快令人吃惊。比如饮食行业，发展也很快，全国总厂数 1912 年 4801 个，1913 年达到 6145 个，其中发展速度较快的是酿造业、制糖业、制烟业、制茶业和面粉业，以面粉业为例，辛亥以前中国面粉业基础十分薄弱，但民初以后得到了较快速的发展，1912—1914 年中国每年都需要进口面粉，进口数分别为 320 万担、250 万担和 290 万担，但是到了 1915 年，中国不仅改变了依赖进口的现状，而且第一次出超 5 万担。[①] 一些制造业也得到了长足发展，相较而言，其中造纸业、火柴制造业、制皮革业发展得最快。[②] 在榨油业方面，辛亥以后，大连、营口、青岛、上海、汉口等地分别成为豆油、花生油、棉油和桐油的生产中心和集散地，出口不断增长，1912 年中国豆油输出量 525688 担，1916 年增至 1565640 担，四年间就增加近三倍。[③]

第三，重工业有一定程度的发展。比如机器制造业，1912 年全国设厂 13 个，1913 年就有 25 个，1914 年更是增到 60 个，1915 年高达 111 个，每年都成倍增长。船舶及车辆制造业、金属品制造业、器具制造业等也有都所发展。

民初农商部为促进商业的发展，也不遗余力。除了制定相关的法律法令，如《商人通例》《公司条例》等，维护商人和企业的合法权益外，还积极寻求财政部的支持，筹建劝业银行，并实行保息和奖助。此外还统一度量衡，维护正常的商业秩序。辛亥革命后，随着国

---

① 上海社会科学院经济研究所：《荣家企业史料》，上海人民出版社 1980 年版，第 39 页。

② 农商部总务厅统计科：《中华民国五年第五次农商统计表》，中华书局 1919 年版，第 216 页。

③ 参见《记中国植物油输出之进步》，《东方杂志》第 15 卷第 2 号，第 182 页。农商部总务厅统计科《中华民国五年第五次农商统计表》，中华书局 1919 年版，第 277 页。

内局势的逐渐好转，商业也渐趋呈现繁荣之象。当时《中华实业界》曾说："民国政府厉行保护奖励之策，公布商业注册条例、公司注册条例，凡公司、商店、工厂之注册者，均妥为保护，许各专利。一时工商界踊跃欢忭，咸谓振兴实业在此一举，不几年而大公司大工厂接因而起。"①

民初商业的发展具体表现以下几个方面：一是公司注册数和资本额大幅增加，根据农商部第五次农商统计，1912 年股份公司、合资公司、合资有限公司及其他形式的公司共计 977 个，注册资本额 110890781 元；1913 年公司数 992 个，注册资本额 86364008 元；1914 年公司总数为 1110 个，注册资本额为 90522171 元，1915 年公司总数为 1127 个，注册资本额达 161490263 元；1916 年公司总数 1053 个，注册资本金 173322760 元。② 由此可见，最高一年 1916 年的注册资本金几乎是最低一年 1913 年的两倍，尽管有些年份注册资本金有些偏低，但整体上还是保持了比较强劲的增长势头。公司的增多，无疑就会导致商品的增加，这不仅有利于提高普通民众的生活水平，也有利于扩大出口，扭转贸易逆差。二是促进商会组织的进一步完善，民初商会在促进商业发展上所起的作用越来越大，它是政府与商民之间沟通的桥梁，有人认为其是"联商情，开商智，扩商权的合群组织"③，这一点儿不假。在民初的五年内，不仅商会及会员的数量进一步增加，其所会议的次数以及议事件数也有很大的增长。1912 年全国商会 794 个，议事 39912 件，至 1916 年全国商会增加到 1154 个，而议事数量增加到 56358 个。④ 此外，农商部为了维护商业秩序处理了一些典型案件，对扰商事件和商务纠纷也及时进行了处理，这对肃清商业不正当竞争，维持正常的商业秩序发挥了重要作用。

---

① 《民国三年注册中国新设之诸公司》，《中华实业界》第 2 卷第 5 期。

② 农商部总务厅统计科：《中华民国五年第五次农商统计表》，中华书局 1919 年版，第 426—429 页。

③ 《余姚商会分会简章》，《商业杂志》第 2 年第 1 号。

④ 农商部总务厅统计科：《中华民国五年第五次农商统计表》，中华书局 1919 年版，第 386 页。

二 矿业方面

由于缺乏资金和先进的采勘技术，再加以晚清政府不合理的注册规制，中国的矿业十分落后。民初农商部首先从制度上着手，先后厘定了《矿业条例》及《矿业注册条例》，注重保护矿主的合法权益，并降低了注册费用和实行减税政策，后来又颁布了《小矿业暂行条例》，这极大地激发了民众投资矿业的热情，从而使民初矿业获得了很大的发展，这主要表现在以下几个方面。

（一）矿业注册增多

《矿业条例》颁布后，农商部对新设企业基本执行了条例中的规定，还据此对旧有企业进行整顿。于是“向来地主把持之弊以除”①，从而刺激了实业家们投资矿业的热情，他们纷纷向农商部领取矿照。据农商部第五次农商统计，1912 年开采各种矿质领照数为 21 件，1913 年为 32 件，1914 年为 58 件，1915 年即增加到 153 件，1916 年略有下降为 128 件。② 但这仅仅是注册的，还有很多尚未注册的矿业公司未包括在内。

（二）开矿面积增加，矿产产量提高，利润增加

民初不仅开矿公司数量大增，开矿面积进一步扩大，产量也不断地提高，利润也有很大增长。1912 年全国各种矿质的开采总面积是 5963 亩，1913 年就增至 12594 亩，是 1912 年的 2 倍还多，1914 年更是达到 298147 亩，几乎是 1912 年的 5 倍，1915 年增至 387728 亩，外加 1000 方丈，1916 年虽有所降低，仍为 186525 亩。具体到当时的采煤业。1912 年矿区面积为 5145 亩，1915 年矿区面积扩大到 241814 亩，竟是 1912 年的 47 倍。③ 这还不包括各地的小煤矿面积。其次，煤炭产量也大有增加，全国煤炭产量 1912 年为 906 万吨，

① 廖炎：《吾国重要实业统计上之观察》，《国闻周报》1926 年第 3 卷第 7 期。

② 农商部总务厅统计科：《中华民国五年第五次农商统计表》，中华书局 1919 年版，第 615 页。

③ 同上。

1914 年增至 1418 万吨。[①] 以当时的保晋矿务公司平定煤矿为例，其民国元年的产量是 28028 吨，1914 年就增加到 78988 吨，增加了 2 倍还多。[②] 随着煤产量的增加，我国 1914 年的煤炭进出口值出超 56 万海关两。[③] 民初铁矿及有色金属锑与钨的开采也有较大的发展。中国的机采铁矿砂产量 1912 年为 22.1 万吨，1916 年增到 62.9 万多吨，5 年时间增加近 2 倍；[④] 与此同时铁矿的出口量也有所增长。锑和钨的开采面积和开采增长也很快：1912 年锑开采面积 25 亩，产量仅为 1.5 万吨，1917 年增至 3.3 吨。[⑤] 湖南所产的钨和锑远销欧美及日本各国，获利甚丰，如华昌公司 1916 年的纯利润竟达 127 万多两。[⑥] 此外钢铁冶炼业也取得了长足的进步，产量也有增长，如 1911 年钢铁产量为 12.1 万多吨，到 1916 年增加到 41.4 万吨，几年的工夫就增加近 2.5 倍。[⑦] 很多钢铁工厂甚至出现了年年盈利的势头。

（三）维护矿业主权

民初农商部尽管提倡利用外资发展矿业，提倡中外人民可以合作开采中国矿产资源，但必须遵守中国的法律，针对破坏中国矿法、损害中国主权的合伙公司，农商部积极采取措施，对之取缔或责令整改。如华宁公司施肇曾呈农商部开办铁矿，农商部也十分赞成，于是代呈于大总统，得到政事堂的批准，并派张寿龄督办该公司。[⑧] 但是，该公司私下里签订与日商签订售砂合同，由于未禀农商部，违反

---

① 农商部总务厅统计科：《中华民国四年第四次农商统计表》，中华书局 1917 年版，第 812—813 页。

② 中国第二历史档案馆：《中华民国史档案资料汇编》，第三辑，江苏古籍出版社 1991 年版，第 793 页。

③ 李新、李宗一主编：《中华民国史》第 2 篇第 1 卷（上），中华书局 1987 年版，第 386 页。

④ 据严中平等：《中国近代经济史统计资料选辑》，科学出版社 1955 年版，第 104 页表。

⑤ 谢家荣：《第二次矿业纪要》，农商部地质调查所 1926 年印行，第 144、166 页。

⑥ 湖南省地方志编纂委员会编：《湖南省志》第 1 卷，湖南人民出版社 1979 年版，第 345 页。

⑦ 严中平等：《中国近代经济史统计资料选辑》，科学出版社 1955 年版，第 141 页。

⑧ 《农商部为华宁公司办铁矿拟定为官督商办致大总统呈稿》，《中华民国史档案资料汇编》，农商一，第三辑，江苏古籍出版社 1991 年版，第 547—550 页。

了特准探采铁矿办法第三条，结果农商部先是声明其与日商所定合同无效，然后取消了其矿权并撤销督办。① 农商部还函国务院请告财政部及交通部，以后无论借款或铁路交涉，凡合同正文或附件中涉及矿山者，应得本部同意。② 在中国两大油矿——热河煤油矿和延长煤油矿的交涉上，中国政府分别对美日两国据理力争，毫不妥协，有力地维护了民族主权。③ 总之，民初农商部为了维护矿权，防止矿权外溢，做了很大努力，也取得了很大的成绩。

此外，农商部还注意维护矿主的正常开矿权益，保护矿工的合法权益，并对于回国开矿之华侨，给予了一定的优惠和保护。④ 及时地处理矿务纠纷，维护矿业发展的正常秩序。⑤

第三节 农商部与民初对外贸易的发展

农商部经过提高国内商品的质量，调查国外对中国商品的需求情况，并与财政部或税务处联合降低出口关税，在对外贸易方面，也取得了很大的成绩。有人统计：1912 年进出口总值是 84361.7 万海关两，其中出口值 37052 万海关两、进口值 47209.7 万海关两；1917 年进出口总值首次突破 10 亿大关，为 101245.1 万海关两，其中出口值为 46293.2 万海关两，进口值为 54951.9 万海关两。⑥ 由此可以想见，如果没有农商部的倡导，取得这样的成绩几乎是不可能的。具体而

① 《农商部声明华宁铁矿公司与日商签订售砂合同无效饬》，《中华民国史档案资料汇编》，第三辑，江苏古籍出版社 1991 年版，第 550—551 页。《农商部为国务会议议决取消华宁铁矿公司矿权并撤销督办一职转致张寿龄密咨》，《中华民国史档案资料汇编》，农商一，第三辑，江苏古籍出版社 1991 年版，第 551 页。

② 专电，《申报》1913 年 6 月 16 日，第二版。

③ 《中国二大煤油矿之交涉案》，季啸风、沈友益主编：《中华民国史史料外编》第二册，广西师范大学出版社 1996 年版，第 556—557 页，第 559 页。

④ 参见中国第二历史档案馆《中华民国史档案资料汇编》，农商一，第三辑，江苏古籍出版社 1991 年版，第 859、597 页。

⑤ 为了促进矿业发展，农商部处理了很多涉矿案件。见中国第二历史档案馆藏《农商部档案》，全宗号：1038，案卷号：1930—1935，2494。

⑥ 杨端六、侯厚培等：《六十五年来中国国际贸易统计》，国立中央研究院社会科学研究所 1931 年版，表 2，第 2 页。

言，民初中国对外贸易的增长，有一个过程。

民国元年，中国对外贸易开始逐渐好转，有言：“窃查本年贸易情形，春初气象之衰败，竟为通商以来，未有过于此者，何则？自民军起义，战事方兴，不独震动全国甚之，扰及边疆几无宁土。当此国事未定过渡时代，旧政府将让而未退，新政府虽立而未成，况继上年水灾之后，殃及中段省份，尚有多处饥民仍未得所。但国内处此情形，然默观全局，尤能差强人意，南北军旋经停战议和，二月间清帝实行退位，共和告成。彼此之争持既以解决，亟宜谋划者，巩固治权，昭垂信用，恢复秩序而已。适值本年各处五谷丰登，以不关理乱之平民得能饱食暖衣。”① 东三省各关、直隶各关、鲁省各关、长江流域各关等进出口贸易由此也开始好转，1912 年全年各口贸易总数，计海关平银 1026316463 两，较 1911 年多海关平银 1260 万两。出口贸易的扩大也增加了国家财政税收，1912 年共征收关平银 39950612 两。② 有人统计，仅输出贸易方面，民国元年输出总额达 4.73 亿两，民国二年就达 5.7 亿两，增加 9700 万两，增长 20% 还多。③

到了 1914 年，由于受到“辛亥之大变，全国政治均暂紊乱尚未整顿，忽加以上年乱党暴动，遂致全景商务信用顿失，事平之后，年初贸易谅有起色，殆因商人均能信服政府，使各省励精图治，恢复秩序”④。但是由于币制不一，大碍商务，农商部为此联合财政部，力图划一办法。当年进出口贸易净值关平银 9002389922 两，较上年少有 71078181 两，尽管总体进出口总额有所降低，但“若比历年，仍是有盈余无绌”⑤。

1915 年，“因日本要求条件，恐与大局有关，商家不敢放胆交易，复因创议变更国体，又恐惹动风潮，有此两层，则与商务一道，

① 中国第二历史档案馆、中国海关总署办公厅编：《中国旧海关史料（1859—1948）》，京华出版社 2001 年版，第 60 册，第 1 页。

② 同上书，第 4 页。

③ 译丛，《铁路协会会报》第 28 期，1915 年 1 月。

④ 中国第二历史档案馆、中国海关总署办公厅编：《中国旧海关史料（1859—1948）》，京华出版社 2001 年版，第 64 册，第 21 页。

⑤ 同上书，第 31 页。

诚有阻碍，牵及之甚，则在欧战，如无欧战，运货船只联翩而至，水脚运价并不过昂”①。尽管如此，当年的进出口总额，“若比前二年以上之历年，仍是有盈无绌”②。1916 年，由于“欧战阻碍，本年殆有甚焉，运货船少，水脚加大，外国工作人少，出货减而价反增。预定之货，每每过期始至，此碍及进口贸易也，金价甚低，银价自然甚高”③。这对中国商品出口极其有利。有关进出口贸易总额，有人说：“自通商设关以来，历来以本年为巨擘。”④

总之，农商部在民初经济建设中发挥了重要作用，也取得了重大成绩。它对提高当时人们的生活水平，抑制物价上涨，增加财政收入，促进社会稳定等都作出了很大的贡献。这是有目共睹的，也是经过历史证明的，我们应该给予其充分的肯定。尽管其有些政策的制定和执行还未能尽如人意，但我们也不能以偏概全，从而否定其在民初社会发展中所起的积极作用。如何准确、客观地评价民初农商部，似仍有待我们做进一步思考。

有必要说明，以上仅是对民初农商部绩效评价范式的一个参考体系，它仍有其自身的局限性和缺陷，比如数据统计是否真实，资本主义发展的标准是什么，用什么评估它才更准确，用社会学的定量定性分析以及举例说明的方法，是否以偏概全等都是问题。再说，以上各业的发展是需要社会大环境的稳定，需要其他职能部门（财政、税务处、交通等）的配合，更需要从业者的艰辛劳动和付出，把它模糊地都归功于农商部，似乎也有不妥，但是怎样更科学地取舍和分割完全属于农商部的绩效呢？相信只有认真求索才能找出合理的分析范式，这也是今后我们需进一步完善的地方。

---

① 中国第二历史档案馆、中国海关总署办公厅编：《中国旧海关史料（1859—1948）》，京华出版社 2001 年版，第 68 册，第 20 页。

② 同上书，第 25 页。

③ 同上。

④ 中国第二历史档案馆、中国海关总署办公厅编：《中国旧海关史料（1859—1948）》，京华出版社 2001 年版，第 72 册，第 33 页。

结　语

其实，整个民初，中央实业管理机构的政治地位一直是倒数第二，最后一位为交通部。① 人们更多关注的是政局的动荡，立法权与行政权之争执，军队的裁减和南北对抗，财政的困窘和解决办法，对外交涉和维护主权，以及袁世凯之帝制自为等，而对这样一个勤勤恳恳任事、默默无闻发展经济的中央部门并未给予相当的重视。

经济的发展需要有稳定的社会环境，可当时社会环境也并不乐观。正如时人所论："南亦中华民国也，北亦中华民国也，南亦巩固共和也，北亦巩固共和也，南亦国利民福也，北亦国利民福也，其名其言盖如出一口也。然而，南谓北曰暗杀，北谓南曰造反；南谓北曰官僚派，北谓南曰爆裂分子；南谓北曰专制，北谓南曰破坏；南谓北曰拥兵自固，北谓南曰起兵独立，南北之视人何若是其相反耶。南之自谓共和功人，以为不起革命军，共和何由来也；北亦自谓共和功人，以为不议和共和何由成也。南又自谓政权应由我握，否则共和前途不可靠，北又自谓政权应由我握，否则国家前途不堪设想。南又自谓临时政府归于北，我让北方多矣；北又自谓勋位名利尽力以酬南方，易此政权之代价亦不薄矣。南北存心之不同，何又适相背驰耶。呜呼南诚国利民福，北诚国利民福也，南诚巩固共和，北诚巩固共和也，然则南亦中华民国也，北亦中华民国也，何纷纷为。"② 这的确

① 从当时铨叙局所编京内职官表中可见一斑。参见《政府公报》1912 年 6 月 2 日，通告。

② 呜呼南北，《申报》1913 年 4 月 22 日，第二版。

是民初政局的真实写照，尽管孙中山、黄兴等革命党人与袁世凯有过短暂的合作，[①] 孙中山留京期间，孙袁会谈多达13次。[②] 但是南北在很多问题上并没有达成共识，再加之宋教仁案、二次革命、袁世凯称帝，直接导致南北敌对形势的再次确立。

但是，中央管理实业诸部正是在其政治地位不受过多关注和政治局势并不乐观的情势下，由于没有受到太多政治因素的干扰，出奇地在民初实业发展方面做出了重大贡献。我们认为，除了前文对之论述仍存意犹未尽之处外，恐怕民初中央实业管理机构留给后人更多的是思考。

思考之一，清末民初实业成绩斐然之缘由。首先，其执政的民主化是一个重要方面，它大大提高了工作效率，增进了官商之间的沟通和联系，真正做到了恤商护商。其次，实业政策的制定更加切合实际，注重政策的时效性和可操作性。再次，实施依法行政，避免了中间环节腐败现象的发生，特别在商业注册和矿业注册商，依法收取注册费用，严禁各地方额外勒索。最后，有一个强有力政府存在，保证了政策的有力执行；又有一批具有远见卓识的有志之士积极投资近代企业，身体力行。除此之外，还有没有更深刻的因素？农商总长个人魅力方面、政府重商主义的导向等的作用似乎也不容忽视，有待进一步挖掘。

---

① 1912年8月24日，孙中山抵京，袁世凯组织盛大的迎接场面，特开正阳门。正阳门正门在封建时代只有皇帝出行、迎娶皇后和会见新科状元等特别重大节日时开启。民初正阳门共开启了三次：第一次是袁世凯于民国元年2月迎接蔡元培等南方特使，第二次为民国元年8月，袁世凯迎接孙中山入京共商国是。第三次是1917年6月，总统黎元洪迎接张勋辫子军。1912年9月25日，孙中山、黄兴与袁世凯、黎元洪达成八条政纲并公之于众，内容为：一、立国采统一制度。二、主持是非善恶之真公道，以正民俗。三、暂时收束武备，先储备海陆军人才。四、开放门户，输入外资，兴办铁路矿山，建置钢铁工厂，以厚民生。五、提倡资助国民实业，先著手于农林，工商。六、军事、外交、财政、司法、交通，皆取中央集权主义，其余斟酌各省情形，兼采地方分权主义。七、迅速整理财政。八、竭力调和党见，维持秩序，为承认之根本。见《政府公报》1912年9月26日，通告。

② 参见陈锡祺主编《孙中山年谱长编》上册，中华书局1991年版，第715—730页；土耿雄编《孙中山史事详录1911—1913》，天津人民出版社1986年版，第351—418页；凤冈及门弟子编《三水梁燕孙先生年谱》上，第122—124页，见《民国丛书》第二编，上海书店出版社1990年版。

思考之二，清末民初中央实业管理机构与中国早期现代化进程关系如何？前文已述，中央实业管理机构通过改良各业，鼓励农业使用先进的耕作工具，工业使用蒸汽动力，并改良中国商品，加强对外交流，促进中外贸易，极力扭转贸易逆差，中国的农工商矿各业都取得了很大的进步，一度出现了资本主义的黄金时期，极大地推动了中国早期现代化的进程。其实，清末民初中央实业管理机构在促进中国现代化方面做了很大努力，除了以上所述执政理念的现代化之外，有没有更微观的体现，还值得进一步探讨。

思考之三，清末民初中央实业管理机构的历史影响。作为一个中央主管农工商矿各业的行政部门，其制定的法律法规具有重要的奠基作用，很多为后来的北京政府以及南京国民政府沿用，甚至一些法令对今天还有影响，比如《商人通例》《公司条例》等。处在清末民初社会转型时期，除了具有承上启下作用之外，农商部更大的作用似在于其促进了民初民众思想的解放、经济的自由活跃。这直接作用到思想领域，便导致思想更加开放，甚至一定程度上埋葬了袁世凯的帝制活动，即便后来的五四运动也深受其影响。更有说服力地理解上述问题，不仅需要仔细地梳理相关史料，而且要拿出严密的论证。

思考之四，清末民初民众视野里的中央实业管理机构。我们今天评价它，由于受到各种因素的影响，很难客观。但要历史地考察中央实业管理机构，就要把它置于当时的社会场景之中，那么，时人与中央实业管理部门的互动，时人对中央实业管理部门的评价，都是我们研究中央实业管理机构地位与作用的重要参照系。遗憾的是，这些史料保留下来的很少，只能从时人的日记或私人记述中去寻找。时人恽毓鼎的日记里就记述了一些。恽毓鼎是当时北京地区农会的负责人，他对农会事务很负责，经常到会议事，并积极响应农商部的号召，改良物种。关于此，其在日记里多有记述："未刻赴农会，新从农事试验场索来花果蔬菜子种十七类，交小坪分区植之。"[①] 对自己所试验

---

① 恽毓鼎著，史晓风整理：《恽毓鼎澄斋日记》，浙江古籍出版社 2004 年版，第 686 页。

的良种“上之农商部、顺天府，并传送各分会，使农夫知所取之法。”[①] 此外，他还对农商部所办天气预报流露几分讽刺，“中央观象台及农商部，每日必预报天气，十不验八九。甚至前日台报温气上升，部报温气压低，两处适得其反。今日皆报先阴后晴，不料日光未露，雨声不停。如此测验，其亦不可以已乎？且大书特书登诸报纸，岂非笑柄。”[②] 等等。这仅是反映民众与中央实业管理机构关系的片断史料，系统地从清末民初民众视角评价中央实业管理机构，还需进一步努力。

总之，清末民初中央实业管理机构不仅是晚清及北京政府时期的一个行政机关，而且是清末民初社会的一个截面，它蕴有更深刻、更广泛的内涵，其中还有很多值得我们进一步思考和探究的地方。

---

① 恽毓鼎著，史晓风整理：《恽毓鼎澄斋日记》，浙江古籍出版社 2004 年版，第 697 页。

② 同上书，第 743—744 页。

参考文献

一　档案资料

中国第一历史档案馆藏：《农工商部档案》，全宗号：20，卷宗号：153、205、206、208。

中国第一历史档案馆藏：《军机处录副奏折》，档号：03—5094—006。

中国第二历史档案馆藏：《各省田赋比较表》，全宗号：1027。

中国第二历史档案馆藏：《陆军部档案》，全宗号：1011（2），卷宗号：43。

上海市档案馆藏：《工商部长专案呈明》，档号：S37—1—57。

国家图书馆清史文献中心藏：《农工商部第一次统计表》《农工商部阖署住址单》《奏定商部开办章程》《爵秩全览》（1904 年、1905 年、1907 年、1911 年）。

国家图书馆清史文献中心藏：农工商部统计处：《光绪三十四年第二次农工商部统计表·农政》第二册；农工商部统计处：《光绪三十四年农工商部统计表》第四册，商政（上）。

国家图书馆古籍馆普通古籍阅览室藏：严智怡编：《巴拿马赛会直隶观会丛编》上下编，1921 年版。

浙江大学历史系资料室藏：陈琪编：《中国参与巴拿马太平洋博览会纪实》，1916 年版。

工商部编：《工商会议报告录》，1913 年版。

陶昌善编:《全国农会联合会第一次纪事》,1913 年版。
农事试验场编:《农商部农事试验场成绩报告》(第二期),1914 年铅印本。
农事试验场编:《农商部中央农事试验场第三期成绩报告》,1914 年铅印本。
《政府公报》1912—1928 年。
《临时公报》1912 年 1—4 月。
《临时政府公报》1912 年 1 月 29 日—4 月 5 日。
农商部总务厅统计科:《中华民国元年第一次农商统计表》,中华书局 1914 年版。
农商部总务厅统计科:《中华民国二年第二次农商统计表》,中华书局 1915 年版。
农商部总务厅统计科:《中华民国三年第三次农商统计表》,中华书局 1916 年版。
农商部总务厅统计科:《中华民国四年第四次农商统计表》,中华书局 1917 年版。
农商部总务厅统计科:《中华民国五年第五次农商统计表》,中华书局 1919 年版。

二　报刊资料

《大公报》(天津版)、《申报》《盛京时报》《东方杂志》《时报》《民立报》《商务官报》《农商公报》《农矿公报》《南洋官报》《农友会报》《国风报》《中华全国商会联合会会报》《中华实业杂志》《中华实业界》《广益丛报》《华字日报》《亚细亚日报》《矿业杂志》《经世文潮》《民国汇报》《经纬报》《现世史》《中国实业杂志》《法政杂志》《教育杂志》《江海大众》《生计》《时事新报》《学部官报》《政治官报》《商业杂志》《实业丛报》《大陆》《万国公报》《庸言》《宪法新闻》《评论》《地学杂志》《说报》《矿业周报》《中华新报》《湖南实业杂志》《国是》《铁路协会会报》等。

三 文献资料

昆冈等修：《钦定大清会典》（光绪25年刻本）。

北洋洋务局辑：《约章成案汇览》，上海点石斋1905年版。

商务印书馆编译所编：《大清光绪新法令》，商务印书馆1909年版。

商务印书馆编译所编：《大清宣统新法令》，商务印书馆1910年版。

神州编译社编：《民国二年世界年鉴》，神州编译社1913年版。

《最新行政文牍》第一册，商务印书馆（出版年不详）。

徐有朋编：《袁大总统书牍汇编》，上海广益书局1914年版。

姚成翰：《公司条例释义》，商务印书馆1914年版。

黎元洪：《黎副总统政书》，湖北官书印刷局1914年版。

民心社编：《大革命家陈其美》，泰东书局1916年版。

商务印书馆编译所编辑：《中国民国法令大全》，农商，商务印书馆1920年版。

商务印书馆编订：《民国十三年编订法令大全》，商务印书馆1924年版。

阮湘编：《中国年鉴》（第一回），商务印书馆1924年版。

北洋政府农商部参事厅编：《农商法规·工商》，北京和济印书局1925年版。

穆藕初：《藕初文录》上卷，商务印书馆1926年版。

谢家荣：《第二次矿业纪要》，农商部地质调查所1926年印行。

张之洞撰：《张文襄公全集》，北平文华斋1928年版。

李炘：《商法概论》，北平朝阳大学出版部1928年版。

孙曜编：《中华民国史料》，上海文明书局1929年版。

杨端六、侯厚培等：《六十五年来中国国际贸易统计》，国立中央研究院社会科学研究所1931年版。

张謇：《张季子九录》，中华书局1931年版。

旧财政部财政年鉴编纂处编：《财政年鉴》，商务印书馆1935年版。

全国矿冶地质联合展览会编印：《全国矿业要览》，全国矿冶地质联合展览会及国立北洋工学院刊 1936 年版。

凤冈及门弟子编：《三水梁燕孙先生年谱》，1939 年版。

贾怀德：《民国财政简史》（上册），商务印书馆 1947 年版。

贾祯：《筹办夷务始末》，台北文海出版社 1966 年版。

中国史学会编：《戊戌变法》第 2 册，神州国光社 1953 年版。

锡良：《锡良遗稿・奏稿》，中华书局 1959 年版。

朱寿朋：《光绪朝东华录》，中华书局 1958 年版。

甘厚慈辑：《北洋公牍类纂续编》，台北文海出版社 1960 年版。

世续等编：《大清德宗景皇帝实录》，台湾华文书局 1970 年影印版。

敷文社编：《最近官绅履历》，《近代中国史料丛刊第四十五辑》，台湾文海出版社 1970 年版。

经世文社编：《民国经世文编》，台北文海出版社 1970 年版。

撷华书局编：《乙酉大政记》，第二十二册，《近代中国史料丛刊续编第二十五辑》，台北文海出版社 1976 年版。

故宫博物院明清档案部编：《清末筹备立宪档案史料》，中华书局 1979 年版。

陈旭麓等：《辛亥革命前后盛宣怀档案资料选辑之一》，上海人民出版社 1979 年版。

刘真主编：《留学教育——中国留学教育史料》，国立编译馆 1980 年版。

《清实录》，第 58、59 册，中华书局 1987 年版。

宓汝成：《中国近代铁路史资料（1863—1911）》，中华书局 1984 年版。

陈学恂：《中国近代教育史教学参考资料》，人民教育出版社 1986 年版。

沈家五主编：《张謇农商总长任期经济资料选编》，南京大学出版社 1987 年版。

中国第二历史档案馆编：《中华民国史档案资料汇编》第 1 辑、第 2 辑、第 3 辑，江苏人民出版社 1979 年、1981 年、1991 年版。

江苏省中华民国工商税收史编写组、中国第二历史档案馆编：《中华民国工商税收史料选编》，南京大学出版社 1996 年版。

章伯锋、李宗一主编：《北洋军阀　1912—1928　第二卷》，武汉出版社 1990 年版。

中国第二历史档案馆、中国海关总署办公厅编：《中国旧海关史料（1859—1948）》，京华出版社 2001 年版，第 60—72 册。

王耿雄编：《孙中山史事详录 1911—1913》，天津人民出版社 1986 年版。

林开明、陈瑞芳、陈克、王会娟：《北洋军阀史料徐世昌卷 9》，天津古籍出版社 1996 年版。

秦国经主编：《清代官员履历档案全编》，华东师范大学出版社 1997 年版。

上海社会科学院经济研究所编：《晚清经济史事编年》，上海古籍出版社 2000 年版。

上海社会科学院经济研究所编：《荣家企业史料》，上海人民出版社 1980 年版。

孙瑞芹译：《德国外交文件有关中国交涉史料选译》，商务印书馆 1960 年版。

内阁印铸局编：《宣统三年冬季职官年表》，《近代中国史料丛刊二十九辑》，台北文海出版社 1967 年版。

汪敬虞编：《中国近代工业史资料（1896—1914）》第二辑，科学出版社 1957 年版。

严中平：《中国近代经济史统计资料选辑》，科学出版社 1955 年版。

章有义编：《中国近代农业史资料》，生活·读书·新知三联书店 1957 年版。

李文治编：《中国近代农业史资料（1840—1911）》第一辑，生活·读书·新知三联书店 1957 年版。

佚名撰：《邸抄》，北京图书馆出版社 2004 年版。

徐义生：《中国近代外债史统计资料》，中华书局 1962 年版。

顾鳌：《约法会议记录》，《近代中国史料丛刊第十九辑》，台北文海出版社 1966 年版。

廖一中、罗真容：《袁世凯奏议》，天津古籍出版社 1987 年版。

中国科学院近代史研究所史料编译组编辑：《辛亥革命资料》，中华书局 1961 年版。

罗家伦主编：《国父当选临时大总统实录》上册，国事丛编社 1967 年版。

章开沅、罗福惠、严昌洪编：《辛亥革命史资料新编》，湖北人民出版社 2006 年版。

章开沅等主编：《苏州商会档案丛编（1905—1911）》，华中师范大学出版社 1991 年版。

赵靖、易梦虹：《中国近代经济思想资料选辑》，中华书局 1982 年版。

《民国职官表》，沈云龙主编：《近代中国史料丛刊续编第八十六辑》，台北文海出版社 1983 年版。

《辛亥以后十七年职官年表》，沈云龙主编：《近代中国史料丛刊续编第五辑》，台北文海出版社 1983 年版。

唐文治：《茹经堂奏疏》，沈云龙主编：《近代中国史料丛刊第六辑》，台北文海出版社 1967 年版。

毛佩之辑：《变法自强奏议汇编》，沈云龙主编：《近代中国史料丛刊续编第四十八辑》，台北文海出版社 1977 年版。

沈云龙主编：《近代中国史料丛刊第五十六辑》，台北文海出版社 1967 年版。

沈云龙主编：《近代中国史料丛刊第十辑》，台北文海出版社 1967 年版。

中国第二历史档案馆：《民国时期文书工作和档案工作资料选编》，档案出版社 1987 年版。

中国第一历史档案馆编：《宣统二年留学生归国史料》，《历史档案》1997 年第 2 期。

中国第一历史档案馆编：《宣统二年留学生归国史料续编》，《历史档案》1997 年第 4 期。

中国第一历史档案馆编：《清代官员履历全编》第六册，华东师范大学出版社 1996 年版。
中国第一历史档案馆编：《清代中国与东南亚各国关系档案史料汇编（菲律宾卷）》第 2 册，国际文化出版公司 2004 年版。
中国近代经济史资料丛刊编辑委员会编：《中国海关与辛亥革命》，中华书局 1964 年版。
中国人民银行总行参事室：《中华民国货币史料》，上海人民出版社 1986 年版。
中华人民共和国财政部、中国人民银行总行：《清代外债史资料（1853—1911）》上册，中国金融出版社 1990 年版。
朱宗震，杨光辉：《民初政争与二次革命》，上海人民出版社 1983 年版。
左治生：《中国财政历史资料选编（北洋政府部分）》，第十一辑，中国财政经济出版社 1987 年版。
海关总署编译委员会编：《旧中国海关总税务司署通令选编（1911—1931）》第二卷，中国海关出版社 2003 年版。
交通大学校史撰写组编：《交通大学校史资料选编（1896—1927）》第 1 卷，西安交通大学出版社 1986 年版。
中国人民银行总行参事室：《中华民国货币史料》，上海人民出版社 1986 年版。
《参议院议决案汇编》甲部一册，北京大学出版社 1989 年复印本。
凌鸿勋：《中国铁路志》，沈云龙主编：《中国近代史料丛刊续编第九十三辑》，台北文海出版社 1983 年版。
伍廷芳：《伍先生（秩庸）公牍》，沈云龙主编：《近代中国史料丛刊第六十六辑》，台北文海出版社 1971 年版。
民国丛书编辑委员会编：《民国丛书》，上海书店出版社 1991 年版。
江苏省商业厅、中国第二历史档案馆编：《中华民国商业档案资料汇编（1912—1928）》，中国商业出版社 1991 年版。
湖北省档案馆：《汉冶萍公司档案史料选编》，中国社会出版社 1992 年版。

顾廷龙：《清代朱卷集成》，台湾成文出版社 1992 版。
潘懋元、刘海峰：《中国近代教育史资料汇编》，上海教育出版社 1993 年版。
中山市档案馆、中国第一历史档案馆编：《中山香山明清档案汇编》，上海古籍出版社 2006 年版。
季啸风、沈有益主编：《中华民国史史料外编》第二册、第三册，广西师范大学出版社 1996 年版。
中国第一历史档案馆编：《同治元年总理衙门陆路通商清档》，《历史档案》（上）1994 年第 2 期。
中国第一历史档案馆：《同治元年总理衙门陆路通商清档》，《历史档案》（下）1994 年第 3 期。
方裕谨：《咸丰十一年下半年总署陆路通商清档》，《历史档案》1994 年第 1 期。

四　日记、年谱、人物传记、笔记史料、文集

吴虞：《吴虞日记》，四川人民出版社 1984 年版。
劳祖德整理：《郑孝胥日记》，中华书局 1993 年版。
恽毓鼎著，史晓风整理：《恽毓鼎澄斋日记》，浙江古籍出版社 2004 年版。
周秋光编：《熊希龄集》，湖南出版社 1996 年版。
郑大华点校：《新政真诠——何启、胡礼垣集》，辽宁人民出版社 1994 年版。
柴小梵：《梵天庐丛录》（一），山西古籍出版社 1999 年版。
陈赣一：《新语林》，上海书店出版社 1997 年版。
陈旭麓：《宋教仁集》，中华书局 1981 年版。
夏东元编：《郑观应集》，上海人民出版社 1982 年版。
曾业英编：《蔡松坡集》，上海人民出版社 1984 年版。
湖南省社会科学院编：《黄兴集》，中华书局 1981 年版。
张謇研究中心等编：《张謇全集》，江苏古籍出版社 1994 年版。

赵树贵、曾丽雅编：《陈炽集》，中华书局1997年版。

中国蔡元培研究会编：《蔡元培全集》第二卷，浙江教育出版社1997年版。

张元济：《张元济全集》，商务印书馆2007年版。

饶怀民：《刘揆一集》，湖南人民出版社2008年版。

中国社会科学院近代史研究所：《辛亥革命资料类编》，中国社会科学出版社1981年版。

荣孟源、章伯锋：《近代稗海》，四川人民出版社1985年版。

陈锡祺主编：《孙中山年谱长编》上册，中华书局1991年版。

王云五主编：《民国陈英士先生其美年谱》，台湾商务印书馆1980年版。

丁文江、赵丰田编：《梁启超年谱长编》，上海人民出版社1983年版。

苏州大学校史编写办公室编：《唐文治年谱》，苏州大学校史编写办公室1984年12月版。

唐文治：《茹经先生自订年谱正续篇》，《近代中国史料丛刊三编第九辑》，台北文海出版社1986年版。

秦孝仪主编：《陈英士先生文集》，中国国民党中央委员会党史委员会1977年版。

广东省社会科学院历史研究所等编：《孙中山全集》，第一卷，中华书局1981年版。

广东省社会科学院历史研究所等编：《孙中山全集》，第二卷，中华书局1982年版。

唐文权、卞孝萱：《辛亥人物碑传记》，团结出版社1991年版。

沃丘仲子：《近现代名人小传》，北京图书出版社2003年版。

吴相湘：《民国人物列传》传记文学出版社1986年版。

吴相湘：《宋教仁传》，台湾传记文学出版社1985年版。

丁贤俊、梁尚贤编：《伍廷芳集》，中华书局1993年版。

林增平、李文海编：《清代人物传稿》下编，第3卷，辽宁人民出版社1987年版。

五 论著及论文

贾士毅:《民国财政史》下册,商务印书馆 1917 年版。

沃丘仲子:《徐世昌》,上海崇文书局 1918 年版。

谢彬:《民国政党史》,上海学术研究总会 1925 年版。

杨汝梅:《民国财政论》,商务印书馆 1927 年版。

唐启宇:《农政学》,中国农政学社 1931 年版。

张孝若:《南通张季直先生传记》,中华书局 1931 年版。

杨幼炯:《中国政党史》,上海商务印书馆 1937 年版。

钱端升:《民国政制史》,商务印书馆 1945 年版。

千家驹:《旧中国公债史资料》,财政经济出版社 1955 年版。

钱实甫:《清代的外交机关》,生活·读书·新知三联书店 1959 年版。

钱实甫:《清季新设职官年表》,中华书局 1961 年版。

刘寿林、万仁元、王玉文、孔庆泰编:《民国职官年表》,中华书局 1995 年版。

李时岳:《张謇和立宪派》,中华书局 1962 年版。

李守孔:《民初之国会》,台湾正中书店 1977 年版。

郭廷以:《中华民国史事日志》第一册,中央研究院近代史研究所 1979 年版。

钱实甫:《北洋政府时期的政治制度》,中华书局 1984 年版。

张德泽:《清代国家机关考略》,中国人民大学出版社 1981 年版。

中国社会科学院近代史研究所编:《国外中国近代史研究》第 2 辑,中国社会科学出版社 1981 年版。

胡象贤:《民初国会之渊源与演进及其失败原因的分析研究》,台湾学海出版社 1984 年版。

吕思勉:《中国制度史》,上海教育出版社 1985 年版。

刘厚生:《张謇传记》,上海书店 1985 年版。

杨荫薄:《民国财政史》,中国财政经济出版社 1985 年版。

李新、李宗一:《中华民国史》,中华书局 1987 年版。
莫永明:《陈其美传》,上海社会科学院出版社 1985 年版。
章开沅:《开拓者的足迹——张謇传稿》,中华书局 1986 年版。
邹鲁:《中国国民党史稿》第六册,中华书局 1960 年版。
丁名楠等:《帝国主义侵华史》(第二卷),人民出版社 1986 年版。
陈旭麓:《近代史思辨录》,广东人民出版社 1984 年版。
李剑农:《戊戌以后三十年中国政治史》,中华书局 1980 年版。
李鹏年等主编:《清代中央国家机关概述》,黑龙江人民出版社 1983 年版。
张晋藩:《中国法制史纲》,中国政法大学出版社 1986 年版。
林代昭:《中国近代人事制度》,劳动人事出版社 1989 年版。
黄逸峰:《旧中国的民族资产阶级》,江苏古籍出版社 1990 年版。
中国近代煤炭史编写组:《中国近代煤炭史》,煤炭工业出版社 1990 年版。
代继华:《中国职官管理史稿》,法律出版社 1994 年版。
胡绳:《历史与现实》,上海三联书店 1988 年版。
朱英、石柏林:《近代中国经济政策演变史稿》,湖北人民出版社 1998 年版。
刘克祥、陈争平:《中国近代经济史简编》,浙江人民出版社 1999 年版。
邱远猷、张希坡:《中华民国开国法制史——辛亥革命法律制度研究》,首都师范大学出版社 1997 年版。
关晓红:《晚清学部研究》,广东教育出版社 2000 年版。
胡春惠:《民初地方主义与联省自治》,中国社会科学出版社 2001 年版。
朱汉国、杨群主编:《中华民国史》第 7 册,四川人民出版社 2006 年版。
章开沅、田彤:《张謇与近代社会》,华中师范大学出版社 2001 年版。
周见:《近代中日两国企业家比较研究——张謇与涩泽荣一》,中国社会科学出版社 2004 年版。
章开沅、余子侠主编：《工科先驱国学大师南洋大学校长唐文治》，山东教育出版社 2004 年版。
王敦琴：《传统与前瞻——张謇经济思想研究》，人民出版社 2005 年版。
虞和平：《张謇——中国早期现代化的前驱》，吉林文史出版社 2004 年版。
张玉法：《民国初年的政党》，岳麓书社 2004 年版。
李金河：《中国政党政治研究（1905—1949）》，中央编译出版社 2007 年版。
史志宏、徐毅：《晚清财政：1851—1894》，上海财经大学出版社 2008 年版。
秦昊杨主编：《民国文官考试制度研究（1912—1949）》，国家行政学院出版社 2009 年版。
徐建生：《民国时期经济政策的沿袭与变异（1912—1937）》，福建人民出版社 2006 年版。
徐建生、徐卫国：《清末民初经济政策研究》，广西师范大学出版社 2001 年版。
朱英：《辛亥革命与近代中国社会变迁》，华中师范大学出版社 2001 年版。
朱英：《转型时期的社会与国家——以近代中国商会为主体的历史透视》，华中师范大学出版社 1997 年版。
林增平：《辛亥革命史研究备要》，湖南出版社 1991 年版。
张忠民：《艰难的变迁——近代中国公司制度研究》，上海社会科学院出版社 2002 年版。
陈诗启：《中国近代海关史（民国部分）》，人民出版社 1999 年版。
王玉茹、刘佛丁、张东刚：《制度变迁与中国近代工业化——以政府的行为分析为中心》，陕西人民出版社 2000 年版。
郭剑林：《北洋军阀简史》（下册），天津古籍出版社 2000 年版。
徐鼎新、钱小明：《上海总商会史（1902—1929）》，上海社会科学院出版社 1991 年版。
许涤新、吴承明主编：《中国资本主义发展史》，社会科学文献出版社 2007 年版。
吴福环：《清季总理衙门研究》，新疆大学出版社 1995 年版。
虞和平：《中国现代化历程》，江苏人民出版社 2001 年版。
杨德才：《中国经济史新论（1840—1949）》，经济科学出版社 2004 年版。
杨德山：《中国近代资产阶级政党学说研究》，人民出版社 2002 年版。
陈旭麓：《近代中国社会的新陈代谢》，上海人民出版社 1992 年版。
江眺：《公司法：政府权力与商人利益的博弈——以〈公司律〉和〈公司条例〉为中心》，中国政法大学出版社 2006 年版。
杨绪盟：《移植与异化——民国初年中国政党政治研究》，人民出版社 2005 年版。
骆宝善：《骆宝善点评袁世凯函牍》，岳麓书社 2005 年版。
李剑农：《中国近百年政治史》，武汉大学出版社 2006 年版。
马平安：《近代东北移民研究》，齐鲁书社 2009 年版。
刘秉麟：《近代中国外债史稿》，武汉大学出版社 2007 年版。
刘世龙：《中国工业化与清末的产业行政——以商部、农工商部的产业振兴为中心》，日本溪水社 2002 年版。
李约翰：《清帝逊位与列强》，孙瑞芹、陈宪泽译，江苏教育出版社 2006 年版。
朱汉国、汪朝光主编：《中华民国史》（第一册），四川人民出版社 2006 年版。
李玉：《北洋政府时期企业制度结构史论》，社会科学文献出版社 2007 年版。
张朋园：《梁启超与民国政治》，吉林出版集团 2007 年版。
饶怀民：《辛亥革命与清末民初社会》，中华书局 2006 年版。
迟云飞：《宋教仁与中国民主宪政》，湖南师范大学出版社 2008 年版。

郑起东:《清末“振兴工商”研究》,《近代史研究》1988 年第 3 期。

郭世佑:《辛亥革命的历史条件与历史结局再认识》,《清史研究》1995 年第 3 期。

杨铨:《五十年来中国之工业》,《最近之五十年——申报馆五十周年纪念》,上海书店影印版 1987 年版。

虞和平:《张謇与民国初年的经济体制改革》,《社会科学家》2001 年第 1 期。

王笛:《清末民初我国农业教育的兴起与发展》,《中国农史》1987 年第 1 期。

王笛:《试论清末商会的设立与官商关系》,《史学月刊》1987 年第 4 期。

马敏:《中国近代博览会事业与科技、文化传播》,《历史研究》2004 年第 2 期。

徐建生:《论民国初年经济政策的扶植与奖励导向》,《近代史研究》1999 年第 1 期。

贾孔会:《试论北洋政府的经济立法活动》,《安徽史学》2000 年第 3 期。

魏明:《论北洋军阀官僚的私人资本主义经济活动》,《近代史研究》1985 年第 2 期。

朱英:《论民元临时工商会议》,《近代史研究》1998 年第 3 期。

王玉茹:《开滦煤矿的资本集成和利润水平的变动》,《近代史研究》1989 年第 4 期。

谢辉:《中国近代博览会史研究述评》,《中国社会经济史研究》2004 年第 3 期。

徐建生:《民国时期两次全国工商会议与经济政策》,《中国经济史研究》2002 年第 1 期。

郑剑顺:《中国近代史上几个问题的“情”和“理”》,《学术月刊》1989 年第 4 期。

曾田三郎著,刘世龙译,丁日初校:《清末产业行政的分权化和集权化》,《近代中国第六辑》,上海立信会计出版社 1996 年版。

刘增合：《论清末工商产业行政整合的初始努力——以商部之前的商务局为例》，《中国经济史研究》1998 年第 3 期。

张华腾：《封建买办政权还是资产阶级政府——1912—1915 年北京政府性质新议》，《史学月刊》2008 年第 2 期。

朱英：《张謇与民初的〈商会法〉》，《近代史研究》1998 年第 1 期。

章开沅：《张謇与中国近代化》，《华中师范大学学报》（哲学社会科学版）1987 年第 5 期。

朱荫贵：《改革与变革：近代中国企业“官利”制》，《近代史研究》2001 年第 4 期。

朱英：《论晚清的商务局、农工商局》，《近代史研究》1994 年第 4 期。

朱英：《辛亥革命前的农会》，《历史研究》1991 年第 5 期。

张华腾：《对立中的统一：辛亥革命前后同盟会、北洋集团关系述论》，《江海学刊》2006 年第 1 期。

张学继：《袁世凯政府振兴实业的措施》，《历史档案》1990 年第 4 期。

The Maritime Customs（1896 - 1914），Decennial reports，1902 - 1911，shanghai，published at the Statistical Department of the Inspectorate General of Customs，1913，Vol. 11，p. 58.

［美］诺思：《经济史中的结构与变迁》，上海三联书店 1991 年版。

［美］诺思：《制度、制度变迁与经济绩效》，上海三联书店 1994 年版。

［美］科斯等：《财产权利与制度变迁》，上海三联书店 1991 年版。

［德］埃瑞克·G. 菲吕博顿（Eirik G. Furubotn）、［德］鲁道夫·瑞切特（Rudolf Richter）编：《新制度经济学》，孙经纬译，上海财经大学出版社 1998 年版。

［美］陈锦江：《清末现代企业与官商关系》，中国社会科学出版社 1997 年版。

［美］詹姆斯·布里克利（James A. Brickley）、［美］克雷佛·史密斯（Clifford W. Smith，Jr）、［美］杰诺德·施泽曼（Jerold L. Zimmerman)：《管理经济学与组织架构》，张志强、王春香译，人民邮电出版社 2005 年版。

［日］近滕康男：《满洲经济的封建性研究》，《中国经济》第 2 卷第 11 期，1934 年版。

［英］魏尔特著，郭木校阅：《自民国元年起至二十三年止关税纪实》，总税务司署统计科印行，1936 年版。

胡滨译：《英国蓝皮书有关辛亥革命资料选译》上下册，中华书局 1984 年版。

［澳］骆惠敏编：《清末民初政情内幕》上下册，知识出版社 1986 年版。

［美］王业键：《清代田赋刍论（1750—1911）》，高风等译，人民出版社 2008 年版，第 25 页。

［日］桑田幸三：《中国经济思想史论》，沈佩林等译，北京大学出版社 1991 年版。

［日］田原天南编：《清末民初中国官绅人名录》，沈云龙主编：《近代中国史料丛刊三编第八十辑》，台北文海出版社 1995 年版。

七　其他

李永芳：《清末民国时期农会组织研究》，四川大学 2007 年博士论文。

王奎：《清末商部农工商部与社会经济转型研究》，华中师范大学 2007 年博士论文。

谢辉：《陈琪与近代中国博览会事业》，浙江大学 2007 年博士论文。

邓学文：《民国初年的法律与革命——以姚荣泽案和宋汉章案为例》，华南师范大学 2004 年硕士论文。

泮君玲：《清末商部——农工商部研究》，山东师范大学 2004 年硕士论文。

夏广华：《晚清南洋大臣群体研究》，湖南师范大学 2008 年硕士论文。

张俊华：《民国北京政府时期的农业改良（1912—1928）》，华中师范大学 2007 年硕士论文。

王水卿：《民国时期中国与世博会关系研究》，湖南大学 2007 年硕士论文。

朱锴：《清末农工商部研究》，首都师范大学 2004 年硕士论文。

葛健：《北京政府工商业政策研究》，山东师范大学 2007 年硕士论文。

后　记

记得七年前的6月，天火辣辣地热，我顺利通过博士论文答辩，心中暗自庆幸，三年没日没夜的日子总算熬到头了，其实自己还只是块尚未烧熟的毛坯，各方面的能力都尚欠缺。尽管多么渴望能在陕师大再多留一年，进一步充实日后需要的知识与能力，可生活的压力与艰辛，现实的无奈与迷茫，都逼迫我不容有这样的幻想。最终为了有一份体面的生活，我乖乖放弃留在西安的机会，屁颠屁颠地直奔现在的工作单位安阳师范学院。想到此，我心中总有一份不甘与无奈，旧知识分子的毛病在我身上暴露无遗。

博士毕业后，博士论文一直被束之高阁，由于没有打算出版，就这样它一直沉静地躺在书架上，偶尔我也会拿下来掸掸上面的灰尘，轻轻翻阅曾经让我冥思苦想的内容。每次翻阅，我都无法爱不释手，因语言匮乏、论证粗疏，间或有错讹之处，久而久之它快成了我的一块心病，不敢也不愿直接面对。但我深知自暴自弃于事无补，只有认真对待之，想法解决之，才能舒缓这“心头之恨”。加之现行学术评价体制、教师考核机制、职称评定体系的若干规定，而且直到自己职称评审连续失败，我才越来越深刻地发现它的好处，不得不逼迫自己又重新修改它。修改不是漫无目的的，而修改的过程却是痛苦的，在物欲横流、学术日益浮躁、功利主义大行其道的今天，因受史学无用论思想的束缚与影响，我几次都想把它扔到垃圾堆，可每次想到它可能会给我带来的“利益”，又不得不向其低头。就这样它历经了多次“手术”，才有了今天的模样。即便如此，也不能把功劳都归于自己身上，如果没有导师张华腾教授的指导，没有答辩委员会的批评建议，肯定还不能完善到如此地步。

这部凝聚了诸多人心血的小文马上就要出版了，除了可以长出一口气之外，心中的惶恐与不安再一次涌现，我深知还有诸多缺陷，无论是在理论分析，还是在史实重建上，仍需要下功夫。可在学术泡沫日益严重的社会认知下，仔细想想，对学界究竟有何贡献，这当然是十分奢侈的想法，如果有，估计只能是对清末民初中央政治机构转型有了初步的铺垫，仅仅起到一个露出水面垫脚鹅卵石的作用，尚可为日后致力于这一问题研究的学界同人提供些资料参考，有鉴于此，心中便多了些许安慰。

感谢博士指导教师张华腾教授，感谢他一直以来对我的关心与照顾，在我工作期间，尽管他十分繁忙，也不忘关心我的生活与学术成长。先生学术渊博，踏实、勤奋、严谨、认真，笔耕不辍，独具慧眼，给我留下了深刻印象，也深深地感染了我。投在先生门下治北洋历史，是我一生的荣幸。先生对他的所有学生都抱有很高的期望，且拨冗为之写序，可惜天生愚钝的我，自知难以担当光大先生曾教诲的使命。还要感谢博士期间的导师王玉华教授，先生处事不惊、宁静致远的品格，其体现出知识分子谦恭、洒脱风骨，使人惊羡，受教良深；毕业后，是他告诫我，毕业论文不要急于出版，它还是一块糙玉，需仔细打磨，用心雕琢，我都铭记于心。两位先生，一个出世，一个入世，让我一生受用不尽。

感谢父母，二老给了我生命，教育我成长，才有了我今天的一切。可惜的是我根本未能尽到孝道，为此，曾深深自责，而大度的父母从未将此放在心上，只是叮嘱我注意身体。感谢妻儿对我的宽容与理解，让我安心问学，给了我学术道路上披荆斩棘的信心与勇气。尽管我不知道未来的一切会怎样，但我相信天道酬勤！

感谢博士后合作导师朱英教授给予我的指导与教诲，感谢师门同窗许效正、马建华、杨涛、彭贺超等对我的关心与帮助。感谢单位领导对我的关心与教诲，特别感谢郭旭东、刘朴兵给予我的提携与帮助。正是由于亲朋好友的辛劳付出，我的博士论文得以出版。当然，由于知识、能力、水平有限，书中肯定还会有不少错讹之处，敬请读者批评指正。

本书是安阳师范学院校级项目中俄外蒙古交涉事件研究成果，承蒙河南省教育厅人文社科项目《清末民初中央实业管理机构转型研究》（2018－ZDJH－005）经费资助出版，谨致谢意。

丁　健

2018 年 6 月 1 日